D1731319

Maier-Wolf

8051 Mikrocontroller erfolgreich anwenden

Jürgen Maier-Wolf

8051 Mikrocontroller
erfolgreich anwenden

Schaltungsdesign, Programmierung, Entwicklungstools,
Programme in C und Assembler auf Diskette

Mit 205 Abbildungen
2., verbesserte Auflage

Die Deutsche Bibliothek – CIP-Einheitsaufnahme

Maier-Wolf, Jürgen:
8051-Mikrocontroller erfolgreich anwenden: Schaltungsdesign,
Programmierung, Entwicklungstools, Programme in C und
Assembler auf Diskette / Jürgen Maier Wolf. - 2., verb. Aufl. -
Feldkirchen: Franzis, 1996
 ISBN 3-7723-6453-5

Satz: Typo spezial Ingrid Geithner, 84424 Isen
Druck: Offsetdruck Heinzelmann, München
Printed in Germany - Imprimé en Allemagne.

ISBN 3-7723-6453-5

Vorwort

Die 8051-Mikrocontroller-Familie hat durch ihre einfache aber effiziente Struktur eine sehr weite Verbreitung gefunden. Es sind zahlreiche Entwicklungswerkzeuge von Low-Cost bis High-End verfügbar. Diese Controller-Familie eignet sich hervorragend für viele einfache, aber auch anspruchsvolle Aufgaben.

Das Buch ist für Ingenieure, Studenten und alle technisch Interessierten gedacht, die sich, ausgehened von einem Basiswissen der Mikrocomputertechnik, mit der Hard- und Softwareentwicklung mit Mikrocomputern befassen.

Im ersten Teil werden die wichtigsten Merkmale des 8051 beschrieben. Die integrierte Peripherie und der Befehlssatz werden kurz erläutert. Kapitel 3 gibt einen Überblick über die am Markt vorhandenen, fast unzähligen Derivate des 8051. Im zweiten Teil wird auf die Programmierung in Assembler und C eingegangen. Auf eine Beschreibung der Entwicklungswerkzeuge folgen zahlreiche praxisbezogene Beispiele, die in der Entwicklungspraxis direkt verwendet werden können. Viele Tips und Hinweise aus der Praxis helfen häufig gemachte Fehler zu vermeiden.

Im dritten Teil wird mit ausführlich erläuterten Hardwareapplikationen und detaillierten Schaltplänen demonstriert, wie eigene Applikationen erfolgreich entworfen werden können. Zu sämtlichen Schaltungen sind die entsprechenden Programm-Module ebenfalls ausführlich beschrieben. Hinweise zum störsicheren Schaltungsentwurf sind in diesem Kapitel ebenfalls enthalten.

Der vierte Teil bietet einen Überblick über die gängigsten Entwicklungshilfsmittel von Low-Cost bis High-End. Der Funktionsumfang der verschiedenen Hilfsmittel wird kurz beschrieben.

Zum Schluß sind noch wichtige Adressen und Tabellen rund um den 8051 zusammengestellt.

Sämtliche Programmtexte im Buch sind auf der Diskette enthalten.

J. Maier-Wolf

Inhalt

1 Einführung

1.1 Historische Entwicklung

Die Erfindung des Transistors im Jahre 1948 gilt als Startpunkt einer Entwicklung auf dem Gebiet der automatischen Rechenmaschinen, wo man versucht hat, einerseits ihre Funktionsmächtigkeit immer mehr zu steigern und andererseits ihre geometrischen Ausmaße ständig kleiner werden zu lassen: das Endprodukt hiervon war der sogenannte Mikroprozessor.

Der legendäre erste Elektronenrechner der USA (1946), ENIAC, war mit 18.000 Röhren ausgestattet und damit völlig fern allem technisch und wirtschaftlich Vertretbarem. IBM brachte im Jahre 1960 das Modell 1410 heraus, welches erstmals vollständig mit Transistoren aufgebaut war.

Die Funktionen wurden immer komplexer, die Montage eines Systems immer langwieriger und teurer. Es ist daher verständlich, daß man sich Gedanken machte, wie man die Riesenmenge diskreter Bauteile (Transistoren, Dioden, Widerstände) verringern könnte. Die Lösung war die sogenannte integrierte Schaltung („integrated circuit", IC).

Gedrängt von NASA-Raketenfachleuten, die immer härtere Anforderungen an Zuverlässigkeit und Platzbedarf stellten, gelang Jack Kilby 1958 bei Texas Instruments die erste integrierte Schaltung und 1963 baute die Firma Rockwell International die gesamte Elektronik der Luftwaffenrakete Minerva II mit integrierten Schaltungen auf. Im zivilen Bereich stellte sich die Firma Fairchild Semiconductor zunächst (1961) die Aufgabe, ein Flipflop nicht mehr aus zwei oder vier einzelnen Transistoren aufzubauen, sondern auf einem monolithischen Chip unterzubringen — zu integrieren.

Die ersten integrierten Schaltungen wurden ausschließlich in bipolarer Technik hergestellt, bei der mehrere Diffusionsgebiete, Kontaktlöcher und Leiterbahnen in vielen Arbeitsschritten übereinander angeordnet werden, was auch den teuren Preis von 10-20 Dollar pro Chip erklärte. Mit Hilfe der MOS-Technik, bei der nur noch eine Art von Diffusionsgebiet im Halbleiter herzustellen ist, ließen sich sog. unipolare Transistoren viel dichter packen als bipolare.

Eine Weiterentwicklung war die CMOS-Technik, die komplementäre Transistoren, d. h. zwei Transistoren mit zueinander komplementären Kanaldotierungen,
auf den gleichen Chip packte und so schaltete, daß nie ein Dauerstrom floß, weil
immer einer der beiden Transistoren gesperrt war. Damit wurde ein extrem niedriger Leistungsverbrauch erreicht.

Mit immer weiter steigendem Integrationsgrad eröffneten sich neue Möglichkeiten für die Systemtechnik: Geräteentwickler traten immer häufiger mit Sonder-
wünschen an die Halbleiterindustrie heran und wollten für einen ganz bestimmten
Zweck „ihren" IC entwickelt haben. Je komplexer und damit spezieller aber die
integrierten Schaltungen wurden, desto schwieriger war es, lohnende Stückzahlen
herzustellen. Aus diesem Grunde ging man zu anderen Systemkonzepten über —
zu programmierbaren Schaltungen: Die integrierte Schaltung war immer die gleiche, ihre Individualität wurde durch „Programmieren", beispielsweise durch Auf-
schmelzen von Leiterbahnen, geschaffen. Damit war der Weg zur Programmierbarkeit integrierter Schaltungen - also zum Mikroprozessor — wie wir sie heute
verstehen, nicht mehr weit. 1974 wurden in den Labors der amerikanischen Firma
INTEL die ersten Mikroprozessoren hergestellt. Sie wurden nach Kundenwunsch
programmiert, im übrigen aber serienmäßig als Standardtypen in großen Mengen
gefertigt. Damit begann die Ära der Mikroprozessoren, die auch oft als „zweite
industrielle Revolution" bezeichnet wird.

1.2 Was ist ein Mikrocontroller

Damit ein Mikroprozessor aber mit seiner Umwelt in Kontakt treten kann braucht
er Ein- und Ausgabemodule und zur Speicherung von Informationen benötigt er
Speicher. Empfangene Daten werden gemäß den Programmanweisungen verarbeitet eventuell zwischengespeichert und entsprechende Steuersignale über das Aus-
gabemodul ausgegeben. Erst diese drei Teile zusammen, Prozessorkern, Ein-
/Ausgabemodule und Speicher ermöglichen einen sinnvollen Einsatz, man bezeichnet sie auch als *Mikrocomputer*. Alle Komponenten sind über Bussysteme untereinander und mit der Zentrale (Mikroprozessor) vebunden.

Zunehmende Anforderungen an den Platzbedarf und die Fertigungskosten führten
schließlich dazu Mikrocomputer, Peripherie und Speicher in einem Bauteil zu integrieren. Das so entstandene Bauteil wird als *Mikrocontroller* bezeichnet. In vielen Geräten ist der Mikrocontroller das zentrale Bauteil, das oft nur von wenigen
Bauteilen umgeben ist, die zur Anpassung der Ein-/Ausgabemodule an das Um-
feld dienen.

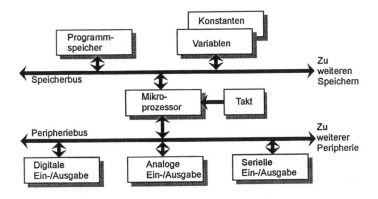

Abb. 1.1: Aufbau eines Mikrocomputers

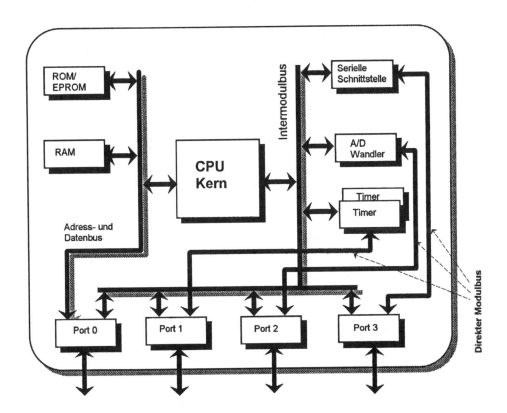

Abb. 1.2: Struktur eines Mikrocontrollers

1.2.1 Prinzipieller Aufbau

Ein wesentliches Merkmal von Mikrocontollern ist der modulare Aufbau. Meist besteht eine Mikrocontroller-Familie aus einem Standardtyp, der die wichtigsten Funktionen enthält und zahlreichen Typen die auf verschiedene Anwendungsgebiete spezialisiert sind. Diese Bausteine enthalten dann zusätzliche Peripheriemodule mit hoher Funktionalität, oder sind mit Hinblick auf kleine Bauweise und niedrige Kosten mit einem Minimum an Funktionalität ausgestattet. Beispiele für Spezialanwendungen sind Controller mit bestimmten Busschnittstellen (Feldbusse, I^2C-Bus, Harddisk), Videoschnittstellen oder zur direkten Ansteuerung von LCD-Anzeigen. Für die meisten Anwendungen dürften die Funktionen des Standardtyps ausreichen. Für spezielle Anforderungen kann der Anwender aus den zahlreichen Ausstattungsvarianten, meist einen Baustein finden, der für seine Zwecke optimal ausgerüstet ist.

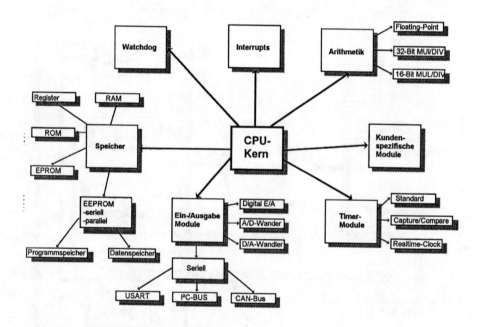

Abb. 1.3: Module eines Mikrocontrollers

1.2.2 Zwei unterschiedliche Architekturen

In heutigen Mikroprozessoren und Mikrocontrollern werden hauptsächlich zwei unterschiedliche Architekturen eingesetzt, die *Von-Neumann-Architektur* und die *Harvard-Architektur.*

Die Von-Neumann-Architektur

Die Von-Neumann-Architektur hat nur einen linearen Adressraum in dem sich alle Daten und Programmbefehle befinden. Die Größe des Adressraums hängt von der Breite des Programmzählers ab, sofern keine zusätzlichen Einrichtungen für Bankswitching vorhanden sind. Bei der Adressierung kann nicht zwischen Programm- und Datenspeicher unterschieden werden. Es existiert nur ein Datenbus und ein Adressbus, über den Daten gelesen und geschrieben, sowie Programmbefehle gelesen werden. Dadurch ist eine Parallelstruktur (gleichzeitiger Zugriff auf Daten- und Programmspeicher) unmöglich.

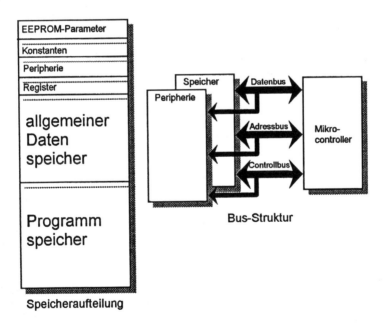

Abb. 1.4: Von-Neumann-Architektur

Die Harvard-Architektur

Die Harvard-Architektur zeichnet sich durch zwei getrennte Adressräume für Programm- und Datenspeicher aus. Da Befehle und Daten getrennt voneinander, parallel zur Verfügung stehen, können diese, wenn zwei getrennte Bussysteme zur Verfügung stehen, auch parallel verarbeitet werden. Diese Struktur ist insbesondere bei 16- oder 32-Bit-Mikrocontrollern dazu geeignet, die Verarbeitungsgeschwindigkeit erheblich zu steigern. Steht nur ein Bussystem zur Verfügung, wie bei 8-Bit-Controllern üblich, wird der Zugriff auf Daten- oder Programmspeicher über ein Steuersignal geregelt. Das führt bei gleicher Breite des Programmzählers wie bei der Von-Neumann-Architektur, zur einer Verdoppelung des physikalischen Adressraumes. Mit dieser Architektur läßt sich, wenn kein Schreibzugriff auf den Programmspeicher möglich ist, auch die Programmsicherheit steigern, da „abgestürzte Programme" nicht ihren eigenen Code modifizieren können.

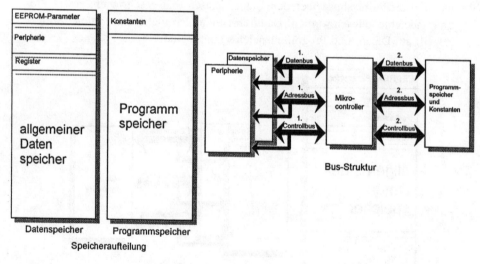

Abb. 1.5: Harvard-Architektur

1.3 Einsatzgebiete von Mikrocontrollern

Mikrocontroller sind aus Geräten mit den wir täglich umgehen nicht mehr wegzu-denken. Fernseher, HiFi-Anlagen, Waschmaschinen, Telefone und Autos werden heute von Mikrocontrollern gesteuert. Sie erleichtern die Handhabung, bieten mehr Funktionen und machen Geräte sicherer. Aber auch im technisch-wissen-schaftlichen Bereich sind Mikrocontroller im Einsatz. Hier tun sie unter anderem in Meß- und Analysegeräte Dienst. In der Industrie werden sie in der Prozessauto-matisierung, in CNC-Werkzeugmaschinen und zur Qualitätskontrolle eingesetzt. Viele Anwendungen wären ohne den Einsatz von Controllern wirtschaftlich und technisch nicht zu realisieren.

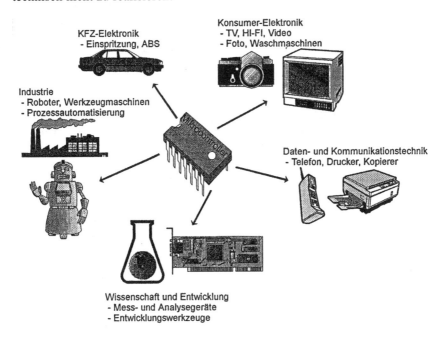

Abb. 1.6: Einsatzgebiet von Mikrocontrollern

1.4 Entwicklungstendenzen

Die Anforderungen, die an moderne Mikrocontroller gestellt werden, werden immer härter. Ständig tun sich neue Einsatzgebiete auf, mit neuen Forderungen in Punkto Verarbeitungszeit, Platzbedarf und Stromaufnahme. Ist hier die Leistung von 8-Bit-Controllern noch ausreichend, sind 4-Bit-Bausteine überhaupt noch ein Thema, oder heißt die Zukunft 16/32-Bit-Controller?

Im Gegensatz zu Mikroprozessoren, bei denen die Entwicklung eindeutig zu immer höherer Rechenleistung geht, die u. a. durch breitere Bus-Systeme erreicht wird, kann bei Mikrocontrollern diese Entwicklung nicht unbedingt festgestellt werden. In vielen Anwendungsfällen ist ein 8-Bit-Controller und erst recht ein 16-Bit-Controller absolut überdimensioniert. Kleine 4-Bit-Bausteine sind hier oft das Optimum aus Leistung, Platzbedarf und Preis. Einige Anwendungen erfordern einen Controller mit viel allgemeiner Peripherie, andere benötigen spezielle, besonders schnelle Peripherie, im dritten Fall bringt die Erhöhung der Verarbeitsbreite entscheidende Vorteile.

Die Weiterentwicklung wird in allen Leistungsbereichen vorangetrieben. Es kommt so zu einer Auffächerung in den Richtungen CPU-Leistung und Peripherieleistung.

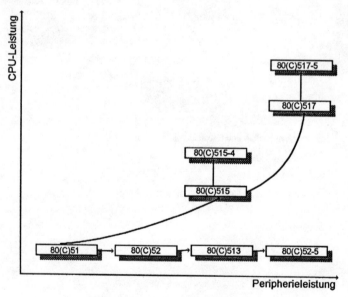

Abb. 1.7: Weiterentwicklung einer Mikrocontrollerfamilie

Auf relativ einfache Weise kann durch Erhöhung der Taktfrequenz die Befehlsverarbeitungszeit verkürzt werden. Das hat auch Auswirkungen auf die Peripherie. Die zeitabhängigen Parameter werden dadurch natürlich auch verbessert. So sinkt die Umsetzungszeit bei A/D-Wandlern und die Grenzfrequenz der Timer wird erhöht. Allerdings müssen auch die extern angeschlossenen Bausteine die höhere Frequenz verarbeiten können. Bei Erhöhung der Taktfrequenz erhöht sich auch die Leistungsaufnahme des Controllers, was besonders in Geräten die geringe Leistungsaufnahmen haben sollen, ein Problem darstellt.

Die Optimierung der Speicher- und Programmstruktur kann ebenfalls zur Leistungssteigerung beitragen. Gerade bei Multitaskinganwendungen kommen Banking- und Segmentierungsmethoden immer größere Bedeutung zu.

Durch Erhöhung der Verarbeitungsbreite von 8-Bit auf 16-Bit kann der Durchsatz im Allgemeinen um das zehnfache erhöht werden. Es muß hier abgewogen werden, ob die höheren Kosten und der Aufwand für den externen 16-Bit breiten Daten- und Programmspeicher in einem angemessenen Verhältnis zum Nutzen stehen.

Neue Herstellungsprozesse können den Stromverbrauch bei gleichzeitiger Erhöhung der Taktfrequenz verringern. Ebenso sind niedrigere Versorgungsspannungen möglich. Dies eröffnet neue Einsatzgebiet, die bisher nur einfachen Schaltungen mit geringem Stromverbrauch vorbehalten waren.

Durch entsprechende Gestaltung des Befehlssatzes lassen sich höhere Programmierspachen wie „C" oder „FORTH" wesentlich einfacher auf Mikrocontrollern umsetzen. Es ist damit möglich auch bei Programmierung in einer Hochsprache sehr effizienten Programmcode zu erzeugen.

Neben diesen hier nur kurz angerissenen Möglichkeiten gibt es natürlich auch noch viele andere Ansätze Mikrocontroller noch leistungsfähiger zu machen. Die Halbleiterindustrie zeigt dies, indem immer neue und leistungsfähigere Bausteine in rasantem Tempo auf den Markt kommen.

2 Struktur des 8051

Die wesentlichen Merkmale des 8051 sind:

- 8-Bit-CPU
- 128 (256) Byte internes RAM
- 32 Ein/Ausgabeleitungen organisiert zu 4 Port mit je 8 Bit
- 64 Kbyte Adressbereich für externen Datenspeicher

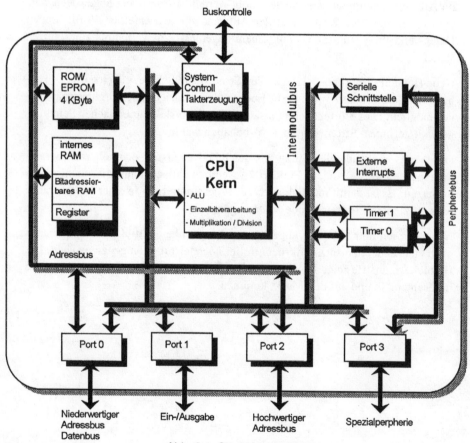

Abb. 2.1: Struktur des 8051

- 64 Kbyte Adressbereich für Programmspeicher (intern und extern zusammen)
- zwei 16 Bit Zeitgeber/Zähler
- Interrupts aus 5 Quellen mit 2 Prioritäten
- ein serieller Vollduplex-Port
- Boolscher Prozessor (Einzelbit-Logik)
- Oszillator- und Taktgeberschaltung auf dem Chip
- Multiplikations- und Divisionsbefehl

2.1 Der interne Aufbau

2.1.1 Die zentrale Verarbeitungseinheit (CPU)

Das Wort CPU steht für „Central Processing Unit" was übersetzt zentrale Verarbeitungseinheit bedeutet. Sie ist das Herzstück des Controllers. Die CPU des 8051 ist speziell für die Einchipcomputer-Anwendung optimiert, der Stack wird mit einem 8-Bit-Zeiger verwaltet und liegt ausschließlich im internen Datenspeicher. Der Zugriff auf den internen Datenspeicher und die integrierte Peripherie ist sehr einfach und schnell, der Zugriff auf den externen Datenspeicher und externe Peripherie ist dagegen aufwendiger.

Die CPU des 8051 besteht aus folgenden Teilen:

- Akkumulator A
- Hilfakkumulator B
- ALU, Rechenwerk zur Verarbeitung von 8-Bit-Daten und zur Einzelbitverarbeitung
- Programmstatuswort PSW
- 4 Registerbänke mit je 8 Registern (R0 bis R7)
- Stackpointer SP zur Verwaltung des STACK
- Data Pointer DPTR zum Zugriff auf externen Speicher
- Programm Counter PC
- Befehlsdecoder
- Zeittaktsteuerung

2.1.2 Speicheraufbau und Organisation

Der Speicher des 8051 ist in vier verschiedene Bereiche aufgeteilt:

- Programmspeicher (64 Kbyte)

- externer Datenspeicher (64 Kbyte)
- interner Datenspeicher (128/256 Byte)
- Special Function Register (128 Byte)

Im Programmspeicher sind der Programmcode und Konstanten (Tabellen, Zeichenketten) abgelegt. Der Befehlssatz des 8051 erlaubt nur das Lesen aus dem Programmspeicher mit dem Befehl MOVC (MOV Constant). Ein Teil des Programmspeichers (ROM) ist auf dem Chip integriert. Ist der Pin EA (External Access) auf logisch „1" wird das interne ROM angesprochen solange der Programmzähler kleiner 1000H ist. Programmzugriffe auf Adressen oberhalb 1000H werden immer im externen Programmspeicher ausgeführt. Ist der EA-Pin auf logisch „0" so wird nur der externe Programmspeicher benutzt.

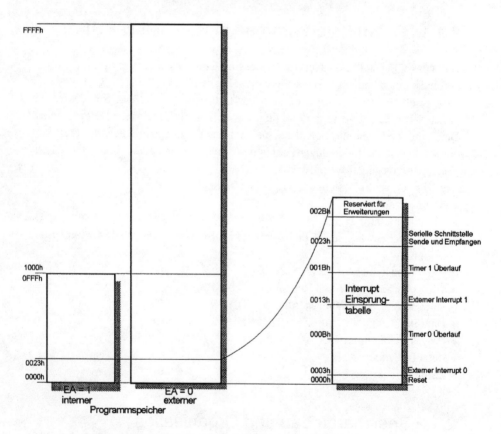

Abb. 2.2: Aufteilung des Programmspeichers

Der externe Datenspeicher kann maximal 64 Kbyte groß sein. Mit dem Befehl MOVX (MOV eXternal) wird auf den externen Datenspeicher (RAM) zugegriffen. Zur Adressierung wird der 16 Bit breite DPTR (DataPoinTR) oder eines der beiden 8-Bit-Register R0 und R1 verwendet. Der interne Datenspeicher (RAM) besteht aus zwei (beim 8052 und anderen aus drei) physikalisch getrennten Speicherblöcken, dem unteren RAM mit 128 Byte, dem oberen RAM mit 128 Byte (nicht bei 8051) und den Special-Function-Register-Bereich (SFR) mit 128 Byte. Da das obere RAM und die Special Function Register logisch die gleichen Adressen haben kann das **obere RAM nur indirekt** und die **Special Function Register nur direkt adressiert** werden. Das untere RAM kann sowohl direkt als auch indirekt adressiert werden.

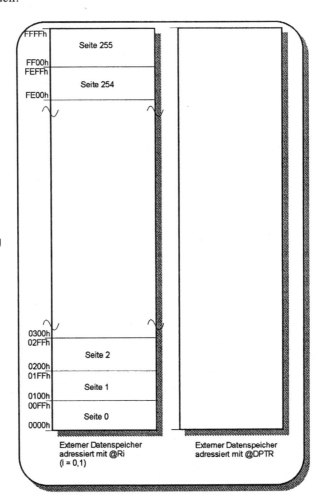

Abb. 2.3: Aufteilung des externen Datenspeichers

Das untere RAM ist in drei Bereiche aufgeteilt:
- Register (Speicheradresse 00H — 1FH)
- Direktadressierbare Bits (Speicheradresse 20H — 2FH)
- allgemeiner Datenbereich (Speicheradresse 30H — 7FH)

Die Special Function Register (SFR) haben im Wesentlichen zwei Aufgaben. Alle CPU-Register mit Ausnahme des Programm Counter PC und den vier Registerbänken liegen in diesem Bereich. Außerdem bilden eine Reihe von SFR die Schnittstelle zwischen CPU und der integrierten Peripherie.

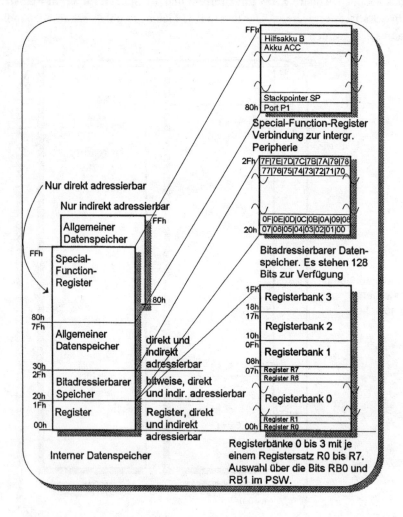

Abb 2.4: Die drei Bereiche im unteren RAM

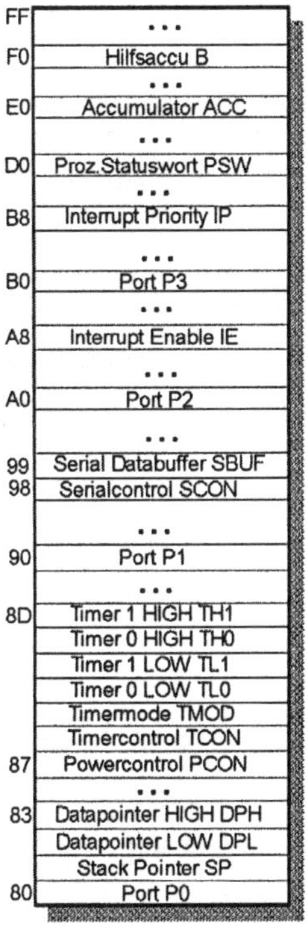

```
FF  ┌──────────────────────┐
    │         • • •        │
F0  │    Hilfsaccu B       │
    │         • • •        │
E0  │   Accumulator ACC    │
    │         • • •        │
D0  │   Proz.Statuswort PSW│
    │         • • •        │
B8  │  Interrupt Priority IP│
    │         • • •        │
B0  │      Port P3         │
    │         • • •        │
A8  │  Interrupt Enable IE │
    │         • • •        │
A0  │      Port P2         │
    │         • • •        │
99  │ Serial Databuffer SBUF│
98  │  Serialcontrol SCON  │
    │         • • •        │
90  │      Port P1         │
    │         • • •        │
8D  │  Timer 1 HIGH TH1    │
    │  Timer 0 HIGH TH0    │
    │  Timer 1 LOW TL1     │
    │  Timer 0 LOW TL0     │
    │  Timermode TMOD      │
    │  Timercontrol TCON   │
87  │  Powercontrol PCON   │
    │         • • •        │
83  │ Datapointer HIGH DPH │
    │ Datapointer LOW DPL  │
    │  Stack Pointer SP    │
80  │      Port P0         │
    └──────────────────────┘
```

Abb. 2.5: Die Special-Function-Register

Im SFR-Bereich gibt es 16 bitadressierbare Speicherstellen. Diese liegen an Adressen die durch acht teilbar sind. Dadurch ergeben sich 128 Bitadressen (16 Speicherstellen * 8 Bit). Einige Adressen sind nicht belegt, diese sind für Erweiterungen der On-Chip-Peripherie reserviert und dürfen nicht als allgemeine Speicherstellen verwendet werden.

2.1.3 Die Ein-/Ausgabeports

Damit der Controller mit seiner Umwelt in Verbindung treten kann, sind auf dem Chip parallele Ein-/Ausgabeport integriert. Der 8051 hat vier 8-Bit breite Ports. Diese können je nach Bedarf für gewöhnliche Ein-/Ausgabesignale verwendet werden, oder die integrierte Peripherie nach außen verbinden. Die alternativen Portfunktionen sind den jeweiligen Portpins fest zugeordnet.

Jeder Port hat sein eigenes Register im SFR-Bereich. Diese sind alle auch bit-adressierbar, so daß sich sehr einfach und schnell einzelne Portleitungen, die von jeweils einem Bit im SFR-Register repräsentiert werden, abfragen oder manipulieren lassen.

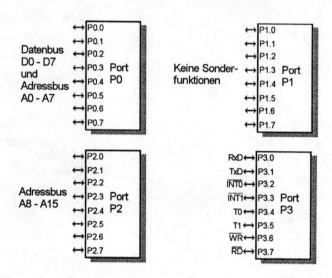

Abb. 2.6: Die Ports und die Port:Alternativ-Funktionen

Der Aufbau der Ports ist bis auf wenige Unterschiede identisch. Jeder Port besitzt ein Ausgabe-Latch (Bit im SFR-Register) und einen Leseverstärker. Der Latch-Ausgang steuert über eine UND-Verknüpfung die eigentliche Pin-Treiber-Stufe an. Der Port kann auf zwei unterschiedliche Arten gelesen werden.

● direkt mittels des Leseverstärkers
● durch Lesen des Latch-Ausganges

Die verwendete Variante hängt vom Befehl ab. Die meisten Befehle verwenden die erste Methode. Damit wird immer der wahre Zustand des Portpins eingelesen. Einige Befehle lesen dagegen den Latch-Ausgang um eine unerwünschte Verfälschung des Ergebnisses zu verhindern. Das kann beispielsweise auftreten, wenn eine logische „1" am Portausgang die Basis eines NPN-Transistors ansteuert. Liest die CPU den Pin anstelle des Latch-Ausgangs, kann die Basis-Emitter-Spannung des Transistors den „1"-Pegel soweit absenken, daß die CPU diesen als „0"-Pegel interpretiert. Befehle die den Pin-Zustand nicht direkt lesen, werden READ-MODIFY-WRITE-Befehle genannt.

Befehl	Funktion	Beispiel
ANL, ORL, XRL	Logisches UND,ODER,XOR	ANL P3,A
CPL	Komlement des adressierten Bits	CPL P1.2
INC, DEC	Inkrementieren/Dekrementieren	INC P3
JBC	Sprung wenn Bit gesetzt und Bit zurücksetzen	JBC P3.7,MARKE
DJNZ	Schleife bis Wert = 0	DJNZ P1,MARKE
MOV Pn.m,C	Carry-Bit in Port n Bit m schreiben	MOV P1.0,C
CLR Pn.m, SETB Pn.m	Löschen, Setzen des Bit m im Port n	CLR P1.1 SETB P3.6

Die Portsteuerlogik der 8051-Familie ist sehr einfach aufgebaut. Um einen Port als Eingang zu benutzen wird der Transistor der Treiberstufe gesperrt. Damit wirkt nur noch der Pull-Up-Widerstand, der aber sehr hochohmig ist und dadurch den Eingang nur gering belastet. Um die Alternativ-Funktion des Ports nutzen zu können, muß das Ausgabelatch mit logisch „1" beschrieben sein.

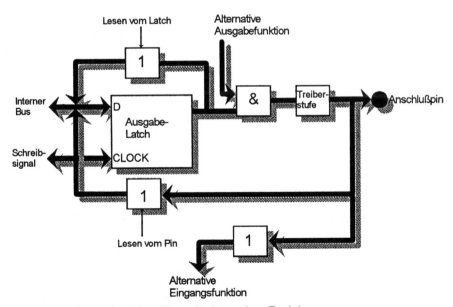

Abb. 2.7: Aufbau eines Port-Pins mit alternativer Funktion

2.1.4 Die Timer

Alle Prozessoren der 8051-Familie besitzen zwei 16-Bit-Timer. Diese können als Zähler oder als Zeitgeber eingesetzt werden. Zur Einstellung der Betriebsarten werden die beiden Register TMOD und TCON verwendet. Die Zähler zählen vorwärts und benutzen die Register TL0 und TH0 (Timer Low 0, Timer High 0) bzw. TL1 und TH1 im Special-Function-Register-Bereich als Zählerregister.

Mit den Bits M0 und M1 im TMODE-Register können vier Betriebsarten ausgewählt werden. Das Bit C/T legt fest, ob der Timer als Zähler (C/T = 1) oder als Zeitgeber (C/T = 0) arbeitet. Im Zählerbetrieb wird das Eingangssignal am Pin Tn (n=0 Port 3.4 oder n=1 Port 3.5) als Zähltakt verwendet. Im Zeitgeberbetrieb wird der durch 12 geteilte Oszillatortakt als Zähltakt benutzt. Das GATE-Bit kann zur Torsteuerung des Timers verwendet werden. Ist GATE = 0 so wird der Timer nur durch das TR-Bit im TCON-Register freigegeben. Ist GATE = 1 so muß zusätzlich noch ein logisch „1" Pegel am Pin INTn (INT0, P3.2 für Timer 0, INT1, P3.3 für Timer 1) anliegen um den Timer freizugeben.

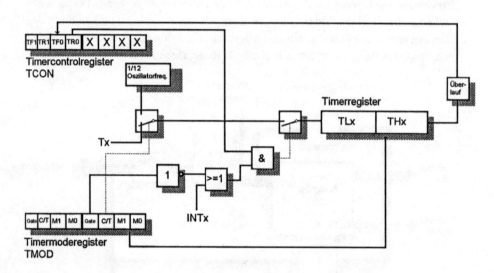

Abb. 2.8: Die Steuer- und Zählregister der Timer

Modus 0

Im Modus 0 arbeitet der Timer n (0 oder 1) als 8-Bit-Timer mit 5-Bit-Vorzähler. Im TLn-Register (n=0 oder 1) bilden die niederwertigen 5 Bit den Vorteiler, der Inhalt der restlichen 3 Bits ist unbestimmt! Im THn-Register werden alle 8 Bit benutzt. Bei einem Zählerüberlauf wird das Bit TFn gesetzt. Dieses kann einen Interrupt auslösen.

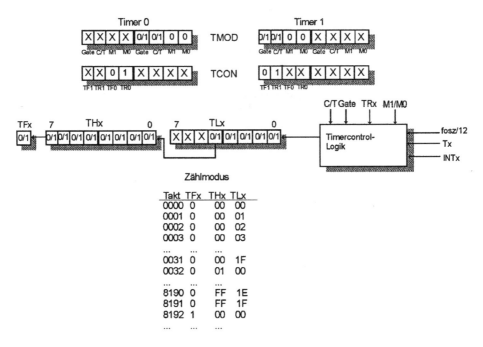

Abb. 2.9: Timer n im Modus 0

Modus 1

Im Modus 1 arbeitet der Timer als 16-Bit-Timer, wobei TLn die niederwertigen 8 Bit und THn die höherwertigen 8 Bit des Zählerstands enthält. Bei einem Zählerüberlauf wird das Bit TFn gesetzt. Dieses kann einen Interrupt auslösen.

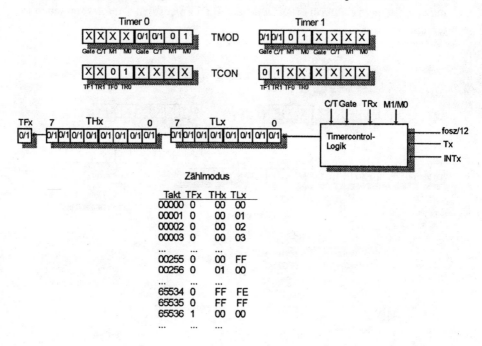

Abb. 2.10: Timer n im Modus 1

Modus 2

Hier wird nur das TLn-Register als 8-Bit-Timer benutzt. Das Register THn arbeitet als Nachladeregister. Bei jedem Überlauf von TLn wird automatisch der Inhalt von THn nach TLn geladen und von diesem Wert die Zählung fortgesetzt. Bei einem Zählerüberlauf wird das Bit TFn gesetzt. Dieses kann einen Interrupt auslösen.

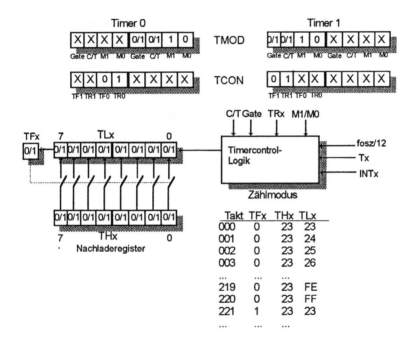

Abb. 2.11: Timer n im Modus 2

Modus 3

Im Modus 3 arbeiten die beiden Timer unterschiedlich. Timer 1 wird im Modus 3 gestoppt und stellt seine Kontrollbits im TCON-Register dem Timer 0 zur Verfügung. Der Timer 0 wird in zwei unabhängige Timer aufgeteilt. Das Zählregister TL0 arbeitet als 8-Bit-Timer entweder als Zähler oder als Zeitgeber und kann auch über das GATE-Bit die externe Torfunktion benutzten. Das Zählregister TH0 kann nur als Zeitgeber verwendet werden. Es kann mit dem Bit TR1 im Register TCON gestartet und gestoppt werden. Über das Bit TF1 kann das Zählregister TH0 einen Interrupt auslösen. Ist der Timer 1 in einem anderen Modus als Modus 3 hat er die dort beschriebene Funktionalität, mit Ausnahme der Interrupterzeugung.

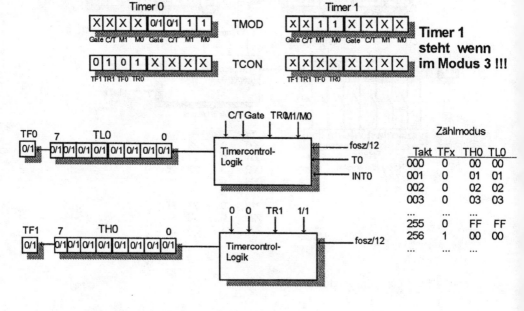

Abb. 2.12: Timer n im Modus 3

2.1.5 Der serielle Port

Der serieller Port des 8051 kann sowohl in asynchroner als auch in synchroner Betriebsart arbeiten. Den Übertragungstakt erzeugt entweder der Timer 1 oder er wird durch einen oder mehrere interne Vorteiler direkt aus dem CPU-Takt erzeugt. Die Betriebsart wird im Special Function Register serieller Port:SMOD eingestellt.

Das Datenregister SBUF hat eine Doppelfunktion. Schreibt man Daten in das Register, gelangen diese sofort in das Senderegister und der Sendevorgang wird automatisch gestartet. Wird ein Datum aus dem Register SBUF gelesen, so bekommt man den Wert im Empfangsregister. Jedes komplett empfangene Zeichen wird von der Portlogik in dieses Register geschrieben, es kann dann schon das nächste Zeichen empfangen werden, ohne daß der vorige Wert verloren geht. In den 9-Bit-Modi wird das 9. Bit von der Empfangseinheit in das Bit RB8 im Register SCON geschrieben. Beim Senden wird an den Bitstrom das Bit TB8 im Register SCON als 9. Bit angehängt. Um den Abschluß eines Sende- oder Empfangsvorgangs zu erkennen gibt es im Register SCON zwei Bits. Das TI-Bit signalisiert, daß der Sendevorgang beendet ist, nach Empfang eines vollständigen Zeichens wird das Bit RI gesetzt. Beide Bits können bei Bedarf auch einen Interrupt auslösen. Die Bits müssen vor dem nächsten Senden bzw. nach dem Auslesen des empfangenden Zeichens per Software gelöscht werden, auch in einer Interruptroutine.

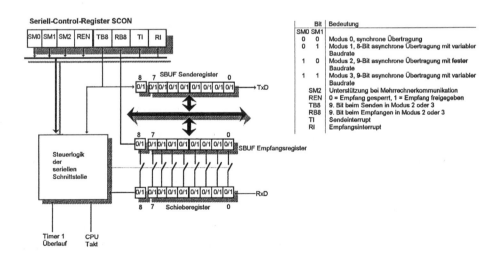

Abb. 2.13: Einstellmöglichkeiten der seriellen Schnittstelle

Modus 0 — Synchrone Übertragung

Diese Betriebsart dient zur Ansteuerung von externen Schieberegistern. Dazu erzeugt der Prozessor zu den Daten auch noch den Schiebetakt. Der RXD-Pin wird als Datenein- und Ausgang verwendet. Am TXD-Pin stellt der Controller den Takt zur Verfügung. Die Taktfrequenz beträgt f_{osz} /12 und ist fest eingestellt. Es werden immer 8 Bit übertragen. Da eine Fremdtaktung (SLAVE-Betrieb) nicht möglich ist, kann nur eine Verbindung mit passiven Sendern und Empfängern hergestellt werden, eine Kopplung mit anderen Prozessoren der 8051-Familie ist nicht möglich.

Modus 1 — 8-Bit asynchrone Übertragung mit variabler Baudrate

In dieser Betriebsart werden die Daten mit einem Startbit, acht Datenbits und einem Stopbit übertragen, bzw. empfangen. Die Übertragungsrate ist variabel, und wird vom Timer 1 erzeugt.

Modus 2 — 9-Bit asynchrone Übertragung mit fester Baudrate

Hier steht ein erweitertes Übertragungsformat zur Verfügung. Beim Senden, wird zu den 8 Bit, aus dem SBUF-Register wird noch das neunte Bit (TB8) aus dem SCON-Register übertragen. Beim Empfangen wird das neunte Bit in RB8 im Register SCON abgelegt. Dadurch läßt sich eine Übertragung mit Paritätsbit realisieren. Die Bildung der Parität muß allerdings von der Software erfolgen, da dies nicht von der seriellen Schnittstelle unterstützt wird. Dieser Modus läßt sich aber auch zur Multiprozessorkommunikation verwenden. Die Baudrate beträgt entweder f_{osz}/32 oder f_{osz}/64, abhängig vom Bit SMOD im Register PCON.

Modus 3 — 9-Bit asynchrone Übertragung mit variabler Baudrate

Dieser Modus bietet die gleichen Möglichkeiten des Übertragungsformats wie der Modus 2, zusätzlich kann hier aber noch die Baudrate mit Hilfe des Timers 1 variabel eingestellt werden.

Multiprozessorkopplung

Die Modi 2 und 3 eignen sich besonders zum Aufbau von Mehrprozessorsystemen. Es sind sowohl Multimaster- wie auch Master-Slave-Systeme realisierbar. Bei Multimastersystemen ist aber nur Halbduplexbetrieb möglich. Der Grundge-

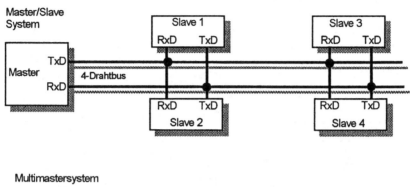

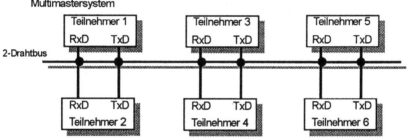

Abb. 2.14: Multiprozessorkopplung

danke ist das sogenannte Adressbit-Verfahren. Jedem Teilnehmer ist eine Adresse zugeordnet. Eine Übertragung, die normalerweise aus Datenpakten besteht, beginnt grundsätzlich mit der Adresse des Zielpartners. Alle Teilnehmer analysieren die Adresse (neunte Bit ist 1). Erkennt ein Teilnehmer seine Adresse löscht er das SM2-Bit. Die nachfolgenden Daten werden nun mit gelöschtem neunten Bit gesendet. Dadurch wird nur noch in dem adressierten Prozessor ein Empfangsinterrupt ausgelöst.

Zur Erzeugung der Baudrate in den Modi 1 und 3 wird der Überlauf des Timer 1 verwendet. Dazu wird der Timer 1 im Modus 2 (8-Bit Autoreload) betrieben. Zur Berechnung der Nachladewerte dient folgende Formel:

$$TH1 = 256 - \frac{f_{osz} * 2^{MOD}}{384 * Baudrate}$$

In der nachfolgenden Tabelle sind die Nachladewerte für die wichtigsten Baudraten und Taktfrequenzen zusammengestellt. Ebenfalls zeigt sie die wichtigsten Datenformate für die Kommunikation mit anderen seriellen Geräten.

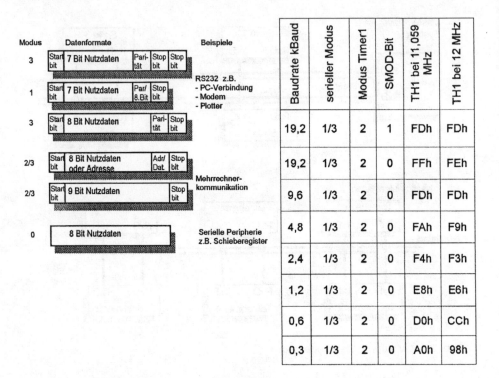

Abb. 2.15: Nachladewerte zur Baudratengenerierung und Datenformate

Baudrate kBaud	serieller Modus	Modus Timer1	SMOD-Bit	TH1 bei 11,059 MHz	TH1 bei 12 MHz
19,2	1/3	2	1	FDh	FDh
19,2	1/3	2	0	FFh	FEh
9,6	1/3	2	0	FDh	FDh
4,8	1/3	2	0	FAh	F9h
2,4	1/3	2	0	F4h	F3h
1,2	1/3	2	0	E8h	E6h
0,6	1/3	2	0	D0h	CCh
0,3	1/3	2	0	A0h	98h

2.1.6 Interrupts

Die Prozessoren der 8051-Familie verfügen über ein Interruptkontrollsystem, das die Interruptquellen der Peripheriemodule verwaltet. Zur Freigabe der einzelnen Quellen wird das Special Function Register IE benutzt. Durch Setzen eines Bits wird die Interrupterzeugung freigegeben, aber nur wenn auch das Bit EA (Enable All) gesetzt ist. Mit diesem Bit kann auf einfache Weise das gesamte Interruptsystem an- und abgeschaltet werden, beispielsweise wenn in einer Programmsequenz unter keinen Umständen ein Interrupt auftreten darf. Zur besseren Handhabung der Interrupts können diese auf verschiedene Prioritätsebenen verteilt werden. Durch Setzen des entsprechenden Bits im Special Function Register IP wird der jeweilige Interrupt auf die höhere Priorität geschaltet. Innerhalb einer Prioritätsebene werden die Interrupts in einer bestimmten Reihenfolge abgefragt:

1. Externer Interrupt 0
2. Überlauf Timer 0

3. Externer Interrupt 1
4. Überlauf Timer 1
5. Serieller Port

Weitere Interruptquellen von 8051-Derivaten schließen sich in der Reihenfolge an. Der 8051 stellt zwei externe Interrupteingänge zur Verfügung. Diese können mit den niederwertigen 4 Bit des Special Function Register TCON parametriert werden. Das Bit ITx gibt an, ob der Interrupt durch einen logischen „0" Pegel (ITx = 0) oder durch eine fallende Flanke (ITx = 1) ausgelöst werden soll. Im Bit IEx wird die Interruptanforderung gespeichert. Bei Flankentriggerung wird das Bit automatisch durch den Interruptaufruf gelöscht. Ist Pegeltriggerung eingestellt, bleibt die Anforderung solange erhalten, wie der Pegel am Pin INTx anliegt.

Treten mehrere Interrupts in einer Prioritätsebene gleichzeitig auf, so werden sie in der oben beschriebenen Reihenfolge abgearbeitet. Bei der Bearbeitung von Interrupts gilt:

● Interrupts einer Ebene können nicht durch Interrupts der selben Ebene unterbrochen werden.

● Interrupts einer höheren Ebene können Interrupts einer niedrigeren Ebene unterbrechen. Nach Bearbeitung des höheren Interrupts wird der niedrigere Interrupt weiterbearbeitet.

● Interrupts einer niedrigeren Ebene können Interrupts einer höheren Ebene nicht unterbrechen.

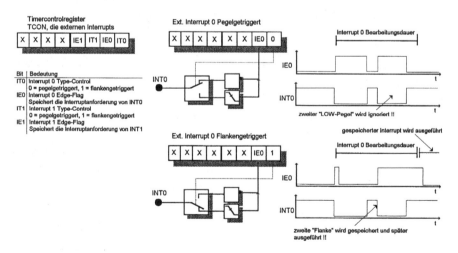

Abb. 2.16: Externe Interrupts

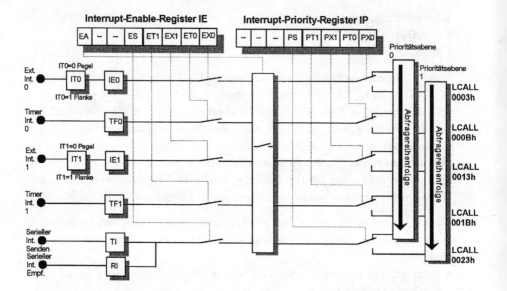

Abb. 2.17: Das Interruptsystem

Die Reaktionszeit auf einen Interrupt dauert mindestens 4 Maschinenzyklen, einen Zyklus für das Speichern des Interruptsignales, einen Zyklus für die Abfrage der Anforderung und zwei Zyklen für den LCALL-Aufruf der Interrupt-Service-Routine. Die Reaktionszeit kann sich durch folgende Bedingungen verzögern:

● Ein Interrupt gleicher oder höherer Priorität wird gerade berarbeitet. In diesem Fall hängt die Verzögerung von der Länge der gerade ausgeführten Interrupt-Service-Routine ab.

● Der Befehlszyklus in dem der Interrupt auftrat ist nicht der letzte Zyklus eines Befehls. Dies gewährleistet, daß lange Befehle (z. B. MUL oder DIV) vollständig abgearbeitet werden.

● Es wird gerade ein RETI-Befehl bearbeitet, oder auf die Special Function Register IE oder IP zugegriffen. Hier wird erst noch ein weiterer Befehl abgearbeitet, bevor der Interrupt ausgeführt wird.

Da in jedem Maschinenzyklus die Interruptabfrage erneut erfolgt, muß das interruptauslösende Bit seinen Inhalt solange behalten, bis der gewünschte Interrupt abgearbeitet werden kann. In den meisten Fällen wird das interruptauslösende Bit vom Interruptkontrollsystem beim Aufruf der Interrupt-Service-Routine automatisch gelöscht. Die Bits der seriellen Schnittstelle werden nicht gelöscht, da das Programm sonst nicht erkennen kann, ob es ein Sende- oder ein Empfangsinterrupt war. Sind die externen Interrupts auf Pegeltriggerung eingestellt, so können die zugehörigen Bit IEn nicht per Software gelöscht werden.

Da ein Interrupt durch ein gesetztes Interruptflag (z. B. TF0 beim Timer 0) ausgelöst wird, kann man natürlich auch per Software einen Interrupt auslösen, indem man das entsprechende Bit setzt. Wie bei einem normalen LCALL Befehl wird der Program Counter (PC) auf den Stack gerettet, so daß das unterbrochene Programm an der Stelle fortgeführt werden kann, an der es unterbrochen wurde. Um die Reaktionszeit auf einen Interrupt so kurz wie möglich zu machen, werden keine anderen Register gerettet. Der Anwender kann selber entscheiden welche Register er retten muß. Um auf einfache und schnelle Weise, eine Anzahl von Rechenregistern zur Verfügung zu haben, kann man z. B. für jede Prioritätsebene eine Registerbank reservieren, auf die dann in der Interruptroutine umgeschaltet wird.

```
;***** Interruptroutine mit Registerbankumschaltung *****

Reg_Bank_0    equ   0000$0000b    ;Registerbank für Hauptprogramm
Reg_Bank_1    equ   0000$1000b    ;Registerbank für Interrupts Priorität 0
Reg_Bank_2    equ   0001$0000b    ;Registerbank für Interrupts Priorität 1
Reg_Bank_3    equ   0001$1000b    ;frei

ISR_x:    ;Start der Interrupt-Service-Routine
    push PSW                ;PSW auf Stack retten
    push ACC                ;Akku auf Stack retten
    mov  PSW,#Reg_Bank_1    ; ISR mit Priorität 0
;***** Hier steht das Interrupt-Programm

;***** Ende der ISR-» Wiederherstellen der Register
    pop  ACC
    pop  PSW
    reti
```

Werden nur einzelne Register, oder Special Function Register benutzt, so müssen nur diese gerettet werden. Verwendet man Befehle die Bits im PSW verändern so muß auch das PSW gerettet werden. Zu beachten ist hier besonders, daß der Befehl CJNE das Carry-Flag beeinflußt und daß deswegen hier das PSW gerettet werden muß!

```
;**** Interruptroutine die Register und SFRs retten ****

Reg_Bank_0      equ   0000$0000b           ;Registerbank für Hauptprogramm

ISR_x:      ;Start der Interrupt-Service-Routine
      push ACC                             ;Akku auf Stack retten
      push PSW                             ;PSW retten
      mov  PSW, #Reg_Bank_0                ;Auf Bank 0 umschalten
      push 01h                             ;Register R1 in Bank 0 retten
      push DPH                             ;DPTR-High-Byte retten
      push DPL                             ;DPTR-Low-Byte retten
;***** Hier beginnt das Interrupt-Programm

;***** Ende der ISR-» Wiederherstellen der Register
      pop  DPL                             ;Alle Register in umgekehrter
      pop  DPH                             ;Reihenfolge wie sie gerettet wurden
      pop  01h                             ;wieder von Stack holen
      pop  PSW
      pop  ACC
      reti
```

2.1.7 Reset

Damit der Prozessor beim Einschalten in einen definierten Zustand gelangt, muß am Pin RST (Reset) während des Anschwingens des Oszillators und mindestens 24 Taktzyklen danach auf logisch „1" gehalten werden. Dazu genügt es den RST-Pin über einen Kondensator mit ca. 10 µF an die Versorgungsspannung VCC anzuschließen. Von manchen Herstellern wird zusätzlich empfohlen, einen Widerstand mit ca. 8 kΩ vom RST-Pin nach Masse (GND) zu schalten. Fällt die Spannung nur kurz aus, so kann es mit dieser Resetschaltung Probleme geben. Es gibt verschiedene Bausteine, z. B. der MAX 690 von MAXIM, welche die Spannungsversorgung überwachen, und bei Unterschreiten einer Grenze (z. B. 4,55V) einen Reset erzeugen. Ebenso sorgen sie dafür, daß beim Einschalten immer ein korrekter Reset erzeugt wird. Manche dieser Bausteine haben zusätzlich noch einen integrierten „Watchdog", der vom Programm über einen Port-Pin regelmäßig angesprochen werden muß. Bei Ausbleiben dieses Signals wird ebenfalls ein RESET erzeugt.

Solange der Reset noch nicht abgeschlossen ist, haben die Portleitungen einen unbestimmten Zustand. Erst nach einem korrekten Reset sind die Ports mit logisch „1" beschrieben. Die Special Function Register werden 00H beschrieben, mit Ausnahme des Stackpointers SP, der mit 07H beschrieben wird und des Registers SBUF,

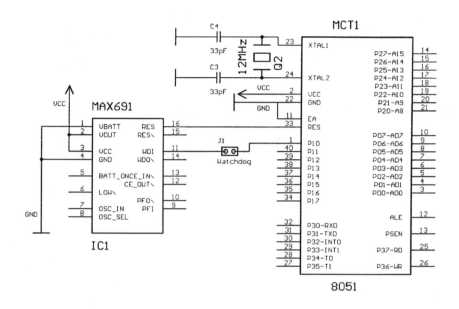

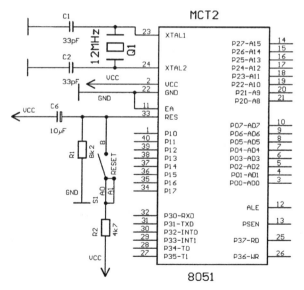

Abb. 21.18: Resetschaltungen am 8051

SFR-Symbol	Bedeutung	Adresse	Zustand
ACC	Accumulator	E0	0000 0000
B	Hilfaccu B	F0	0000 0000
PSW	Proc. Statuswort	D0	0000 0000
SP	Stack Pointer	81	0000 0111
DPL	Datapointer LOW	82	0000 0000
DPH	Datapointer HIGH	83	0000 0000
P0	Port 0	80	1111 1111
P1	Port 1	90	1111 1111
P2	Port 2	A0	1111 1111
P3	Port 3	B0	1111 1111
IP	Interrupt Priority	B8	XXX0 0000
IE	Interrupt Enable	A8	0XX0 0000
TMOD	Timer Mode	89	0000 0000
TCON	Timer Contol	88	0000 0000
TH0	Timer 0 HIGH	8C	0000 0000
TL0	Timer 0 LOW	8A	0000 0000
TH1	Timer 1 HIGH	8D	0000 0000
TL1	Timer 1 LOW	8B	0000 0000
SCON	Serial Control	98	0000 0000
SBUF	Serial Databuffer	99	unbestimmt
PCON	Powercontrol	87	0XXX XXXX

Abb. 2.19: Zustände der Special-Function-Register nach RESET

welches überhaupt nicht beschrieben wird, da sonst ein Sendevorgang der seriellen Schnittstelle ausgelöst wird.

2.2 Der Befehlssatz

Die Befehle des 8051 werden in 8 Bit dargestellt. Dadurch ergeben sich 256 Kombinationen. Das Befehlsbyte wird im Befehlsdecoder entschlüsselt und die CPU führt darauf hin ganz bestimmte Aktionen aus. Das Befehlsbyte 1110 0100 (E4h) löscht zum Beispiel den Akku.

Da es nun für den Menschen sehr schwer ist, sich diese Befehlsbytes als Zahl zu merken, werden sogenannte Mnemoniks eingeführt, das sind kurze Buchstabenkombinationen, die die Bedeutung des Befehls in Erinnerung rufen. Das Befehlsbyte E4h wird zum Beispiel als CLR A (CLeaR Akku) dargestellt.

Alle Prozessoren der 8051-Familie haben die gleichen Befehlscodes. Eine Besonderheit der 8051-Mnemonik ist, daß immer erst das Ziel und dann die Quelle angegeben wird. Um das Register R1 in den Akku zu laden wird der Befehl

MOV   A ,   R1

Opcode Ziel , Quelle

verwendet.

2.2.1 Adressierungsarten

Der 8051 beherrscht fünf Adressierungsarten:

- Register
- Direkt
- Registerindirekt
- Unmittelbar (Konstanten)
- Indiziert (Indirekte Adressierung durch Basisregister und Index)

Register-Adressierung

Die Register-Adressierung erlaubt den Zugriff auf 8 Register (R0... R7) der gewählten Registerbank. Die unteren 3 Bits im Opcode des Befehls geben an, welches Register verwendet werden soll. ACC, B, DPTR, und CY (Akku des booleschen Prozessors) können ebenfalls als Register adressiert werden.

Der Befehl MOV A,R4 wird binär als 1110 1100 dargestellt. Der Befehlsdecoder erkennt an dem Bitmuster 1110 1xxx den Befehl MOV A, und an den letzten drei Bits xxxx x100 das Register 4.

Direkte Adressierung

Die direkte Adressierung ist die einzige Methode um auf die Special Function Register zuzugreifen. Die 128 Byte des internen RAMs sind ebenfalls direkt adressierbar. Die Adresse wird in einem 8-Bit-Adressfeld im Befehl gekennzeichnet. Befehle zur direkten Adressierung sind immer mindestens 2-Byte-Befehle.

Beispiel:
ADD A,8A. Die Adresse 8A ist das Low-Byte des Zählers 0. Bei der Ausführung des Befehls wird der Inhalt der Adresse 8A zum Akku addiert. Der Befehl wird Hexadezimal als 25h 8Ah dargestellt.

Registerindirekte Adressierung

Bei der registerindirekten Adressierung wird der Inhalt von R0 oder R1 als Zeiger auf Speicherplätze in einem Block von maximal 256 Bytes verwendet. Hierbei kann es sich entweder um die 128 (256) Byte des internen RAM oder um die unteren 256 Byte des externen Datenspeichers handeln. Zu beachten ist, daß auf die Special Function Register mit dieser Adressierungsart nicht zugegriffen werden kann. Der Zugriff auf den gesamten externen 64KByte-Datenspeicher-Bereich erfolgt über den 16-Bit Data Pointer (DPTR). Bei der Ausführung der Befehle PUSH und POP wird ebenfalls die registerindirekte Adressierung verwendet. Der Stack kann an beliebiger Stelle im internen RAM untergebracht werden. Durch das Zeichen „@" wird die indirekte Adressierung gekennzeichnet.

Beispiele:

```
MOV A,@R0
```

Befindet sich im Register R0 der Wert 3Ah wird der Akku mit dem Inhalt der Speicherstelle 3Ah des internen RAMs geladen.

`MOVX A,@R1` Ist im Register R1 der Wert 15h, wird der Inhalt der Speicherstelle 15h im externen Datenspeicher in den Akku geladen.

Unmittelbare Adressierung

Die unmittelbare Adressierung erlaubt den Zugriff auf Konstanten , die Teil des Befehls sind. Die Konstanten sind im Programmspeicher abgelegt.

Beispiel:

```
MOV R3,#0 Bh
```

In das Register R3 wird der Wert 0Bh (11) geschrieben. Das Zeichen „ #" kennzeichnet den Wert als Konstante.

Indizierte Adressierung

Diese Adressierungsart gestattet den Zugriff auf ein Byte im Programmspeicher über eine Basisadresse und einen Index. Die Adresse ist die Summe aus beiden. Die Basisadresse ist der Data Pointer (DPTR) oder der Program Counter (PC). Der Index ist der Akku. Nach der Ausführung des Befehls steht der Inhalt der Speicherstelle des Programmspeichers im Akku. Diese Adressierungsart wird zum Zugriff auf feste Tabellen verwendet.

Beispiel:

```
MOVC A,@A+DPTR
```

Hat der Data Pointer den Inhalt 1000h und der Akku den Inhalt 05h, so wird der Inhalt der Speicherstelle 1005h im Programmspeicher in den Akku geladen.

2.2.2 Arithmetische Befehle

Der 8051 verfügt über vier grundlegende mathematische Operationen.

- Addition
- Subtraktion
- Multiplikation
- Division

Addition

Der INC-Befehl (Incrementieren) addiert eine Eins zum Operanden und bringt das Ergebnis in den Operanden. Das Carry-Flag wird dabei nicht beeinflußt.

Beispiel:

```
INC R5
```

Erhöht den Inhalt des Registers 5 um Eins.

Der ADD -Befehl (Addiere) addiert den Inhalt des Akkus zum Quellenoperand und bringt das Ergebnis in den Akku.

Beispiel:

```
ADD A,80h
```

Addiert den Inhalt des Akku und der internen Speicherstelle 80h.

Der ADDC-Befehl (Addieren mit Übertrag) addiert den Inhalt des Akkus zum Quellenoperand und dann noch eine Eins wenn das Übertragsbit CY gesetzt ist. Das Ergebnis steht im Akku.

Beispiel:

```
ADDC A,R5
```

Addiert den Inhalt des Akku und der Registers 5.

Der DA -Befehl (Korrektur nach Addition von BCD-Zahlen) korrigiert die Summe, die durch binäres Addieren von zwei zweistelligen binär codierten Dezimaloperanden entstanden ist. Das Ergebnis (in gepackter Darstellung) wird in den Akku zurückgeschrieben. Das Übertragsbit CY wird gesetzt, wenn das BCD-Ergebnis größer als 99 ist, andernfalls wird es gelöscht. Der Befehl kann nur nach einer Addition verwendet werden, da er bei einer Subtraktion ein falsches Ergebnis liefert.

Subtraktion

Der SUBB-Befehl (Subtrahieren mit Übertrag) subtrahiert den Quellenoperanden vom Akku (Zieloperand), zusätzlich wird eine Eins subtrahiert, wenn das Übertragsbit CY gesetzt ist. Das Ergebnis wird in den Akku geschrieben.

Beispiel:

```
SUBB A,R1
```

Subtrahiert das Register R1 vom Akku.

Der DEC -Befehl (Decrementieren) subtrahiert eine Eins vom Operanden und bringt das Ergebnis in den Operanden. Das Carry-Flag wird dabei nicht beeinflußt.

Beispiel:

```
DEC 35h
```

Decrementiert den Inhalt der Speicherstelle 35h im internen RAM.

Multiplikation

Der MUL-Befehl führt eine Multiplikation ohne Vorzeichen des Akkus mit dem Inhalt des Registers B durch. Das Ergebnis ist 2 Byte lang. Der Akku nimmt das niederwertige Byte, das Register B, das höherwertige Byte, des Ergebnisses auf. Das Overflow-Flag OV wird gelöscht, wenn die obere Hälfte des Ergebnisses Null ist und gesetzt wenn es von Null verschieden ist. Das Carry-Flag CY wird gelöscht.

Beispiel:

```
MOV   A,20H     ;Inhalt der Adresse 20
MOV   B,#5      ;mit 5
MUL   AB        ;multiplizieren
```

Division

Der DIV-Befehl erzeugt eine Division ohne Vorzeichen des Akkus durch das Register B. Der ganzzahlige Teil des Ergebnisses wird im Akku abgelegt, der Rest im Register B. Das Carry-Flag CY wird gelöscht. Eine Division durch Null führt zu unbestimmten Werten in A und B, wobei das Oberflow-Flag OV gesetzt wird, andernfalls wird es gelöscht.

Beispiel:

```
MOV   A,20H     ;Inhalt der Adresse 20
MOV   B,#5      ;durch 5
DIV   AB        ;dividieren
```

Mnemonic	Bedeutung	Länge	Zyklen
ADD A,Rr	A = A+Rr, Der Inhalt des Akku wird mit dem Ergebnis der Addition überschrieben	1	1
ADDC A,Rr	A = A+Rr+Cy, Der Inhalt des Akku wird mit dem Ergebnis der Addition überschrieben. Das Carry-Flag wird bei der Addition berücksichtigt	1	1
ADD A,dadr	A = A+dadr, Der Inhalt des Akku wird mit dem Ergebnis der Addition überschrieben	2	1
ADDC A,dadr	A = A+dadr+Cy, Der Inhalt des Akku wird mit dem Ergebnis der Addition überschrieben. Das Carry-Flag wird bei der Addition berücksichtigt	2	1
ADD A,@Ri	A = A+@Ri, Der Inhalt des Akku wird mit dem Ergebnis der Addition überschrieben	1	1
ADDC A,@Ri	A = A+@Ri+Cy, Der Inhalt des Akku wird mit dem Ergebnis der Addition überschrieben. Das Carry-Flag wird bei der Addition berücksichtigt	1	1
ADD A,#konst8	A = A+#konst8, Der Inhalt des Akku wird mit dem Ergebnis der Addition überschrieben	2	1
ADDC A,#konst8	A = A+#konst8+Cy, Der Inhalt des Akku wird mit dem Ergebnis der Addition überschrieben. Das Carry-Flag wird bei der Addition berücksichtigt	2	1
SUBB A,Rr	A = A-Rr-Cy, Der Inhalt des Akku wird mit dem Ergebnis der Subtraktion überschrieben. Das Carry-Flag wird bei der Subtraktion berücksichtigt	1	1
SUBB A,dadr	A = A-dadr-Cy, Der Inhalt des Akku wird mit dem Ergebnis der Subtraktion überschrieben. Das Carry-Flag wird bei der Subtraktion berücksichtigt	2	1
SUBB A,@Ri	A = A-@Ri-Cy, Der Inhalt des Akku wird mit dem Ergebnis der Subtraktion überschrieben. Das Carry-Flag wird bei der Subtraktion berücksichtigt	1	1
SUBB A,#konst8	A = A-#konst8-Cy, Der Inhalt des Akku wird mit dem Ergebnis der Subtraktion überschrieben. Das Carry-Flag wird bei der Subtraktion berücksichtigt	2	1
INC A	A = A+1, Erhöht den Wert im Akku um 1. Das Carry-Flag wird nicht beeinflusst	1	1
INC Rr	Rr = Rr+1, Erhöht den Wert im Register r um 1. Das Carry-Flag wird nicht beeinflusst	1	1
INC dadr	dadr = dadr+1, Erhöht den Wert in der Speicherstelle dadr um 1. Das Carry-Flag wird nicht beeinflusst	2	1
INC @Ri	@Ri = @Ri+1, Erhöht den Wert des Speicherplatzes auf den Ri zeigt um 1. Das Carry-Flag wird nicht beeinflusst	1	1
INC DPTR	DPTR = DPTR +1, Erhöht den Datapointer DPTR um 1. Das Carry-Flag wird nicht beeinflusst	1	2
DEC A	A = A-1, Erniedrigt den Wert im Akku um 1. Das Carry-Flag wird nicht beeinflusst	1	1
DEC Rr	Rr = Rr-1, Erniedrigt den Wert im Register r um 1. Das Carry-Flag wird nicht beeinflusst	1	1
DEC dadr	dadr = dadr-1, Erniedrigt den Wert in der Speicherstelle dadr um 1. Das Carry-Flag wird nicht beeinflusst	2	1
DEC @Ri	@Ri = @Ri-1, Erniedrigt den Wert des Speicherplatzes auf den Ri zeigt um 1. Das Carry-Flag wird nicht beeinflusst	1	1
MUL AB	AB = A*B, Register B wird dem Akku multipliziert. Das niederwertige Byte des Produktes steht in A, das höherwertige in B	1	4
DIV AB	AB = A/B, Der Akku wird durch B dividiert. Der Quotient steht in A, der Divisionsrest in B	1	4
DA A	Das Ergebnis er BCD-Addition wird korrigiert	1	1

Abb. 2.20: Liste der arithmetischen Befehle

2.2.3 Logische Befehle

Der 8051 kann die grundlegenden logischen Operationen sowohl mit Bit- als auch mit Byte-Operationen durchführen. Hier sollen nur die Byte-Operationen besprochen werden.

Operationen mit nur einem Operanden

Der CLR-Befehl (Clear) setzt den Akku auf Null.
Der CPL-Befehl (Complement) dient zur Komplementierung des Akkus.

Die Befehle RL , RR , RLC , RRC und SWAP sind die fünf Rundschiebeoperationen, die Im Akku durchgeführt werden können. RL führt eine Rundverschiebung nach links durch, RR eine nach rechts. Bei RLC wird der Akku unter Einbeziehung des Carry-Flags CY nach links geschoben, RRC verschiebt entsprechend nach rechts. Bei RLC und RRC erhält das Übertragsbit den Wert des letzten hinausgeschobenen Bits. Mit SWAP erfolgt eine Viererverschiebung nach links. Dies ergibt ein Vertauschen von Bit 3... 0 mit Bit 7... 4.

Beispiele:

```
RL A
```

Ist der Inhalt des Akkus vor Ausführung des Befehls 80h, so ist der Inhalt nach dem Befehl 01h.

```
RRC A
```

Ist der Inhalt des Akkus vor der Ausführung 03h und ist das Übertragsbit gesetzt, so ist nach der Ausführung, der Inhalt des Akkus 81h und das Übertragsbit gesetzt.

```
SWAP A
```

Ist der Inhalt des Akkus vor dem Befehl 41h, so ist er nach dem Befehl 14h.

Operationen mit zwei Operanden

Der ANL-Befehl führt eine bitweise logische UND-Operation mit zwei Operanden durch. Das Ergebnis steht im ersten Operanden.

Beispiel:

```
ANL A,#0Fh
```

Ist der Inhalt des Akkus vor der Operation 56h, so ist er nach dem Befehl 06h.

Der ORL-Befehl führt eine bitweise logische ODER-Operation mit zwei Operanden durch. Das Ergebnis steht im ersten Operanden. Beispiel:

```
ORL A,R5
```

Ist der Inhalt des Akkus vor Befehl 41h und der des Registers 5 80h, so ist der Inhalt des Akkus nach der Operation C1h.

Der XRL-Befehl führt eine bitweise logische EXKLUSIV-ODER-Operation mit zwei Operanden durch. Das Ergebnis steht im ersten Operanden.

Mnemonic	Bedeutung	Länge	Zyklen
ANL A,Rr	A = A UND Rr, Das Ergebnis der logischen UND-Verknüpfung überschreibt den Akku	1	1
ANL A,dadr	A = A UND dadr, Das Ergebnis der logischen UND-Verknüpfung überschreibt den Akku	2	1
ANL A,@Ri	A = A UND @Ri, Das Ergebnis der logischen UND-Verknüpfung überschreibt den Akku	1	1
ANL A,#konst8	A = A UND #konst8, Das Ergebnis der logischen UND-Verknüpfung überschreibt den Akku	2	1
ANL dadr,A	dadr = dadr UND A, Das Ergebnis der logischen UND-Verknüpfung überschreibt die Speicherstelle dadr	2	1
ANL dadr,#konst8	dadr = dadr UND #konst8, Das Ergebnis der logischen UND-Verknüpfung überschreibt die Speicherstelle dadr	2	2
ORL A,Rr	A = A ODER Rr, Das Ergebnis der logischen ODER-Verknüpfung überschreibt den Akku	1	1
ORL A,dadr	A = A ODER dadr, Das Ergebnis der logischen ODER-Verknüpfung überschreibt den Akku	2	1
ORL A,@Ri	A = A ODER @Ri, Das Ergebnis der logischen ODER-Verknüpfung überschreibt den Akku	1	1
ORL A,#konst8	A = A ODER #konst8, Das Ergebnis der logischen ODER-Verknüpfung überschreibt den Akku	2	1
ORL dadr,A	dadr = dadr ODER A, Das Ergebnis der logischen ODER-Verknüpfung überschreibt die Speicherstelle dadr	2	1
ORL dadr,#konst8	dadr = dadr ODER #konst8, Das Ergebnis der logischen ODER-Verknüpfung überschreibt die Speicherstelle dadr	2	2
XRL A,Rr	A = A EXODER Rr, Das Ergebnis der logischen EXODER-Verknüpfung überschreibt den Akku	1	1
XRL A,dadr	A = A EXODER dadr, Das Ergebnis der logischen EXODER-Verknüpfung überschreibt den Akku	2	1
XRL A,@Ri	A = A EXODER @Ri, Das Ergebnis der logischen EXODER-Verknüpfung überschreibt den Akku	1	1
XRL A,#konst8	A = A UND #konst8, Das Ergebnis der logischen UND-Verknüpfung überschreibt den Akku	2	1
XRL dadr,A	dadr = dadr EXODER A, Das Ergebnis der logischen EXODER-Verknüpfung überschreibt die Speicherstelle dadr	2	1
XRL dadr,#konst8	dadr = dadr EXODER #konst8, Das Ergebnis der logischen EXODER-Verknüpfung überschreibt die Speicherstelle dadr	2	2
CLR A	A = 0,Löscht den Akku	1	1
CPL A	A = NICHT A, invertiert den Akku (Einerkomplement)	1	1
RL A	A.[n+1] = A.[n]	A.[0] = A.[7], Der Inhalt des Akku wird um eine Stelle nach links geschoben. Das höchstwertige Bit wird in das Niederwertigste geschoben.	1	1
RLC A	A.[n+1] = A.[n]	A.[0] = Cy	Cy = A.[7], Der Inhalt des Akku wird über das Carry-Flag um eine Stelle nach links geschoben. Das höchstwertige Bit wird in das Carry-Flag geschoben.	1	1
RR A	A.[n-1] = A.[n]	A.[7] = A.[0], Der Inhalt des Akku wird um eine Stelle nach rechts geschoben. Das niederwertigste Bit wird in das Höchstwertige geschoben	1	1
RRC A	A.[n-1] = A.[n]	A.[7] = Cy	Cy = A.[0], Der Inhalt des Akku wird über das Carry-Flag um eine Stelle nach rechts geschoben. Das niederwertigste Bit wird in das Carry-Flag geschoben.	1	1
SWAP A	Die beiden Halbbytes des Akkus werden vertauscht.	1	1

Abb. 2.21: Liste der logischen Befehle

Beispiel:

```
XRL 20h,A
```

Ist der Inhalt des Akkus vor dem Befehl 55h und der Inhalt der Speicherstelle 20h in internen RAM AAh, so ist der Inhalt der Speicherstelle 20h nach der Operation FFh.

Logische Befehle die sich auf den Akku beziehen, benötigen für die Ausführung einen Maschinenzyklus, Befehle die sich auf eine Adresse im internen RAM beziehen benötigen zwei.

2.2.4 Datentransferbefehle im internen RAM

Der MOV-Befehl erlaubt das Kopieren von Daten zwischen zwei Speicherplätzen im internen RAM. MOV A,[Quelle] kopiert den Inhalt von Quelle in den Akku. MOV [Quelle],A tut das Gegenteil. MOV [Ziel],[Quelle] kopiert den Inhalt von Quelle nach Ziel ohne den Akku zu benutzen. Quelle und Ziel können mit den Adressierungsarten Register, Direkt, Registerindirekt und Unmittelbar (nur Quelle) adressiert werden. Der Befehl MOV DPTR, #16-Bit-Konst lädt den Data Pointer mit einer 16-Bit-Konstanten.

Beispiel:

```
MOV A,R7
```

Lädt den Inhalt von R7 in den Akku, R7 behält seinen Wert.
MOV @R0, #20h. Enthält Register R0 den Wert 15h, so wird die Speicherstelle 15h im internen RAM mit dem Wert 20h beschrieben.
MOV DPTR, #12A0h. Lädt den Data Pointer mit dem Wert 12A0h.
Die PUSH-Befehl incrementiert zuerst den Stack Pointer SP und kopiert dann den Inhalt des direkten Bytes auf den Stack.

Beispiel:

```
PUSH 07h
```

Ist der Inhalt des SP vor dem Befehl 10h und der Inhalt der Speicherstelle 07h im internen RAM 55h, so ist der Inhalt des Stack an der Stelle 11h gleich 55h, der SP ist 11h.

Der POP-Befehl kopiert zuerst den Inhalt des Stack-Speicherplatzes und decrementiert dann den Stack Pointer.

Beispiel:

```
POP 07h
```

Ist der Inhalt Speicherstelle 07h gleich 99h, der des SP 11h und der des Stack an der Stelle 11h gleich 55h, so ist der Inhalt der Speicherstelle 07h nach dem Befehl gleich 55h, und der SP ist 10h.

Der XCH-Befehl vertauscht den Inhalt des Akkus mit dem der Quelle. Diese kann Register, Direkt oder Registerindirekt adressiert sein.

Beispiel:

```
XCH A,R0
```

Ist der Inhalt des Akkus 10h und der des Registers R0 20h so ist der Inhalt des Akkus nach dem Befehl 20h und der des Registers R0 gleich 10h.

Der XCHD-Befehl vertauscht das Low-Nibble des Akkus mit dem der Quelle. Die Quelle wird Registerindirekt adressiert.

Beispiel:

```
XCHD A,@R0
```

Ist der Inhalt des Akkus 67h, der des Registers R0 10h und der Speicherstelle 10h gleich 76h, so steht nach dem Befehl im Akku 66h und in der Speicherstelle 10h 77h.

2.2.5 Datentransferbefehle mit dem externen RAM

Beim Zugriff auf den externen Datenspeicher (RAM) kann nur die indirekte Adressierung verwendet werden. Mit dem 16-Bit Data Pointer DPTR kann auf 64 KByte zugegriffen werden. Mit den Registern R0 und R1 kann man auf 256 Byte zugreifen. Bei den Registerbefehlen kann der Port 2 als Seiten-Wahl verwendet werden, indem man vor dem Zugriff auf den externen Datenspeicher einen entsprechenden Wert in das Special Function Register P2 schreibt. Man hat 256 Seiten zur Auswahl, somit sind ebenfalls 64 KByte Datenspeicher adressierbar.

Beispiele:

Zugriff auf den externen Datenspeicher mit dem Data Pointer;.

```
MOV DPTR, #0801h    ; Zeiger laden
MOVX A,@DPTR        ; Wert einlesen
```

Der Data Pointer wird mit der Adresse 801h des externen Datenspeichers geladen, dann wird der Inhalt dieser Speicherstelle in den Akku geladen. Mit den Registerbefehlen sieht dieser Zugriff so aus:

```
MOV R0, #01h        ; Niederwertiger Teil der Adresse laden
MOV P2, #08h        ; Höherwertiger Teil der Adresse laden (Bank)
MOVX A,@R0          ; Wert einlesen
```

2.2.6 Tabellenbefehle

Mit den MOVC-Befehlen kann auf Tabellen im Programmspeicher zugegriffen werden.

Das Mnemonik MOVC bedeutet „MOVe Constant".

Tabellen werden zum Beispiel benutzt um Werte umzurechnen (z. B. Binärwerte in Codes für eine Anzeige) oder um Textkonstanten zu speichern, die auf einer Anzeige ausgegeben werden sollen.

Der Befehl MOVC A,@A+DPTR kann aus einer Tabelle bis zu 256 Eintragungen auslesen, die von 0 bis 255 durchnummeriert sind. Die Basisadresse steht im Data Pointer, die Nummer des gewünschten Eintrags steht im Akku. Nach der Ausführung des Befehls MOVC A,@A+DPTR steht der Wert des Tabelleneintrags im Akku.

Man kann aber auch den Akku vor der Ausführung des Befehls löschen und statt dessen den Data Pointer inkrementieren. Dadurch erhält man aber keinen wahlfreien Zugriff auf die Tabelle.

Beispiel:

Auslesen und Anzeigen einer nullterminierten Zeichenkette.

```
        MOV DPTR, #TABELLE      ; Datenzeiger auf Basisadresse von TABELLE
        MOV R0, #0              ; R0 löschen
LOOP:
        MOV A,R0                ; Index laden
        MOVCA,@A+DPTR           ; Zeichen holen
        INC R0                  ; nächstes Zeichen
        LCALL AUSGABE           ; Ausgabe des Zeichens auf Anzeige
        JNZ LOOP                ; Wenn Zeichen ungleich NULL dann nächste
...

TABELLE:
DB      ,,DAS IST EIN TEST'',0
```

Der Befehl MOVC A,@A+PC arbeitet nach demselben Prinzip. Hierbei bildet der Program Counter (PC) die Basisadresse. Ein sinnvoller Einsatz des Befehls ist allerdings nur in einem Unterprogramm möglich. Das folgende Beispiel verdeutlicht das:

```
        MOV A, #TABELLE1+2      ; Dritter Eintrag in der Tabelle
        CALLTABELLE             ; Unterprogramm aufrufen
        ....                    ; Weiteres Programm
```

```
TABELLE:
        INC                     ; Index korrigieren
        MOVC  A,@A+PC           ; Tabellenwert einlesen
        RET                     ; Unterprogramm beenden

TABELLE1:                       ; Tabelle mit Werten unmittelbar nach
        DB    0                 ; Unterprogramm
        DB    1
        DB    2
        ...                     ;Weitere Tabellenwerte
```

Nach Ausführung des Programms steht der Wert 2 im Akku. Der INC A Befehl ist notwendig, da bei einer Null im Akku nur der Wert von RET also 22h gelesen würde. Somit können in den Akku nur Werte von 0 bis 254 eingetragen werden.

Mnemonic	Bedeutung	Länge	Zyklen
MOV A,Rr	A = Rr, Akku mit Inhalt von Rr laden	1	1
MOV A,dadr	A = dadr, Akku mit Inhalt der Speicherstelle dadr laden	2	1
MOV A,@Ri	A = @Ri, Akku mit Inhalt der Speicherstelle laden auf die Ri zeigt	1	1
MOV A,#konst8	A = #konst8, Akku mit der Konstante #konst8 laden	2	1
MOV Rr,A	Rr = A, Register r mit Inhalt von Akku laden	1	1
MOV Rr,dadr	Rr = dadr, Register r mit Inhalt der Speicherstelle dadr laden	2	2
MOV Rr,#konst8	Rr = #konst8, Register r mit der Konstante #konst8 laden	2	1
MOV dadr,A	dadr = A, Speicherstelle dadr mit Inhalt von Akku laden	2	1
MOV dadr,Rr	dadr = Rr, Speicherstelle dadr mit Inhalt von Register r laden	2	2
MOV dadr,dadr	dadr = dadr, Speicherstelle dadr mit Inhalt einer anderen Speicherstelle dadr laden.	3	2
MOV dadr,@Ri	dadr = @Ri, Speicherstelle dadr mit Inhalt der Speicherstelle laden auf die Ri zeigt	2	2
MOV dadr,#konst8	dadr = #konst8, Speicherstelle dadr mit der Konstante #konst8 laden	3	2
MOV @Ri,A	@Ri = A, Speicherstelle auf die Ri zeigt mit Inhalt von Akku laden	1	1
MOV @Ri,dadr	@Ri = dadr, Speicherstelle auf die Ri zeigt mit Inhalt der Speicherstelle dadr laden	2	2
MOV @Ri,#konst8	@Ri = #konst8, Speicherstelle auf die Ri zeigt mit der Konstanten #konst8 laden	2	1
PUSH dadr	Inhalt der Speicherstelle dadr auf den Stack retten, Der Stackpointer SP wird vor Ausführung des Befehls um 1 erhöht	1	2
POP dadr	Die Speicherstelle dadr wird mit dem Inhalt der Speicherstelle, auf die SP zeigt, geladen. Der Stackpointer SP wird nach Ausführung des Befehls um 1 erniedrigt.	1	2
XCH A,Rr	A <=> Rr, der Inhalt des Akku und des Registers r werden vertauscht	1	1
XCH A,dadr	A <=> dadr, der Inhalt des Akku und der Speicherstelle dadr werden vertauscht	2	1
XCH A,@Ri	A <=> @Ri, Der Inhalt des Akku und der Speicherstelle auf die Ri zeigt werden vertauscht	1	1
XCHD A,@Ri	A[0..3] <=> @Ri[0..3], das niederwertige Halbbyte des Akku und der Speicherstelle, auf die Ri zeigt, werden vertauscht.	1	1
MOV DPTR,#konst16	DPTR = #konst16, Der Datapointer DPTR wird mit der 16-Bit-Konstanten #konst16 geladen (i.a. eine Adresse im extenen Speicher)	3	2
MOVX A,@Ri	A = @Ri(Externer Datenspeicher), Akku mit dem Inhalt der externe Datenspeicherstelle laden auf die Ri zeigt	1	2
MOVX A,@DPTR	A = @DPTR(Externer Datenspeicher), Akku mit dem Inhalt der externe Datenspeicherstelle laden auf die der Datapointer DPTR zeigt	1	2
MOVX @Ri,A	@Ri(Externer Datenspeicher) = A , Externe Datenspeicherstelle auf die Ri zeigt, mit dem Inhalt des Akku laden	1	2
MOVX @DPTR,A	@DPTR(Externer Datenspeicher) = A , Externe Datenspeicherstelle auf die der Datapointer DPTR zeigt, mit dem Inhalt des Akku laden	1	2
MOVC A,@A+DPTR	A = @A+DPTR(Programmspeicher), Akku mit dem Inhalt der Programmspeicherstelle laden auf die der Zeiger (DPTR+A) zeigt	1	2
MOVC A,@A+PC	A = @A+PC(Programmspeicher), Akku mit dem Inhalt der Programmspeicherstelle laden auf die der Zeiger (PC+A) zeigt	1	2

Abb. 2.22: Liste der Datentransportbefehle

2.2.7 Boolesche Befehle

Der 8051 besitzt einen kompletten booleschen Einzel-Bit-Prozessor. Das interne RAM verfügt über 128 einzeln adressierbare Bits mit den Adressen 00h bis 7Fh und der SFR-Bereich, besitzt weitere 128 einzeln adressierbare Bits mit den Adressen 80h bis FFh.

Das Carry-Flag CY bildet den Ein-Bit-Akku des booleschen Prozessors.

Mit dem MOV-Befehl kann ein Bit in den Bit-Akku CY transportiert werden, oder vom CY in eine bitadressierbare Speicherstelle.

Beispiel:

```
MOV   C,EXO    ; Bit EXO (Enable External Interrupt 0) nach CY
MOV   P1.0,C   ; CY nach Port 1 Bit 0
```

Der CLR-Befehl löscht ein Bit.

Beispiel:

```
CLR   C        ; Löscht CY
CLR   EA       ; Löscht Enable All Bit
```

Der SETB-Befehl setzt ein Bit auf Eins.

Beispiel:

```
SETB  C        ; Setzt CY auf 1
SETB P3.2      ; Setzt Bit 2 von Port 3
```

Der CPL-Befehl komplementiert ein Bit.

Beispiel:

```
CPL   C        ; Komplementiert CY
CPL TRO        ; Komplementiert das Timer Run Bit 0
```

Der ANL-Befehl bildet das logische UND zwischen CY und einem Bit, das Ergebnis steht im CY.

Beispiel:

```
ANL   C,P1.1     ; Logisches UND zwischen Port 1 Bit 1 und CY
ANL   C,/ACC.0   ; Logisches UND zwischen NICHT (Akku Bit 0) und CY
```

Der ORL-Befehl bildet das logische ODER zwischen dem CY und einem Bit, das Ergebnis steht im CY.

Beispiel:

```
ORL   C,/P3.7          ; Logische ODER zwischen NICHT Port 3 Bit 7) und CY
ORL   C,ES             ; Logische ODER zwischen ES (Enable Serial) und CY
```

Der boolesche Prozessor besitzt keine Exklusiv-Oder-Funktion, diese kann aber per Software leicht mit folgendem Programm nachgebildet werden:

```
;** BIT 1 XOR BIT 2 **
      MOV   C,BIT1      ; BIT 1 in CY
      JNB   BIT2,WEITER ; Springe wenn BIT2 = 0 zu WEITER
      CPL   C
WEITER:
      ...
```

BIT1 wird ins CY übertragen, dann wird BIT2 getestet ob es NULL ist, wenn JA bleibt der Inhalt von CY unverändert, wenn NEIN, wird CY komplementiert.

Mnemonic	Bedeutung	Länge	Zyklen
MOV C,badr	C = badr, Carry-Flag mit dem Inhalt der Bitadresse badr laden	2	1
MOV badr,C	badr = C, Bitadresse mit dem Inhalt des Carry-Flag laden	2	2
CLR C	C = 0, Carry-Flag löschen	1	1
CLR badr	badr = 0, Inhalt der Bitadresse badr löschen	2	1
SETB C	C = 1, Carry-Flag mit "Logisch 1" laden	1	1
SETB badr	badr = 1, Inhalt der Bitadresse badr mit "Logisch 1" laden	2	1
CPL C	C = NOT C, Carry-Flag komplementieren	1	1
CPL badr	badr = NOT badr, Inhalt der Bitadresse badr komplementieren	2	1
ANL C,badr	C = C UND badr, das Carry-Flag wird mit dem Ergebnis der UND-Verknüpfung überschrieben	2	2
ANL C,/badr	C = C UND NOT badr, das Carry-Flag wird mit dem Ergebnis der UND-Verknüpfung überschrieben. Der Inhalt der Bitadresse badr wird der UND-Verknüpfung invertiert zugeführt	2	2
ORL C,badr	C = C ODER badr, das Carry-Flag wird mit dem Ergebnis der ODER-Verknüpfung überschrieben	2	2
ORL C,/badr	C = C ODER NOT badr, das Carry-Flag wird mit dem Ergebnis der ODER-Verknüpfung überschrieben. Der Inhalt der Bitadresse badr wird der ODER-Verknüpfung invertiert zugeführt	2	2
JC rel	IF C=1 -> PC = PC+rel, Sprung auf die Adresse rel wenn Carry-Flag "logisch 1" ist	2	2
JNC rel	IF C=0 -> PC = PC+rel, Sprung auf die Adresse rel wenn Carry-Flag "logisch 0" ist	2	2
JB rel	IF badr=1 -> PC = PC+rel, Sprung auf die Adresse rel wenn Inhalt der Bitadresse badr "logisch 1" ist	2	2
JNB rel	IF badr=0 -> PC = PC+rel, Sprung auf die Adresse rel wenn Inhalt der Bitadresse badr "logisch 0" ist	2	2
JBC rel	IF badr=1 -> PC = PC+rel | badr = 0, Sprung auf die Adresse rel wenn Inhalt der Bitadresse badr "logisch 1" ist und Löschen des Inhalts von badr	2	2

Abb. 2.23: Befehle zur Einzelbitverarbeitung

Die bedingten Sprungbefehle JB (Jump on Bit set), JNB (Jump on Not Bit set), JC (Jump on Carry set), JNC (Jump on Not Carry set) und JBC (Jump on Bit set and Clear bit) führen einen Sprung an die angegebene relative Adresse aus, wenn die Bedingung WAHR ist.

Relative Sprungadresse

Alle bedingten Sprungbefehle und der unbedingte Sprungbefehl SJMP benutzen zur Errechnung des Sprungzieles einen Adressoffset oder eine relative Adresse. Es handelt sich dabei um einen vorzeichenbehafteten 8-Bit-Wert, der zum Programmzähler addiert wird. Der Sprungbereich ist damit -128 bis +127 Bytes relativ zur Adresse des Befehls der auf den Sprungbefehl folgt.

2.2.8 Sprungbefehle

Man unterscheidet zwischen unbedingten Sprüngen, deren Ausführung nicht von einer Bedingung abhängig ist, und bedingten Sprüngen, die nur ausgeführt werden, wenn die Bedingung WAHR ist. Die oben beschriebenen Bit-Test-Befehle sind solche bedingten Sprünge.

Unbedingte Sprünge

Bei einem unbedingten Sprung wird der Adresszähler auf den Wert der Sprungadresse gesetzt und das Programm dann an dieser Stelle fortgeführt.

Mnemonic	Bedeutung	Länge	Zyklen
SJMP rel	PC = PC +rel, Unbedingter Sprung um rel	2	2
AJMP adr11	PC = adr11, Unbedingter Sprung auf die Adresse adr11 im aktuelle 2 KByte-Block	2	2
LJMP adr16	PC = adr16, Unbedingter Sprung auf die Adresse adr16	3	2
JMP @A+DPTR	PC = DPTR+A, Programmierter Sprung auf die Adresse (DPTR+A)	1	2
NOP	Leerbefehl, z.B. für Warteschleifen	1	1
ACALL adr11	SP <= PC | PC = adr11, Unbedingter Unterprogrammaufruf der Adresse adr11 im aktuelle 2 KByte-Block	2	2
LCALL adr16	SP <= PC | PC = adr16, Unbedingter Unterprogrammaufruf der Adresse adr16	3	2
RET	PC <= SP, Rücksprung aus einem Unterprogramm	1	2
RETI	PC <= SP | RESET INTERRUPT, Rücksprung aus einem Interrupt-Unterprogramm. Das Interruptsystem wird für die Bearbeitung weiterer Interrupts freigegeben	1	2
JZ rel	IF A=1 -> PC = PC + rel, Bedingter Sprung um rel wenn der Akku "Logisch 1" ist	2	2
JNZ rel	IF A=0 -> PC = PC + rel, Bedingter Sprung um rel wenn der Akku "Logisch 0" ist	2	2
CJNE A,dadr,rel	IF A <> dadr -> PC = PC + rel, Bedingter Sprung um rel wenn der Akku ungleich dem Inhalt der Speicherstelle dadr ist	3	2
CJNE A,#konst8,rel	IF A <> #konst8 -> PC = PC + rel, Bedingter Sprung um rel wenn der Akku ungleich der Konstante #konst8 ist	3	2
CJNE Rr,#konst8,rel	IF Rr <> #konst8 -> PC = PC + rel, Bedingter Sprung um rel wenn das Register r ungleich der Konstante #konst8 ist	3	2
CJNE @Ri,#konst8,rel	IF @Ri <> #konst8 -> PC = PC + rel, Bedingter Sprung um rel wenn die Speicherstelle auf die Ri zeigt ungleich der Konstante #konst8 ist	3	2
DJNZ Rr,rel	Rr = Rr - 1 | IF Rr <> 0 -> PC = PC + rel, Dekrementiert Register r, bedingter Sprung um rel wenn Register r ungleich 0 ist	2	2
DJNZ dadr,rel	dadr = dadr - 1 | IF dadr <> 0 -> PC = PC + rel, Dekrementiert den Inhalt der Speicherstelle dadr, bedingter Sprung um rel wenn Inhalt der Speicherstelle dadr ungleich 0 ist	3	2

Abb. 2.24: Liste der Sprungbefehle

Den JMP-Befehl gibt es in drei Variationen.

Der SJMP -Befehl gibt das Sprungziel als relative Adresse an. Er benötigt zwei Byte.

Der AJMP-Befehl hat eine 11-Bit-Zieladresse. Der Befehl benötigt ebenfalls 2 Byte. Der Opcode beinhaltet selbst drei Bit der Adresse, die anderen acht stehen im zweiten Byte.

Codierung:

a10 a9 a8 0	0 0 0 1		a7 a6 a5 a4	a3 a2 a1 a0

Somit kann ein Sprung innerhalb eines 2 KByte-Blockes ausgeführt werden. Die 11-Bit-Adresse wird in den unteren Teil des Program Counters geschrieben, der obere Teil bleibt unverändert. Dadurch ergibt sich die oben genannte 2 KByte Größe, die den Programmspeicher in 32 Blöcke aufteilt. Da die oberen 5 Bit der Adresse fest bleiben, kann nicht von einem Block in den anderen gesprungen werden. Da das Überschreiben des PC mit der Zieladresse nach Ausführung des Befehls geschieht, kann es an den Blockgenzen zu Fehladressierung en kommen. Steht der Befehl AJMP 19A8h (ACALL 19A8H) an der Adresse 1FFEh (also Block 3), so steht PC nach Ausführung des Befehls auf 2000h und dann werden die unteren 11 Bit des PC mit 1A8h überschrieben. Das führt zu einem Sprungziel von 21A8h (Block4). An dieser Adresse befindet sich nicht der gewünschte Programmteil, dieser liegt wirklich an der Adresse 19A8h. Die fehlerhafte Berechnung des Sprungzieles führt in aller Regel zu einem Programmabsturz. Wegen dieser Probleme, ist der Befehl mit Vorsicht zu verwenden.

Der LJMP-Befehl führt einen 16-Bit Sprung aus. Er benötigt drei Byte. Somit kann der gesamte 64-KByte-Adressraum adressiert werden.

Der programmierter Sprung JMP @A+DPTR kann dazu verwendet werden, um Sprünge mit einer Sprungtabelle durchzuführen.

Beispiel:

```
        MOV   DPTR,#BASIS_ADR    ; Basisadresse laden
        MOV   A,OFFSET           ; Offset in Akku
        RL    A                  ; An Tabelle anpassen
        JMP   @A+DPTR            ; programmierter Sprung
        ...

BASIS_ADR:
        AJMP PROG_0              ; Sprungtabelle
        AJMP PROG_1
        AJMP PROG_2
        ...
```

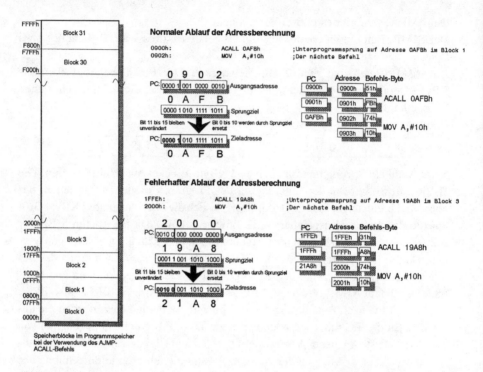

Speicherblöcke im Programmspeicher
bei der Verwendung des AJMP-
ACALL-Befehls

Abb. 2.25: Aufteilung des Programmspeichers in 2 KByte-Blöcke

Da die Sprungbefehle in der Tabelle zwei Byte lang sind, muß der Akku mit zwei multipliziert werden. Das geschieht durch den RL A Befehl.

Bei den CALL-Befehlen, zum Aufruf von Unterprogrammen, gibt es zwei Arten. Der ACALL-Befehl besitzt wie der AJMP eine 11-Bit-Zieladresse. Der Befehl hat 2 Byte, die Reichweite und die Blockgrenzen sind analog zum AJMP-Befehl.

Codierung:

a10 a9 a8 1	0 0 0 1	a7 a6 a5 a4	a3 a2 a1 a0

Der LCALL-Befehl ist drei Byte lang und hat eine 16-Bit-Zieladresse. Bevor der PC auf die Zieladresse gesetzt wird, rettet der Prozessor die alte Adresse auf den Stack.

Der RET-Befehl beendet ein Unterprogramm . Der von einem CALL-Befehl auf den Stack gerettete Program Counter wird wieder hergestellt. Das Programm fährt an der Stelle fort, wo es unterbrochen wurde.

Der RETI-Befehl beendet eine Interruptroutine. Er arbeitet im Prinzip gleich wie der RET-Befehl, nur daß zusätzlich Informationen an das Interruptkontrollsystem gegeben werden, daß eine Interruptroutine beendet wurde.

Der NOP-Befehl (No Operation) tut nichts. Er kann beispielsweise in Zeitschleifen als Wartezeit verwendet werden.

Bedingte Sprünge

Alle bedingten Sprünge können nur eine relative Zieladresse angeben.
Der JZ -Befehl (Jump Zero) wird ausgeführt, wenn der Inhalt des Akkus gleich NULL ist. Der JNZ -Befehl (Jump Not Zero) wird ausgeführt, wenn der Inhalt der Akku ungleich NULL ist.
Der DJNZ-Befehl (Decrement and Jump if Not Zero) dekrementiert das [Byte] und führt den Sprung aus, wenn es ungleich NULL ist.
Er kann als Zählschleife verwendet werden:

```
        MOV   R0,        ; Zähler laden
LABEL1:
        ....             ; Schleifenkörper
        DJNZ  R0,LABEL1  ; Runterzählen bis NULL
        ....             ; Weiter im Programm
```

Der CJNE-Befehl (Compare and Jump if Not Equal) vergleicht die beiden Operanden miteinander und führt den Sprung aus, wenn sie ungleich sind. Er kann zum Testen von Werten verwendet werden:

```
        MOVX  A,@R0      ; Wert aus ext. Speicher holen
        INC   R0         ; Zeiger auf nächsten Wert
        CJNE  A,#01,LABEL1 ; Vergleich 1
        LJMP  UP1        ; erfolgreich
        LABEL1:
        CJNE  A,#02,LABEL2 ; Vergleich 2
        LJMP  UP2        ; erfolgreich
LABEL2:
        CJNE  A,#03,ERROR ; Vergleich 3
        LJMP  UP3        ; erfolgreich
ERROR:
        ...              ; Fehlerbehandlung
```

Ebenso ist ein Größer-Kleiner-Vergleich möglich. Ist der erste Wert kleiner als der zweite, wird das Carry-Flag CY gesetzt, ist er größer oder gleich, wird es gelöscht.

```
          MOV    A,TEST1             ; Erster Wert
          CJNE   A,TEST2,UNGLEICH    ; Vergleichen mit Zweitem
          LJMP   IST_GLEICH          ; Beide sind gleich
UNGLEICH:
          JNC    IST_GROESSER        ; Erster größer als Zweiter
          SJMP   IST_KLEINER         ; Erster kleiner als Zweiter
```

3 Überblick über die Varianten des 8051

Es gibt am Markt eine fast unüberschaubare Anzahl Derivate des 8051. Viele namhafte Halbleiterhersteller haben das Grundkonzept dieses Controllers aufgegriffen und eine Vielzahl von eigenständigen Varianten herausgebracht. Trotz dieser Vielzahl ist die Kompatibilität zum Urtyp geblieben. Aus diesem Grund können Entwicklungswerkzeuge mit relativ wenig Aufwand an neue Typen angepaßt werden. Für den Anwender bedeutet das, daß er sein Entwicklungswerkzeug auch für Weiterentwicklungen und andere Problemlösungen mit einem 8051-Derivat verwenden kann.

3.1 Die INTEL-Prozessoren

Die Firma INTEL ist der eigentliche Entwickler des 8051-Controllers. Er wurde 1980/81 auf den Markt gebracht. Seither hat INTEL seine 8051-Palette durch einige Weiterentwicklungen erweitert.

Der 8052 ist mit folgenden Zusätzen ausgestattet:
- Timer 2   — Capture-Funktion
  - Up-/Down-Zählfunktion
  - Baudratengenerator
  - programmierbarer Taktgenerator von 61 Hz bis 4 MHz (Tastverhältnis 1:1)
- USART   — Framing-Error Erkennung
  - Automatische Adresserkennung bei Multiprozessoranwendungen
- Power-Off-Flag zur Unterscheidung von „Warm-Start" und „Kalt-Start"

Es sind verschiedene ROM/EPROM-Größen verfügbar:
- 80C52 8 KByte ROM
- 87C52 8 KByte EPROM
- 80C54 16 KByte ROM

- 87C54 16 KByte EPROM
- 80C58 32 KByte ROM
- 87C58 32 KByte EPROM

Der 80C51FX basiert auf dem 8051 und ist für Steuerungsaufgaben optimiert. Er verfügt über folgende Zusätze:

- Timer 2   — Capture-Funktion
  - — Up-/Down-Zählfunktion
  - — Baudratengenerator
  - — programmierbarer Taktgenerator von 61 Hz bis 4 MHz (Tastverhältnis 1:1)
- Programmable Counter Array (PCA)
  - — 5 Capture/Compare-Register
  - — Softwaretimer
  - — PWM
  - — Watchdogtimer
- USART   — Framing-Error Erkennung
  - — Automatische Adresserkennung bei Multiprozessoranwendungen
- Interruptsystem mit 4 Prioritätsebenen

Es sind verschiedene ROM/EPROM-Größen verfügbar:

- 83C51FA 8 KByte ROM
- 87C51FA 8 KByte EPROM
- 83C51FB 16 KByte ROM
- 87C51FB 16 KByte EPROM
- 83C51FC 32 KByte ROM
- 87C51FC 32 KByte EPROM

Der 8xC51GB besitzt zusätzlich zu 8xC51Fx ein weiteres PCA, einen A/D-Wandler und zusätzliche Ports:

- Timer 2   — Capture-Funktion
  - — Up-/Down-Zählfunktion
  - — Baudratengenerator
  - — programmierbarer Taktgenerator von 61 Hz bis 4 MHz (Tastverhältnis 1:1)
- Programmable Counter Array (PCA und PCA1)
  - — 5 Capture/Compare-Register
  - — Softwaretimer
  - — PWM
  - — Watchdogtimer (nur PCA)

- USART   — Framing-Error Erkennung
                              — Automatische Adresserkennung bei Multi-
                                   prozessoranwendungen
- Serieller Erweiterungsport — 4 Betriebsarten
                                   — 4 Übertragungsraten
- A/D-Wandler   — 8 Kanäle
                                   — 8 Bit Auflösung
                                   — Compare-Modus
- 6 E/A-Ports
- Interruptsystem mit 4 Prioritätsebenen

Der 80C152 ist ein Kommunikationsprozessor auf der Basis des 8051. Zusätzlich zum seriellen Port des 8051 verfügt er über einen ,,Global Serial Channel" GSC. Der GSC unterstützt verschiedene Protokolle, so daß SCLC, CSMA/CD, eine Untermenge von HDLC und benutzerdefinierte Protokolle besitzt. Der GSC unterstützt automatische Adresserkennung, Kollisionserkennung, automatische Neuübertragung von Daten und CRC-Check. Mit diesem Modul ist es möglich, das DATA-LINK-LAYER und das PHYSICAL-LINK-LAYER des ISO-OSI-Modells zu implementieren.

Die zwei integrierten DMA-Kanäle des 80C152 können Daten sehr schnell zwischen internem und externem RAM (ein Maschinenzyklus) oder nur im externen RAM (zwei Maschinenzyklen) austauschen. Während der DMA-Übertragung ist die Programmausführung unterbrochen.

Der 80C152 eignet sich besonders zum Einsatz in lokalen Netzwerken.

3.2 Die SIEMENS-Prozessoren

Siemens fertigt neben den Standardtypen SAB-80(C)51 und SAB-80(C)52 auch Prozessoren mit wesentlich erhöhter CPU- und Peripherieleistung. Dies sind die Typen SAB-80(C)515 und SAB-80(C)517, die durch ihre sinnvoll gewählten Erweiterungen eine sehr große Verbreitung gefunden haben.

3.2.1 Merkmale des SAB-80(C)515(A)

Der SAB-80515 ist aufwärtskompatibel zum 8051. Er wurde um einige wesentliche Merkmale erweitert:

— 12 Interruptquellen auf 4 Prioritätsebenen
— 8 KByte internes ROM
— 256 Byte internes RAM
— 3 Zeitgeber/Zähler. Einer mit PWM
— 8 8-Bit A/D-Wandler Kanäle
— 16-Bit Watchdogtimer
— 48 Ein/Ausgabeleitungen
— Taktfrequenz bis 16 MHz

Der SAB-80C515A ist zusätzlich zum SAB-80515 um folgende Funktionen erweitert:
— 32 KByte internes ROM (bei SAB-80C515A-5)
— 1 KByte externes RAM (XRAM) ohne Benutzung des externen Datenbusses
— 10 Bit A/D-Wander mit 8 Kanälen
— Oszillator Watchdog
— programmierbarer Watchdogtimer
— programmierbarer Baudratengenerator
— Hardware-Power-Down
— Slow-Down-Modus

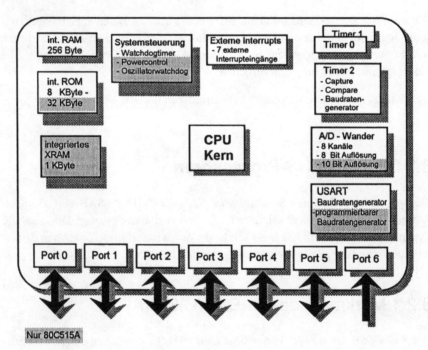

Abb. 3.1: Architektur des SAB-80(C)515(A)

— schneller Power-On Reset
— bis 18 MHz Taktfrequenz

Der SAB-80C515 wird auch mit EEPROM-Programmspeicher angeboten:
— SAB-83C515H-3J   8 KByte EEPROM
— SAB-83C515H-4J   16 KByte EEPROM
— SAB-83C515AH-5J   32 KByte EEPROM
— SAB-88C515A-5   32 KByte Flash-EPROM

Die ROM-losen Typen des SAB-80515 führen die Bezeichnung:
— SAB-80535   Standard-Typ
— SAB-80C535   CMOS-Variante
— SAB-80C515A   Typ-A Erweiterungen

Die Bausteine der 80515-Serie sind in einem PLCC-68-Gehäuse untergebracht.

3.2.2 Merkmale des SAB-80C517(A)

Der SAB-80C517 wurde gegenüber dem SAB-80515 noch einmal wesentlich erweitert:
— 14 Interruptquellen auf 4 Prioritätsebenen
— 32/16-Bit Multiplikations-/Divisionseinheit
— 2 serielle Schnittstellen
— 12/8-Bit A/D-Wandlerkanäle
— Oszillator-Watchdog
— 8 Datenpointer für indirekte Adressierung
— 56 Ein/Ausgabeleitungen

Der SAB-80C517A ist zusätzlich zum SAB-80C517 um folgende Funktionen erweitert:
— 32 KByte internes ROM (bei SAB-80C517A-5)
— 2 KByte externes RAM (XRAM) ohne Benutzung des externen Datenbusses
— 10 Bit A/D-Wander mit 12 Kanälen
— beide Baudratengeneratoren programmierbarer
— 3 zusätzliche Interruptquellen
— 2 zusätzliche Compare-Register und neuer Compare-Modus für Timer 2
— Hardware-Power-Down
— schneller Power-On Reset
— bis 18 MHz Taktfrequenz

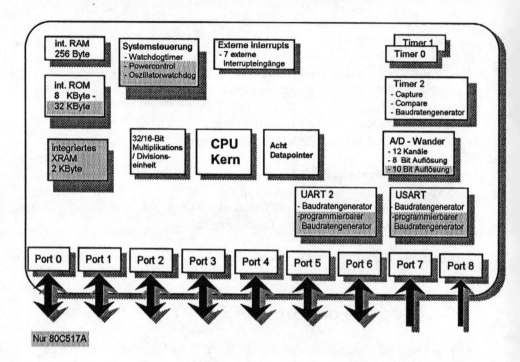

Abb. 3.2: Architektur des SAB-80(C)517(A)

Der SAB-80C517 wird auch mit EEPROM-Programmspeicher angeboten:
— SAB-83C517H-3J   8 KByte EEPROM
— SAB-83C517AH-5J   32 KByte EEPROM
— SAB-88C517A-5   32 KByte Flash-EPROM

Die ROM-losen Typen des SAB-80C517 führen die Bezeichnung:
— SAB-80C537   Standardtyp
— SAB-80C517A   Typ-A Erweiterungen

Die Bausteine der 80517-Serie sind standardmäßig in einem PLCC-Gehäuse untergebracht.

3.2.3 Die SAB-C50x Controller

Ein neuer Zweig bilden die Controller der Serie SAB-C50x. Diese sind Opcode-Kompatibel und teilweise sogar Pin-Kompatibel zum 8052. Sie zeichnen sich besonders durch geringe Leistungsaufnahme, Taktfrequenzen bis 40 MHz und geringe Versorgungsspannung von minimal 3V aus. Die normalen 8051-Entwicklungstools können ohne Probleme weiterverwendet werden.

3.2.3.1 Der Mikrocontroller SAB-C501

Der SAB-C501-Controller ist Pin-Kompatibel zum 8052 und wird im DIP-40 und im PLCC 44 Gehäuse angeboten. Folgende Merkmale zeichnen ihn aus:

— Taktfrequenz: 12, 20 und 40 MHz
— Versorgungsspannung von minimal 3 V
— 256 Byte internes RAM
— 8 KByte internes ROM
— erweiterte serielle Schnittstelle mit Baudraten bis 1,25 MBaud, Timer 1 oder 2 dienen als Baudratengenerator
— Timer 2 mit 16-Bit Reload, Capture-Funktion und ab-/aufwärts Zählrichtung
— Stromsparmodi

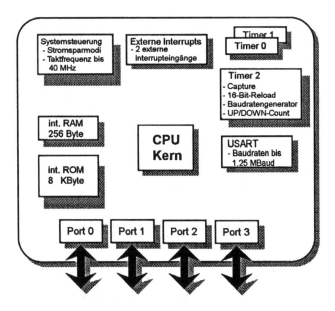

Abb. 3.3: Architektur des SAB-C501

3.2.3.2 Der Mikrocontroller SAB-C502

Der SAB-C502-Controller ist ebenfalls Pin-Kompatibel zum 8052 und wird im DIP-40 und im PLCC 44 Gehäuse angeboten. Zusätzlich hat er folgende Erweiterungen:
— Taktfrequenz: 12 und 20 MHz
— Versorgungsspannung von minimal 3 V
— 256 Byte externes RAM integriert (XRAM) ohne Benutzung des externen Datenbusses
— 16 KByte internes ROM
— 8 Datapointer (DPTR) zur indirekten Adressierung des externen Daten- (auch XRAM) und Programmspeichers
— erweiterte serielle Schnittstelle mit Baudraten bis 1,25 MBaud mit programmierbarem 10-Bit Baudratengenerator
— Timer 2 mit 16-Bit Reload, Capture-Funktion und ab-/aufwärts Zählrichtung
— Stromsparmodi
— Programmierbarer Watchdogtimer
— Oszillator-Watchdog
— schneller Power-On Reset

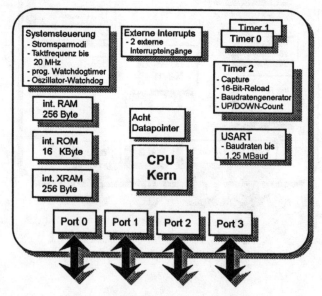

Abb. 3.4: Architektur des SAB-C502

3.2.3.3 Der Mikrocontroller SAB-C503

Der SAB-C503-Controller ist nicht mehr Pin-Kompatibel zum 8052 und wird nur im PLCC 44 Gehäuse angeboten. Er hat folgende Eigenschaften:

— Taktfrequenz: 12 und 20 MHz
— Versorgungsspannung von minimal 3 V
— 256 Byte internes RAM
— 8 KByte internes ROM
— erweiterte serielle Schnittstelle mit Baudraten bis 1,25 MBaud
— Timer 2 mit 16-Bit Reload, Capture-Funktion und ab-/aufwärts Zählrichtung
— 10-Bit A/D-Wandler mit 8 gemultiplexten Eingangskanälen und 14 µs Wandelzeit bei 12 MHz
— Port 1 nur Eingänge, sowohl digital als auch analog
— Stromsparmodi
— Programmierbarer Watchdogtimer
— Oszillator-Watchdog
— schneller Power-On Reset

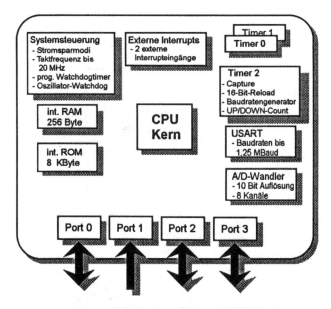

Abb. 3.5: Architektur des SAB-C503

3.3 Die PHILIPS-Prozessoren

Philips hat im Augenblick wohl mit die größte Auswahl an verschiedenen Varianten des 8051. Eine Spezialität von Philips ist die serielle Kommunikation. So ist seit 1990 ein Controller mit einer I^2C-Bus-Schnittstelle verfügbar. Dieser Bus ermöglicht die einfache Kommunikation von Controllern untereinander und mit Peripheriebausteinen. Der I^2C-Bus arbeitet im Halbduplexbetrieb. Er hat eine Taktleitung (SCL) und eine Datenleitung (SDA). Die Datenrate beträgt aber nur maximal 100 kBit/s, da die zu übertragenden Datenmengen aber meist gering sind, werden gewöhnlich nur Meßwerte, Anweisungen oder Steuerbefehle übertragen. Dies ist kein großer Nachteil.

Eine weitere spezielle Bus-Schnittstelle stellt der CAN-Bus dar. Hier sind von Philips ebenfalls spezielle Bausteine erhältlich.

3.3.1 Die 8051-Serie

Die Bausteine der Serie 8051 enthalten, mit 2 Ausnahmen, nur die Standardmodule des ursprünglichen 8051. Sie unterscheiden sich in der Hauptsache, in der Größe und der Art des internen Programmspeichers.

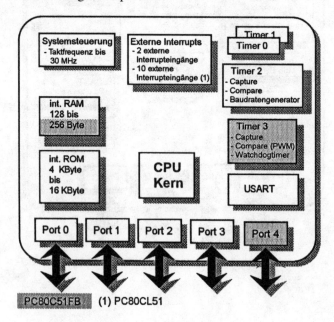

Abb. 3.6: Struktur der 8051 -Serie

P80C51

- interner Programmspeicher — ROMlos (PC80C[L]31[BH])
  - 4 KByte ROM (PC80C[L]51[BH])
  - 4 KByte EPROM/OTP (SC87C51)
  - 16 KByte EPROM/OTP (S87C51FB)
- interner Datenspeicher — 128 Byte
  - 256 Byte (S87C51FB)
- Anzahl Ports — 4 I/O je 8 Bit
  - 5 I/O je 8 Bit
- Serielle Schnittstellen — USART
- Anzahl Timer — 2
  - 4 (S87C51FB)
- Anzahl Capture Register — keine
  - 1 + 5 (S87C51FB)
- Anzahl Compare Register — keine
  - 5 (S87C51FB)
- Watchdogtimer — keiner
- A/D-Wandler — keiner
- PWM-Modul — keines
  - 5 Kanäle mit je 8 Bit Auflösung (S87C51FB)
- Externe Interrupts — 2
  - 10 (P80CLx1)
- Design — Dynamisch
  - Statisch (P80CLx1)
- Taktfrequenz — 0 bis 30 MHz
- Gehäuseform — DIP-40, LCC-44, QFP-44
- Temperaturbereich — 0..+70, -40..+85, -40..+125
- Spezielle Eigenschaften — Beim P80CLx1 Betrieb ab 1,8V und Rückkehr aus Power-Down-Modus über Interrupt
  - Beim SC87C51 Security Bits und Encrytion Table

3.3.2 Die 8052-Serie

Die Bausteine der Serie 8052 enthalten, mit 2 Ausnahmen, nur die Standardmodule des ursprünglichen 8052. Sie unterscheiden sich in der Hauptsache in der Größe und der Art des internen Programmspeichers.

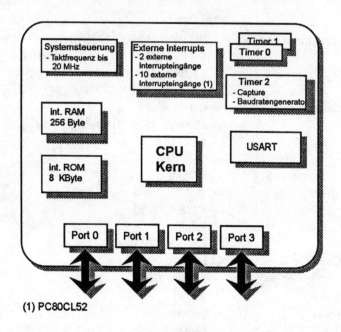

(1) PC80CL52

Abb. 3.7: Struktur der 8052 -Serie

P80C52

- interner Programmspeicher — ROMlos (PC80C[L]32)
  - 8 KByte ROM (PC80C[L]52)
  - 8 KByte EPROM/OPT (P87C52)
- interner Datenspeicher — 256 Byte
- Anzahl Ports — 4 I/O je 8 Bit
- Serielle Schnittstellen — USART
- Anzahl Timer — 3
- Anzahl Capture Register — 1
- Anzahl Compare Register — keine
- Watchdogtimer — keiner
- A/D-Wandler — keiner
- PWM-Modul — keines
- Externe Interrupts — 2
  - 10 (P80CLx2)
- Design — Dynamisch
  - Statisch (P80CLx2)
- Taktfrequenz — 0 bis 20 MHz

- Gehäuseform   — DIP-40, LCC-44, QFP-44
- Temperaturbereich   — 0..+70, -40..+85
- Spezielle Eigenschaften   — Beim P80CLx2 Betrieb ab 1,8V und Rück-
                                        kehr aus Power-Down-Modus über Interrupt

3.3.3 Die 8041x-Serie

Die Bausteine der Serie 8041x enthalten die Standardmodule des ursprünglichen 8051. Zusätzlich können sie mehr externe Interrupts verarbeiten und enthalten teilweise eine I^26C-Bus-Schnittstelle.

P8xCL41x

- interner Programmspeicher   — ROMlos (P80CL410)
                                        — 4 KByte ROM (P83CL41x)
- interner Datenspeicher   — 128 Byte (P8xCL410)
                                        — 256 Byte (P83CL411)
- Anzahl Ports   — 4 I/O je 8 Bit
- Serielle Schnittstellen   — USART (P83CL411)
                                        — I^26C-Bus (P8xCL410)
- Anzahl Timer   — 2

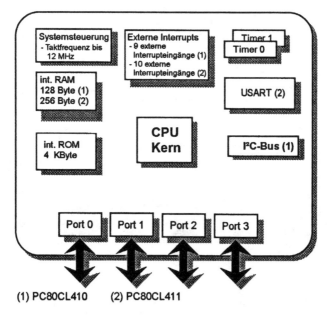

Abb. 3.8: Struktur der 8041x-Serie

- Anzahl Capture Register   — keine
- Anzahl Compare Register   — keine
- Watchdogtimer   — keiner
- A/D-Wandler   — keiner
- PWM-Modul   — keines
- Externe Interrupts   — 9 (P8xCL410)
       — 10 (P83LC411)
- Design   — Statisch
- Taktfrequenz   — 0 bis 12 MHz
- Gehäuseform   — DIP-40, LCC-44, VSO-40
- Temperaturbereich   — -40..+85
- Spezielle Eigenschaften   — Betrieb ab 1,8V und Rückkehr aus Power-Down-Modus über Interrupt

3.3.4 Die 80451-Serie

Die Bausteine der Serie 80451 enthalten die Standardmodule des ursprünglichen 8051 und sind darüber hinaus mit zusätzlichen Ports ausgestattet.

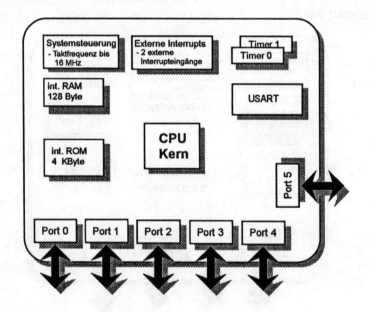

Abb. 3.9: Struktur der 80451-Serie

SC8xC451

● interner Programmspeicher	— ROMlos (SC80C451)
	— 4 KByte ROM (SC83C451)
	— 4 KByte EPROM/OTP (SC87C451)
● interner Datenspeicher	— 128 Byte
● Anzahl Ports	— 5 I/O je 8 Bit, 1 I/O 4 Bit oder 8 Bit
● Serielle Schnittstellen	— USART
● Anzahl Timer	— 2
● Anzahl Capture Register	— keine
● Anzahl Compare Register	— keine
● Watchdogtimer	— keiner
● A/D-Wandler	— keiner
● PWM-Modul	— keines
● Externe Interrupts	— 2
● Design	— Dynamisch
● Taktfrequenz	— 3,5 bis 16 MHz
● Gehäuseform	— DIP-64, LCC-68
● Temperaturbereich	— 0..+70, -40..+85
● Spezielle Eigenschaften	— Port 6 Communication Control

3.3.5 Die 8052x-Serie

Die Bausteine der Serie 8052x enthalten die Standardmodule des ursprünglichen 8052, verfügen aber zusätzlich über eine I^2C-Bus-Schnittstelle und über mehr internen Daten- und Programmspeicher.

P8xC52x

● interner Programmspeicher	— ROMlos (P80CÄEÜ528)
	— 32 KByte ROM (P83C[E]528)
	— 16 KByte EPROM/OTP (P87C524)
	— 32 KByte EPROM/OTP (P87C528)
	— 32 KByte Flash-EPROM (P87CE528)
● interner Datenspeicher	— 512 Byte
● Anzahl Ports	— 4 I/O je 8 Bit
● Serielle Schnittstellen	— USART
	— I^2C-Bus
● Anzahl Timer	— 3
● Anzahl Capture Register	— 1
● Anzahl Compare Register	— keine

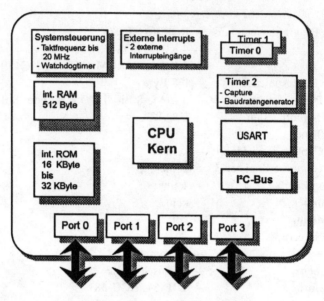

Abb. 3.10: Struktur der 8052x-Serie

- Watchdogtimer — ja
- A/D-Wandler — keiner
- PWM-Modul — keines
- Externe Interrupts — 2
- Design — Dynamisch
  — EMV-Optimiert (P8xCE528)
- Taktfrequenz — 1,2 bis 20 MHz
- Gehäuseform — DIP-40, LCC-44, QFP-44
- Temperaturbereich — 0..+70, -40..+85, -40..+125
- Spezielle Eigenschaften — Beim P87C524 Security Bits und Encrytion Table

3.3.6 Die 8055x-Serie

Die Bausteine der Serie 8055x verfügen über eine I^{2}C-Bus-Schnittstelle, über A/D- D/A-Wandler, einen Watchdogtimer und über zusätzliche Timerfunktionen.

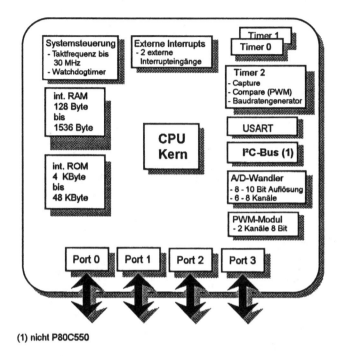

(1) nicht P80C550

Abb. 3.11: Struktur der 8055x-Serie

P8xC55x
- interner Programmspeicher — ROMlos (P80C550, PC80C552, P80CE558)
  - — 4 KByte ROM (P83C550)
  - — 32 KByte ROM (P83CE558)
  - — 48 KByte ROM (P83CR559)
  - — 4 KByte EPROM/OTP (P87C550)
  - — 8 KByte EPROM/OTP (P87C552)
  - — 32 KByte EPROM/OTP (P87CE558)
  - — 32 KByte Flash-EPROM (P89CE528)
  - — 32 KByte Flash-EPROM (P89CE559)
- interner Datenspeicher — 128 Byte (P8xC550)
  - — 256 Byte (P8xC552)
  - — 1024 Byte (P8xCE558)
  - — 1536 Byte (P8xCE559)
- Anzahl Ports — 4 I/O je 8 Bit (P8xC550)
  - — 6 I/O je 8 Bit

- Serielle Schnittstellen   — USART
  - — I^2C-Bus (ab P8xC552)
- Anzahl Timer   — 2 (P8xC550)
  - — 3
- Anzahl Capture Register   — keine (P8xC550)
  - — 4
- Anzahl Compare Register   — keine (P8xC550)
  - — 3
- Watchdogtimer   — ja
- A/D-Wandler   — 6-8 Kanäle mit 8 Bit Auflösung (P8xC550)
  - — 8 Kanäle mit 10 Bit Auflösung
- PWM-Modul   — keines (P8xC550)
  - — 2 Kanäle mit 8 Bit Auflösung
- Externe Interrupts   — 2
- Design   — Dynamisch
  - — EMV-Optimiert (P8xCE558/9)
- Taktfrequenz   — 1,2 bis 30 MHz
- Gehäuseform   — DIP-40, LCC-44 (P8xC550)
  - — LCC-68, QFP-80
- Temperaturbereich   — 0..+70, -40..+85
- Spezielle Eigenschaften   — Beim P8xC550 ist Port 1 nur als Eingang verwendbar
  - — Beim PC8xC552 ist Port 5 nur als Eingang verwendbar
  - — Bei P8xCE558/9 32 kHz-PLL-Oszillator und Auto-Mode für A/D-Wandler

3.3.7 Die 80562-Serie

Die Bausteine der Serie 80562 verfügen über zusätzliche Ports, über A/D-D/A-Wandler, einen Watchdogtimer und über zusätzliche Timerfunktionen.

PC8xC562
- interner Programmspeicher   — ROMlos (PC80C562)
  - — 8 KByte ROM (PC83C562)
- interner Datenspeicher   — 256 Byte
- Anzahl Ports   — 6 I/O je 8 Bit
- Serielle Schnittstellen   — USART
- Anzahl Timer   — 3

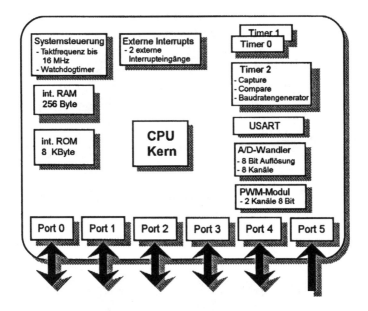

Abb. 3.12: Struktur der 80562-Serie

- Anzahl Capture Register — 4
- Anzahl Compare Register — 3
- Watchdogtimer — ja
- A/D-Wandler — 8 Kanäle mit 8 Bit Auflösung
- PWM-Modul — 2 Kanäle mit 8 Bit Auflösung
- Externe Interrupts — 2
- Design — Dynamisch
- Taktfrequenz — 1,2 bis 16 MHz
- Gehäuseform — LCC-68, QFP-80
- Temperaturbereich — 0..+70, -40..+85, -40..+125
- Spezielle Eigenschaften — Port 5 ist nur als Eingang verwendbar

3.3.8 Die 8057x-Serie

Die Bausteine der Serie 8057x verfügen über analoge Komparatoren, einen Watchdogtimer mit Zusatzfunktionen und über zusätzliche Timerfunktionen.

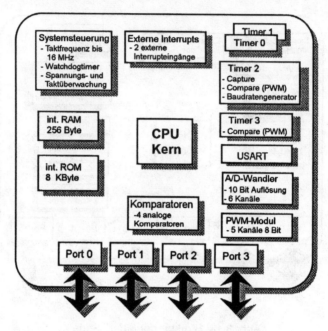

Abb. 3.13: Struktur der 8057x-Serie

P8xC57x

● interner Programmspeicher	— ROMlos (P80C575 , P80C576)
	— 8 KByte ROM (P83C575, P80C576)
	— 8 KByte EPROM/OTP (P87C575, P87C576)
● interner Datenspeicher	— 256 Byte
● Anzahl Ports	— 4 I/O je 8 Bit
● Serielle Schnittstellen	— USART
● Anzahl Timer	— 4
● Anzahl Capture Register	— 1+5
● Anzahl Compare Register	— 5
● Watchdogtimer	— ja
● A/D-Wandler	— 6 Kanäle mit 10 Bit Auflösung (P8xC576)
● PWM-Modul	— 5 Kanäle mit 8 Bit Auflösung
● Externe Interrupts	— 2
● Design	— Dynamisch
● Taktfrequenz	— 3,5 bis 16 MHz
● Gehäuseform	— DIP-40, LCC-44, QFP-44

- Temperaturbereich — 0..+70, -40..+85
- Spezielle Eigenschaften — 4 analoge Komparatoren, Takt- und Spannungsüberwachung

3.3.9 Die 80580-Serie

Die Bausteine der Serie 80580 sind mit A/D- und D/A-Wandler, einem Watchdog-timer und mit zusätzlichen Interrupteingängen ausgestattet. Außerdem ist eine I²C-Bus-Schnittstelle integriert.

P8xCL580
- interner Programmspeicher — 6 KByte ROM (P83CL580)
- interner Datenspeicher — 256 Byte
- Anzahl Ports — 5 I/O je 8 Bit
- Serielle Schnittstellen — USART
  — I²C-Bus
- Anzahl Timer — 3
- Anzahl Capture Register — 1
- Anzahl Compare Register — keine

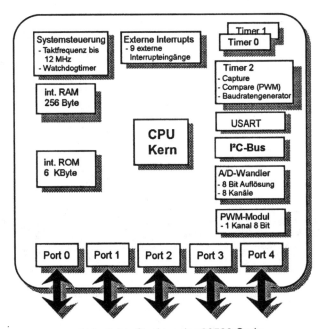

Abb. 3.14: Struktur der 80580-Serie

- Watchdogtimer — ja
- A/D-Wandler — 8 Kanäle mit 8 Bit Auflösung
- PWM-Modul — 1 Kanal mit 8 Bit Auflösung
- Externe Interrupts — 9
- Design — Statisch
- Taktfrequenz — 0 bis 12 MHz
- Gehäuseform — VSO-56, QFP-64
- Temperaturbereich — -40..+85
- Spezielle Eigenschaften — Betrieb ab 1,8V (A/D-Wandler ab 2,5V), Rückkehr aus Power-Down-Modus über externen Interrupt

3.3.10 Die 8059x-Serie

Die Bausteine der Serie 8059x sind mit einer CAN-Bus-Schnittstelle ausgerüstet. A/D-Wandler und D/A-Wandler sind ebenfalls vorhanden.

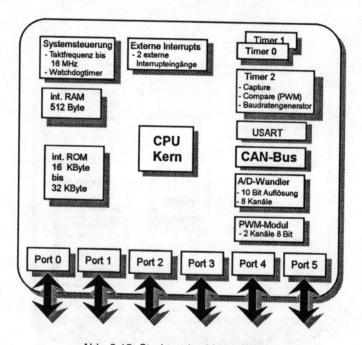

Abb. 3.15: Struktur der 8059x-Serie

P8xC[E]59x
- interner Programmspeicher   — ROMlos (P80C592, P80CE598)
                               — 16 KByte ROM (P83C592)
                               — 32 KByte ROM (P83CE598)
                               — 16 KByte EPROM/OTP (P87C592)
                               — 32 KByte EPROM/OTP (P87CE598)
- interner Datenspeicher   — 512 Byte
- Anzahl Ports   — 6 I/O je 8 Bit
- Serielle Schnittstellen   — USART
                               — CAN-Bus
- Anzahl Timer   — 3
- Anzahl Capture Register   — 4
- Anzahl Compare Register   — 3
- Watchdogtimer   — ja
- A/D-Wandler   — 8 Kanäle mit 10 Bit Auflösung
- PWM-Modul   — 2 Kanäle mit 8 Bit Auflösung
- Externe Interrupts   — 2
- Design   — Dynamisch
                               — EMV-optimiert (P8xCE598)
- Taktfrequenz   — 1,2 bis 16 MHz
- Gehäuseform   — LCC-68 (P8xC592)
                               — QFP-80 (P8xCE598)
- Temperaturbereich   — -40..+85, -40..+125
- Spezielle Eigenschaften   — Port 5 ist nur als Eingang verwendbar

3.3.11 Die 8065x-Serie

Die Bausteine der Serie 8065x enthalten die Standardmodule des ursprünglichen 8051 und sind um eine I^2C-Bus-Schnittstelle erweitert.

P8xC[L]65x
- interner Programmspeicher   — ROMlos (P80C652, P80CE654)
                               — 8 KByte ROM (P83C652)
                               — 16 KByte ROM (P83C[E]654)
                               — 8 KByte EPROM/OTP (P87C652)
                               — 16 KByte EPROM/OTP (P87C654)
- interner Datenspeicher   — 256 Byte
- Anzahl Ports   — 4 I/O je 8 Bit
- Serielle Schnittstellen   — USART

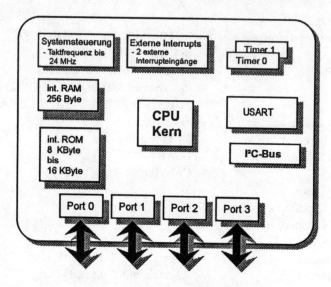

Abb. 3.16: Struktur der 8065x-Serie

	— I²C-Bus
- Anzahl Timer	— 2
- Anzahl Capture Register	— keine
- Anzahl Compare Register	— keine
- Watchdogtimer	— keiner
- A/D-Wandler	— keiner
- PWM-Modul	— keines
- Externe Interrupts	— 2
- Design	— Dynamisch
	— EMV-optimiert (8xCE654)
- Taktfrequenz	— 1,2 bis 24 MHz
- Gehäuseform	— DIP-40, LCC-44, QFP-44
- Temperaturbereich	— 0..+70, -40..+85, -40..+125
- Spezielle Eigenschaften	— keine

3.3.12 Die 8075x-Serie

Die Besonderheit der 8075x-Serie ist die kleine Gehäuseform. Zur seriellen Kommunikation sind sie mit einer I²C-Bus-Schnittstelle ausgestattet.

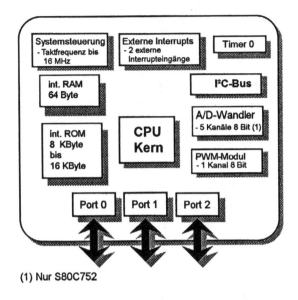

(1) Nur S80C752

Abb. 3.17: Struktur der 8075x-Serie

S8xC75x
- interner Programmspeicher   — ROMlos (P80C652, P80CE654)
                              — 8 KByte ROM (P83C652)
                              — 16 KByte ROM (P83C[E]654)
                              — 8 KByte EPROM/OTP (P87C652)
                              — 16 KByte EPROM/OTP (P87C654)
- interner Datenspeicher   — 64 Byte
- Anzahl Ports   — 19 Bit
- Serielle Schnittstellen   — I^2C-Bus
- Anzahl Timer   — 1
- Anzahl Capture Register   — keine
- Anzahl Compare Register   — keine
- Watchdogtimer   — keiner
- A/D-Wandler   — keiner (S87C750, S8xC751)
                              — 5 Kanäle mit 8 Bit Auflösung (S8xC752)
- PWM-Modul   — keines (S87C750, S8xC751)
                              — 1 Kanal mit 8 Bit Auflösung (S8xC752)
- Externe Interrupts   — 2
- Design   — Dynamisch

- Taktfrequenz
- Gehäuseform

- Temperaturbereich
- Spezielle Eigenschaften

— 3,5 bis 16 MHz
— DIP-24, LCC-28 (S87C750, S8xC751)
— DIP-28, LCC-28 (S8xC752)
— 0..+70, -40..+85
— Bit-orientierte I^2C-Bus-Schnittstelle, kleine Gehäuseform

3.3.13 Die 80781-Serie

Die Bausteine der Serie 80781 enthalten die Standardmodule des ursprünglichen 8052, verfügen aber zusätzlich über eine I^2C-Bus-Schnittstelle und über zusätzliche externe Interrupts. Die Controller sind für niedrige Versorgungsspannung ausgelegt.

P8xCL781
- interner Programmspeicher
- interner Datenspeicher
- Anzahl Ports
- Serielle Schnittstellen

— 16 KByte ROM (P83CL781)
— 256 Byte
— 4 I/O je 8 Bit
— USART
— I^2C-Bus

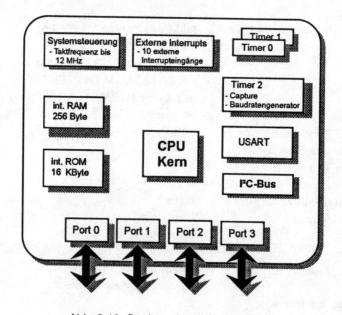

Abb. 3.18: Struktur der 80CL781-Serie

- Anzahl Timer   — 3
- Anzahl Capture Register   — 1
- Anzahl Compare Register   — keine
- Watchdogtimer   — keiner
- A/D-Wandler   — keiner
- PWM-Modul   — keines
- Externe Interrupts   — 10
- Design   — Statisch
- Taktfrequenz   — 0 bis 12 MHz
- Gehäuseform   — DIP-40, LCC-44
- Temperaturbereich   — -40..+85
- Spezielle Eigenschaften   — Betrieb ab 1,8V, Rückkehr aus Power-Down-Modus über externen Interrupt

3.3.14 Die 8085x-Serie

Die Bausteine der Serie 8085x enthalten die Standardmodule des ursprünglichen 8051. Als Besonderheit enthalten sie ein EEPROM zur Datenspeicherung. Der 83C852 ist spezielle für den Einsatz in Chip-Karten konzipiert. Er hat nur wenige Ein-/Ausgänge und besitzt eine spezielle Recheneinheit zur Ver- und Entschlüsselung der Daten im Datenspeicher (RAM und EEPROM). Diese arbeitet unabhängig von der CPU und erreicht eine Rechenleistung von 50 MIPs.

P8xC85x
- interner Programmspeicher   — ROMlos (P80C851)
    — 4 KByte ROM (P83C851)
    — 6 KByte ROM (P83C852)
- interner Datenspeicher   — 128 Byte (P8xC851)
    — 256 Byte (P83C582)
    — 256 Byte EEPROM (P8xC851)
    — 2 KByte EEPROM (P83C852)
- Anzahl Ports   — 4 I/O je 8 Bit (P8xC851)
    — 2 Bit (P83C852)
- Serielle Schnittstellen   — USART (P8xC851)
    — ISO (P83C852)
- Anzahl Timer   — 2
- Anzahl Capture Register   — keine
- Anzahl Compare Register   — keine
- Watchdogtimer   — keiner

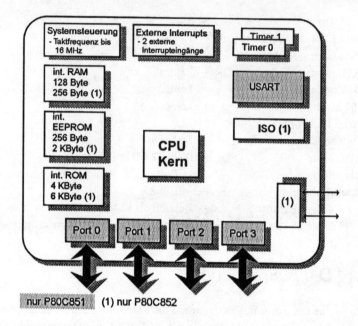

Abb. 3.19: Struktur der 8085x-Serie

- A/D-Wandler — keiner
- PWM-Modul — keines
- Externe Interrupts — 2
- Design — Dynamisch
- Taktfrequenz — 1,2 bis 16 MHz
- Gehäuseform — DIP-40, LCC-44, QFP-44
- Temperaturbereich — 0..+70, -40..+85, -40..+125
- Spezielle Eigenschaften — P8xC851 50000 Lösch-/Schreibzyklen beim
  EEPROM, P83C852 ist speziell für den Einsatz
  in Chip-Karten konzipiert

3.4 Die DALLAS-Prozessoren

DALLAS Semicoducter stellt sogenannte *Soft Microcontroller* her. Diese sind voll kompatibel zum 8051, haben aber wesentlich erweiterte Eigenschaften. Anstatt ROM oder EEPROM als Programmspeicher werden NV-RAM-Bausteine benutzt. Die Programme werden über die serielle Schnittstelle und den integrierten Bootstraploader ins RAM geladen. Die Soft Mikrocontroller verfügen dazu über einen separaten, nicht gemultiplexten Adress- und Datenbus. Dadurch sind alle Ports der Controllers als Ein-/Ausgänge verwendbar. Bei manchen Controllern verfügt dieser Bus über einen Verschlüsselungsmechanismus, der für optimale Programmsicherheit sorgt. Bei einigen Bausteinen ist sogar ein Selbstzerstörungseingang vorhanden. Es werden sowohl einzelne Bausteine, ohne RAM, als auch komplette Module mit RAM, Batterie und Echtzeituhr angeboten. Als zusätzliche Sicherheitsmechanismen sind mehrere Module eingebaut. Ein Watchdogtimer sorgt für einen Reset wenn das Programm außer Kontrolle gerät, eine Spannungsüberwachung erzeugt ebenfalls einen Reset, wenn die Betriebsspannung unter einen bestimmten Grenzwert fällt. Zusätzlich wird frühzeitig ein Interrupt ausgelöst, wenn die Betriebsspannung abfällt.

3.4.1 DS5000FP Soft Micro-Chip

Der DS5000FP ist der ursprüngliche Soft-Microchip. Zusätzlich zum 8051 bietet er folgende Funktionen:
- Nichtgemultiplexter Adress-/und Datenbus für Speicherzugriff auf SRAM
- Spannungsversorgung des SRAM-Speichers bei Stromausfall
- Aufteilung eines SRAM-Bausteins (8 oder 32 KByte) in Programm- und Datenspeicher, wobei der Programmspeicher schreibgeschützt wird
- Ansteuerung eines zweiten SRAM-Bausteins (32 KByte) als Datenspeicher
- Reset und Interrupt bei Spannungsausfall
- Watchdogtimer
- Bootstraploader integriert zum Laden von Programmen über die serielle Schnittstelle ins SRAM

Als Sicherheitsfunktionen können optional eingeschaltet werden:
- Echtzeit-Datenverschlüsselung für SRAM
- 48-Bit Benutzerdefinierbarer Schlüsselcode
- Selbstzerstörung der Daten
- Dummy-Operationen auf dem SRAM-Bus

3.4.2 DS5001FP Soft Micro-Chip

Der DS5001FP stellt die gleichen Funktionen wie der DS5000FP zur Verfügung. Zusätzlich sind weitere Funktionen implementiert:
- Zugriff auf bis zu 128 KByte SRAM

- Es können 32 KByte oder 128 KByte SRAM-Bausteine angesprochen werden
- CRC-Hardware zur Prüfung des Dateninhaltes im SRAM

Der DS5001FP hat keine Sicherheitsmechanismen!

3.4.3 DS5002FP Soft Micro-Chip

Der DS5002FP ist die Hochsicherheitsversion des DS5001FP. Er stellt die gleichen Erweiterungen gegebenüber dem DS5000FP zur Verfügung, hat aber zusätzlich ein sehr ausgefeiltes Sicherheitskonzept:
- Sicherheitsmechanismen sind immer aktiv
- Datenverschlüsselung mit 64-Bit-Schlüssel
- Automatische Zufallsregenerierung des Schlüssel-Codes
- Selbstzerstörungseingang

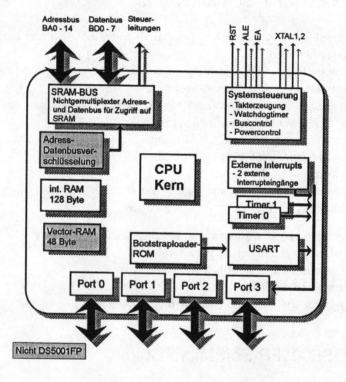

Abb. 3.20: Struktur des DS500xFP

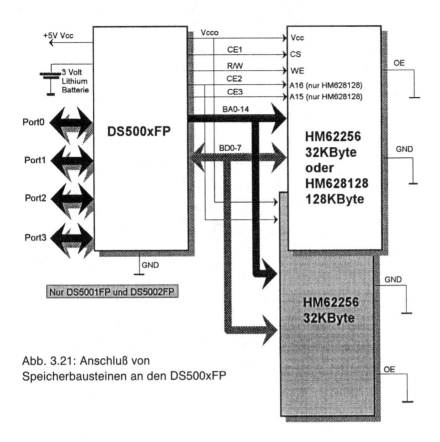

Abb. 3.21: Anschluß von
Speicherbausteinen an den DS500xFP

3.4.4 DS5000(T) Soft-Micro-Modul

Der DS5000(T) beinhaltet einen DS5000FP-Chip in einem 40 poligen DIP-Ge-
häuse mit der selben Pinbelegung wie der 8051. In diesem Gehäuse ist ein SRAM
und eine Lithium-Batterie untergebracht. Der DS5000(T) hat folgende Eigenschaften:

- 8 KByte oder 32 KByte SRAM integriert
- mindestens 10 Jahre Datenerhalt durch integrierte Lithiumbatterie
- Eingebaute Echtzeituhr (nur bei DS5000T)

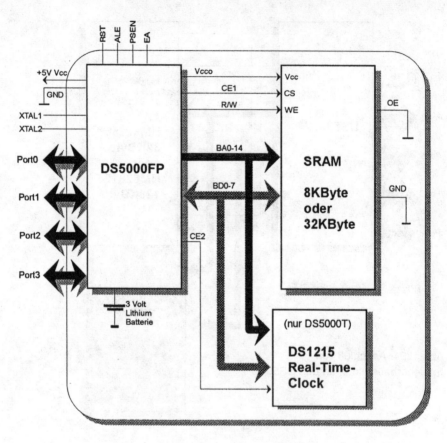

Abb. 3.22: Struktur des DS5000(T)

3.4.5 DS2250(T) Soft-Micro-Stik

Der DS2250(T) enthält den DS5000FP-Chip auf einem 40-Pin-SIMM-Modul. Dieses Modul hat die gleichen Eigenschaften wie der DS5000(T), nur daß es bei dieser Gehäuseform möglich ist, bis 64 KByte SRAM unterzubringen. Wie schon erwähnt, sind die zweiten 32 KByte nur als Datenspeicher zu verwenden. Die integrierte Lithium-Batterie garantiert ebenfalls einen Datenerhalt von mehr als 10 Jahren. Der DS2250(T) enthält zusätzlich eine Echtzeituhr.

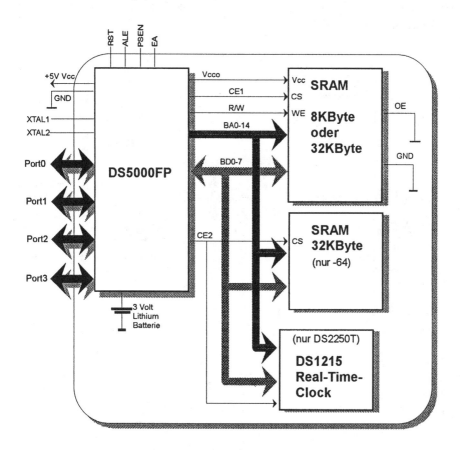

Abb. 3.23: Struktur des DS2250(T)

3.4.6 DS2251(T) Soft-Micro-Stik

Der DS2251(T) basiert auf den DS5001FP-Chip, der auf einem 72-Pin-SIMM-Modul montiert ist. Es stehen bis zu 128 KByte SRAM auf dem Modul zur Verfügung. Der SRAM-Bus kann an den SIMM-Anschlüssen abgegriffen werden. Da der Bus nicht verschlüsselt ist, kann er zum Beispiel zur Ansteuerung von memory mapped Peripherie-Bausteinen wie A/D-Wandler oder zusätzliche serielle Schnittstellenbausteine verwendet werden. Die integrierte Lithium-Batterie garantiert auch mit dem größten Speicherausbau einen Datenerhalt von mehr als 10 Jahren. Der DS2251(T) enthält zusätzlich eine Echtzeituhr .

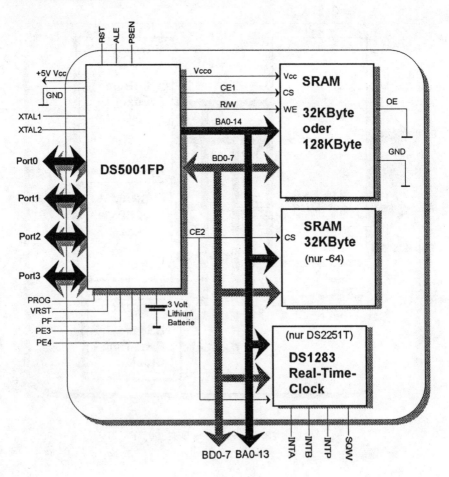

Abb. 3.24: Struktur des DS2251(T)

3.4.7 DS2252(T) Soft-Micro-Stik

Der DS2252(T) enthält den DS5002FP-Chip auf einem 40-Pin-SIMM-Modul. Das Modul kann von 32 KByte bis zu 128 KByte SRAM enthalten. Das SRAM ist durch die Sicherheitsmechanismen des DS5002FP geschützt. Die integrierte Lithium-Batterie garantiert, wie bei den anderen Modulen, einen Datenerhalt von mehr als 10 Jahren. Der DS2252(T) enthält zusätzlich eine Echtzeituhr.

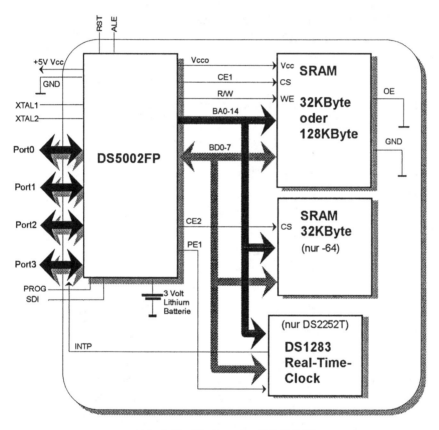

Abb. 3.25: Struktur des DS2252(T)

3.4.8 DS80C320-Mikrocontroller

Mit den DS80C320 bringt DALLAS einen 8032 kompatiblen Controller heraus, der durch Optimierung des CPU-Kerns im Durchschnitt 2,5 mal schneller ist als herkömmliche Prozessoren bei der gleichen Taktfrequenz. Der Controller verfügt über eine zweite serielle Voll-Duplex-Schnittstelle, sowie über insgesamt 6 externe Interrupteingänge. Ein Watchdog sorgt für einen Reset wenn das Programm unkontrolliert läuft, eine Spannungsüberwachung erzeugt ebenfalls einen Reset, wenn die Betriebsspannung den zulässigen Bereich verläßt. Zusätzlich wird frühzeitig ein Interrupt ausgelöst, wenn die Betriebsspannung abfällt. Folgende Merkmale zeichnen den DS80C320 aus:

● 4 Oszillatorperioden pro Maschinenzyklus (12 beim 8052)
● Taktfrequenz 0 bis 25 MHz
● Ein-Byte-Befehl mit 160 ns Ausführungszeit
● 2 Datapointer (DPTR)
● Einstellbare Zugriffsgeschwindigkeit bei externem Datenzugriff (MOVX)
● 2 Voll-Duplex serielle Schnittstellen. Timer 1 oder 2 (bei zweiter serieller Schnittstelle nur Timer 1) dienen als Baudratengenerator
● 6 externe Interrupteingänge
● Gehäuse: DIP-40, PQFP-44 oder PLCC-44

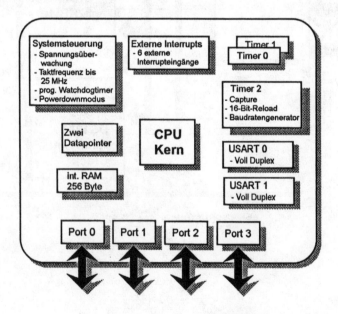

Abb. 3.26: Architektur des DS80C320

3.5 Andere Hersteller

Die Firma AMD stellt hauptsächlich Controller her, die zu den SIEMENS-Controllern 80515 und 80517 kompatibel sind.

OKI bietet 8051 und 8052 Bausteine (80C154) in LOW-Power-Versionen an.

MATRA-HARRIS (MHS) stellt schon bei Abnahme von 500 Stück, maskenprogrammierte Versionen der Controller 8051, 8052 und 80154 her. Es sind aber auch ROMlose Typen lieferbar.

4 Einführung in die Programmierung

4.1 Softwareentwicklungstools

Es gibt eine ganze Reihe von Entwicklungswerkzeugen, die den Programmierer bei seiner täglichen Arbeit unterstützen. Sehr weit verbreitet sind die Produkte der Firma KEIL. Der Umgang mit diesen Werkzeugen wird in den folgenden Kapiteln näher erläutert.

Für die Programmierung und den Test von Programmen in Assembler oder „C" auf den Controllern der 8051-Familie stehen folgende Hilfsmittel zur Verfügung:

- Der Assembler. Mit Hilfe des Assemblers werden die im Editor geschriebenen Programme in die Sprache des Prozessors übersetzt.
- Der C-Cross-Compiler übersetzt die im Editor geschriebenen C-Programme in Code für den 8051.
- Der Linker erzeugt aus einem oder mehreren Programmmodulen ein, auf dem Prozessor lauffähiges Programm.
- Der Debugger . Mit diesem Werkzeug kann das Programm auf seine Funktion getestet werden. Dies geschieht entweder mit Hilfe des Simulators oder direkt auf der Zielhardware mit dem Emulator oder dem Target-Interface.

Steht eine integrierte Programmieroberfläche wie zum Beispiel der BORLAND C++ Compiler zur Verfügung, so können diese Tools ohne großen Aufwand in diesen integriert werden, was den Bedienkomfort wesentlich erhöht und die Fehlermöglichkeiten reduziert.

Das Softwareangebot beinhaltet alle Programme die zur modularen Softwareerstellung für die Prozessorbausteine der 8051-Familie notwendig sind. Der Assembler A51 erzeugt aus einer Quelldatei eine relokatible Objektcodedatei und eine Listingdatei.

Der C-Cross-Compiler C51 erzeugt aus C-Quelltexten relokatible Objektcodedateien und Listingdateien.

Der Linker L51 fügt eine oder mehrere relokatible Objektmodule, die sowohl vom C-Compiler als auch vom Assembler stammen können, zu einem absoluten Objektmodul zusammen, das direkt für den Test im Softwaresimulator dScope51, für EEPROM-Programmiergeräte oder Emulatoren verwendet werden kann.

Um auch Geräte unterstützen zu können, die den Objektcode nicht verwenden können, ist das Formatkonvertierungsprogramm OHS51 vorgesehen. Es kann eine Formatkonvertierung in verschiedene wählbare Formate vornehmen. Diese Formate sind INTEL-HEX-Format, DIGITAL-RESEARCH-Format und MICRO-TEK-Format.

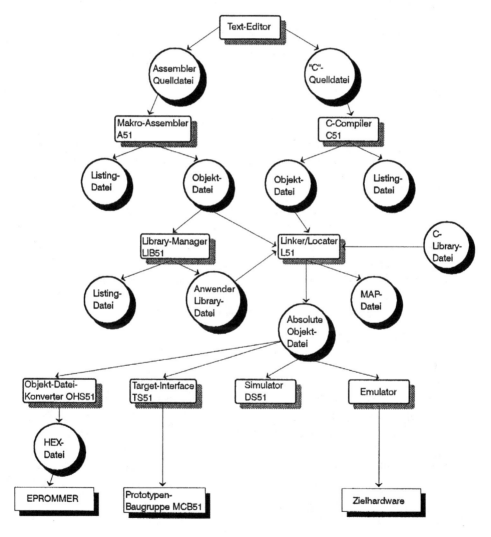

Abb. 4.1 Dateistruktur und Funktionsweise der Entwicklungswerkzeuge

4.1.1 Der Assembler

Der Assembler A51 übersetzt eine Quelldatei, die Maschinenbefehle für Prozessorbausteine der 8051-Familie enthält. Der Assembler ist auf den Baustein 8051 voreingestellt. Durch Konfiguration über INCLUDE-Dateien und Steueranweisungen lassen sich alle anderen Bausteine der 8051-Familie bedienen.

Der Assembler erzeugt eine Objektdatei, die vom Linker L51 verarbeitet werden kann. Die ebenfalls vom Assembler erzeugte Listingdatei enthält ein formatiertes Listing, das neben der Quelldatei auch Symbol-Listen, Zeilenverweislisten und Fehlermeldungen enthält. Die Listingdatei ist zum Ausdrucken und Lokalisieren von Fehlern gedacht, die in der Quelldatei vorhanden sind.

4.1.1.1 Befehlszeile

Assemblerprogramme bestehen aus Anweisungen und Befehlen. Eine Zeile kann einen Maschinenbefehl enthalten. Die generelle Schreibweise von Befehlszeilen ist:

```
[LABEL:] Befehl [Operand][,Operand][Operand][;Kommentar]<ENTER>
```

Beispiel:
```
START: JMP ANFANG ;Das ist ein Kommentar nach einem Befehl
;Das ist ein Kommentar ohne Befehlsteil
```

Der Programmierer kann Kommentare in das Quellprogramm einfügen. Ein Kommentar wird stets mit einem Strichpunkt (;) eingeleitet. Dadurch wird der Rest der Zeile zum Kommentar. Kommentare können auch ohne Befehl in einer Zeile stehen. Leerzeilen brauchen nicht als Kommentar markiert werden. Der Programmierer sollte Kommentare zur Dokumentation seines Programms verwenden. Auf den Objektcode haben Kommentare keinen Einfluß.

Zahlen

Zahlen können in den Zahlensystemen Hexadezimal, dezimal, oktal, und binär angegeben werden. Eine Zahl ohne Angabe des Zahlensystems wird immer als Dezimalzahl interpretiert. Das erste Zeichen einer Zahl muß immer eine Ziffer zwischen 0 und 9 sein. Hexadezimalzahlen, die nicht mit einer Ziffer zwischen 0 und 9 beginnen, brauchen daher eine vorangestellte Null (Beispiel: d8h = 0d8h). Das verwendete Zahlensystem wird durch eine nachgestellte Kennung ausgewählt.

- Hexadezimal   H,h
- Dezimal   D,d oder nichts
- Oktal   O,o,Q,q
- Binär   B,b

Zur besseren Lesbarkeit können Dollarzeichen ($) innerhalb der Zahl eingebettet werden. Ein Dollarzeichen kann allerdings nicht das erste oder letzte Zeichen einer Zahl sein.

- 1110$1010$1100b   bedeutet   111010101100b
- 0f$a8h   bedeutet   0fa8h

Zeichenketten
Es können auch Zeichenketten in Ausdrücken (Befehlen) und Definitionen verwendet werden. In Ausdrücken darf eine Zeichenkette maximal zwei in Hochkommas eingeschlossene ASCII-Zeichen enthalten. Zeichenketten außerhalb von Ausdrücken sind nicht in der Länge begrenzt. Zeichenketten mit der Länge Null sind nicht zulässig ('').

```
'A'              entspricht dem Wert 41h
'AB'             entspricht dem Wert 4142h
MOV A,#'K'       ; Zeichen K in Accu laden
Fehler: db       'Falsches Zeichen',0    ; Fehlermeldungskonstante
```

Symbole
Der Assembler läßt die Verwendung von symbolischen Namen zu. Symbole repräsentieren numerische Werte, Adressen oder Registernamen und sollen die Lesbarkeit von Programmen verbessern. Ist ein Symbol definiert, kann es in Ausdrücken als nummersicher Operand, genau wie ein numerische Konstante verwendet werden. Registersymbole werden anstelle der Registernamen verwendet.
Symbole unterliegen in der Schreibweise folgenden Konventionen:
- maximal 31 Zeichen lang
- erstes Zeichen A-Z, a-z oder ?
- weitere Zeichen A-Z, a-z, 0-9, _, ?

Marken
Eine Marke entspricht einem Symbol, daher gelten die selben Konventionen wie bei Symbolen. Eine Marke muß im ersten Teil einer Zeile stehen. Eine Marke wird durch einen abschließenden Doppelpunkt (:) gekennzeichnet. Es ist nur eine Marke pro Zeile erlaubt. Marken haben im Wesentlichen zwei Aufgaben:
- Marken können in Sprungbefehlen als Sprungadresse verwendet werden.
- Marken stehen im Test des Programms im Emulator oder Simulator zur Verfügung. Das erleichtert den Programmtest erheblich.

Spezielle Assemblersymbole
Diese Symbole sind innerhalb des Assemblers immer definiert und daher als reservierte Worte zu betrachten.

- A   Akkumulator
- R0,R1,R2,R3,R4,R5,R6,R7   Arbeitsregister in der aktuellen Registerbank
- DPTR   Der 16-Bit Data Pointer
- PC   Der 16-Bit Program Counter
- C   Der Carry-Flag
- AB   Das Registerpaar A und B bei MUL und DIV Befehlen
- AR0 bis AR7   absolute Datenadresse der Register R0 bis R7

Operatoren

Der Assembler kennt drei Arten von Operatoren:

Arithmetische Operatoren

Es stehen die Operatoren +,-,*,/,MOD,() zur Verfügung. Als Ergebnis wird ein 16-Bit Wert erzeugt. Überläufe werden nicht ausgewertet, die Division durch Null erzeugt eine Fehlermeldung.

Binäre Operatoren

Binäre Operatoren werden zum Umkehren, Isolieren, Schieben und logischen Verknüpfungen verwendet es gibt folgende Operatoren:

- NOT   Einerkomplement
- HIGH   Höherwertige 8-Bit einer 16-Bit Zahl
- LOW   Niederwertige 8-Bit einer 16-Bit Zahl
- SHR,SHL   Rechts/Links Bitschiebeoperation
- AND   Logische UND-Verknüpfung
- OR   Logische ODER-Verknüpfung
- XOR   Logische EXKLUSIV-ODER-Verknüpfung

Vergleichsoperatoren

Bei Vergleichsoperatoren werden zwei Werte miteinander verglichen. Das Ergebnis ist entweder WAHR oder FALSCH. Der numerische Wert 0000h entspricht FALSCH, jeder andere Wert wird als WAHR angenommen. Es gibt folgende Vergleichsoperatoren:

- > = / GTE   größer oder gleich
- < = / LTE   kleiner oder gleich
- < > / NE   ungleich
- = / EQ   gleich
- < / LT   kleiner
- > / GT   größer

4.1.1.2 Assembler-Direktiven

Der Assembler besitzt verschiedene Direktiven, die dazu dienen Symbole aller Art zu definieren, Speicherbereiche zu reservieren bzw. zu initialisieren oder die spätere Lage im Objektcode festzulegen.

Direktiven dürfen nicht mit Prozessor-Befehlen verwechselt werden. Mit Ausnahme der Direktiven DB und DW produzieren sie keinen Objektcode. Sie dienen dazu die Arbeitsweise des Assemblers festzulegen und Informationen in die Objektdatei zu bringen.

Die Direktiven lassen sich in folgende Kategorien aufteilen:

Symboldefinition

SEGMENT
Mit der SEGMENT-Direktive wird ein relokatibles Segment deklariert. Das Format ist wie folgt:
● Segm_Name   SEGMENT   Segm_Typ

Der Segmenttyp gibt an, in welchem Speicherbereich das definierte Segment liegen soll. Es gibt die Typen:
● CODE   der Programmspeicherbereich
● XDATA   der externe Datenspeicher
● DATA   der interne Datenspeicher (0 — 7fh)
● IDATA   der indirekt adressierbare intere Datenspeicher
● BIT   der bitadressierbare intere Datenspeicher

Ein Programmsegment wird also wie folgt definiert:

```
Programm1        SEGMENT CODE
                 ;...
                 ;...
                 RSEG     Programm1
START:           MOV  A,#0
                 ;...
```

EQU
Mit der EQU-Direktive kann der Programmierer ein Symbol definieren und diesem einen numerischen Ausdruck oder ein Registersymbol zuweisen.
● Symbol_Name   EQU   Ausdruck
● Symbol_Name   EQU   Registersymbol

Beispiele:
```
LIMIT       EQU     1200
WERT        EQU     LIMIT-250
AKKU        EQU     A
```

Ein mit EQU definiertes Symbol kann später nicht mehr umdefiniert werden.

SET

Die SET-Direktive entspricht der EQU-Direktive, mit der Ausnahme, daß mit SET definierte Symbole später umdefiniert werden können.

DATA

Mit der DATA-Direktive wird einem Symbol eine Adresse im internen Datenspeicher des Prozessors zugewiesen. Der Wert muß zwischen 0 und 255 liegen:

● Symbol__Name   DATA   Adresse

```
PORT1       DATA    90h
RESULT      DATA    20h
RESULT1     DATA    RESULT+1
```

IDATA

Mit der IDATA-Direktive wird einem Symbol, eine Adresse im indirektadressierbaren internen Datenspeicher, des Prozessors zugewiesen. Der Wert muß zwischen 0 und 255 liegen:

● Symbol__Name   IDATA   Adresse

```
BUFFER      IDATA   60h
BUF_LEN     EQU     20          ;20 Zeichen Speichern
BUF_END     IDATA   BUFFER+BUF_LEN-1
```

XDATA

Mit der XDATA-Direktive wird einem Symbol eine Adresse im externen Datenspeicher zugewiesen:

● Symbol__Name   XDATA   Adresse

```
DATE        XDATA   2000h
TIME        XDATA   DATE+6
```

BIT

Mit der BIT-Direktive wird einem Symbol eine Bitadresse zugewiesen:

● Symbol__Name   BIT   Bit-Adresse

```
ALARM       BIT     P1.1
```

CODE
Mit der CODE-Direktive wird einem Symbol eine Adresse im Programmspeicher zugewiesen:
* Symbol__Name   CODE   Adresse

```
RESTART           CODE      00h
```

Speicherbereiche reservieren und initialisieren
Mit diesen Direktiven werden Wort-, Byte- oder Biteinheiten reserviert oder initialisiert. Der reservierte Bereich ist abhängig vom gewählten Segment.

DS Define Space
Mit der DS-Direktive kann eine zusammenhängende Anzahl von Bytes im jeweiligen Segment reserviert werden:
* [LABEL:]   DS   < Ausdruck >

```
DATEN             SEGMENT XDATA
                  RSEG    DATEN
TIME:             DS      4 ;4 Byte für die Zeit
```

DB Define Byte
Mit der DB-Direktive kann eine Folge von Bytes im Programmspeicher des Prozessor initialisiert werden. Die DB-Direktive kann nur innerhalb eines CODE-Segments verwendet werden.
* [LABEL:]   DB   < Ausdruck >

```
TABELLEN          SEGMENT CODE
                  RSEG    TABELLEN
TAB_1:            DB      1,2,3,4,5,6
ANTWORT:          DB      'HALLO DU',0
```

DW Define Word
Mit der DW-Direktive können zwei-Byte-Folgen (words) im Programmspeicher des Prozessor initialisiert werden. Die DW-Direktive kann nur innerhalb eines CODE-Segments verwendet werden.
* [LABEL:]   DW   < Ausdruck >

```
TABELLEN          SEGMENT CODE
                  RSEG    TABELLEN
TAB_1:            DW      1000,200,33,454,675,650
```

DBIT Define Bit
Mit der DBIT-Direktive kann eine zusammenhängende Folge von Bits in einem BIT-Segment reserviert werden:

● [LABEL:]   DBIT   < Ausdruck >

```
BITS        SEGMENT BIT
            RSEG BITS
FLAG1:      DBIT 1
ZWEIBIT: DBIT 2 ; 2 Bits reservieren
```

Mehrmoduldirektiven

Weil mit dem Linker L51 mehrere Objektmodule zusammengebunden werden können, ist es notwendig Symbole anderen Modulen zugänglich zu machen, oder als extern, d. h. in einem anderen Modul vorhanden, zu kennzeichnen.

PUBLIC

Mit der PUBLIC-Direktive werden Symbole anderen Modulen zugänglich gemacht, in denen sie als extern deklariert werden müssen:

● PUBLIC   Symbol[,Symbol[,..]]

Nach der PUBLIC-Direktive kann eine Anzahl von Symbolen, durch ein Komma getrennt aufgelistet werden. Jedes Symbol muß irgendwo im Quelltext definiert sein.

```
PUBLIC      FLAG1, ANTWORT
PUBLIC      HAUPTPROGRAMM
```

EXTRN

Mit der EXTRN-Direktive werden dem Assembler Symbole bekanntgegeben, die in einem anderen Modul definiert sind.

● EXTRN   Symbol_Typ (Symbol_Liste)

Die EXTRN-Direktive kann an beliebiger Stelle im Quelltext stehen. Jedem externen Symbol ist ein Segmenttyp zugeordnet, der die Verwendung des Symbols eingrenzt. Die Segmenttypen sind CODE, DATA, IDATA, XDATA, BIT und NUMBER. NUMBER ist typenlos und kann überall verwendet werden.

```
EXTRN CODE (HAUPTPROGRAMM)
EXTRN BIT (FLAG1, ZWEIBIT)
```

NAME

Mit der NAME-Direktive kann dem Objektmodul ein Name gegeben werden:

● NAME   Name_des_Objektes

Wenn keine NAME-Anweisung im Quellprogramm gefunden wird, so wird der Name der Datei als Name für das Modul verwendet. Es darf nur eine NAME-Anweisung innerhalb eines Moduls stehen.

Assembler-Zustandsdirektiven und Segmentauswahl

ORG
Mit der ORG-Anweisung wird der Adreßzähler im aktuellen Segment verändert.
● ORG   Ausdruck

```
ORG     100h          ;Anfangsadresse 100h
```

END
Die END-Anweisung muß in der letzten Zeile des Quellprogramms stehen und darf daher nur einmal pro Datei verwendet werden.

Mit den folgenden Anweisungen werden Segmente erzeugt und ausgewählt. Damit wird festgelegt, in welchem Adreßraum die Anweisungen zum Tragen kommen.

RSEG
Mit der RSEG-Anweisung wird ein vorher definiertes relokatibles Segment ausgewählt.
● RSEG   Segment__Name

CSEG, DSEG, XSEG, ISEG, BSEG
Absolute Segmente werden mit folgenden Anweisungen erzeugt:
● xSEG   [AT Absolut__Adresse]
Wobei x für C = Code, D = Data, X = Xdata, I = Idata, B = Bit steht.
Wird die AT-Angabe weggelassen, so wird ein früheres Segment gleichen Typs wieder geöffnet und fortgesetzt.

Beispiele:

```
DATA_SEG1      SEGMENT  DATA ;relokatibles Datensegment
CODE_SEG1      SEGMENT  CODE ;relokatibles Codesegment
       BSEG    AT 70h  ;Absolute Bitsegment
TEST DBIT      1

       RSEG    DATA_SEG1          ;Datensegment wird ausgewählt
TOTAL:         DS  1

       RESG    CODE_SEG1          ;Programmsegment
START:         MOV  SP,#7Fh

       ;...

       END
```

USING

Die USING-Anweisung zeigt dem Assembler an, welche Registerbank für den nachfolgenden Programmabschnitt verwendet werden soll.

● USING   Ausdruck

Der Ausdruck darf Werte zwischen 0 und 3 haben. Die Registerbank wird nicht umgeschaltet, daß muß weiterhin vom Programmierer gemacht werden.

Beispiele:

```
USING       1
            setb RS1 ; Umschaltung auf Registerbank 1
            clr  RS0
```

4.1.1.3 Assembler-Steueranweisungen

Die Betriebsart des Assemblers kann durch Steueranweisungen beeinflußt werden. Damit kann beispielsweise festgelegt werden, ob in der Listingdatei eine Querverweisliste erstellt oder die Debug-Information in die Objektdatei übertragen werden soll.

Es gibt zwei Arten von Steueranweisungen
● Primäranweisungen
● Sekundäranweisungen

Primäre Anweisungen dürfen nur einmal auftreten. Sie dürfen von ihren alternativen Anweisungen nicht verändert werden. Sie werden entweder in der Aufrufzeile des Assemblers angegeben, oder stehen ganz am Anfang des Quellprogramms als Steueranweisungen.
Das Beispiel gibt die Verwendung von Primäranweisungen in der Aufrufzeile an:

```
A51 BEISPIEL.A51 XREF DEBUG NOMOD51
```

Werden mehrere Primäranweisungen verwendet, ist es in der Regel besser sie als Steueranweisungen an den Anfang der Quelldatei zu schreiben. Dadurch kann die aufwendige Eingabe der Aufrufzeile erheblich vereinfacht werden.
Im Quellprogramm beginnen Steueranweisungen immer mit einem vorangestellten Dollarzeichen ($). Die Primäranweisungen aus dem obigen Beispiel sehen im Quelltext dann wie folgt aus:

```
$ XREF
$ DEBUG
$ NOMOD51
```

es können auch mehrere Anweisungen in einer Zeile stehen

```
$ XREF DEBUG NOMOD51
```

Die Aufrufzeile vereinfacht sich dann so:

```
A51 BEISPIEL.A51
```

Sekundäre Anweisungen dürfen mehrfach in der Quelldatei auftreten. Sie dienen zum Beispiel dazu die Generierung des Listings, zeitweise aus und wieder einzuschalten.

Sekundäre Anweisungen dürfen nur in der Quelldatei verwendet werden, nicht in der Aufrufzeile des Assemblers.

Primär-Anweisungen

DEBUG/NODEBUG

Mit dieser Anweisung wird festgelegt, ob die symbolischen Informationen in die Objektdatei übernommen werden. Die symbolischen Informationen dienen zum einfacheren Test des Programms. Voreingestellt ist NODEBUG.

SYMBOLS/NOSYMBOLS

Mit dieser Option wird festgelegt, ob in der Listdatei eine Tabelle aller verwendeten Symbole angelegt wird. Voreingestellt ist SYMBOLS.

PRINT/NOPRINT

Diese Option legt fest, ob eine Listdatei angelegt werden soll.
Mit PRINT (Listdateiname) kann ein Dateiname gewählt werden. Voreingestellt ist der Name der Quelldatei mit der Dateierweiterung .LST.

XREF/NOXREF

Mit der XREF-Option wird festgelegt, ob am Ende der Listdatei eine Querverweisliste der verwendeten Symbole erzeugt wird. NOXREF ist die Voreinstellung.

MOD51/NOMOD51

Mit der Anweisung MOD51 (Standardeinstellung) werden die 8051-spezifischen Symbole vordefiniert. NOMOD51 bewirkt, daß alle 8051-Symbole unbekannt sind. Damit können für andere Bausteine der 8051-Familie eigene Definitionen verwendet werden. Eine Definition kann zum Beispiel mit der INCLUDE-Anweisung in die Quelldatei eingebunden werden.

Sekundäre Steueranweisungen

Mit Sekundärsteueranweisungen werden Einstellungen vorgenommen, die bis zur nächsten Veränderung gültig bleiben. Sie sind innerhalb des Quelltextes überall zulässig.

INCLUDE

Mit der INCLUDE-Anweisung wird die angegebene Datei in die Übersetzung mit einbezogen. Die einbezogene Datei darf wiederum INCLUDE-Dateien enthalten. Die maximale Schachtelungstiefe beträgt neun Dateien.

Beispiel:

```
$ INCLUDE (ZUSATZ.INC)
```

LIST/NOLIST

Mit der NOLIST-Option wird die Ausgabe der assemblierten Zeilen in eine List-datei unterdrückt. Mit einer LIST-Anweisung wird die NOLIST-Anweisung wieder aufgehoben. Werden bei der Assemblierung Fehler erkannt, werden die fehlerhaften Zeilen, unabhängig von der gewählten Einstellung in die Listdatei geschrieben.

4.1.2 Der C-Compiler

Der C51-Compiler ist speziell für die Programmierung der Mikrocontroller 8051 optimiert. Er arbeitet nach dem ANSI-C-Standard und ist durch 8051-spezifische Strukturen erweitert. Der C51-Compiler erzeugt eine Objektdatei, die vom Linker L51 verarbeitet werden kann. Die ebenfalls vom Compiler erzeugte Listingdatei enthält ein formatiertes Listing, das neben der Quelldatei auch Symbol-Listen, Querverweislisten und Fehlermeldungen enthält. Die Listingdatei ist zum Ausdrucken und Lokalisieren von Fehlern gedacht, die in der Quelldatei vorhanden sind.

Der C-Compiler wird durch die folgende Zeile aufgerufen:

```
C51 [Pfad]Dateiname [Steueranweisungen]
```

- Pfad. Kann verwendet werden, wenn sich das Quellprogramm nicht im aktuellen Verzeichnis befindet.
- Dateiname. Ist der Name, der zu übersetzenden Quelldatei. Dieser muß mit Dateinamenserweiterung angegeben werden (z. B. PROG1.C51).
- Steueranweisungen. Dienen zur Festlegung der Arbeitsweise des Compilers. Steueranweisungen können aber auch im Quelltext stehen.

4.1.2.1 Steuerparameter des C51-Compilers

Steueranweisungen beeinflussen die Arbeitsweise des Compilers. Sie können in der Aufrufzeile angegeben werden, oder im Quelltext stehen. Steueranweisungen lassen sich in zwei Gruppen teilen.

- Primäre Steueranweisungen. Diese können sowohl in der Aufrufzeile, als auch im Quelltext enthalten sein. Sie dürfen aber pro zu übersetzenden Quelltext nur einmal genannt werden, da sie den gesamten Compilerlauf beeinflussen.
- sekundäre Steueranweisungen. Können nur im Quelltext, dafür aber mehrfach, vorkommen.

Steueranweisungen werden im Quelltext wie folgt programmiert:

- #pragma STEUERANWEISUNG

Beispiel:

```
/* Pragma-Beispiele */
#pragma large debug code objectextend
#pragma optimize (4,size)
```

Primäre Steueranweisungen

LISTINCLUDE
Es wird festgelegt, ob INCLUDE-Datei mit in das Listing aufgenommen werden.
- Voreinstellung: NOLISTINCLUDE
- Abkürzung: LC, NOLC

Name	Ankürzung	Voreinstellung	Im Quelltext	In Aufrufzeile	Status
[NO]LISTINCLUDE	[NO]LC	NOLC	JA	JA	PRIMÄR
[NO]SYMBOLS	[NO]SB	NOSB	JA	JA	PRIMÄR
[NO]PREPRINT	[NO]PP	NOPP	NEIN	JA	PRIMÄR
[NO]CODE	[NO]CD	NOCD	JA	JA	PRIMÄR
[NO]PRINT	[NO]PR	PR (dateiname.LST)	JA	JA	PRIMÄR
[NO]COND	[NO]CO	CO	JA	JA	PRIMÄR
PAGELENGTH	PL	PL(69)	JA	JA	PRIMÄR
PAGEWIDTH	PW	PW(80)	JA	JA	PRIMÄR
[NO]DEBUG	[NO]DB	NODB	JA	JA	PRIMÄR
SMALL	SM	SM	JA	JA	PRIMÄR
COMPACT	CP	'—'	JA	JA	PRIMÄR
LARGE	LA	'—'	JA	JA	PRIMÄR
[NO]INTVECTOR	[NO]IV	IV	JA	JA	PRIMÄR
[NO]OBJECT	[NO]OJ	OJ (dateiname.OBJ)	JA	JA	PRIMÄR
OBJECTEXTEND	OE	'—'	JA	JA	PRIMÄR
ROM	'—'	ROM (LARGE)	JA	JA	PRIMÄR
[NO]EXTEND	'—'	EXTEND	JA	JA	PRIMÄR
SAVE	'—'	'—'	JA	NEIN	SEKUNDÄR
RESTORE	'—'	'—'	JA	NEIN	SEKUNDÄR
OPTIMIZE	OT	OT (5,SPEED)	JA	JA	SEKUNDÄR
EJECT	EJ	'—'	JA	NEIN	SEKUNDÄR
[NO]REGPARMS	[NO]RP	RP	JA	JA	SEKUNDÄR
REGISTERBANK	RB	RB(0)	JA	NEIN	SEKUNDÄR
[NO]AREGS	[NO]AR	AR	JA	JA	SEKUNDÄR
DISABLE	'—'	'—'	JA	NEIN	SEKUNDÄR
DEFINE	DF	'—'	JA	JA	SEKUNDÄR

Abb 4.2: Steueranweisungen des C51-Compilers

Beispiel:

```
C51 BEISP.C51 LC
```

```
#pragma LISTINCLUDE
```

SYMBOLS
Wird SYMBOLS ausgewählt, so nimmt der Compiler eine Liste aller verwendeter Symbole in das Listing mit auf.
- Voreinstellung: NOSYMBOLS
- Abkürzung: SB, NOSB

Beispiel:

```
C51 BEISP.C51 SB
```

```
#pragma SYMBOLS
```

PREPRINT
Der Compiler erzeugt eine Listingdatei mit dem Namen der Quelldatei und der Dateierweiterung „.I", in der alle Preprozessoranweiungen ausgeführt und alle Kommentare entfernt sind. Mit PREPRINT (name) kann der Name der Listingdatei angegeben werden. PREPRINT kann nur von der Kommandozeile aufgerufen werden.
- Voreinstellung: NOPREPRINT
- Abkürzung: PP, NOPP

Beispiel:

```
C51 BEISP.C51 PP(TEST.LI)
```

CODE
Im Listing wird für jede C-Funktion der Assembler-Code gelistet.
- Voreinstellung: NOCODE
- Abkürzung: CD, NOCD

Beispiel:

```
C51 BEISP.C51 CD
```

```
#pragma CODE
```

PRINT
Standardmäßig generiert der Compiler ein formatiertes Listing in die Datei „QUELLDATEI.LST". Durch Angabe von PRINT(NAME.EXT) kann das Listing in eine beliebige Datei geschrieben werden.

- Voreinstellung: PRINT (QUELLDATEI.LST)
- Abkürzung: PR, NOPR

Beispiel:

```
C51 BEISP.C51 NOPR
```

```
#pragma PRINT(LISTING.PRN)
```

COND
Der Parameter COND legt fest, ob nicht übersetzte Programmteile in das Listing übernommen werden. In der Einstellung COND werden nicht übersetzte Programmteile in das Listing übernommen. Zur besseren Übersicht sind aber keine Zeilennummern und keine Verschachtelungstiefe angegeben.
- Voreinstellung: COND
- Abkürzung: CO, NOCO

Beispiel:

```
C51 BEISP.C51 CO
```

```
#pragma NOCOND
```

PAGELENGTH
Dieses Argument gibt die Anzahl der Zeilen pro Seite, inclusive Leerzeilen und Kopfzeile, im Listing an.
- Voreinstellung: PAGELENGTH(69)
- Abkürzung: PL

Beispiel:

```
C51 BEISP.C51 PL(65)
```

```
#pragma PL(70)
```

PAGEWIDTH
Diese Steueranweisung legt die Anzahl der Zeichen pro Zeile fest. Zu lange Zeilen werden entsprechend umgebrochen.
- Voreinstellung: PAGEWIDTH(132)
- Abkürzung: PW

Beispiel:

```
C51 BEISP.C51 PW(80)
```

```
#pragma PW(75)
```

DEBUG

Der Compiler übernimmt Debug-Informationen wie Zeilennummern und Symbole in die Objektdatei. Diese kann dann zur Fehlersuche im Debugger verwendet werden.

- Voreinstellung: NODEBUG
- Abkürzung: DB, NODB

Beispiel:

```
C51 BEISP.C51 DB
```

```
#pragma DEBUG
```

SMALL/COMPACT/LARGE

Diese Steueranweisungen legen das Speichermodell für den Datenspeicher fest.

- SMALL. Es werden alle Variablen im internen Speicher angelegt.
- COMPACT. Alle Variablen werden im externen Datenspeicher abgelegt. Es wird die kurze externe Adressierungsform verwendet (MOVX @R0/R1). Dadurch ist die Größe des Datenspeichers auf 256 Byte (eine Seite) begrenzt.
- Speichermodell:Datenspeicher:LARGE . Sämtliche Variablen werden in den externen Datenspeicher gelegt. Es wird die lange externe Adressierungsform verwendet (DPTR). Der Datenspeicher kann bis zu 64 KByte groß sein.
- Voreinstellung: SMALL
- Abkürzung: SM, CP, LA

Beispiel:

```
C51 BEISP.C51 LA
```

```
#pragma COMPACT
```

INTVECTOR

Der C51-Compiler erzeugt für jede Interrupt-Funktion einen Interrupt:Einsprungverktor an der passenden Stelle. Mit der Option NOINTVECTOR wird die Erzeugung des Einsprungverktors unterdrückt.

- Voreinstellung: INTVERCTOR
- Abkürzung: IV, NOIV

Beispiel:

```
C51 BEISP.C51 NOIV
```

```
#pragma NOINTVECTOR
```

OBJECT

Durch die OBJECT(„DATEINAME")-Anweisung erzeugt der Compiler eine Objektdatei mit dem gewünschten Namen. Als Voreinstellung wird der Name und der Pfad der Quelldatei mit der Dateierweiterung „.OBJ" verwendet.

● Voreinstellung: OBJECT(QUELLDATEI.OBJ)

● Abkürzung: OJ, NOOJ

Beispiel:

```
C51 BEISP.C51 OJ(TEST.OBJ)

#pragma NOOJ
```

OBJECTEXTEND

Zusätzlich zum Symbol wird auch Information über den Typ eines Symbols in die Object-Datei aufgenommen (INTEL-OMF-Format). Diese Information dient zur verbesserten Darstellung von Variablen in Debuggern.

● Voreinstellung: — keine erweiterte Information —

● Abkürzung: OE

Beispiel:

```
C51 BEISP.C51 OE

#pragma OBJECTEXTEND
```

ROM

Diese Steueranweisung legt das Speichermodell für den Programmspeicher fest.

● SMALL. CALL- und JMP-Befehle werden als ACALL und AJMP übersetzt. Dadurch ist der Programmspeicher auf maximal 2 KByte begrenzt.

● COMPACT. CALL-Befehle werden als LCALL übersetzt, JMP-Befehle als AJMP. Dadurch ist die Größe einer Funktion auf 2 KByte begrenzt. Das gesamte Programm kann aber bis zu 64 KByte groß sein.

● LARGE. Beide Befehle (CALL und JMP) werden als LCALL, bzw. LJMP übersetzt. Dadurch kann der Programmspeicher in vollem Umfang genutzt werden.

● Voreinstellung: ROM(LARGE)

● Abkürzung: — keine —

Beispiel:

```
C51 BEISP.C51 ROM(SMALL)

#pragma ROM(COMPACT)
```

EXTEND

Durch die Steueranweisung EXTEND wird der Compiler dazu veranlaßt, den ANSI-C Sprachumfang um C51-spezifische Befehle zu erweitern.

- Voreinstellung: EXTEND
- Abkürzung: — keine —

Beispiel:

```
C51 BEISP.C51 EXTEND

#pragma NOEXTEND
```

Sekundäre Steueranweisungen

SAVE und RESTORE

Die SAVE-Anweisung sichert die Einstellung der Steueranweisungen OPTIMIZE, AREGS und REGPARMS. Die RESTORE -Anweisung stellt die gesicherte Einstellung wieder her. Dies kann verwendet werden, wenn z. B. eine Header-Datei mit anderen Einstellungen kompiliert werden soll.

- Voreinstellung: — keine —
- Abkürzung: — keine —

Beispiel:

```
/** DATEI: WAIT.H **/

#pragma ot(5,speed)

void wait_5ms(void)
{
    unsigned int zaehler;
    for (zaehler=0;zaehler < 5000;zaehler++)
        ; /* LEER */
}
/** ENDE DATEI: WAIT.H **/

/**DATEI: BSP1.C51 */

#pragma ot(4,size)

#pragma SAVE
#include <wait.h>
#pragma RESTORE
```

```
void main (void)
{
/** Hauptprogramm **/

}
```

OPTIMIZE
Es wird die Optimierungsstufe festgelegt. Eine höhere Stufe beinhaltet immer die Optimierungen der niedrigeren Stufen.
- Voreinstellung: OPTIMIZE (5,SIZE)
- Abkürzung: OT

Beispiel:

```
C51 BEISP.C51 OT(4,SPEED)

#pragma OT(2,SIZE)
```

EJECT
Die EJECT-Anweisung erzeugt einen Seitenumbruch in der Listingdatei. EJECT kann nur im Quelltext verwendet werden.
- Voreinstellung: — keine —
- Abkürzung: EJ

Beispiel:

```
void wait_5ms(void)
{
    unsigned int zaehler;

    for (zaehler=0;zaehler < 5000;zaehler++)
        ; /* LEER */
}

#pragma ej

void main(void)
{
/** Hauptprogramm **/

}
```

REGPARMS

Ist REGPARMS eingestellt, so übergibt der Compiler bei Funktionsaufrufen bis
zu drei Variablen in Registern. Um auch ältere Funktionen weiter nutzen zu können, kann diese Option mit NOREGPARMS abgeschaltet werden.

- Voreinstellung: REGPARMS
- Abkürzung: RP,NORP

Beispiel:

```
void funktion1(int zahl);
int funktion2(char z, int a);
#pragma norp
char funkion_alt(char a, char b, char c);
#pragma rp
```

REGISTERBANK

Die REGISTERBANK -Anweisung dient als Berechnungsgrundlage für die absolute Adresse der Register bei direkter Adressierung. Sie kann mehrfach im Quelltext vorkommen, muß allerdings au_erhalb von Funktionsaufrufen stehen. Es ist
darauf zu achten, daß aufgerufene Funktionen die selbe Registerbank benutzen,
da sonst die Rückgabewerte und die Übergabewerte in die falsche Registerbank geschrieben werden. **Die REGISTERBANK-Anweisung schaltet, im Gegensatz
zu „USING n", die Registerbank nicht automatisch um!!**

- Voreinstellung: REGISTERBANK(0)
- Abkürzung: RB

Beispiel:

```
#pragma RB(1)
void wait_5ms(void)
{
    unsigned int zaehler;

    for (zaehler=0;zaehler < 5000;zaehler++)
        ; /* LEER */
}

void main(void)
{
/** Hauptprogramm **/
    rb0 = 1; /* Umschalten auf Registerbank 1 */
```

```
      rb1 = 0;
      wait_5ms();
      /*.... */

}
```

AREGS
Durch Verwendung der AREGS -Anweisung wird der Compiler veranlaßt, bei direkter Adressierung von Registern (z. B. PUSH und POP) den erzeugten Code zu optimieren.
- Voreinstellung: AREGS
- Abkürzung: AR,NOAR

Beispiel:

```
#pragma AREGS

;Assemblerlisting
      PUSH AR6
      PUSH AR7

#pragma NOAREGS

;Assemblerlisting
      MOV  A,R6
      PUSH ACC
      MOV  A,R7
      PUSH ACC
```

DISABLE
Die DISABLE -Anweisung, die vor eine Funktion geschrieben werden muß, sperrt alle Interrupt s für die Dauer der Funktion. Die Funktion kann keinen Bitwert zurückgeben, da beim Aufruf der Funktion das PSW gerettet wird.
- Voreinstellung: — keine —
- Abkürzung: — keine —

Beispiel:

```
#pragma DISABLE
/* Alle Interrupts werden gesperrt */
void wait_5ms(void)
{
```

```
      / PSW retten */
      unsigned int zaehler;

      for (zaehler=0;zaehler < 5000;zaehler++)
            ; /* LEER */
      /* PSW wieder herstellen */
}

void main(void)
{
/** Hauptprogramm **/
      wait_5ms();
      /*... */
}
```

DEFINE

Mit der DEFINE -Anweisung kann der Preprozessor gesteuert werden. Dieser wird vor der eigentlichen Compilierung ausgeführt. Der Preprozessor kann nachfolgende Befehle verarbeiten:

- #define BEZEICHNER AUSDRUCK Weist einem Ausdruck einen Namen zu (Bezeichner). Wird im Quelltext dann der Bezeichner gefunden, so wird er durch den Ausdruck ersetzt.
- #undef BEZEICHNER Löscht den Bezeichner
- defined(BEZEICHNER) Liefert if #if- oder #elif-Befehlen WAHR oder FALSCH zurück
- #if AUSDRUCK Ist die Bedingung erfüllt, so wird der nachfolgende Programmteil zur Übersetzung mit dem Compiler freigegeben.
- #elif AUSDRUCK Ist die Bedingung eines vorangegangenen #if-Befehls FALSCH, so wird überprüft ob die Bedingung des #elif-Befehls erfüllt ist. Der nachfolgende Programmteil wird dann zur Übersetzung freigegeben.
- #else Ist die Bedingung eines vorangegangenen #if- oder #elif-Befehls FALSCH, so wird der nachfolgende Programmteil zur Übersetzung freigegeben.
- #ifdef BEZEICHNER Ist der Bezeichner definiert, so wird der nachfolgende Programmteil zur Übersetzung freigegeben.
- #ifndef BEZEICHNER Ist der Bezeichner nicht definiert, so wird der nachfolgende Programmteil zur Übersetzung freigegeben.
- #endif Muß am Ende jeder #if-Verschachtelung stehen.

Bei der Schreibweise der Bezeichner und Ausdrücke ist die Groß/Kleinschreibung zu beachten.

- Voreinstellung: — keine —
- Abkürzung: DF

Beispiel:

```
#define ENDLOS while(1); /* Endlosschleife */

    ENDLOS          /* Verwendung des Bezeichners */

#define DEMO

#ifdef DEMO
        #include <demo.h>
#else
        #include <profi.h>
#endif
```

4.1.2.2 8051-spezifische Datentypen

Der C51-Compiler kennt alle Datentypen, die in ANSI-C spezifiziert sind. Um der besonderen Architektur des 8051 Rechnung zu tragen, wurde die Syntax der Variablendefinition erweitert.

- Durch die Angabe eines Speichertyps kann jede Variable, unabhängig von gewählten Speichermodell in den verschiedenen Adressräumen des 8051 platziert werden.
- Zur Deklaration von 8051-spezifischen Register wird Typ **sfr** oder **sfr16** verwendet.
- Der Typ **sbit** dient zur Definition von absoluten Bits im Special-Function-Register-Bereich des Prozessors.
- Für jede Funktion kann die zu verwendende Registerbank vorgegeben werden.

Speichertypen
Wird kein Speichertyp angegeben, werden Variablen automatisch in dem vom Speichermodell vorgegebenen Adressraum gelegt. Zur Optimierung des Programms können bestimmte Variablen gezielt in einen bestimmten Adressraum gelegt werden. Dazu gibt es verschiedene Möglichkeiten:

- Speicherklasse **Speichertyp** Deklaration
- Speicherklasse Deklaration
- **Speichertyp** Deklaration
- Deklaration

Als **Speicherklasse** sind folgende Ausdrücke zulässig:

- auto
- static
- register
- extern

Beispiel:

```
static char counter;
extern xdata long ergebnis;
register alarm_wert;
```

Als **Speichertypen** sind folgende Ausdrücke zulässig:
- code
- bit
- data
- bdata
- idata
- pdata
- xdata

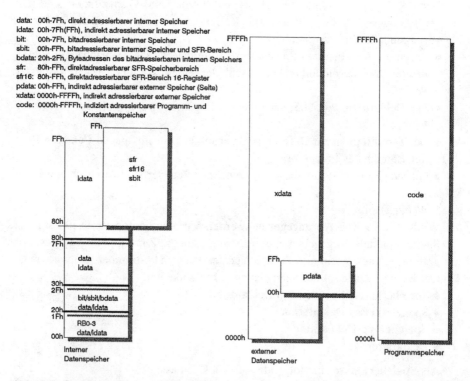

data: 00h-7Fh, direkt adressierbarer interner Speicher
idata: 00h-7Fh(FFh), indirekt adressierbarer interner Speicher
bit: 00h-7Fh, bitadressierbarer interner Speicher
sbit: 00h-FFh, bitadressierbarer interner Speicher und SFR-Bereich
bdata: 20h-2Fh, Byteadressen des bitadressierbaren internen Speichers
sfr: 80h-FFh, direktadressierbarer SFR-Speicherbereich
sfr16: 80h-FFh, direktadressierbarer SFR-Bereich 16-Register
pdata: 00h-FFh, indirekt adressierbarer externer Speicher (Seite)
xdata: 0000h-FFFFh, indirekt adressierbarer externer Speicher
code: 0000h-FFFFh, indiziert adressierbarer Programm- und
                 Konstantenspeicher

Abb. 4.3: Speichertypen und Adreßräume

Beispiel:

```
static data char zaehler;
extern xdata int loop_count;
idata char sting1[20];
bit alarm;
```

CODE
Mit dem Speichertyp CODE definierte Variablen sind nur lesbar, also Konstanten.
Sie werden in den Programmspeicher des Controllers abgelegt.

Beispiel:

```
static code char fehler1[] = {,,Unzulaessige Taste''};
code int MAX_COUNT = 10;
```

BIT
Variablen vom Typ BIT werden vom Compiler in den internen Datenspeicher, ab
der Adresse 20h bis 2Fh abgelegt. Es können nur die Speichertypen DATA,
BDATA und IDATA angegeben werden. Es ist nicht möglich einen Zeiger auf Bit-
Variable zu definieren (bit *bit__ptr;). Auch können keine Bit-Arrays definiert
werden (bit bit__array[4];)

Beispiel:

```
extern bit ja_nein;
static data bit back_light;
```

DATA
Variablen mit dem Speichertyp DATA befinden sich im internen Datenspeicher ab
der Adresse 00h bis 7Fh. Da dieser Speicherplatz sehr knapp ist und bei manchen
Controllern der Familie 8051, bei den der Speicherbereich ab der Adresse 80h
nicht existiert, auch der Stack in diesem Bereich liegt, sollten hier nur häufig verwendete Variablen, z. B. Zähler, und Pointer abgelegt werden.

Beispiel:

```
data char *string_ptr;
data char zaehler;
```

BDATA

Mit dem Speichertyp BDATA können Variablen definiert werden, die sowohl bit- als auch byteweise angesprochen werden sollen. Der Compiler legt solche Variable in den internen Speicher ab der Adresse 20h bis 2Fh. Dieser Speichertyp kann nicht in Strukturen verwendet werden.

Beispiel:

```
bdata char bitfield;
sbit bit0 = bitfield^0;
sbit bit1 = bitfield^1;
sbit bit2 = bitfield^2;
sbit bit3 = bitfield^3;
```

IDATA

Variablen des Speichertyps IDATA befinden sich im internen Datenspeicher des Controllers ab der Adresse 00h bis 7Fh. Bei Controllern die 256 Byte internen Datenspeicher haben, wird auch der Bereich von 80h bis FFh als IDATA-Speicher verwendet. Variablen des Speichertyps IDATA werden indirekt über die Register R0 und R1 adressiert. Es ist sinnvoll hier z. B. kleine Array abzugegen.

Beispiel:

```
idata char array[5];
```

PDATA

Der PDATA -Speicherbereich liegt im exteren Datenspeicher und ist 256 Byte groß. Variablen dieses Typs werden über die Register R0 und R1 adressiert. Die Seite in der der Speicherbereich liegt, wird in der Datei STARTUP.A51 festgelegt. Über das SFR P2 kann die Speite verändert werden. Es muß dann allerdings dafür gesorgt werden, daß immer die gleiche Seite beim Ansprechen einer Variablen eingestellt ist.

Beispiel:

```
void test(void)
{
    pdata char c;

    P2 = 1; /* Seite 1 einstellen */
    c = c + 2;
    P2 = 0 /* Seite 0 einstellen */
}
```

XDATA

Variablen die den Speichertyp XDATA besitzen, werden im exteren Datenspeicher abgelegt. Dieser kann bis zu 64 KByte groß sein. Auf diese Variablen wird über den Data Pointer DPTR zugegriffen, dadurch ist die Bearbeitung solcher Variablen sehr zeit- und programmaufwendig. Hier sollten deshalb Variablen abgelegt werden, deren Verarbeitung nicht zeitkritisch ist oder die sehr groß sind.

Beispiel:

```
xdata char puffer[300];
struct ZEIT
{
    unsigned char sec;
    unsigned char min;
    unsigned char std;
    unsigned char tag;
}
xdata struct ZEIT zeiten[100];
```

Verarbeitung von Special Function Registern (SFR)

Die Steuerregister für die integrierte Peripherie des Controllers 8051 befinden sich im Special-Function-Register-Bereich. Um auf diese direkt zugreifen zu können, stellt der C51-Compiler eine nicht im ANSI-C-Standard vorgesehene Art der Definition bereit. Es werden die reservierten Wörter **sfr** und **sfr16** eingeführt. Sie werden folgendermaßen benutzt:

● sfr name = konstante;

● sfr16 name = konstante;

Der **name** ist frei wählbar. Für **konstante** sind Werte im Bereich 80h bis FFh zulässig. Für die gängigsten Controllertypen sind die sfr-Deklarationen schon in Header-Dateien im Lieferumfang des Compilers enthalten.

Besonders in neueren Controllern der 8051-Familie werden häufig 16-Bit breite Special Function Register verwendet. Um hier den Zugriff so effizient wie möglich zu gestalten, kann die Definition **sfr16** verwendet werden. Die Verwendung von **sfr16** ist möglich, wenn der HIGH-Teil des SFR unmittelbar dem LOW-Teil folgt. Zur Definition wird dann die Adresse des LOW-Teils der Variable angegeben.

Beispiel:

```
sfr P0 = 0x80; /* Definition von PORT 0 */

sfr16 T2 = 0xCC; /* Timer 2 Register: T2low CCh, T2high CDh */
```

Bei der Angabe nach dem „ = "-Zeichen handelt es sich nicht um eine Zuweisung, sondern um eine Deklaration. Es wird die Adresse des Special Function Registers angegeben.

Verarbeitung von bitadressierbaren SFRs

Einige Special Function Register sind bitadressierbar. Um möglichst einfach auf diese Bits zugreifen zu können, stellt der C51-Compiler eine Special-Bit-Deklaration zur Verfügung.

- sbit sbit_name = sbit_adr;

Hierbei ist **sbit_name** ein beliebig, wählbarer Variablenname. **sbit_adr** wird wie folgt definiert:

- sfr_name^konst: eine mit sfr definierte Variable
- konst1^konst2: eine Byteadresse
- konst: eine Bitadresse

Beispiel für die Verwendung der Variante 1:

```
sfr PSW = 0xD0;

sbit OV = PSW^2;
sbit CY = PSW^7;
```

Hier kann **konst** den Wert 0 bis 7 annehmen.

Beispiel für die Verwendung der Variante 2:

```
sbit OV = 0xD0^2;
sbit CY = 0xD0^7;
```

Hier ist **konst1** eine Adresse im Bereich von 80h bis FFh und **konst2** kann den Wert 0 bis 7 annehmen.

Beispiel für die Verwendung der Variante 3:

```
sbit OV = 0xD2;
sbit CY = 0xD7;
```

Hier ist **konst** die Bitadresse des zu adressierenden Bits. Diese muß im Bereich von 80h bis FFh liegen.

Verwendung von Pointern

Wie in ANSI-C, können auch beim C51-Compiler Pointer verwendet werden. Um der speziellen Archiketur des 8051 gerecht zu werden, gibt es zwei verschiedene Arten von Pointern:

- Generic Pointer
- Memory specific Pointer

Verwendung von Generic Pointern

Über generic Pointer lassen sich alle Speicherbereiche, außer BDATA, ansprechen. Dies ist möglich, weil der Speichertyp im Pointer mit abgelegt wird. Ein generic Pointer wird wie folgt definiert:

- SP_TYP_PTR   DATATYP   *VAR_NAME;
Hierbei sind:
- SP_TYP_PTR: Speicherbereich, in dem die Pointervariable angelegt wird. Es sind die Speichertypen **data, idata, pdata, xdata** zulässig.
- DATATYP: Datentyp der Variablen auf die der Pointer zeigen soll. Hier sind alle in ANSI-C definierten Typen zulässig.
- VAR_NAME: Ein beliebig wählbarer Name nach den ANSI-C-Konventionen.

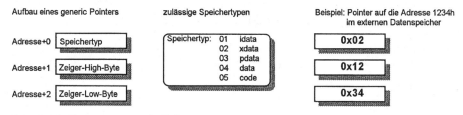

Abb. 4.4 Aufbau von generic Pointern

Generic Pointer sind immer drei Byte lang. Als Speichertyp sind nur die Werte 1 bis 5 zulässig. Andere Werte führen zu einem undefinierten Verhalten des Programms.

Konstante Pointer

Um auf einfache Weise auf Peripherieadressen zugreifen zu können, ist es möglich Pointer auf absolute Adressen zu definieren:

- #define   VAR_NAME   ((DATATYP *)0xABBBBL)
Hierbei sind:
- DATATYP: Datentyp der Variablen auf die der Pointer zeigen soll. Hier sind alle in ANSI-C definierten Typen zulässig.
- VAR_NAME: Ein beliebig wählbarer Name nach den ANSI-C-Konventionen.
- A: Speichertyp entsprechend der Vereinbarung bei generic Pointern (1=idata, 2=xdata, 3=pdata, 4=data, 5=code).
- BBBB: Absolute Adresse des Peripheriemoduls.
- L: Kennzeichnung, daß die angegebene Adresse den Datentyp **long** hat.

Beispiel:

```
#include <absacc.h>

#define LCD_DATA_WR ((unsigned char *)0x28001L) /* LCD Anzeigedaten
schreiben */
#define LCD_CONT_RD XBYTE[0x8000] /* LCD Anzeige-Control lesen */

#define busy 0x01 /* Status der LCD-Anzeige */

code unsigned char string[] = {,,TEST TEXT\0''};

void main(void)
{
    unsigned char i;

    for (i=0;string[i]!=0;i++)
    {
        LCD_DATA_WR[0] = string[i]; /* Zeichenkette in LCD-Anzeige
schreiben */
        do {
        }while(LCD_CONT_RD == busy); /* Warten bis bereit für nächstes
Zeichen */
    }
}
```

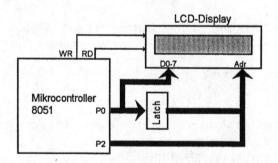

Abb. 4.5 Blockschaltbild Controller mit LCD-Anzeige

In der Header-Datei ABSACC.H, die im Lieferumfang des Compilers ist, sind einige Makros definiert, mit denen auf einfache Weise auf verschiedene Speicherbereiche byte- oder wortweise zugegriffen werden kann. Das im obigen Programmbeispiel verwendete Makro XBYTE ist darin folgendermaßen definiert:

```
#define XBYTE ((unsigned char *) 0x20000L)
```

Mit einer weiteren define-Anweisung kann dann ein Pointer definiert werden (LCD__CONT__RD) mit dem direkt gearbeitet werden kann.

- #define KONST__PTR PTR__MAKRO[OFFSET]

hierbei ist

- KONST__PTR: Ein beliebiger Name nach den ANSI-C-Konventionen
- PTR__MAKRO: ein in ABSACC.H definiertes Pointermakro (z. B. XBYTE)
- OFFSET: Die Adresse im jeweiligen Speicherbereich auf die der Pointer zeigen soll.

Beispiel:

```
#define LCD_CONT_RD XBYTE[0x8000] /* LCD Anzeige-Control lesen auf Adresse
8000h */

do {
      }while(LCD_CONT_RD == busy); /* Warten bis bereit für nächstes Zeichen */
```

Verwendet man dagegen einen eigenen generic Pointer, so kann er nur unter Angabe des Offset verwendet werden:

- GEN__PTR[OFFSET] = VALUE

Beispiel:

```
#define LCD_DATA_WR ((unsigned char *)0x28001L) /* LCD Anzeigedaten schreiben
auf Adresse 8001h */

LCD_DATA_WR[0] = string[i]; /* ein Zeichen in LCD-Anzeige schreiben */
```

Verwendung von Memory Specific Pointer

Beim memory specific pointer muß der Speicherbereich der Variable, auf die der Pointer zeigen soll, schon im Quelltext definiert werden. Dadurch kann vom Compiler der effiziente Code erzeugt werden. Es sind keine Bibliotheksaufrufe notwendig, da der direkte Code für die Pointermanipulation im definierten Speicherbereich erzeugt wird.

Memory specific Pointer werden folgendermaßen definiert:

- SP__TYP__PTR DATATYP SP__TYP *VAR__NAME;

  Hierbei sind:
- SP__TYP__PTR: Speicherbereich, in dem die Pointervariable angelegt wird. Es sind die Speichertypen **data, idata, pdata, xdata** zulässig.
- DATATYP: Datentyp der Variablen auf die der Pointer zeigen soll. Hier sind alle in ANSI-C definierten Typen zulässig.

- SP__TYP: Speicherbereich den der Pointer adressieren soll. Es können die Speichertypen **data, idata, pdata, xdata, code** verwendet werden.
- VAR__NAME: Ein beliebig wählbarer Name nach den ANSI-C-Konventionen.

Beispiel:

```
gen_ptr_test()
{
    data char data *ms_ptr;
    data char var1, var2;

    ms_ptr = &var1; /* Zeile 1 */
    var2 = *ms_ptr;     /* Zeile 2 */
}
```

```
;Assemblercode des obigen Programmes

; Zeile 1
    mov R7, #LOW var1
    mov ptr,R7
; Zeile 2
    mov R0,ptr
    mov var2,@R0
```

Wird als SP__TYP **data, idata, pdata** angegeben, so wird zur Speicherung des Pointers nur ein Byte im mit SP__TYP__PTR definierten Speicherbereich angelegt. Ist SP__TYP **xdata** oder **code** , so werden zwei Byte für die Pointervariable verwendet.

Im obigen Beispiel zeigt der memory specific pointer ***ms__ptr** auf Variablen im Speicherbereich **data** . Der Pointer selbst befindet sich ebenfalls im **data** -Speicherbereich. Wie aus dem erzeugten Assembler-Code zu erkennen ist, kann der Pointer nur für Variablen im **data** -Speicherbereich verwendet werden. Wird versucht mit einem solchen Pointer auf eine Variable in einem anderen Speicherbereich zu zeigen, erzeugt der Compiler eine Warnung.

Overlay von Variablen

Um den knappen Datenspeicher des 8051 besser ausnutzen zu können, führt der Linker eine Überlagerung (Overlay) von Speicherplatz für Byte-Variablen durch, die nicht zur gleichen Zeit benutzt werden können. Der C-Compiler markiert, abhängig von gewählten Speichermodell bestimmte Speicherbereiche als „überlagerbar" (overlayable). Die Kennzeichnung geschieht wie folgt:

- Speichermodell SMALL — der **data** -Speicherbereich wird überlagert

- Speichermodell COMPACT — der **pdata** -Speicherbereich wird überlagert
- Speichermodell LARGE — der **xdata** -Speicherbereich wird überlagert.

Es wird also nur ein Speicherbereich für Byte-Variablen pro Speichermodell über-lagert. Der bitadressierbare Speicherbereich wird in jedem Speichermodell über-lagert.

Wird einer Funktion ein anderes Speichermodell zugewiesen, als für das Modul definiert ist, so werden die Variablen, die in dem Speicherbereich liegen, der für die Funktion gewählt wurde, ebenfalls als „überlagerbar" gekennzeichnet. Da-durch ist es möglich mehrere Speicherbereiche in einem Modul zu überlagern.

Der Linker überlagert dann die Speicherplätze der Variablen und der Parameter von Funktionen, die sich nicht gegenseitig aufrufen.

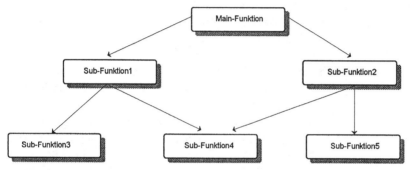

Beim Aufruf der Sub-Funktion 2 können die Datenbereiche der Sub-Funktionen 1 und 3 überlagert werden. Die Datenbereiche der Sub-Funktionen 4 und 5 dürfen nicht überlagert werden, da diese von Funktion 2 aufgerufen werden. Wird die Sub-Funktion 4 aufgerufen, so können die Datenbereiche der Funktionen 3 und 5 überlagert werden.
Beim Aufruf derSub-Funktion 1 geschieht die Überlagerung in analoger Weise.

Abb. 4.6 Überlagerung von Variablen

Werden Funktionen indirekt über Pointer aufgerufen, kann der Linker dies nicht erkennen. Es kann dann unter Umständen zu unerwünschten Überlagerungen kommen. In diesem Fall muß dem Linker über dem Steuerparameter **OVERLAY** die zusätzliche Referenz angegeben werden.

4.1.2.3 8051-spezifische Funktionsaufrufe

Funktionsaufrufe sind im C51-Compiler um einige Definitionen erweitert. Diese tragen der besonderen Struktur des 8051 Rechnung und ermöglichen einen effi-zienteren Code.

```
[static] [erg_typ] funkt_name([datentyp] [var_name] [,..])
[model] [reentrant] [interrupt n] [using n]
{ }
```

Die *kursiv* gekennzeichneten Definitionen sind 8051-spezifische Erweiterungen.

● *model:* Es kann **small, compact und large** angegeben werden. Dadurch ist es möglich, eine Funktion abweichend vom eingestellten Speichermodell zu übersetzen.

● *reentrant:* eine so gekennzeichnete Funktion kann rekursiv aufgerufen werden.

● *interrupt n*: Es handet sich um eine Interruptfunktion. **n** gibt die Nummer des Interrupts an.

● *using n:* Beim Aufruf der Funktion wird in die mit **n** angegebene Registerbank umgeschaltet. Beim Verlassen der Funktion wird die alte Registerbank wieder eingeschaltet.

Werden die Definitionen **model** und **reentrant** verwendet, müssen sie sowohl bei der Definition als auch bei der Deklaration einer Funktion angegeben werden. Gleiches gilt für **#pragma**-Anweisungen, die sich auf eine nachfolgende Funktion beziehen (`#pragma [NO]REGPARMS`).

Bei der Angabe von **model** bei der Funktionsdefinition, werden die Variablen und Parameterblöcke als **OVERLAYABLE** gekennzeichnet. Dadurch können sie mit anderen Speicherblöcken des selben Adressraumes durch den Linker überlagert werden.

Durch die Verwendung von **reentrant** wird in der Funktion ein spezieller Stack angelegt, der je nach verwendetem Speichermodell (small, compact, large) im IDATA, PDATA oder XDATA Bereich liegt. Hier werden bei jedem Aufruf der Funktion die Parameter abgelegt. Dadurch ist ein rekursiver Aufruf von Funktionen möglich. Es wird allerdings keine Stack-Kollision überwacht.

Beispiel:

```
#pragma LARGE /* Stack in XDATA damit genug Platz ist */

long fakultaet(int anzahl) reentrant
{
    if (anz == 0)
        return(1);
    else
        return(anz * fakultaet(anz - 1); /* rekursiver Aufruf */
}
```

Der 8051 verfügt über 4 Registerbänke mit je acht Registern. Mit der Definition **using n** wird die Registerbank angegeben, in der in der Funktion gearbeitet werden soll. Die **using n** Definition wird nur bei der Definition der Funktion angegeben. Liefert die Funktion ein Ergebnis zurück, ist Vorsicht geboten. Es muß darauf geachtet werden, daß die aufgerufene Funktion mit der gleichen Registerbank arbeitet, da sonst der Rückgabewert in die falsche Registerbank geschrieben wird.

Beispiel:

```
extern void funktion2(void);

void funktion1(void) using 3
{
    funktion2();
    /*...*/
}
```

Alle Funktionen die im Beispiel von **funktion1** aufgerufen werden, arbeiten mit der Registerbank 3, außer sie enthalten ihrerseits eine **using**-Definition.

Parameterübergabe an Funktionen

Die Parameterübergabe an C-Funktionen kann auf zwei Arten erfolgen:
- Parameterübergabe im Parameterblock
- Parameterübergabe in Registern

Der Compiler optimiert die Parameterübergabe, so daß zuerst die Register verwendet werden und dann erst der Parameterblock. Sollen keine Parameter übergeben werden, so sollte als Übergabeparameter **void** angegeben werden. Liefert eine Funktion keine Werte zurück, so muß als Datentyp für die Funktion, ebenfalls **void** angegeben werden, da sonst der Compiler standardmäßig Code für die Rückgabe eines **int**-Wertes erzeugt.

Beispiel:

```
funkt1(int var1); /*Rückgabetyp int, Parametertyp int */
long funkt2(int var1); /* Rückgabetyp long, Parametertyp int */
void funkt3(char var2); /* Kein Rückgabewert, Parametertyp char */
void funkt4(void); /* Kein Rückgabewert und kein Parameter */
```

Parameterübergabe im Parameterblock

Mit der Steueranweisung #pragma NOREGPARMS wird die Registerübergabe abgeschaltet. Diese Steueranweisung muß sowohl bei der Definition als auch bei der Deklaration einer Funktion angegeben werden. Diese Steueranweisung ist dann sinnvoll, wenn ältere Bibliotheken verwendet werden sollen, die noch keine Regi-

Speichermodell	Speicherbereich	Adressbereich	Symbolname
small	data	00h-FFh	?DT?FKT_NAME?MOD_NAME
	bit	00h-7Fh	?BI?FKT_NAME?MOD_NAME
compact	pdata	00h-FFh	?PD?FKT_NAME?MOD_NAME
	bit	00h-7Fh	?BI?FKT_NAME?MOD_NAME
large	xdata	0000h-FFFFh	?XD?FKT_NAME?MOD_NAME
	bit	00h-7Fh	?BI?FKT_NAME?MOD_NAME

Abb. 4.7: Parameterblock und Speichermodelle

sterübergabe besitzen, oder um das Interface zu Assembler-Funktionen einfach zu halten.

Der Parameterblock wird, abhängig von der Option **model** bei der Funktionsdefinition bzw. von der Steueranweisung #pragma MODEL (small, compact, large), im jeweiligen Speicherbereich abgelegt (data, pdata, xdata). Diese Speicherbereiche werden vom Compiler als überlagerbar gekennzeichnet.

Parameterübergabe in Registern

Um die Parameterübergabe an Funktionen im produzierten Code und in der Verwendung von Datenspeicherplatz so effizient wie möglich zu gestalten, versucht der Compiler die ersten drei Parameter in den Registern R2-R7 zu übergeben. Werden die Register bereits verwendet, so werden die entsprechenden Parameter im Parameterblock übergeben.

Parameter-Nr.	Variablen-Typ				Pointer		
	char	int	long	float/double	8-Bit	16-Bit	generic
1. Parameter	R7	R6+R7	R4+R5+R6+R7	R4+R5+R6+R7	R7	R6+R7	R1+R2+R3
2. Parameter	R5	R4+R5	R4+R5+R6+R7	R4+R5+R6+R7	R5	R4+R5	R1+R2+R3
3. Parameter	R3	R2+R3	****	****	R3	R2+R3	R1+R2+R3

Abb. 4.8 Parameterübergabe in Registern

Damit die Registerübergabe optimal ausgenutzt wird, sollten zuerst kleine Variablen (char oder int), bzw. memory specific pointer übergeben werden.

Interrupt-Funktionen

Damit die volle Funktionalität des 8051 ausgeschöpft werden kann, untersützt der C51-Compiler auch die Verarbeitung von Interrupts. Für Interruptfunktionen gelten folgende Abweichungen von normalen Funktionen:

- Es können keine Parameter übergeben werden.
- Es kann kein Ergebnis zurückgegeben werden. Interruptfunktionen sollten immer **void** definiert werden. Der Compiler akzepiert auch den Typ **int**, da er optimal ist.
- Es ist nicht möglich eine Interrupt-Funktion direkt aufzurufen.

Eine Interruptfunktion wird folgendermaßen definiert:

[void] int_name(void) interrupt n [using m]
{ }

Die **interrupt n** Definition darf nur bei der Funktionsdefinition angegeben werden.

Eine als **interrupt** gekennzeichnete Funktion wird von Compiler wie folgt behandelt:

● Es werden beim Eintritt in die Funktion die Special-Funktion-Register ACC, B, DPL, DPH und PSW bei Bedarf gerettet.

● Wird das **using**-Attribut nicht verwendet, werden alle in der Funktion verwendeten Register (R0 — R7) gerettet.

● Vor dem Verlassen der Funktion werden alle auf dem Stack geretteten Register wieder hergestellt.

● Die Funktion wird mit dem RETI-Befehl verlassen, damit das Interrupt-System des 8051 richtig arbeitet.

Damit der C51-Compiler den richtigen Interruptvektor erzeugen kann, wird die Interruptnummer **n** verwendet. Der Platz für den Interruptvektor wird dann mit folgender Formel berechnet:

$8 * n + 3$

An die berechnete Adresse wird ein LJMP-Befehl zur Interruptroutine geschrieben.

Int.-Nr.	Quelle	Einsprungadr.	Int-Flag	Reset
0	Externer Interrupt 0	0003h	IE0	Hardware
1	Timer 0 Überlauf	000Bh	TF0	Hardware
2	Externer Interrupt 1	0013h	IE1	Hardware
3	Timer 1 Überlauf	001Bh	TF1	Hardware
4	Serieller Port 0	0023h	RI/TI (RI0/TI0)	Software
5	Timer 2 Überlauf	002Bh	TF2/EXF2	Software
8	A/D-Wandler	0043h	IADC	Software
9	Externer Interrupt 2	004Bh	IEX2	Hardware
10	Externer Interrupt 3	0053h	IEX3	Hardware
11	Externer Interrupt 4	005Bh	IEX4	Hardware
12	Externer Interrupt 5	0063h	IEX5	Hardware
13	Externer Interrupt 6	006Bh	IEX6	Hardware
16	*Serieller Port 1*	*0083h*	*RI1/TI1*	*Software*
18	*Compare Match0-7*	*0093h*	*ICMP0-7*	*Software*
19	*Compare Timer Überlauf*	*009Bh*	*CTF*	*Hardware*
20	*Compare Match COMSET*	*00A3h*	*ICS*	*Hardware*
21	*Compare Match COMCLR*	*00ABh*	*ICR*	*Hardware*

Kursiv: nur 80517

Abb. 4.9 Einsprungadressen für den 80515/517

Beispiel:

```
extern int zaehl;

void timer1(void) interrupt 3
{
    TR1 = 0; /* Timer 1 stoppen */
    zaehl = TL1 + 256 * TH1; /* Zählerstand von Timer 1 auslesen */
    TR1 = 1; /* Timer 1 wieder freigeben */
}
```

Wenn in einer Interrupt-Routine **float** Operationen ausgeführt werden, muß der Zustand der Floation-Point-Routinen gesichert werden. Dies kann entfallen, wenn keine anderen Funktionen die Floating-Point-Routinen benutzen. Mit den Funktionen **fpsave()** und **fprestore()** die in **math.h** deklariert sind, kann die Sicherung durchgeführt werden.

Beispiel:

```
#include <math.h>
struct FPBUF save_int;

void isr_t0(void) interrupt 1 using 1
{
    float a, b;

    fpsave(&save_int); /* Zustand der FP-Routine sichern */
    a = b*b;
    fprestore(&save_int); /* und wieder herstellen */
}
```

Verbindung zwischen Assembler- und C-Funktionen

Assemblerfunktionen werden nach der selben Konvention aufgerufen wie C-Funktionen. Die Übergabe der Parameter erfolgt am einfachsten über den Parameterblock. Je nach verwendetem Speichermodell befindet sich dieser in einem bestimmten Speicherbereich. Damit der Linker die Referenzen richtig bilden kann, müssen die Assemblerfunktionen nach den gleichen Konventionen definiert werden wie C-Funktionen.

In einem Assemblermodul wird für globale Variablen, für jeden Speichertyp, ein eignes Segment angelegt. Diese sind wie folgt definiert:

● Konstanten: ?CO?MODULNAME
● XDATA-Variablen: ?XD?MODULNAME

- PDATA-Variablen: ?PD?MODULNAME
- IDATA-Variablen: ?ID?MODULNAME
- BDATA-Variablen: ?BA?MODULNAME
- DATA-Variablen: ?DT?MODULNAME
- BIT-Variablen: ?BI?MODULNAME

Beispiel:

```
NAME TEST1 ; Name des Moduls ist TEST1

?XD?TEST1 segment XDATA ; Segment für globale Variablen im XDATA-Bereich

;...

rseg?XD?TEST1
var1:    ds    2 ;int var1

;...
```

Für jede Funktion wird ein eigenes CODE-Segment definiert, das den Funktionsnamen und den Modulnamen enthält.

- ?PR?FUNKTIONS_NAME?MODUL_NAME

Beispiel:

```
NAME TEST1 ; Name des Moduls ist TEST1

;*****************************
;** Funktion: void INIT(void) **
;*****************************

?PR?INIT?TEST1 segment CODE

rseg?PR?INIT?TEST1
INIT:

;...

     ret
```

Lokalen Variablen einer Funktion wird, abhängig von Speichermodell, ebenfalls ein eigenes Segment zugewiesen. Es wird je ein Segment für Byte-Variablen und für Bit-Variablen definiert.

Für das Speichermodell SMALL gelten folgende Definitionen:

- Byte-Variablen: Segmenttyp DATA ?DT?FUNKTIONS_NAME?MODUL_NAME
- Bit-Variablen: Segmenttyp BIT   ?BI?FUNKTIONS_NAME?MODUL_NAME

Für das Speichermodell COMPACT gelten folgende Definitionen:
- Byte-Variablen: Segmenttyp PDATA ?PD?FUNKTIONS__NAME?MODUL__NAME
- Bit-Variablen: Segmenttyp BIT ?BI?FUNKTIONS__NAME?MODUL__NAME

Für das Speichermodell LARGE gelten folgende Definitionen:
- Byte-Variablen: Segmenttyp XDATA ?XD?FUNKTIONS__NAME?MODUL__NAME
- Bit-Variablen: Segmenttyp BIT ?BI?FUNKTIONS__NAME?MODUL__NAME

Wird eine Funktion mit Parametern aufgerufen, wird der Beginn des Parameterblocks durch ALIAS-Namen gekennzeichnet. Für Byte-Parameter wird folgende Definition verwendet:
- ?FUNKTIONS__NAME?BYTE:

Für Bit-Parameter wird folgende Definition verwendet:
- ?FUNKTIONS__NAME?BIT:

Diese Definitionen werden „PUBLIC" bekannt gegeben. Ab dieser Adresse werden dann die Parameter, in der Reihenfolge ihrer Definition im Funktionsaufruf, gespeichert.

Gibt eine Funktion einen Wert zurück, so muß dies in festgelegten Registern geschehen.

Datentyp	Register	Bemerkung
bit	Carry-Flag	Nicht bei #pragma DISABLE
char	R7	
int	R6+R7	MSB in R6
long	R4+R5+R6+R7	MSB in R4
float/double	R4+R5+R6+R7	MSB in R4, Sign und Exp. in R7
generic Pointer	R1+R2+R3	MSB in R2, Speichertyp in R3
8-Bit-Pointer	R7	
16-Bit-Pointer	R6+R7	MSB in R6

Abb. 4.10 Registerbelegung zur Rückgabe von Funktionswerten

Werden diese Konventionen beachtet, ist die Einbindung von Assemblerfunktionen in ein C-Programm sehr einfach zu realisieren. Der Linker kann diese Funktionen sogar zur Overlayanalyse heranziehen.

Aufruf von Assembler- und C-Funktionen im Modell SMALL

Im Speichermodell SMALL werden die Übergabeparameter und die lokalen Variablen im Speicherbereich *data* angelegt.
Die Assemblerfunktion wird im C-Quelltext wie folgt aufgerufen:

```
#pragma SMALL
#pragma NOREGPARMS /* Keine Parameterübergabe in Registern */
```

```
int asm_funkt(int var1, char var2, bit bvar1);

void main(void)
{
    int   var1, ret_val;
    char var2;
    bit  bvar1;

    /*... */

    ret_val = asm_funkt(var1, var2, bvar1);

    /*... */
}
```

Die Funktion wird in der Assembler-Quelldatei folgendermaßen definiert:

```
NAME    ASM_MODUL1    ; Definition des Modulnamens

?PR?asm_funkt?ASM_MODUL1 Segment CODE    ; Definition des Segments für den
Programmcode
?DT?asm_funkt?ASM_MODUL1 Segment DATA OVERLAYABLE  ; Definition des Segments
für die Byte-Parameter und die lokalen Byte-Variablen
?BI?asm_funkt?ASM_MODUL1 Segment BIT OVERLAYABLE  ; Definition des Segments
für die Bit-Parameter und die lokalen Bit-Variablen

Public asm_funkt, ?asm_funkt?BYTE, ?asm_funkt?BIT ; Bekanntgabe der Symbole
an das aufrufende C-Programm

;**************************************************************************
;** FUNKTION: int asm_funkt(int var1, char var2, bit bvar1)           **
;**************************************************************************
rseg ?DT?asm_funkt?ASM_MODUL1 ;Segment für lokale Byte-Variablen
?asm_funkt?BYTE:
var1:               ds  2    ;Parameter int var1
var2:               ds  1    ;Parameter char var2

lok_var:            ds  2    ;Lokale Variable int lok_var

rseg ?BI?asm_funkt?ASM_MODUL1 ;Segment für lokale Bit-Variablen
?asm_funkt?BIT:
bvar1:              dbit1    ;Parameter bit bvar1

lok_bvar:           dbit1    ;Lokale Bit-Variable bit lok_bvar

rseg ?PR?asm_funkt?ASM_MODUL1 ;Beginn des Programmteils von asm_funkt
asm_funkt:
```

```
; Es kann auf die Variablen und Parameter mit den Namen ,,var1, var2 und
lok_var'' zugegriffen werden
mov   a,var2
add   a,var1+1          ; lok_var = var2 + var1
mov   lok_var+1,a
clr   a
addc  a,var1
mov   lok_var,a

; Auf die Bit-Variablen und Parameter kann mit den Namen ,,bvar1 und
lok_bvar'' zugegriffen werden.
mov   c,bvar1
mov   P1.1,c            ; P1.1 = bvar1
```

```
;Übergabe des Rückgabewertes, der Inhalt der Variable lok_var
mov   R6,lok_var+1
mov   R7,lok_var
ret                      ; Verlassen der Assemblerfunktion
```

Aus einem Assembler-Programm kann eine C-Funktion ebenfalls aufgerufen werden. Der C-Funktionsaufruf muß in der Assembler-Datei so definiert werden:

```
NAME       ASM_MODUL1         ; Definition des Modulnamens

extrn CODE (c_funkt)          ; Externe Deklaration für die C-Funktion
extrn DATA (?c_funkt?BYTE)    ;Externe Deklaration für die Byte-Parameter
extrn BIT (?c_funkt?BIT)      ;Externe Deklaration für die Bit-Parameter

?PR?asm_funkt?ASM_MODUL1 Segment CODE   ; Definition des Segments für den Pro-
grammcode
?DT?asm_funkt?ASM_MODUL1 Segment DATA OVERLAYABLE   ; Definition des Segments
für die Byte-Parameter und die lokalen Byte-Variablen
?BI?asm_funkt?ASM_MODUL1 Segment BIT OVERLAYABLE   ; Definition des Segments
für die Bit-Parameter und ide lokalen Bit-Variablen

;************************************
;** FUNKTION: void asm_funkt(void)  **
;************************************
rseg ?DT?asm_funkt?ASM_MODUL1     ;Segment für lokale Byte-Variablen

lok_var1:          ds   2       ;Lokale Variable int lok_var1
lok_var2:          ds   1       ;Lokale Variable char lok_var2
lok_var3:          ds   2       ;Lokale Variable int lok_var3
```

```
rseg  ?BI?asm_funkt?ASM_MODUL1   ;Segment für lokale Bit-Variablen

lok_bvar:           dbit  1      ;Lokale Bit-Variable bit lok_bvar

rseg  ?PR?asm_funkt?ASM_MODUL1   ;Beginn des Programmteils von asm_funkt
asm_funkt:
     mov  ?c_funkt?BYTE+0,lok_var1  ;int var1
     mov  ?c_funkt?BYTE+1,lok_var1+1

     mov  ?c_funkt?BYTE+2,lok_var2  ;char var2

     mov  c,lok_bvar               ;bit var3
     mov  ?c_funkt?BIT+0,c

     lcallc_funkt                  ;Aufruf der Funktion c_funkt

     mov  lok_var3+0,R6            ;Rückgabewert in lok_var3
     mov  lok_var3+1,R7
;........
```

In der C-Quelldatei ist die Funktion „c__funkt" folgendermaßen definiert:

```
#pragma SMALL
#pragma NOREGPARMS /* Es soll Parameterübergabe im Funktionsblock erfolgen */
int c_funkt(int var1, char var3, bit var3); /*Deklaration der Funktion */

/*... */

/*********************************************************/
/** FUNKTION: int c_funkt(int var1, char var2, bit var3)     **/
/*********************************************************/
#pragma NOREGPARMS /* Bei der Definition muß diese Steueranweisung ebenfalls
angegeben werden */
int c_funkt(int var1, char var2, bit var3)
{
     int ret_val; /* Lokale Variable */

     /* Verwendung der Byte-Parameter */
     ret_val = var2 + var1;

     /* Verwendung der Bit-Parameter */
     P1^1 = var3;

     return(ret_val); /* Rückgabe eines Wertes */
}
```

Aufruf von Assembler- und C-Funktionen im Modell COMPACT

Im Speichermodell COMPACT werden die Übergabeparameter und die lokalen Variablen im Speicherbereich *pdata* angelegt. Die Assemblerfunktion kann auf die Variablen mit den Befehlen „MOVX @Ri" zugreifen.

Die Assemblerfunktion wird im C-Quelltext wie folgt aufgerufen:

```
#pragma COMPACT
#pragma NOREGPARMS /* Keine Parameterübergabe in Registern */
int asm_funkt(int var1, char var2, bit bvar1);

void main(void)
{
    int  var1, ret_val;
    char var2;
    bit  bvar1;

    /*... */

    ret_val = asm_funkt(var1, var2, bvar1);

    /*... */
}
```

Die Funktion wird in der Assembler-Quelldatei folgendermaßen definiert:

```
NAME    ASM_MODUL1          ; Definition des Modulnamens

?PR?asm_funkt?ASM_MODUL1 Segment CODE   ; Definition des Segments für den Pro-
grammcode
?PD?asm_funkt?ASM_MODUL1 Segment XDATA   OVERLAYABLE IPAGE ; Definition des
Segments für die Byte-Parameter und die lokalen Byte-Variablen
?BI?asm_funkt?ASM_MODUL1  Segment BIT OVERLAYABLE  ; Definition des Segments
für die Bit-Parameter und ide lokalen Bit-Variablen

Public asm_funkt,  ?asm_funkt?BYTE,  ?asm_funkt?BIT ; Bekanntgabe der Symbole
an das aufrufende C-Programm

;****************************************************************
;** FUNKTION: int asm_funkt(int var1, char var2, bit bvar1)   **
;****************************************************************
rseg  ?PD?asm_funkt?ASM_MODUL1  ;Segment für lokale Byte-Variablen
?asm_funkt?BYTE:
var1:               ds    2      ;Parameter int var1
var2:               ds    1      ;Parameter char var2
```

```
lok_var:     ds    2           ;Lokale Variable int lok_var

rseg ?BI?asm_funkt?ASM_MODUL1 ;Segment für lokale Bit-Variablen
?asm_funkt?BIT:
bvar1:       dbit  1           ;Parameter bit bvar1

lok_bvar:    dbit  1           ;Lokale Bit-Variable bit lok_bvar

rseg ?PR?asm_funkt?ASM_MODUL1;Beginn des Programmteils von asm_funkt
asm_funkt:

      ; Es kann auf die Variablen und Parameter mit den Namen ,,var1, var2 und
lok_var'' über MOVX @Ri zugegriffen werden.
      mov   R0, #LOW var2
      movx  A,@R0               ; lok_var = var1 + var2
      mov   B,A
      mov   R0, #LOW var1+1
      movx  A,@R0
      add   A,B
      mov   R1, #LOW lok_var+1
      movx  @R1,A
      dec   R0
      dec   R1
      movx  A,@R0
      addc  A, #0
      movx  @R1,A

      ; Auf die Bit-Variablen und Parameter kann mit den Namen ,,bvar1 und
lok_bvar'' zugegriffen werden
      mov   C,bvar1
      mov   P1.1,C              ; P1.1 = bvar1

;Übergabe des Rückgabewertes, der Inhalt der Variable lok_var
      mov   R0, #LOW lok_var
      movx  A,@R0
      mov   R6,A
      inc   R0
      movx  A,@R0
      mov   R7,A
      ret                       ; Verlassen der Assemblerfunktion
```

Aus einem Assembler-Programm kann eine C-Funktion ebenfalls aufgerufen werden. Der C-Funktionsaufruf muß in der Assembler-Datei so definiert werden:

```
NAME        ASM_MODUL1        ; Definition des Modulnamens

extrn CODE (c_funkt)          ; Externe Deklaration für die C-Funktion
extrn XDATA (?c_funkt?BYTE)   ;Externe Deklaration für die Byte-Parameter
extrn BIT (?c_funkt?BIT)      ;Externe Deklaration für die Bit-Parameter

?PR?asm_funkt?ASM_MODUL1 Segment CODE ; Definition des Segments für den Pro-
grammcode
?PD?asm_funkt?ASM_MODUL1 Segment XDATA OVERLAYABLE IPAGE  ; Definition des
Segments für die Byte-Parameter und die lokalen Byte-Variablen
?BI?asm_funkt?ASM_MODUL1 Segment BIT OVERLAYABLE  ; Definition des Segments
für die Bit-Parameter und ide lokalen Bit-Variablen

;************************************
;** FUNKTION: void asm_funkt(void)   **
;************************************
rseg ?PD?asm_funkt?ASM_MODUL1 ;Segment für lokale Byte-Variablen

lok_var1:           ds    2      ;Lokale Variable int lok_var1
lok_var2:           ds    1      ;Lokale Variable char lok_var2
lok_var3:           ds    2      ;Lokale Variable int lok_var3

rseg ?BI?asm_funkt?ASM_MODUL1   ;Segment für lokale Bit-Variablen

lok_bvar:           dbit  1      ;Lokale Bit-Variable bit lok_bvar

rseg ?PR?asm_funkt?ASM_MODUL1 ;Beginn des Programmteils von asm_funkt
asm_funkt:
      mov   R0, #LOW lok_var1
      movx  A,@R0
      mov   ?c_funkt?BYTE+0,A    ;int var1
      inc   R0
      movx  A,@R0
      mov   ?c_funkt?BYTE+1,A

      inc   R0
      movx  A,@R0
      mov   ?c_funkt?BYTE+2,A    ;char var2

      mov   c,lok_bvar           ;bit var3
      mov   ?c_funkt?BIT+0,c

      lcall c_funkt              ;Aufruf der Funktion c_funkt

      mov   A,R6                 ;Rückgabewert in lok_var3
```

```
    mov     R0, #LOW lok_var3
    movx    @R0,A
    inc     R0
    mov     A,R7
    movx    @R0,A
;........
```

In der C-Quelldatei ist die Funktion „c__funkt" folgendermaßen definiert:

```
#pragma COMPACT
#pragma NOREGPARMS /* Es soll Parameterübergabe im Funktionsblock erfolgen */
int c_funkt(int var1, char var3, bit var3); /*Deklaration der Funktion */

/*... */

/**********************************************************/
/** FUNKTION: int c_funkt(int var1, char var2, bit var3)    **/
/**********************************************************/
#pragma NOREGPARMS /* Bei der Definition muß diese Steueranweisung ebenfalls
angegeben werden */
int c_funkt(int var1, int var2, bit var3)
{
    int ret_val; /* Lokale Variable */

    /* Verwendung der Byte-Variablen */
    ret_val = var1 + var2;

    /* Verwendung der Bit-Variablen */
    P1^1 = var3;

    return(ret_val); /* Rückgabe eines Wertes */
}
```

Aufruf von Assembler- und C-Funktionen im Modell LARGE

Im Speichermodell LARGE werden die Übergabeparameter und die lokalen Varia-blen im Speicherbereich *xdata* angelegt. Die Assemblerfunktion kann auf die Varia-blen mit den Befehlen „MOVX @DPTR" zugreifen.
Die Assemblerfunktion wird im C-Quelltext wie folgt aufgerufen:

```
#pragma LARGE
#pragma NOREGPARMS /* Keine Parameterübergabe in Registern */
int asm_funkt(int var1, char var2, bit bvar1);
```

```
void main(void)
{
    int  var1, ret_val;
    char var2;
    bit  bvar1;

    /*... */

    ret_val = asm_funkt(var1, var2, bvar1);

    /*... */
    }
```

Die Funktion wird in der Assembler-Quelldatei folgendermaßen definiert:

```
NAME          ASM_MODUL1              ; Definition des Modulnamens
```

?PR?asm_funkt?ASM_MODUL1 Segment CODE   ; Definition des Segments für den Programmcode
?XD?asm_funkt?ASM_MODUL1 Segment XDATA   OVERLAYABLE ; Definition des Segments für die Byte-Parameter und die lokalen Byte-Variablen
?BI?asm_funkt?ASM_MODUL1 Segment BIT OVERLAYABLE ; Definition des Segments für die Bit-Parameter und ide lokalen Bit-Variablen

Public asm_funkt, ?asm_funkt?BYTE, ?asm_funkt?BIT ; Bekanntgabe der Symbole an das aufrufende C-Programm

```
;****************************************************************
;** FUNKTION: int asm_funkt(int var1, char var2, bit bvar1)    **
;****************************************************************
rseg ?XD?asm_funkt?ASM_MODUL1    ;Segment für lokale Byte-Variablen
?asm_funkt?BYTE:
var1:               ds    2      ;Parameter int var1
var2:               ds    1      ;Parameter char var2

lok_var:            ds    2      ;Lokale Variable int lok_var

rseg?BI?asm_funkt?ASM_MODUL1     ;Segment für lokale Bit-Variablen
?asm_funkt?BIT:
bvar1:              dbit  1      ;Parameter bit bvar1

lok_bvar:           dbit  1      ;Lokale Bit-Variable bit lok_bvar

rseg ?PR?asm_funkt?ASM_MODUL1    ;Beginn des Programmteils von asm_funkt
asm_funkt:
```

```
; Es kann auf die Variablen und Parameter mit den Namen ,,var1, var2 und
lok_var'' über MOVX @DPTR zugegriffen werden.
    mov   DPTR,#var2
    movx  A,@DPTR;         lok_var = var1 + var2
    mov   B,A
    mov   DPTR,#var1+1
    movx  A,@DPTR
    add   A,B
    mov   DPTR,#lok_var+1
    movx  @DPTR,A
    mov   DPTR,#var1
    movx  A,@DPTR
    addc  A,#0
    mov   DPTR,#lok_var
    movx  @DPTR,A

; Auf die Bit-Variablen und Parameter kann mit den Namen ,,bvar1 und
lok_bvar'' zugegriffen werden.
    mov   C,bvar1
    mov   P1.1,C           ; P1.1 = bvar1

;Übergabe des Rückgabewertes, der Inhalt der Variable lok_var
    mov   DPTR,#lok_var
    movx  A,@R0
    mov   R6,A
    inc   DPTR
    movx  A,@DPTR
    mov   R7,A
    ret                    ; Verlassen der Assemblerfunktion
```

Aus einem Assembler-Programm kann eine C-Funktion ebenfalls aufgerufen werden. Der C-Funktionsaufruf muß in der Assembler-Datei so definiert werden:

```
NAME     ASM_MODUL1       ; Definition des Modulnamens

extrn CODE (c_funkt)        ; Externe Deklaration für die C-Funktion
extrn XDATA (?c_funkt?BYTE);Externe Deklaration für die Byte-Parameter
extrn BIT (?c_funkt?BIT)    ;Externe Deklaration für die Bit-Parameter

?PR?asm_funkt?ASM_MODUL1 Segment CODE   ; Definition des Segments für den Pro-
grammcode
?XP?asm_funkt?ASM_MODUL1 Segment XDATA OVERLAYABLE   ; Definition des Segments
für die Byte-Parameter und die lokalen Byte-Variablen
```

?BI?asm_funkt?ASM_MODUL1 Segment BIT OVERLAYABLE ; Definition des Segments für die Bit-Parameter und die lokalen Bit-Variablen.

```
;**********************************
;** FUNKTION: void asm_funkt(void)   **
;**********************************
rseg ?XD?asm_funkt?ASM_MODUL1   ;Segment für lokale Byte-Variablen

lok_var1:           ds    2     ;Lokale Variable int lok_var1
lok_var2:           ds    1     ;Lokale Variable char lok_var2
lok_var3:           ds    2     ;Lokale Variable int lok_var3

rseg?BI?asm_funkt?ASM_MODUL1    ;Segment für lokale Bit-Variablen

lok_bvar:           dbit  1     ;Lokale Bit-Variable bit lok_bvar

rseg ?PR?asm_funkt?ASM_MODUL1   ;Beginn des Programmteils von asm_funkt
asm_funkt:
        mov   DPTR,#lok_var1
        movx  A,@DPTR
        mov   ?c_funkt?BYTE+0,A   ;int var1
        inc   DPTR
        movx  A,@DPTR
        mov   ?c_funkt?BYTE+1,A

        inc . DPTR
        movx  A,@DPTR
        mov   ?c_funkt?BYTE+2,A   ;char var2

        mov   c,lok_bvar         ;bit var3
        mov   ?c_funkt?BIT+0,c

        lcallc_funkt             ;Aufruf der Funktion c_funkt

        mov   A,R6               ;Rückgabewert in lok_var3
        mov   DPTR,#lok_var3
        movx  @R0,A
        inc   DPTR
        mov   A,R7
        movx  @DPTR,A
;.........
```

In der C-Quelldatei ist die Funktion „c__funkt" folgendermaßen definiert:

```
#pragma LARGE
#pragma NOREGPARMS /* Es soll Parameterübergabe im Funktionsblock erfolgen */
int c_funkt(int var1, char var3, bit var3); /*Deklaration der Funktion */

/*... */

/********************************************************/
/** FUNKTION: int c_funkt(int var1, char var2, bit var3)    **/
/********************************************************/
#pragma NOREGPARMS /* Bei der Definition muß diese Steueranweisung ebenfalls
angegeben werden */
int c_funkt(int var1, int var2, bit var3)
{
    int ret_val; /* Lokale Variable */

    /* Verwendung der Byte-Variablen */
    ret_val = var1 + var2;

    /* Verwendung der Bit-Variablen */
    P1^1 = var3;

    return(ret_val); /* Rückgabe eines Wertes */
}
```

4.1.2.4 Optimierung von Programmen

Die Größe und Geschwindigkeit eines C51-Programmes hängt stark von der optimalen Ausnutzung der Möglichkeiten des 8051-Controllers ab. Betrachtet man die Architektur des Controllers:

- 8-Bit CPU
- einfach adressierbarer interner Datenspeicher
- langwieriger Zugriff auf den externen Datenspeicher
- bitadressierbarer interner Speicherbereich
- 8-Bit Multiplikations- und Divisionseinheit
so liegt der Schluß nahe, daß folgende Regeln zu einer Effizienzsteigerung des Programmes führt:
- Häufig verwendete Variablen (Zähler) sollten im *data*-Bereich untergebracht werden.
- Pointer sollten ebenfalls *data* definiert werden.
- Nach Möglichkeit sollte man memory specific pointer benutzen, da hier ein direkter Code erzeugt wird. Generic Pointer benutzten Bibliotheksfunktionen.

- Es sollte immer der kleinst mögliche Datentyp verwendet werden. *char*-Operationen können direkt ausgeführt werden, während für *int*, *long* oder gar *float* Bibliotheksfunktionen eingesetzt werden müssen.
- Für einfache JA/NEIN-Entscheidungen ist der *bit*-Datentyp optimal.
- Wo immer es möglich ist, sollten Variablen *unsigned* definiert werden, da der Compiler für die Verarbeitung von *signed*Variablen einen zusätzlichen Code erzeugen muß.
- Felder (Arrays) sollten vorzugsweise im indirekt adressierbaren Speicherbereich (idata, pdata oder xdata) definiert werden.
- Große Strukturen und Felder sollten im *xdata*-Bereich angelegt werden, um den knappen internen Datenspeicher zu entlasten.
- Nach Möglichkeit sollten lokale Varaiblen Globalen vorgezogen werden, da erstere vom Linker überlagert werden können.
- Für jede Funktion sollte das geeignete Speichermodell angegeben werden, damit der Linker den vorhandenen Speicher optimal nutzen kann.
- Die Reihenfolge der Parameter bei Funktionsaufrufen sollte so gewählt werden, daß möglichst viele Parameter in Registern übergeben werden können.

4.1.3 Der Linker

Der Linker hat die Aufgabe aus mehreren relokatiblen Objektdateien eine absolute Objektdatei zu generieren, die dann von Testprogrammen oder Programmiergeräten verwendet werden können. Der Linker kann auf zwei Arten aufgerufen werden:

```
L51 input-list [TO output-file] [control-list]
oder
L51 @command-file
```

- *input-list* bedeutet dabei die Liste der Eingabedateien, die durch Kommas getrennt werden. Die Dateierweiterung ist normalerweise .OBJ. Diese Eingabedateien enthalten die relokatiblen Programmmodule die zu einem absoluten Programm zusammengebunden werden sollen.
- *outputfile* ist der Name der Datei, in die das absolute Programm geschrieben werden soll. Wird diese Angabe weggelassen, so wird der Name der ersten Datei der Input-Liste als Programmname ohne Dateierweiterung verwendet.
- *controllist* enthält die Kommandos und Parameter der Linker Aufrufzeile.
- *commandfile* ist die Datei, aus der die Eingabezeile gelesen werden soll. Die Kommandos und Parameter in dieser Datei entsprechen denen der Aufrufzeile.

Beispiel:

```
L51 PROG1
L51 PROG1, PROG2
L51 PROG1, PROG2 TO PROGRAMM.ABS
L51 PROG1, PROG2, PROG3 TO PROGRAMM.ABS RAMSIZE(256) CODE(100H)

L51 @LINK.MAK

LINK.MAK:
PROG1,
PROG2, PROG3
TO PROGAMM.ABS
RAMSIZE(256) CODE(100H)
```

4.1.3.1 Kommandos zur Steuerung des Plazierungsvorganges

Diese Kommandos ermöglichen die Vergabe von absoluten Adressen für relokatible Segmente, das Ordnen der Segmente nach einer Reihenfolge und die Überwachung der internen Datenspeicherbelegung.

RAMSIZE

Mit dem Parameter RAMSIZE (Wert) wird die Größe des internen Datenspeichers in Byte festgelegt. Dadurch kann der Linker an verschieden Typen der 8051-Familie angepaßt werden. Der Wert kann zwischen 128 und 256 liegen, voreingestellt ist 128 Byte.

Beispiel:

```
L51 TEST.OBJ RAMSIZE(256)
```

Plazierungsparameter BIT, DATA, IDATA, XDATA, CODE

Die Plazierungsparameter erlauben die Vergabe der Speicheradressen für die einzelnen Adreßräume des Prozessors. Normalerweise plaziert der Linker die Module selbständig, in manchen Fällen kann es aber vorkommen, daß bestimmte Startadressen vorgegeben werden müssen. Die allgemeine Form der Plazierungsparameter lautet:

● parameter (start-adresse [segmentname(startadresse)...])

Die angegebene Startadresse bezieht sich auf alle relokatiblen Segmente des betreffenden Speicherraumes.

Durch diese Plazierungsangaben läßt sich auf einfache Weise die Startadresse eines externen Speicherbausteins angeben.
Die Parameter haben folgende Adreßbereiche:
- BIT   00h — 7fh (Bitadresse)
- DATA   00h — 7fh
- IDATA   00h — 0ffh
- XDATA   0000h — 0ffffh
- CODE   0000h — 0ffffh

Mit Ausnahme des BIT-Parameters beziehen sich alle Adressen auf Byte-Adressen. Beim BIT-Parameter sind Bit-Adressen anzugeben.

Beispiele:

```
L51 MODUL1 CODE(100h)
Der Programmcode wird ab Adresse 100h gebunden.

L51 MODUL2 XDATA(2000h INOUT(8000h))
Der externe Datenspeicher beginnt ab Adresse 2000h, das Modul INOUT beginnt ab
Adresse 8000h.
```

4.1.3.2 Overlaytechnik des Linkers

Der C51-Compiler kennzeichnet lokale Variablenbereiche automatisch als überlagerbar. Sollen Variablen in Assemblerfunktionen ebenfalls überlagert werden, so müssen die Datensegmente und Programmsegmente nach den C51-Konventionen definiert werden (siehe dazu Abschnitt: Verbindung zwischen Assembler- und C-Funktionen). Der Linker analysiert die Aufrufe zwischen den Code-Segmenten (Referenzen) um die Überlagerung korrekt durchführen zu können. Es werden direkte Aufrufe, aber auch Aufrufe über mehrere Code-Segmente hinweg berücksichtigt. Wird eine Funktion indirekt, also über einen Zeiger aufgerufen, so kann der Linker keine Referenz herstellen. Hier muß dann unter Umständen eine Referenz manuell hergestellt werden.
Mit dem Steuerparameter **NOOVERLAY** kann die Überlagerung von Speichersegmenten ganz unterbunden werden.

Beispiel:

```
L51 BEISP1.OBJ BEISP2.OBJ to BEISP NOOVERLAY
```

Daten- und Bit-Segmente werden überlagert, wenn alle folgenden Bedingungen erfüllt sind:
- Ein Code-Segment darf nur von einem Programmtyp aufgerufen werden. Programmtypen sind Hauptprogramm und Interruptprogramm.

- Die Segmentdefinition muß den C51-Konventionen entsprechen.
- Es dürfen keine Referenzen zwischen den zugehörigen Code-Segmenten bestehen.

Mit dem Steuerparameter **OVERLAY** kann die Overlayanalyse gesteuert werden. Es gibt verschiedene Arten, wie der OVERLAY-Parameter eingesetzt werden kann:

- OVERLAY: Es wird automatisch eine Overlayanalyse durchgeführt. Der Parameter OVERLAY ist die Voreinstellung.
- OVERLAY (name! cname[,..]) oder OVERLAY (name! (cname1, cname2 [,...])[,...]): Es werden zusätzliche Referenzen definiert. Dabei ruft *name cname* auf.
- OVERLAY (name ~ cname[,..]) oder OVERLAY (name ~ (cname1, cname2 [,...])[,...]): Es werden Referenzen entfernt. Dabei muß sichergestellt sein, daß *name cname* nicht aufruft, oder daß keine Parameter und Variablen überschrieben werden können.
- OVERLAY (*! name) oder OVERLAY (name! *): Die Funktion *name* wird vom Overlayprozess ausgenommen. Andere Segmente oder Funktionen sind nicht betroffen.

Beispiele:

```
L51 BEISP1.OBJ BEISP2.OBJ to BEISP OVERLAY(FUNK1 ~ FUNK2)
```

Die Referenz von FUNK1 auf FUNK2 wird entfernt. Sie können überlagert werden.

```
L51 BEISP1.OBJ BEISP2.OBJ to BEISP OVERLAY(FUNK1 ~ (FUNK2,FUNK3))
```

Die Referenz von FUNK1 auf FUNK2 und FUNK3 wird entfernt.

```
L51 BEISP1.OBJ BEISP2.OBJ to BEISP OVERLAY(FUNK1 ~ (FUNK2, FUNK3), FUNK1!
(FUNK4, FUNK5))
```

Die Referenz von FUNK1 auf FUNK2 und FUNK3 wird entfernt und eine Referenz von FUNK1 auf FUNK4 und FUNK5 hergestellt.

```
L51 BEISP1.OBJ BEISP2.OBJ to BEISP OVERLAY(FUNK1! *)
```

FUNK1 wird vom Overlayprozess aufgenommen.

4.1.4 Der Library-Manager

Der Library-Manager LIB51 kann dazu verwendet werden, eigene Funktionen in Bibliotheken (Libraries) zusammenzufassen. Die Prototypen der Funktionen werden in Headerdateien geschrieben (name.H). Wird eine Bibliotheks-Funktion verwendet, so muß im Quelltext die entsprechende Header-Datei eingebunden werden. Die Bibliothek wird dann beim Zusammenbinden der Module mit dem Linker mit eingebunden. Der Linker sucht sich dann aus der angegebenen Bibliothek die verwendeten Funktionen heraus.

```
/**** DATEI: myprog.c51 ****/
#include ,,mylib.h'' /* Headerdatei für Bibliothek mylib */

voind main(void)
{
    int x,y,z;

    z = my_funct1(x,y); /* Aufruf einer Funktion aus der Bibliothek mylib */
}
```

Der Linker wird dann so aufgerufen:

```
L51 myprog.obj, mylib.lib
```

Der Library-Manager LIB51 kann über Steuerkommandos in der Aufrufzeile und interaktiv gesteuert werden. Wird LIB51 ohne Steuerkommandos aufgerufen, so schaltet er in den interaktiven Modus und zeigt das Zeichen ,,*" an. Nun können alle Steuerkommandos eingegeben werden. Es können folgende Kommandos verwendet werden:

● Create DATEINAME   Eine neue Bibliothek anlegen

```
LIB51 c mylib.lib
```

● Add DATEINAME [(MODULNAME,...), DATEINAME,...] to DATEINAME
Ein oder mehrere Programmmodule zu einer Bibliothek hinzufügen. Wird kein Modulname angegeben, so wird der gesamte Inhalt der Objektdatei zur Bibliothek hinzugefügt.

```
LIB51 a myfunkt1.obj, myfunkt2.obj(funkt1, funkt2) to mylib.lib
```

● List DATEINAME [to LISTDATEI] [PUBLICS]   Inhalt einer Bibliothek anzeigen. Wird LISTDATEI angegeben, so wird der Inhalt in diese Datei geschrieben. Mit PUBLICS werden die PUBLIC-Symbole angezeigt.

```
REM Ausgabe auf dem Bildschirm
LIB51 l mylib.lib
REM Ausgabe auf einen Drucker
LIB51 l mylib.lib to LPT1:
```

- Delete DATEINAME (MODULNAME,…)   Ein oder mehrere Programmo-
  dule (MODULNAME) aus einer Bibliothek (DATEINAME) entfernen. Zu beachten ist, daß die Modulnamen in Klammern angegeben werden müssen.

```
LIB51 d mylib.lib (myfunkt1)
```

Wird eine Funktion geändert, so muß die alte Version zuerst aus der Bibliothek
entfernt werden, bevor die Neue hinzugefügt werden kann.

```
LIB51 d mylib.lib (myfunkt1)
LIB51 a myfunkt1.obj to mylib.lib
```

- Help   Hifetext für die Benutzung von LIB51 ausgeben
- Exit   Das interaktive Arbeiten mit LIB51 beenden

Alle Kommandos können durch den ersten Buchstaben abgekürzt werden.

4.1.5 Der Debugger

Das Programmpaket dScope51 besteht aus einem Hardware-Simulator (DS51) und
einem Traget-Interface (TS51). Mit dem DS51 kann ein Programm ohne externe
Hardware getestet werden. Alle Funktionen der integrierten Peripherie werden
von dem Programm unterstützt. Mit dem TS51 kann ein Programm auf einer ech-
ten Hardwareplatine getestet werden. Dazu muß auf der Platine ein Monitorpro-
gramm und eine serielle Schnittstelle verfügbar sein. Die Bedienung der beiden
Programme ist bis auf wenige Unterschiede identisch.

Breakpoints

Zum Auffinden von Programmfehlern ist es notwendig, den Programmablauf an
bestimmten Punkten oder bei bestimmten Bedingungen zu unterbrechen. Diese
Unterbrechungspunkte werden mittels Breakpoints definiert. Breakpoints können
temporär, fest oder bedingt definiert werden. Es kann auch ein Pass-Count vorgegeben werden. Ein Breakpoint wird damit erst dann aktiv, wenn die Break-Bedin-
gung entsprechend oft erkannt wurde. Bei der Aktivierung eines Breakpoints ist
es auch möglich, eine Reihe von dScope-Kommandos ausführen zu lassen.

Programmausführung
Die Programmausführung kann in Einzelschritten oder im „Dauerlauf" erfolgen.
Im Einzelschrittbetrieb kann jeder einzelne Assembler- oder C-Befehl Schritt für
Schritt ausgeführt und die Auswirkungen kontrolliert werden. Im Dauerlauf läuft
das Programm solange bis ein Breakpoint aktiviert, oder durch die Eingabe von
CTRL-C der Programmlauf gestoppt wird.

Speicherbereiche und Programmvariablen
Das Programm simuliert sämtliche Speicherbereiche des Prozessors. Die im
Quellprogramm definierten symbolischen Variablen können mittels ihrer Namen
angezeigt werden. Die Register werden in einem gesonderten Fenster dargestellt.
Der Inhalt aller Variablen und Registern wird sowohl angezeigt als auch geändert.

Watch-Ausdrücke
Mit Hilfe von Watch-Ausdrücken wird der Inhalt ausgewählter Variablen in einem
Fenster permanent angezeigt. Dadurch steht der aktuelle Inhalt ohne weitere
Kommandos immer zur Verfügung.

Funktionen und Signalfunktionen
Kommandos und Ausdrücke, die beim Debuging mit dScope51 immer wieder verwendet werden, können in Funktionen untergebracht werden. Funktionen können
mit jedem Texteditor, z. B. der Editor der BORLAND IDE, geschrieben werden.
Die Programmiersprache stellt eine Untermenge von „C" dar. Beim Aufruf einer
Funktion wird diese in dScope51 geladen, übersetzt und ausgeführt. Wie normale
„C"-Funktionen können diese Aufrufparameter enthalten und Werte zurückllie-
fern. Mit Hilfe sogenannter Signalfunktionen können Impuls- und Signalformen
generiert werden, die dann an die entsprechenden Eingänge des Prozessors gelegt
werden. So kann zum Beispiel eine analoge Spannung an einen A/D-Eingang,
oder eine Impulsfolge an einen Zählereingang gelegt werden. Dies ermöglicht den
Softwaretest unter fast realen Bedingungen.

Programmaufruf
Der Simulator DS51 wird wie folgt aufgerufen:

```
DS51 [debugfile] [INIT(initfile)]
```

mit *debugfile* kann der Name des zu testenden Programms angegeben werden. Mit
INIT(initfile) wird der Name einer Include-Datei angegeben, die Parameter zur
Konfiguration und häufig verwendete Debugfunktionen enthalten kann. Wird keine Include-Datei angegeben, so sucht das Programm nach einer Datei mit dem Namen DS51.INI. Der Target Debugger TS51 wird mit der Aufrufzeile

```
TS51 [INIT(initfile)]
```

aufgerufen. Mit *INIT(initfile)* wird der Name einer Include-Datei angegeben, die Parameter zur Konfiguration und häufig verwendete Debugfunktionen enthalten kann. Wird keine Include-Datei angegeben, so sucht das Programm nach einer Datei mit dem Namen TS51.INI.

Window-Interface und Kommando-Eingabe
Der Bildschirm des Debuggers ist in verschiedene Bereiche aufgeteilt.

Pulldown-Menüzeile
Hier können in verschiedenen Untermenüs die unterschiedlichsten Funktionen ausgewählt werden.

Watch-Window
Im Watch-Window werden ausgewählte Variableninhalte permanent angezeigt.

Language-Window
Im Language-Window wird der Quelltext des geladenen Programms angezeigt. Dazu muß das Programm allerdings mit der Option DEBUG übersetzt und gelinkt worden sein.

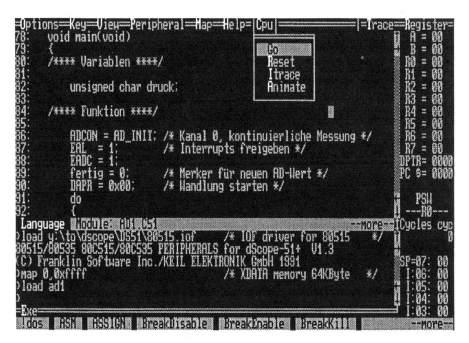

Abb. 4.11: Der Bildschirm des Simulators dScopte51

Die nachfolgende Liste gibt die Befehle an, die im Language-Window verwendet werden können:

- Again (A)

  Das letze Find- oder Step-Kommando wird wiederholt
- Break (B)

  Auf der momentanen Cursor-Position wird ein Breakpoint gesetzt. Ist auf der Position bereits ein Breakpoint gesetzt, so wird er entfernt.
- Execute (E)

  Das Language-Window wird ins Exe-Fenster verlassen
- Find (F)

  sucht ab der momentanen Cursorposition in Richtung Textende nach einer eingegebenen Zeichenkette.
- -find (-)

  sucht ab der momentanen Cursorposition in Richtung Textanfang nach einer eingegebenen Zeichenkette.
- Go til (G)

  Startet das Programm ab dem momentanen Stand des Programmzählers und hält den Programmlauf an der momentanen Cursorposition an.
- Jump (J)

  setzt den Cursor auf die angegebene Stelle. START setzt den Cursor an den Anfang, END ans Ende des Quelltextes.
- x__TAG (x=A,B,C,D)

  setzt den Cursor auf eine vorher mit SET__TAG markierte Stelle.
- Pstep (P)

  führt einen Programmschritt aus. Unterprogramm werden dabei als ein Programmschritt ausgeführt.
- Step (S)

  führt einen Programmschritt aus. Unterprogramme werden auch im Einzelschritt durchlaufen.
- seTtag (T)

  Mit Settag kann eine Sprungmarke definiert werden, die später wieder mit Jump angesprungen werden kann.

Exe-Window

Im Exe-Window werden Kommandoeingaben durchgeführt und die Ergebnisse der meisten Kommandos angezeigt.

Register-Window

Im Register-Window werden die aktuellen Register-Inhalte, der Stackbereich und der Zykluszähler angezeigt. Das Fenster mit ALT-R wird aus- bzw. eingeschaltet.

Ändert sich der Wert eines Registers, so wird der veränderte Wert hervorgehoben dargestellt. Der Cursor kann nicht in diesem Fenster platziert werden.

Umschalten und Verändern der Windowgröße
- ALT-E
  Das Exe-Fenster wird als aktuelles Fenster eingestellt.
- ALT-L
  Das Language-Fenster wird als aktuelles Fenster eingestellt.
- ALT-W
  Das Watch-Fenster wird als aktuelles Fenster eingestellt.
- ALT-D
  Das aktuelle Fenster wird verkleinert.
- ALT-U
  Das aktuelle Fenster wird vergrößert.

4.1.5.1 Kommandos

Nachfolgend werden die wichtigsten Kommandos von dScope51 beschrieben. Die Kommandos lassen sich in verschiedene Abschnitte gliederen.

Kommandos zum Anzeigen und Ändern von Speicherbereichen

Display
Das Display-Kommando zeigt den Inhalt des gewünschten Speicherbereiches an. Fehlt die Adressangabe, wird der Speicherbereich weiter angezeigt, bei dem ein vorangegangenes Display-Kommando beendet wurde.
Das Display-Kommando wird mit

- D[startadr[,stopadr]] aufgerufen.

Der Speicherbereich kann wie folgt angegeben werden:
- X: externer Datenspeicher
- D: interner Datenspeicher
- I: indirekter, interner Datenspeicher
- B: bitadressierbarer Speicher
- C: Programmspeicher

Beispiel:

```
D X:0,0x100 /* gibt den Inhalt des externen Datenspeichers von der Adresse 0 bis
100H aus. */
D zaehler /* Ab Adresse Zähler ausgeben, Speichertyp wird selbständig erkannt */
```

Enter

Das ENTER-Kommando dient zum interaktiven Ändern von Speicherinhalten.

● EB adresse (ENTER BIT)

Es wird der Inhalt einer Speicheradresse im bitadressierbaren Speicherbereich geändert.

Die nachfolgenden Befehle dienen zum Ändern des Inhalts einer Speicheradresse im angegebenen Speicherbereich. - EC adresse (ENTER CHAR (Byte)) Es wird ein Byte eingegeben.

● EI adresse (ENTER INTEGER (Word))

Es werden zwei Byte verändert.

● EL adresse (ENTER LONGINTEGER (Doubleword))

Es werden 4 Byte durch eine Zahl geändert

● EF adresse (ENTER FLOAT (Doubleword))

Der eingegebene Wert wird im Floatingpoint-Format in 4 Byte abgespeichert.

● EP adresse (ENTER POINTER (C51-Pointer))

Es wird die Adresse der eingegebenen Funktion oder Variablen im C51-Pointer-format abgelegt.

Der Speicherbereich kann wie folgt angegeben werden:
● X: externer Datenspeicher
● D: interner Datenspeicher
● I: indirekter, interner Datenspeicher

Durch Drücken der Eingabetaste bleibt der aktuelle Wert unverändert und die Adresse wird um 1 erhöht.

Durch Eingabe eines Punktes (.) oder CTRL-C wird die ENTER-Betriebsart verlassen. Fehlt die Adressangabe, kann der Speicherbereich weiter verändert werden, bei dem ein vorangegangenes ENTER-Kommando beendet wurde.

Beispiele:

```
EC x:0
X:0000H = 0x00 1,40,,,Zeichen''
X:000AH = 0x00. /* Abbruch */

EF x:0x1000
x:1000H = 0 2.345
x:1004H = 0. /* Abbruch */
EF x:0x1000 /* Kontrolle */
x:1000H = 2.345
x:1004H = 0 .
```

```
EP D:0x30
d:30H = ?:0x0 ISR_TIMER1
d:33H = ?:0x0 &VALUE
d:36H = ?:0x0. /* Abbruch */
EP D:0x30 /* Kontrolle */
d:30H = C:0x104A
d:33H = X:0x100
```

MAP-Kommando

Beim Programm DS51 wird mit dem MAP-Kommando externer Datenspeicher (xdata) zur Verfügung gestellt. Standardmäßig ist kein externer Datenspeicher vorhanden, sodaß jeder Zugriff auf den externen Datenspeicher mit einer Fehlermeldung beantwortet wird. Es sollte stets nur soviel externer Datenspeicher zur Verfügung gestellt werden, wie das zu testende Programm tatsächlich benötigt. Das spart zum einen Speicherplatz im PC zum anderen können illegale Zugriffe des Programms abgefangen werden.

Das MAP-Kommando wird wie folgt verwendet:

```
MAP startadr,endadr    externer Datenspeicher zuweisen (DS51)
MAP [XDATA/CODE] startadr,endadr   externer Datenspeicher zuweisen (TS51)
MAP    Zuweisung anzeigen
RESET MAP    Zuweisung zurücksetzen
```

Beispiel:

```
MAP 0,0x7FFF    /* Speicher von Adresse 0 bis 7FFFh */
RESET MAP    /* Alle MAP-Zuweisungen rücksezten */
```

WatchpointSet-Kommando

Das WS-Kommando dient dazu, bis zu 16 Variablen zu definieren, die in einem Fenster angezeigt werden. Nach jedem STEP oder GO-Kommando werden die aktuellen Ergebnisse angezeigt. Ein Watchpoint wird mit

● WS ausdruck[,Zahlenbasis]

definiert. Als Zahlenbasis kann entweder 10 für dezimal oder 16 für hexadezimal angegeben werden.

Beispiele:

```
WS zaehler,10
WS *ptr
```

WatchpointKill-Kommando

Das WK-Kommando dient zum Löschen einer Watchpointdefinition. Als Parameter werden die Nummern der zu löschenden Watchpoints angegeben. Die Angabe eines Sternes (*) löscht alle Watchpoints.

Beispiele:

```
WK 0,2 /* löscht die Watchpoints 0 und 2 */
WK * /* löscht alle Watchpoints */
```

Programmausführungskommandos

GO Kommando

- G [startadr][,Stopadr]

startet den Programmablauf. Fehlt die Startadresse, wird das Programm ab dem aktuellen Stand des Programmzählers gestartet. Fehlt die Stopadresse, wird der Programmlauf entweder durch einen Breakpoint oder durch Eingabe von CTRL-C beendet. Die Eingabe von CTRL-C ist aber nur in Exe-Window möglich, es muß daher eventuell mit ALT-E das Exe-Window angewählt werden.
Nach Abbruch des Programmlaufs werden alle offenen Fenster aktualisiert.

Beispiele:

```
G       Startet das Programm
G ,main Hält das Progamm bei Erreichen der Marke ''main'' an
```

TraceStep-Kommandos

- T [ausdruck]

Es werden ein oder mehrere Programmschritte ausgeführt. Unterprogramme werden auch im Einzelschritt ausgeführt. Die Tastenkombination ALT-T stellt die Kurzform vom T 1 dar.

- P [ausdruck]

Mit diesem Kommando werden ebenfalls ein oder mehrere Programmschritte ausgeführt. Unterprogramme werden allerdings als ein Schritt, also mittels GO ausgeführt.

Beispiele:

```
T 100    /* 100 Schritte ausführen */
P
<ALT-T>
```

Unterbrechungskommandos

BreakpointSet-Kommando
Breakpoints dienen dazu, den Programmlauf an bestimmten Adressen oder bei bestimmten Bedingungen zu unterbrechen. Es können bis zu 16 Breakpoints gleichzeitig aktiv sein.

● BS ausdruck[,count[,"command"]]

ausdruck kann eine beliebige Adresse oder Bedingung sein. *count* ist optional. Er legt fest, wie oft ein Breakpoint durchlaufen werden muß, bevor er aktiv wird. „command" gibt eine optionale Kommandozeile an, die nach Erreichen des Breakpoint ausgeführt werden soll. Dabei wird der Programmlauf nicht angehalten. Soll der Programmlauf angehalten werden, so muß ein *count* angegeben werden.

BreakpointList-Kommando
Mit dem BL-Kommando werden alle zur Zeit definierten Breakpoints angezeigt.

BreakpointDisable-Kommando

● BD nummer[,nummer[,..]]
● BD *

Mit diesen Kommandos können Breakpoint-Definitionen gesperrt werden, die Definition bleibt aber erhalten. Als Parameter kann eine Liste der Nummern der zu sperrenden Breakpoints angegeben werden. Mit Stern (*) werden alle Breakpoints gesperrt.

BreakpointEnable-Kommando

● BE nummer[,nummer[,..]]
● BE *

Es werden Breakpoint-Definitionen freigegeben. Als Parameter kann eine Liste der Nummern der freizugebenden Breakpoints angegeben werden. Mit Stern (*) werden alle Breakpoints freigegeben.

BreakpointKill-Kommando

● BK nummer[,nummer[,..]]
● BK *

Löscht Breakpoint-Definitionen. Als Parameter kann eine Liste der Nummern, der löschenden Breakpoints angegeben werden. Mit Stern (*) werden alle Breakpoints gelöscht.

Allgemeine Kommandos

LOAD-Kommando
Mit dem LOAD-Kommando können Programme zum Testen und Konfigurations-
dateien geladen werden. Programme können im INTEL-HEX-Format oder
OMF-51-Format (absolutes Objektformat) vorliegen.
Die Mitglieder der 8051-Familie unterscheidet sich in der auf dem Chip integrierten Peripherie. Um den Debugger zur Simulation aller 8051-Derivate verwenden
zu können, muß ein entsprechendes Treiberprogramm für jeden Prozessor geladen werden. Solange kein Treiber geladen ist, kann die integrierte Peripherie nicht
simuliert werden. Standardmäßig stehen Treiber für 8051, 8052, 80552, 80751,
80515 und 80517 zur Verfügung.
Ist ein Treiber geladen, kann kein weiterer mehr geladen werden. Es ist also nicht
möglich, den Controllertyp zu wechseln, ohne das Programm zu verlassen.

Beispiel:

```
LOAD BEISP1      Lädt ein Programm zum Testen
LOAD 80517.IOF   Lädt den Treiber für den 80517
```

EXIT-Kommando
EXIT bewirkt die Rückkehr zu DOS.

RESET-Kommando
Das Kommando RESET setzt den Debugger zurück. Das ist vergleichbar mit einem Prozessor-Reset. Ein geladenes Programm bleibt erhalten.

Verwendung des TS51 mit dem Target-System

Das Programm TS51 kann mit einem „IOT-Treiber" an verschiedene Target-System angepaßt werden. Bevor kein Treiber geladen ist, kann keine Verbindung mit
dem Target-System hergestellt werden. Ist einmal ein Treiber geladen, kann kein
weiterer Treiber geladen werden. Es ist daher nicht möglich, das Target-System zu
wechseln, ohne das Programm zu verlassen.
Die Aufrufzeile des von uns verwendeten Treibers MON51.IOT lautet:

```
LOAD MON51.IOT [BAUDRATE(bps)][CPUTYPE(typ)][COMn:]
```

Dabei ist MON51.IOT das Treiberprogramm.
- *BAUDRATE(bsp)* ermöglicht die Einstellung der Baudrate. Voreingestellt ist
  9600 Baud. Als Wert kann 300, 600, 1200, 2400, 4800, 9600 und 19200 verwendet werden. BAUDRATE kann auch durch BR oder B abgekürzt werden.

- *CPUTYPE(typ)* beeinflußt die Anzeige der Peripherie. Zur Zeit werden die Prozessoren 8051, 8052, 8051FA/B/C, 80552, 80515 und 80517 unterstützt. Wird nichts angegeben, so ist der 8051 eingestellt. CPUTYPE kann durch CT abgekürzt werden.
- *COMn:* wählt die serielle Schnittstelle des PCs aus, an der das Target-System angeschlossen ist. Es kann COM1 und COM2 gewählt werden. Voreingestellt ist COM1. Die Schnittstellenauswahl kann mit 1 und 2 abgekürzt werden.

4.1.6 Eine komfortable Entwicklungsplattform

Als komfortable Entwicklungsumgebung kann der Editor von Borland C++ oder PASCAL benutzt werden. Über das System-Menü können alle Hilfsmittel, wie Assembler, C-Cross-Compiler, Linker, Simulator, Emulator und EPROM-Programmierer aufgerufen werden.

Zur besseren Übersichtlichkeit legt man für jedes Projekt ein eigenes Unterverzeichnis und darin eine eigene Projektdatei an. Projektdateien werden in der Borland IDE über das Menü PROJECT/OPEN PROJECT geladen oder angelegt. Das Anlegen einer eigenen Projektdatei für jedes Projekt hat den Vorteil, daß sämtliche Einstellungen beim Verlassen der IDE darin gespeichert werden.

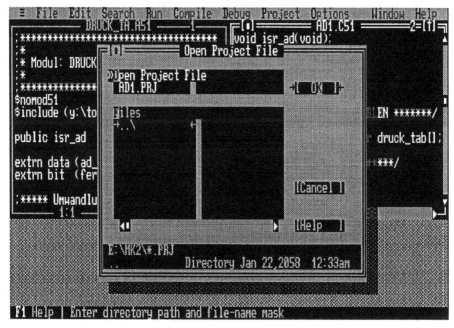

Abb. 4.12: Auswählen oder Anlegen einer Projektdatei

Ruft man die IDE dann erneut auf, so werden die, vor dem Verlassen des geöffneten Editorfensters und alle anderen Einstellungen wieder hergestellt. Man kann an dem Punkt weiterarbeiten, an dem man aufgehört hat.

Eine neue Projektdatei wird angelegt, indem man das Menü PROJECT/OPEN PROJECT anwählt. Es erscheint nun das Dialogfenster OPEN PROJECT FILE. Durch Eingabe eines Namens wird eine neue Projektdatei angelegt.

Eine bereits angelegte Projektdatei kann aus dem Dialogfenster OPEN PROJECT FILE ausgewählt werden.

4.1.6.1 Die Verwendung von Transferprogrammen

Über das System-Menü können Transferprogramme aufgerufen werden, die vorher im Dialogfenster TRANSFER definiert wurden. Transferprogramme werden von der IDE aus gestartet, ohne diese zu verlassen. Mit Beendigung des Transferprogramms gelangt man automatisch wieder in die IDE. Dadurch erspart man sich das mühsame und oft langwierige Laden des Editors nach jedem Compiler-, Assembler-, oder Linkerlauf, sowie die Eingabe der Befehlzeilen zum Aufruf der einzelnen Programme.

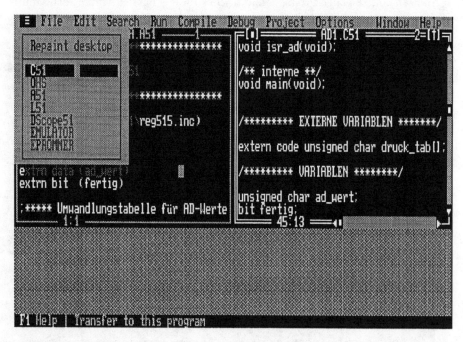

Abb. 4.13 Das System-Menü mit Transferprogrammen

Über das Menü OPTION/TRANSFER gelangt man in das Dialogfenster TRANS-FER. Hier können folgende Aktionen durchgeführt werden:
- Neue Transferprogramme definieren
- Vorhandene Transferprogramme modifizieren
- Vorhandene Transferprogramme löschen

Transferprogramme: anlegen / ändern
Durch Auswahl von EDIT gelangt man in das Dialogfenster MODIFY/NEW TRANSFER ITEM. War bei der Auswahl von EDIT ein Transfereintrag markiert, so erscheint nun seine Definition im Dialogfenster. War ein leeres Feld markiert, so sind die Eingabefelder im Dialogfenster leer und es kann ein neuer Transfereintrag definiert werden.
Im Eingabefeld PROGRAM TITLE wird eine kurze Programmbeschreibung eingegeben. Diese erscheint bei der Auswahl des System-Menüs. Um ein Programm mit einem Tastekürzel aufrufen zu können, muß der gewünschte Buchstabe mit dem Tilde-Zeichen (~) markiert werden. Dieser Buchstabe erscheint dann im System-Menü hervorgehoben.

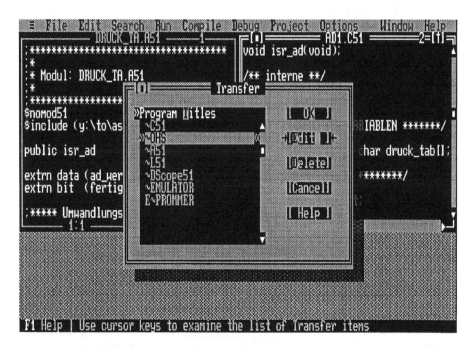

Abb. 4.14: Das Dialogfenster TRANSFER

Im Eingabefeld PROGRAM PATH wird der Name des gewünschten Transferprogramms angegeben. Die Eingabe kann wahlweise mit oder ohne Pfadangabe erfolgen.

Im Eingabefeld COMMAND LINE werden die Aufrufparameter für das Transferprogramm und ggf. Makro-Befehle eingegeben.

Zum schnellen Aufruf von Transferprogrammen kann ein Hot Key definiert werden. Es sind die Tastenkombinationen „SHIFT-F2" bis „SHIFT F10" möglich.

Sind alle Eintragungen gemacht, so wird mit NEW die Definition neu in die Liste der Transferprogramme aufgenommen. Wurden nur Änderungen an einer Definition durchgeführt, so werden diese mit MODIFY übernommen.

Transferprogramme löschen
Der zu löschende Transfereintrag wird ausgewählt und mit der Auswahl von DELETE gelöscht. Er erscheint nun nicht mehr im System-Menü.

Transfermakros
Mit Transfermarkros kann der Aufbau der Parameterzeile eines Transferprogramms gesteuert werden. Sie beginnen immer mit einem $-Zeichen.

Die *Dateinamenmakros* liefern verschiedene Teile eines Dateinamens zurück, um damit neue Dateinamen spezifizieren zu können.

- $DIR(arg): Liefert den kompletten Pfad des Arguments arg (z. B. C:\PROG\TEST\).
- $DRIVE(arg): Liefert das Laufwerk des Arguments arg (z. B. C:).
- $EDNAME: Liefert den kompletten Namen der Datei im aktuellen Editorfenster (Beispiel: C:\PROG\PROG1.C51).
- $EXENAME: Liefert den kompletten Namen der Programmdatei die sich aus dem Namen des Projekts oder, wenn kein Projekt angelegt wurde, aus dem Namen der Datei im aktiven Editorfenster. (Beispiel: C:\PROG\PROJ1.EXE).
- $EXT(arg): Liefert die Namenserweiterung des Arguments arg zurück. Der Punkt ist enthalten (Beispiel:.A51).
- $NAME(arg): Liefert den Namensteil des Arguments arg zurück. Der Punkt ist nicht enthalten. (Beispiel: PROG1).
- $PRJNAME: Liefert den kompletten Namen der eingestellten Projektdatei (C:\PROG\PROJ1.PRJ).

Anweisungsmakros veranlassen die IDE dazu, bestimmte Aktionen durchzuführen.

- $CAP EDIT: Die Programmausgaben des Transferprogramms werden in eine temporäre Datei umgeleitet. Nach Beendigung des Transferprogramms wird diese in einem Editor-Fenster mit dem Namen TRANSFER OUTPUT angezeigt.

- $NOSWAP: Beim Aufruf eines Transferprogramms schaltet die IDE nicht auf den Benutzerbildschirm um. Es wird in einem Fenster der Name des Transferprogamms angezeigt. Dieses Makro kann in Verbindung mit dem $CAP EDIT Makro verwendet werden.
- $PROMPT: Zeigt die Aufrufparameter für das Transferprogramm in einem Dialogfenster an. Es werden nur die Teile der Aufrufparameterzeile angezeigt, die nach dem $PROMPT-Makro stehen.
- $SAVE ALL: Sichert alle veränderten Dateien in allen Editorfenstern ohne Abfrage.
- $SAVE CUR: Sichert die Datei im aktiven Editorfenster, wenn sie verändert wurde ohne Abfrage. Dadurch ist sichergestellt, daß das Transferprogramm immer mit der aktuellen Version der Datei arbeitet.
- $SAVE PROMPT: Es erfolgt eine Abfrage, ob eine veränderte Datei in einem Editorfenster gesichert werden soll.

Anwendung von Transferprogrammen

Um den C51-Compiler als Transferprogramme aufzurufen kann eine Transferdefinition folgendermaßen aussehen:
- PROGRAM TITLE: ˜C51-Compiler
- PROGRAM PATH: C:\C51\BIN\C51
- COMMAND LINE: $SAVE CUR $CAP EDIT $NOSWAP $EDNAME

Soll der Linker mit der Eingabedatei PROJ1.MAK als Transferprogramm aufgerufen werden, kann die Definition so aussehen:
- PROGRAM TITLE: ˜L51-Linker
- PROGRAM PATH: C:\C51\BIN\L51
- COMMAND LINE: $CAP EDIT $NOSWAP
  $DIR($PRJNAME)$NAME($PRJNAME).MAK

Der Debugger dScope51 kann wie folgt als Transferprogramm aufgerufen werden:
- PROGRAM TITLE: ˜DS51-Debugger
- PROGRAM PATH: C:\DSCOPE\BIN\DS51
- COMMAND LINE: $SAVE ALL

Hier wird die Ausgabe nicht in ein Fenster umgeleitet, da man sonst nicht mit dem Programm arbeiten kann. Es empfielt sich alle offenen Dateien zu sichern, wenn mit einem anderen Programm länger interaktiv gearbeitet wird.

4.1.6.2 Benutzung des Make-Utilities

Die meisten Programmprojekte bestehen aus mehreren Quelldateien. Ändert sich nun eine Quelldatei, so muß diese und alle Dateien die von dieser abhängen neu übersetzt werden. Die Überwachung, daß immer alle Objektdateien auf dem aktuellen Stand sind ist sehr zeitraubend und fehleranfällig. Andererseits ist jedesmal das gesamte Projekt neu zu kompilieren, nur um ganz sicher zu sein, daß alles auf dem neuesten Stand ist, ist ebenfalls nicht sinnvoll.

Das Programm MAKE, daß beim Borland C-Compiler mitgeliefert wird, löst dieses Problem. Für jedes Projekt muß eine MAKE-Datei erstellt werden, in der die Abhängigkeiten der Quell- und Objektdateien dargestellt sind. MAKE bearbeitet diese Datei und prüft anhand des Datum- und Uhrzeiteintrags jeder Datei ob sie übersetzt werden muß. Am folgenden Beispielprojekt soll der Umgang mit MAKE erläutert werden:

Das Programm MAKE wird folgendermaßen aufgerufen:

- MAKE [OPTION..] [ZIEL..]

Eine OPTION beginnt immer mit einem Bindestrich (-). Nachfolgend sind die wichtigsten Optionen beschrieben:

- -B
  Es werden alle Zieldateien neu erstellt, unabhängig von der Datums- und Zeitangabe.
- -fMAKEDATEI
  Der angegebene DATEINAME wird als MAKE-Datei verwendet. Ist keine Dateierweiterung angegeben, wird.MAK angenommen.
- -DMakro[=Text]
  Makro gibt den Namen eines Makros an. *Text* gibt die Zeichenkette an, zu der das Makro erweitert werden soll. Wird *Text* nicht angegeben, so wird das Makro zu 1 erweitert.

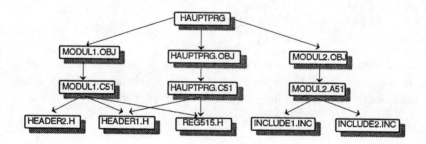

Abb. 4.15: Beispielprojekt für MAKE

● -n

Zeigt die Befehle an, die ausgeführt werden. Die Befehle werden aber nicht aus-geführt. Diese Option ist vor allem beim Testen einer MAKE-Datei nützlich.

● -p

Zeigt alle Befehle vor der Ausführung an.

● -s

Zeigt die Befehle vor der Ausführung nicht an.

Der mit ZIEL angegebene Name wird für die Erstellung der Zieldatei verwendet. Wird kein Ziel angegeben, so wird der erste in der ersten expliziten Regel vorkom-mende Zieldateiname verwendet.

Eine MAKE-Datei kann mit jedem Editor geschrieben werden. Sie kann folgende Komponenten enthalten:

● Kommentare: Das Zeichen # leitet einen Kommentar ein. Der Rest der Zeile wird als Kommentar betrachtet. Ein Kommentar kann nicht über mehrere Zeilen gehen. Er muß in jeder Zeile neu als solcher gekennzeichnet werden.

● Explizite Regeln: Geben die Abhängigkeiten der Dateien untereinander an und welche Aktion ausgeführt werden soll, wenn eine Datei verändert wurde. Es werden volle Dateinamen verwendet

● Implizite Regeln: Geben ebenfalls die Abhängigkeiten der Dateien untereinan-der an und welche Aktion ausgeführt werden soll wenn eine Datei verändert wurde. Sie stellen verallgemeinerte, explizite Regeln dar, die sich auf alle Datei-en mit identischen Dateierweiterungen beziehen.

● Makrodefinitionen: Bestimmte Optionen von aufgerufenen Programmen keh-ren immer wieder. Diese können durch ein Makro ersetzt werden.

● Direktiven: Steuern den Ablauf des MAKE-Programms.

Mit dem Zeichen Backslash „\" kann eine Zeile, außer ein Kommentar, in der nächsten Zeile fortgeführt werden.

Explizite Regeln

In diesen Regeln werden die Abhängigkeiten von Datei dargestellt. Es werden da-bei die vollständigen Dateinamen aller Dateien angegeben. Eine explizite Regel ist wie folgt definiert:

● ZIEL:[{PFADE}] QUELLE[QUELLE1 QUELLE2...]

[BEFEHL]

Hierbei sind:

● ZIEL: Ist die Datei, die aktualisiert werden soll, wenn QUELLE sich verändert hat. ZIEL muß immer am Anfang (erste Spalte) einer Zeile stehen.

- QUELLE: Datei die sich verändert haben kann. Zwischen dem Doppelpunkt und der ersten QUELLE muß mindestens ein Leerzeichen sein.
- {PFADE}: Gibt die Verzeichnisse an, in denen neben dem aktuellen Verzeichnis nach QUELLE-Dateien gesucht werden soll.
- BEFEHL: Ein Programm, daß aufgerufen werden soll wenn eine QUELLE-Datei verändert wurde. BEFEHL muß mindestens um ein Leerzeichen gegenüber ZIEL eingerückt sein.

Beispiel:

```
HAUPTPRG.OBJ: {C:\C51\INC\} HAUPTPRG.C51 REG515.H HEADER1.H
C51 MAIN.C51
```

Implizite Regeln

Implizite Regeln stellen verallgemeinerte explizite Regeln dar, die sich auf alle Dateien mit identischen Dateierweiterungen beziehen. Eine implizite Regel ist wie folgt definiert:

- [{QUELL_PFAD}].QUELLE_EXT.[{ZIEL_PFAD}]ZIEL_EXT:
  [BEFEHL]
- {QUELL_PFAD}: Gibt den Pfad an, indem nach Quelldateien gesucht werden soll.
- {ZIEL_PFAD}: Gibt den Pfad an, indem die Zieldateien abgelegt werden sollen.
- .QUELLE_EXT: Ist die Namenserweiterung der Quelldateien.
- .ZIEL_EXT: Ist die Namenserweiterung der Zieldatei.

Eine implizite Regel wird angewendet, wenn für das ZIEL eine explizite Regel ohne Befehl gefunden wurde. Implizite Regeln vereinfachen den Aufbau von Makedateien erheblich, da nicht für jede explizite Regel ein Befehl angegeben werden muß.

Beispiel:

```
.C51.OBJ:
C51 $<

HAUPTPRG.OBJ: HAUPTPRG.C51 REG515.H HEADER1.H
MODUL1.OBJ: MODUL1.C51 REG515.H HEADER1.H HEADER2.H
```

Verwendung von Makros

Um häufig vorkommende Definition leicht änderbar zu halten, können diese durch Makros ersetzt werden. Ein Makro wird so definiert:

- MAKRO__NAME = TEXT

und folgendermaßen aufgerufen:

- $(MAKRO__NAME)

Beispiel:

```
REGS = REG515.H

HAUPTPRG.OBJ: HAUPTPRG.C51 $(REGS) HEADER1.H
```

Es gibt eine Reihe vordefinierter Makros, die im folgenden beschieben sind:
- $d Definitionsmakro: Es wird 1 erzeugt, wenn der angegebene Makroname definiert ist, sonst wird 0 erzeugt. Dieses Makro kann nur in !if und !elif-Direktiven verwendet werden.

Beispiel:

```
!if !d(REGS)
REGS = REG51.H
!endif
```

- $* Dateinamenmakro: Dieses Makro wird auf den Namen ohne Dateierweiterung der Zieldatei bei expliziten Regeln und der Quelldatei bei impliziten Regeln erweitert. Der volle Pfad wird angegegeben.

Beispiel:

```
Dateiname: c:\progs\test.c51
$* = c:\progs\test
```

- $< Vollständiger Dateiname: Dieses Makro erzeugt den vollständigen Dateinamen der Zieldatei bei expliziten Regeln und der Quelldatei bei impliziten Regeln.

Beispiel:

```
Dateiname: c:\progs\test.c51
$< = c:\progs\test.c51
```

- $: Pfad: Bei impliziten Regeln wird der Pfad der Quelldatei erzeugt, bei expliziten Regeln der Pfad der Zieldatei.

Beispiel:

```
Dateiname: c:\progs\test.c51
$: = c:\progs\
```

- $. Dateinname mit Erweiterung: Dieses Makro erzeugt den Dateinamen mit Erweiterung aber ohne Pfad der Zieldatei bei expliziten Regeln und der Quelldatei bei impliziten Regeln.

Beispiel:

```
Dateiname: c:\progs\test.c51
$. = test.c51
```

- $& Dateiname: Dieses Makro erzeugt nur den Dateinamen der Zieldatei bei expliziten Regeln und der Quelldatei bei impliziten Regeln.

Beispiel:

```
Dateiname: c:\progs\test.c51
$& = test
```

- $@ vollständige Zieldateinamen: Dieses Makro erzeugt bei beiden Regeln den vollständigen Dateinamen der Zieldatei.

Beispiel:

```
Dateiname: c:\progs\test.c51
$@ = c:\progs\test.c51
```

Verwendung von Direktiven

Direktiven steuern den Ablauf in einer Make-Datei. Direktiven beginnen mit einem Ausrufezeichen (!) oder einem Punkt (.) in der ersten Spalte einer Zeile. Danach folgt ein im folgenden beschriebenes Schlüsselwort:

- !if   Führt die nachfolgenden Zeilen aus, wenn die Bedingung WAHR ist.
- !elif   Bedingte Ausführung von Zeilen ELSE IF
- !else   Bedingte Ausführung von Zeilen ELSE
- !endif   Ende der bedingten Ausführung
- !include Es wird eine weitere MAKE-Datei eingelesen und verarbeitet.
- !error   Die Bearbeitung der MAKE-Datei wird abgebrochen und der nach !error angegebene Text wird ausgegeben.

Die !if-Direktiven arbeiten gleich wie die entsprechenden Anweisungen des C-Preprozessors.

	Operator	Bedeutung
Unäre Operatoren		
	´-´	Negation
	´~´	Bit-Komplement
	´!´	Logisches NICHT
Binäre Operatoren		
	´+´	Addition
	´-´	Subtraktion
	´*´	Multiplikation
	´/´	Division
	´%´	Modulo
	´>>´	Rechtsschieben
	´<<´	Linksschieben
	´&´	Bitweise UND
	´|´	Bitweise ODER
	´^´	Bitweise EXKLUSIV-ODER
	´&&´	Logisches UND
	´||´	Logisches ODER
	´>´	Größer
	´<´	Kleiner
	´>=´	Größer oder gleich
	´<=´	Kleiner oder gleich
	´==´	Gleich
	´!=´	Ungleich

Abb. 4.16:
Operatoren bei
!if-Difektiven

Die Ausdrücke in den !if-Direktiven können die in der Abbildung aufgeführten
Operatoren verwenden.

Beispiele:

```
!if $(COMPILE) == 1
.C51.OBJ:
  C51 $<
!elif $(ASSEMBLE) == 1
.A51.OBJ:
  A51 $<
!else
! error Entweder COMPILE = 1 oder ASSEMBLE = 1 angeben!
!endif
```

- .nosilent   Es werden die Befehle vor ihrer Ausführung angezeigt.
- .silent   Es werden die Befehle vor ihrer Ausführung nicht angezeigt.

Eine MAKE-Datei für ein C51-Projekt kann also folgendermaßen aussehen:

```
#******************************************
#*** MAKE-Datei für C51 und A51 Dateien   ***
#*** NAME: PROJ.MAK                       ***
#******************************************

#*** Überprüfung der C51-Dateien auf Änderungen ***
.C51.OBJ:
    C51 $<

#*** Überprüfung der A51-Dateien auf Änderungen ***
.A51.OBJ:
    A51 $<

#*** Binden des gesamten Projektes wenn Änderungen ***
HAUPTPRG: HAUPTPRG.OBJ MODUL1.OBJ MODUL2.OBJ
    L51 HAUPTPRG.OBJ MODUL1.OBJ MODUL2.OBJ TO HAUPTPRG RAMSIZE(256)

#*****************************************************************
#*** Regeln für die Abhängigkeit der Objekt und Quelldateien   ***
#*****************************************************************
HAUPTPRG.OBJ: HAUPTPRG.C51 REG515.H HEADER1.H
MODUL1.OBJ: MODUL1.C51 REG515.H HEADER1.H HEADER2.H
MODUL2.OBJ: MODUL2.A51 INCLUDE1.INC INCLUDE2.INC
```

4.2 Strukturierte Programmierung in Assembler

Um ein Programm so gut wie möglich testen und auch nach seiner Fertigstellung noch Warten zu können, empfiehlt es sich bei der Entwicklung nach bestimmten Methoden vorzugehen. Diese Methoden sind unter anderem die „strukturierte Programmierung" und die „Top-Down-Entwicklung". Diese beiden Methoden werden Hand in Hand angewendet und im Folgenden näher beschrieben.

4.2.1 Programmerstellungstechniken

Strukturierte Programmierung
Unter strukturierter Programmierung versteht man eine Art Programme zu schreiben, deren einzelne Sequenzen klar definierten Mustern entsprechen. Diese Muster sind von Nassi und Shneidermann definiert worden und haben die Eigenschaft, daß jede nur einen Eingang und einen Ausgang hat. Es gibt 5 verschiedene Muster:

- *Sequenz*. Ein normaler linearer Programmschritt. Eine besondere Form der Sequenz ist das Unterprogramm. Erfüllt eine Sequenz eine größere Aufgabe wird diese in einem Unterprogramm ausführlicher dargestellt.
- *If-Block*. Hier wird eine Bedingung geprüft und entweder der JA- oder der NEIN-Zweig ausgeführt.
- *Mehrfach-If-Block (Switch)*. Hier wird nach mehreren Bedingungen abgefragt. Je nach Ergebnis der Abfrage wird der entsprechende Zweig ausgeführt.
- *While-Block*. Es wird eine Schleifenbedingung abgefragt. Ist die Bedingung WAHR, so wird der Schleifenkörper ausgeführt. Nach Ausführung des Schleifenkörpers wird die Bedingung erneut abgefragt. Ist die Bedingung FALSCH, wird der While-Block verlassen. In der Programmiersprache „C" gibt es eine besondere Art des While-Blocks, die *FOR-Schleife* . Hier können in einer Zeile die Bedingungsvariablen initialisiert, die Bedingung überprüft und nach Ausführung des Schleifenkörpers Bedingungsvariblen fortgeschaltet werden.

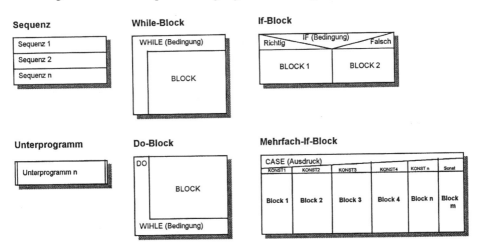

Abb. 4.17: Struktogramme nach Nassi-Shneidermann

- *Do-Block* . Der Schleifenkörper wird einmal ausgeführt, dann wird die Schleifenbedingung geprüft. Ist die Bedingung WAHR wird der Schleifenkörper wieder ausgeführt, anschließend wird die Schleifenbedingung wieder geprüft. Ist die Bedingung FALSCH, wird der Do-Block verlassen.

Top-Down-Entwicklung

Die Methode der Top-Down-Entwicklung greift auf die strukturierte Programmierung zurück. Als erstes werden die Grundfunktionen des Programms definiert und als Struktogramm aufgezeichnet. Anschließend werden die einzelnen Unterprogramme ebenfalls als Struktogramme erfaßt. Diese Verfeinerung von oben nach unten wird solange fortgeführt, bis alle Details definiert sind. Der Entwurf der Struktogramme sollte unabhängig von der später verwendeten Sprache erfolgen und sich am Problem orientieren.

Nun kann anhand der Struktogramme in einer beliebigen Sprache kodiert werden.

Danach kann das Programm mit verschiedenen Software- und Hardware-Testwerkzeugen getestet werden. Werden hier Fehler festgestellt, die die Struktur der Programme verändern, müssen die Struktogramme wieder entsprechend geändert werden. Anschließend werden die Änderungen wieder kodiert.
Nach Abschluß des Programmtests kann das Programm freigegeben werden. Es wird nun auf die entgültige Zielhardware übertragen.

Im Folgenden soll eine kleine Anwendung als Struktogramm entwickelt werden.

Aufgabe:
Mit einem Mikrocontroller soll ein elektronisches Zahlenschloß realisiert werden. Es steht ein Tastenfeld mit den Ziffern 0 bis 9 und den Tasten „Löschen" und „Eingabe" zur Verfügung. Die Codenummer soll der Einfachheit halber fest program-

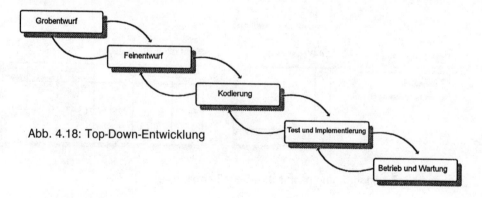

Abb. 4.18: Top-Down-Entwicklung

Hauptprogramm CODESCHLOSS

Initialisierung des Systems		
DO	Warten auf Tasteneingabe	
	Taste	
"LÖSCHEN"	"EINGABE"	Ziffer 0 - 9
Rücksetzen	Auswerten	Vergleiche Ziffer mit Code
WHILE (für immer)		

Abb. 4.19: Grobe Struktur des Programmes Codeschloß

miert sein. Das Gerät soll Codenummern von beliebiger Länge akzeptieren können. Ist die Codenummer eingegeben, wird mit der Taste „Eingabe" die Prüfung und ggf. die Freigabe des Schlosses eingeleitet. Mit der Taste „Löschen" wird die gesamte Eingabe gelöscht und die Codenummer kann komplett neu eingegeben werden. Ist der Code richtig eingegeben, wird das Schloß für 10 Sekunden freigegeben, ist der Code falsch wird eine Fehleranzeige eingeschaltet. Der Code kann nun nach Drücken der Taste „Löschen" neu eingegeben werden. Nach der dritten Fehleingabe in Folge, soll keine neue Eingabe mehr möglich sein. Die Bereitschaft eine neue Codenummer einzugeben, wird über eine Bereitschaftsanzeige signalisiert. Diese soll erlöschen, sobald die erste Ziffer eingegeben wurde. Nach erfolgreicher Eingabe, oder nach Drücken der Taste „Löschen" soll sie wieder eingeschaltet werden.

Nachdem die Aufgabe definiert ist, beginnt man mit der Entwicklung des Struktogramms. Zuerst muß der grobe Ablauf festgelegt werden.

Es ergeben sich drei grundlegende Programmteile. Initialisierung, Tastaturabfrage und Tastenauswertung. Die Tastenauswertung teilt sich in die Behandlung der Taste „Löschen", „Eingabe" und der Ziffern 0-9 auf.

Die einzelnen Module werden nun verfeinert. Hierbei fällt auf, daß einige Module mehrfach verwendet werden. Diese sollten dann unbedingt als Unterprogramme ausgeführt werden. Wenn alle Module entwickelt sind, kann mit der Programmierung in der gewünschten Programmiersprache begonnen werden.

Damit das Programm leicht lesbar und überschaubar wird, sollte am Beginn eines Moduls (Datei) und am Beginn jeder Funktion ein Kopf eingefügt werden, der den Inhalt des Moduls bzw. der Funktion kurz beschreibt und eine Liste der durchgeführten Änderungen enthält.

Auswerten

Prüfungsfehler gesetzt ?		
JA		NEIN
Fehleranzeige einschalten		Schloß freigeben
Fehlerzähler > 3		10 Sekunden warten
JA	NEIN	Schloß verriegeln
Blockieren	%	Fehlerzähler 0 setzen
Warten auf Tasteneingabe		Bereitschaftsanzeige einschalten
Rücksetzen		

Vergleiche Ziffer mit Code

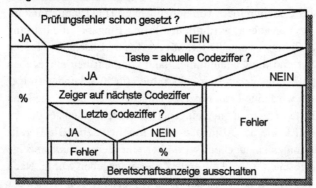

Abb. 4.20: Die Struktur der Module

Initialisierung des Systems

Schloß verriegeln
Fehlerzähler 0 setzen
Rücksetzen

Rücksetzen

Zeiger auf erste Codeziffer setzen
Fehleranzeige ausschalten
Bereitschaftsanzeige einschalten
Prüfungsfehler zurücksetzen

Warten auf Tasteneingabe

DO	Tastatur abfragen
WHILE (keine Taste gedrückt)	
Tastencode lesen -> Taste	

Fehler

Prüfungsfehler setzen
Fehlerzähler um 1 erhöhen

Abb. 4.21: Die Struktur
der Module (Fortsetzung)

Blockieren

DO	%
WHILE (für immer)	

Modulkopf für C-Programme

```
/******
Modulname :

Funktion   :

erstellt am :
von         :

Änderungen :
Name Datum Beschreibung

******/

/********* INCLUDES *********/

/********* KONSTANTEN *******/

/********* PROTOTYPEN *******/
/** externe **/

/** interne **/

/********* EXTERNE VARIABLEN *******/

/********* VARIABLEN ********/

/********* FUNTIONSDEFINITIONEN *******/
```

Funktionskopf für C-Funktionen

```
/*****************************
Funktionsname:

Beschreibung :

Parameter   :

Returnwert  :

erstellt am  :
von          :

Änderungen   :
Name    Datum    Beschreibung

*****************************/
```

```
{
/**** Variablen ****/

/**** Funktion ****/

}
```

Modulkopf für C-Header-Dateien

```
/************
Header-File:

Inhalt     :

erstellt am :
von        :

Änderungen  :
Name    Datum   Beschreibung

************/
```

4.3 Anwendungsbeispiele in C und Assembler

Programme für Controller der 8051-Familie können in verschiedenen Programmiersprachen geschrieben werden. Funktionen, bei denen es auf Geschwindigkeit und effizienten Code ankommt, sollten in Assembler geschrieben werden. Programme, die in einer Hochsprache, zum Beispiel „C" geschrieben werden, sind leichter les- und wartbar, aber im Allgemeinen nicht so effizient wie Assemblerprogramme. Es können aber mit wenig Aufwand, durch die vorhandenen Bibliotheksfunktionen (z. B. arithmetische Funktionen), komplexe Aufgaben realisiert werden.

4.3.1 Echtzeituhr

Mit den integrierten Timern des 8051 können sehr genaue Zeiten gemessen werden. Bei einer Taktfrequenz von 12 MHz haben die Timer in der Zeitgeberfunktion eine Auflösung von einer Mikrosekunde.

Stopuhr
Der Timer 2 des 80515 bietet eine 16-Bit-Autoreload-Funktion. Diese Funktion wird im folgenden Beispielprogramm „ZEIT1.C51" und „ZEIT2.A51" verwendet, um

eine Stopuhr mit einer Auflösung von einer Millisekunde zu realisieren. Durch den externen Interrupt 0 wird die Zeit zurückgesetzt und die Messung gestartet. Der externe Interrupt 1 stoppt die Messung und lädt die Zählregister für den nächsten Start mit dem Reload-Wert. Das Hauptprogramm stellt die Zeit in einer Zeichenkette im ASCII-Format dar. Die Zeichenkette ist wie folgt aufgebaut:

hh:mm:ss.Z.H.T

Es bedeuten:
- hh: zwei Ziffern für die Stunden 00 bis 99
- mm: zwei Ziffern für die Minuten 00 bis 59
- ss: zwei Ziffern für die Sekunden 00 bis 59
- Z: eine Ziffer für die Zehntel-Sekunden 0 bis 9
- H: eine Ziffer für die Hundertstel-Sekunden 0 bis 9
- T: eine Ziffer für die Tausendstel-Sekunden 0 bis 9

Die so aufgebaute Zeichenkette kann dann beispielsweise auf eine LCD-Anzeige ausgegeben werden. Die Ausgabe ist in den Beispielprogrammen nicht implementiert.

Stopuhr-Progamm in C

```
/******
Modulname  : ZEIT1

Funktion   : Durch den Timer-2-Interrupt werden die Zeitvariablen hochge-
             zählt. Das Hauptprogramm wandelt diese in eine Zeichenkette um.
             Diese kann auf einer min. 14-stelligen Anzeige dargestellt werden
             (Nicht realisiert).
             Der ext. Interrupt 0 dient als Start-Signal.
             Der ext. Interrupt 1 dient als Stop-Signal

erstellt am : 17.4.94
von         : jmw
```

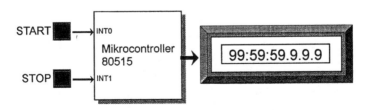

Abb. 4.22: Blockschaltbild der Stopuhr

```
Änderungen  :
Name  Datum  Beschreibung

*******/
#pragma small
#pragma debug

/********* INCLUDES *********/
#include <reg515.h>

/********* KONSTANTEN *******/
#define TIMER_2_MODUS_START 0x11 /* Timer 2 16 Bit selbstnachladend Start */
#define TIMER_2_MODUS_STOP  0x10 /* Timer 2 16 Bit selbstnachladend Stop */
#define ZEITBASIS -1000          /* Zeibasis = 1 ms */

/********* PROTOTYPEN *******/
/** interne **/
void isr_start(void);
void isr_stop(void);
void isr_zeit(void);
void main(void);

/********* VARIABLEN ********/
unsigned char std,min,sek,zsek,hsek,tsek; /* Zeitvariablen */

/********* FUNTIONSDEFINITIONEN *******/

/****************************
Funktionsname: isr_start

Beschreibung : Durch Drücken der Start-Taste wird der ext. Interrupt 0
               ausgelöst. Timer 2 wird gestartet und die Zeitvariablen werden
               auf 0 gesetzt.

Parameter   : keine

Returnwert  : keiner

erstellt am : 18.4.94
von         : jmw

Änderungen  :
Name  Datum  Beschreibung

****************************/
```

```
void isr_start(void) interrupt 0 using 1
{
/**** Variablen ****/

/**** Funktion ****/

    T2CON = TIMER_2_MODUS_START; /* Zeitgeber Starten */
    tsek = hsek = zsek = sek = min = std = 0; /* Zeitvariablen = 0 */
}


/*******************************
Funktionsname: isr_stop

Beschreibung : Durch Drücken der Taste STOP wird der ext. Interrupt 1 ausge-
               löst. Der Timer 2 wird gestopt, eine möglicherweise vorhandene
               Interrupt-Anforderung von Timer 2 wird gelöscht und die Zähl-
               register auf den Startwert gesetzt.

Parameter    : keine

Returnwert   : keiner

erstellt am  : 18.4.94
von          : jmw

Änderungen   :
Name   Datum  Beschreibung

*******************************/

void isr_stop(void) interrupt 2 using 1
{
/**** Funktion ****/

    T2CON = TIMER_2_MODUS_STOP; /* Zeitgeber stoppen */
    TL2 = CRCL = ZEITBASIS;        /* Zeit für nächsten Start auf */
    TH2 = CRCH = ZEITBASIS >> 8;/* Anfangswert setzen */
    TF2 = 0; /* Interrupt-Anforderung für Timer 2,löschen */
}


/*******************************
Funktionsname: isr_zeit

Beschreibung : Bei jedem Überlauf des Timer 2 ist eine tausendstel Sekunde
               vergangen. Abhängig von Zählerstand der vorigen Zeitvariable
               wird die Nachfolgende bis zur Überlaufgrenze erhöht.
```

```
Parameter    : keine

Returnwert   : keiner

erstellt am  : 18.4.94
von    :     jmw

Änderungen   :
Name  Datum  Beschreibung

*******************************/

void isr_zeit(void) interrupt 5 using 1
{
/**** Funktion ****/

    TF2 = 0; /* Interrupt-Anforderung löschen */
    tsek++; /* tausendstel Sekunde erhöhen */
    if (tsek == 10) /* Wenn = 10 dann */
    {
        tsek = 0; /* tausendstel Sekunde = 0 */
        hsek++; /* hundertstel Sekunde erhöhen */
        if (hsek == 10)
        {
            hsek = 0;
            zsek++;
            if (zsek == 10)
            {
                zsek = 0;
                sek++;
                if (sek == 60)
                {
                    sek = 0;
                    min++;
                    if (min == 60)
                    {
                        min = 0;
                        std++;
                        if (std == 100)
                        {
                            std = 0;
```

```
                            }
                        }
                    }
                }
            }
        }
    }
}

/*******************************
Funktionsname: main

Beschreibung : Initialsieren des Timer 2, Freigabe der Interrupts und
               Umwandlung der Zeit in eine Zeichenkette.

Parameter    : keine

Returnwert   : keiner

erstellt am  : 19.4.94
von          : jmw

Änderungen   :
Name  Datum  Beschreibung

*******************************/
void main(void)
{
/**** Variablen ****/

    unsigned char zeit[15]; /* Format: ,,hh:mm:ss.Z.H.T'' */

/**** Funktion ****/

    tsek = hsek = zsek = sek = min = std = 0; /* Zeitvariablen = 0 */
    IT0 = IT1 = 1;                           /* Start- und Stop-Signal
                                                flankengetriggert */

    TL2 = CRCL = ZEITBASIS;                  /* Zeitbasis setzten */
    TH2 = CRCH = ZEITBASIS > > 8;
    ET2 = 1;                                 /* Interrupts freigeben */
    EX0 = 1;
    EX1 = 1;
    EAL = 1;

    do
    {
```

```
              /* Dezimalzahlen in den Zeitzählern in ASCII umwandeln */
              zeit[0]  = std / 10 + 0x30;   /* 10er-Stelle Stunden */
              zeit[1]  = std % 10 + 0x30;   /* Einer-Stelle Stunden */
              zeit[2]  = ':';               /* Trennzeichen */

              zeit[3]  = min / 10 + 0x30;   /* Minuten */
              zeit[4]  = min % 10 + 0x30;
              zeit[5]  = ':';

              zeit[6]  = sek / 10 + 0x30;   /* Sekunden */
              zeit[7]  = sek % 10 + 0x30;
              zeit[8]  = '.';

              zeit[9]  = zsek + 0x30;       /* Einstelle Zentel-Sekunde */
              zeit[10] = '.';               /* Trennzeichen */

              zeit[11] = hsek + 0x30;       /* Hundertstel-Sekunde */
              zeit[12] = '.';

              zeit[13] = tsek + 0x30;       /* Tausendstel-Sekunde */
              zeit[14] = '\0';              /* String-Ende-Zeichen */
       }while(1);
}
```

Stopuhr-Programm in Assembler
Die Interrupt-Routinen für START und STOP sind direkt an den Einsprungstellen platziert um eine möglichst kurze Reaktionszeit zu erhalten. In der Interrupt-Routine isr_zeit wird das PSW gerettet, da der Befehl CJNE das Carry-Flag beeinflußt.

```
;******
;Modulname    : ZEIT2

;Funktion     : Durch den Timer-2-Interrupt werden die
;                Zeitvariablen hochgezählt. Das Hauptprogramm
;                wandelt diese in eine Zeichenkette um. Diese kann
;                auf einer min. 14-stelligen Anzeige dargestellt
;                werden (Nicht realisiert).
;                Der ext. Interrupt 0 dient als Start-Signal.
;                Der ext. Interrupt 1 dient als Stop-Signal.
;erstellt am  : 17.4.94
;von          : jmw

;Änderungen   :
;Name   Datum   Beschreibung
```

```
;*******
$nomod51

;********** INCLUDES *********
$include(y:\to\asm51\reg515.inc)

;******* KONSTANTEN ********
    ZEIT_BASIS       equ   -1000 ; Zeitbasis 1 ms
    TIMER_2_MODUS equ 10h ; Timer 2 16 Bit Zeitgeber Auto-Reload

;********* PROTOTYPEN *******
;** interne **
?PR?ISR_ZEIT?ZEIT2   SEGMENT CODE
?PR?MAIN?ZEIT2        SEGMENT CODE
?DT?ZEIT2             SEGMENT DATA
?DT?MAIN?ZEIT2        SEGMENT DATA
?STACK               SEGMENT IDATA

;********* VARIABLEN *******
rseg ?DT?ZEIT2 ; Zeitvariablen
    tsek:        ds   1 ; Tausendstel Sekunde
    hsek:        ds   1 ; Hundtertstel Sekunde
    zsek:        ds   1 ; Zehntel Sekunde
    sek:         ds   1 ; Sekunde
    min:         ds   1 ; Minute
    std:         ds   1 ; Stunde

rseg   ?STACK
                 ds 2

;********* FUNTIONSDEFINITIONEN *******
cseg at 0000h       ; Nach RESET Start von main
    ljmp main

;*****************************
;Funktionsname: isr_start

;Beschreibung:  Durch Drücken der Start-Taste wird der ext.
;               Interrupt 0 ausgelöst. Timer 2 wird gestartet und
;               die Zeitvariablen werden auf 0 gesetzt.

;Parameter   :  keine

;Returnwert  :  keiner
```

```
;erstellt am  : 17.4.94
;von          : jmw

;Änderungen  :
;Name  Datum  Beschreibung

;********************************
cseg at 0003h  ; Interrupt-Einsprungadresse ext. Interrupt 0
isr_start:
    setb T2IO  ; Zeitgeber Timer 2 starten
    clr  a
    mov  tsek,a; Zeitvariablen auf 0 setzen
    mov  hsek,a
    mov  zsek,a
    mov  sek,a
    mov  min,a
    mov  std,a
    reti


;********************************
;Funktionsname:isr_stop

;Beschreibung: Durch Drücken der Taste STOP wird der ext.
;              Interrupt 1 ausgelöst. Der Timer 2 wird gestopt,
;              eine möglicherweise vorhandene Interrupt-
;              Anforderung von Timer 2 wird gelöscht
;              und die Zählregister auf den Startwert gesetzt.

;Parameter    : keine

;Returnwert   : keiner

;erstellt am  : 17.4.94
;von          : jmw

;Änderungen  :
;Name  Datum  Beschreibung

;********************************
cseg  at  0013h
isr_stop:
    clr  T2IO     ; Timer 2 stoppen
    clr  TF2      ; Interruptanforderung löschen
    mov  TL2,CRCL ; Zählregister für neuen Start auf
```

```
        mov   TH2,CRCH      ; Anfangswert setzen
        reti

;*******************************
;Funktionsname: isr_zeit

;Beschreibung : Bei jedem Überlauf des Timer 2 ist eine
;                tausendstel Sekunde vergangen. Abhängig vom
;                Zählerstand der vorigen Zeitvariable wird die
;                Nachfolgende bis zur Überlaufgrenze erhöht.

;Parameter     : keine

;Returnwert    : keiner

;erstellt am   : 17.4.94
;von           : jmw

;Änderungen    :
;Name   Datum    Beschreibung

;*******************************
cseg at 002 Bh
     ljmp   isr_zeit

rseg ?PR?ISR_ZEIT?ZEIT2
isr_zeit:
        push  psw                   ; PWS retten (wegen CJNE-Befehl)
        push  acc                   ; ACC retten
        clr   TF2                   ; Interruptanforderung löschen
        inc   tsek                  ; tausendstel Sekunde hochzählen
        mov   a,#10
        cjne  a,tsek,isr_zeit_ende   ; Wenn = 10 dann
        mov   tsek,#0               ; tausendstel Sekunde = 0
        inc   hsek                  ; und hundertstel Sekunde hochzählen
        cjne  a,hsek,isr_zeit_ende   ; Wenn = 10 dann
        mov   hsek,#0               ; hundertstel Sekunde = 0
        inc   zsek                  ; und zehntel Sekunde hochzählen
        cjne  a,zsek,isr_zeit_ende   ; Wenn = 10 dann
        mov   zsek,#0               ; zehntel Sekunde = 0
        inc   sek                   ; und Sekunde hochzählen
        mov   a,#60
        cjne  a,sek,isr_zeit_ende    ; Wenn = 60 dann
        mov   sek,#0                ; Sekunde = 0
```

```
    inc   min                ; und Minuten hochzählen
    cjne  a,min,isr_zeit_ende ; Wenn = 60 dann
    mov   min,#0             ; Minuten = 0
    inc   std                ; und Stunden hochzählen
    mov   a,#100             ; Wenn = 100 dann
    cjne  a,std,isr_zeit_ende ; Stunden = 0
    mov   std,#0            ; Es können max. 99:59:59.9.9.9 gezählt werden
isr_zeit_ende:
    pop   acc                ; Akku
    pop   psw                ; und PSW wieder herstellen
    reti


;********************************
;Funktionsname: main

;Beschreibung: Initialsieren des Timer 2, Freigabe der Interrupts
;              und Umwandlung der Zeit in eine Zeichenkette

;Parameter    : keine

;Returnwert   : keiner

;erstellt am  : 17.4.94
;von          : jmw

;Änderungen   :
;Name    Datum    Beschreibung

;********************************
rseg  ?DT?MAIN?ZEIT2
    zeit:     ds   15
rseg  ?PR?MAIN?ZEIT2
main:
    mov   sp,#?stack-1        ; Stackpointer setzen
    mov   a,#0               ; Zeitvariablen löschen
    mov   tsek,a
    mov   hsek,a
    mov   zsek,a
    mov   sek,a
    mov   min,a
    mov   std,a
    setb  ITO                ; Start-Signal flankengetriggert
    setb  IT1                ; Stop-Signal flankengetriggert
```

```
        mov  TH2, #high ZEIT_BASIS      ; Zählregister
        mov  TL2, #low ZEIT_BASIS
        mov  CRCH, #high ZEIT_BASIS     ; Auto-Reload-Register
        mov  CRCL, #low ZEIT_BASIS      ; auf Startwert setzen
        mov  T2CON, #TIMER_2_MODUS      ; Timer 2 initialisieren
        setb ET2                        ; Interrupts freigeben
        setb EX0
        setb EX1
        SETB EAL

main_loop:
        mov  b, #10                     ; Zeitvariable Stunde / 10
        mov  a, std
        div  ab
        add  a, #30h                    ; In A steht die 10er-Stelle
        mov  zeit+0, a
        mov  a, b                       ; In B steht die Einer-Stelle
        add  a, #30h
        mov  zeit+1, a
        mov  zeit+2, #':'               ;Trennzeichen

        mov  b, #10                     ; Minute
        mov  a, min
        div  ab
        add  a, #30h
        mov  zeit+3, a
        mov  a, b
        add  a, #30h
        mov  zeit+4, a
        mov  zeit+5, #':'

        mov  b, #10                     ; Sekunde
        mov  a, sek
        div  ab
        add  a, #30h
        mov  zeit+6, a
        mov  a, b
        add  a, #30h
        mov  zeit+7, a
        mov  zeit+8, #'.'

        mov  a, zsek                    ; Zehntel Sekunde
```

```
        add   a, #30h              ; Einer-Stelle verarbeiten
        mov   zeit+9,a
        mov   zeit+10, #'.'

        mov   a,hsek               ; Hundertstel Sekunde
        add   a, #30h
        mov   zeit+11,a
        mov   zeit+12, #'.'

        mov   a,tsek               ; Tausendstel Sekunde
        add   a, #30h
        mov   zeit+13,a
        mov   zeit+14, #00h        ; String-Ende-Kennzeichung

        jmp   main_loop
end
```

Betriebsstundenzähler

Der Timer 0 der 8051-Familie wird im 16-Bit-Zeitgeber-Modus dazu verwendet, die Betriebsstunden eines Gerätes mit einer Auflösung von 100 ms zu speichern. Dadurch wird die Belastung des Controllers durch den Timer Interrupt so gering wie möglich gehalten. Um die Funktion des Gerätes anzuzeigen, wird jede Sekunde eine LED am Port P1.0 ein- bzw. ausgeschaltet.

```
/******
Modulname  : ZEIT3

Funktion   : Durch den Timer-0-Interrupt werden die im 100 ms Abstand Zeit-
             variablen hochgezählt.
             Jede Sekunde wird eine LED an Port P1.0 umgeschaltet, um den Be-
             trieb anzuzeigen.

erstellt am : 17.4.94
von         : jmw

Änderungen  :
Name    Datum    Beschreibung

*******/
#pragma small
#pragma debug

/********* INCLUDES *********/
#include <reg515.h>
```

```
/********* KONSTANTEN *******/

#define TIMER_0_MODUS 0x01 /* Timer 0 16 Bit Zeitgeber */
#define ZEITBASIS -50000 /* Zeibasis = 50 ms */

/********* PROTOTYPEN *******/
/** interne **/
void isr_zeit(void);
void main(void);

/********* VARIABLEN *******/

/* Zeitvariablen */
unsigned char jahr,monat,woche,tag,std,min,sek,zsek; bit ms_50; /* 50 ms Zeit
*/

sbit funktion = P1^0; /* Funktionskontrolle an Port P1.0 */

/********* FUNKTIONSDEFINITIONEN *******/

/*****************************
Funktionsname : isr_zeit

Beschreibung  : Bei jedem Überlauf des Timer 0 sind 50 Millisekunden
                vergangen. Abhängig vom Zählerstand der vorigen Zeitvariable
                wird die Nachfolgende bis zur Überlaufgrenze erhöht.

Parameter     : keine

Returnwert    : keiner

erstellt am   : 18.4.94
von           : jmw

Änderungen    :
Name    Datum    Beschreibung

*****************************/

void isr_zeit(void) interrupt 1 using 1
{
/**** Funktion ****/

     TL0 = ZEITBASIS;       /* Zeitbasis setzen */
     TH0 = ZEITBASIS >> 8;
     ms_50 = ßms_50;        /* 50 ms Merker */
     if (ms_50 == 1)        /* Wenn = 100 ms vorbei dann */
```

```
{
    zsek++;      /* Zehntel Sekunde erhöhen */
    if (zsek == 10)      /* Wenn eine Sekunde voll */
    {
        zsek = 0;
        sek++;      /* Sekunden erhöhen */
        funktion = !funktion;      /* Funktionsanzeige bedienen */
        if (sek == 60)      /* Wenn eine Minute voll */
        {
            sek = 0;
            min++;      /* Minuten erhöhen */
            if (min == 60)      /* Wenn eine Stunde voll */
            {
                min = 0;
                std++;      /* Stunden erhöhen */
                if (std == 24)      /* Wenn 24 Std = 1 Tag voll */
                {
                    std = 0;
                    tag++;      /* Tage erhöhen */
                    if (tag == 7)
                     /* Wenn 7 Tage = eine Woche voll */
                    {
                        tag = 0;
                        woche++;      /* Wochen erhöhen */
                        if (woche == 4)
                         /* Wenn 4 Wochen = 1 Monat voll */
                        {
                            woche = 0;
                            monat++;      /* Monate erhöhen*/
                            if (monat == 12)
                             /* Wenn 12 Monate = 1 Jahr voll */
                            {
                                monat = 0;
                                 /* Jahr erhöhen */
                                jahr++;
                            }
                            /* Zähler reicht bis 255 Jahre */
                        }
                    }
                }
            }
        }
    }
}
```

```
                    }
                }
            }
        }
}

/*******************************
Funktionsname : main

Beschreibung  : Initialsieren des Timer 0 und Freigabe des Interrupts

Parameter     : keine

Returnwert    : keiner

erstellt am   : 19.4.94
von           : jmw

Änderungen    :
Name    Datum    Beschreibung

*******************************/

void main(void)
{
/**** Variablen ****/

/**** Funktion ****/

    /* Zeitvariablen = 0 */
    zsek = sek = min = std = tag = woche = monat = jahr = 0;
    ms_50 = 0;    /* Signal für 50 ms Zeit definiert 0 setzen */
    TL0 = ZEITBASIS;        /* Zeitbasis setzen */
    TH0 = ZEITBASIS >> 8;
    TMOD = TIMER_0_MODUS;   /* 16 Bit Zeitgeber */
    TR0 = 1;                /* Timer 0 starten */
    ET0 = 1;                /* Interrupts freigeben */
    EAL = 1;

    do
    {
    /* Hier kann die benutzerdefinierte Anwendung stehen */
    }while(1);
}
```

4.3.2 Benutzung des internen AD-Wandlers

Einige Mitglieder der 8051-Familie besitzen einen integrierten A/D-Wandler. Am Beispiel des weit verbreiteten Controllers 80(C)515 soll die Verwendung des A/D-Wandler beschrieben werden.

Der A/D-Wandler des 80515 verfügt über 8 gemultiplexte Eingänge, die auf eine Sample & Hold Schaltung führen. Die Wandlungzeit beträgt, bei 12 MHz Taktfrequenz, 15 μs. Die externen Referenzspannungen lassen sich über einen softwaremäßig programmierbaren Spannungsteiler, im Register DAPR, auf jeweils 16 Stufen einstellen. Über das Special Function Register ADCON wird der gewünschte Kanal und die Meßart, einzelne Messung oder kontinuierliche Messung, festgelegt. Durch einen Schreibzugriff auf das Register DAPR wird die A/D-Wandlung gestartet. Im

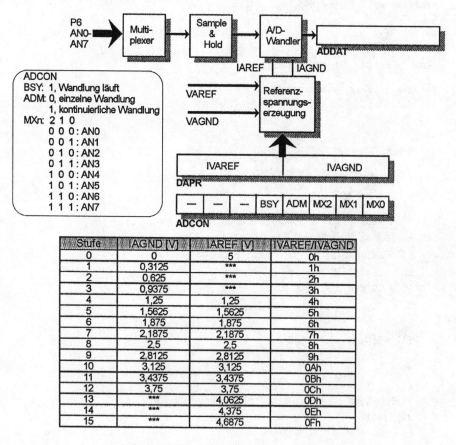

Stufe	IAGND [V]	IAREF [V]	IVAREF/IVAGND
0	0	5	0h
1	0,3125	***	1h
2	0,625	***	2h
3	0,9375	***	3h
4	1,25	1,25	4h
5	1,5625	1,5625	5h
6	1,875	1,875	6h
7	2,1875	2,1875	7h
8	2,5	2,5	8h
9	2,8125	2,8125	9h
10	3,125	3,125	0Ah
11	3,4375	3,4375	0Bh
12	3,75	3,75	0Ch
13	***	4,0625	0Dh
14	***	4,375	0Eh
15	***	4,6875	0Fh

Abb. 4.23: Der A/D-Wandler des 80515

Register ADDAT liefert der A/D-Wandler einen Wert zwischen 00h und FFh zurück. Das entspricht 00h einer Spannung gleich der internen Referenzspannung IVAGND und FFh einer Spannung gleich IVAREF.

Die Anpassung der Referenzspannungen kann dazu verwendet werden, um kleine Signale mit besserer Genauigkeit zu messen, zum Beispiel Spannungen in einer Brückenschaltung. Um die Auflösung des A/D-Wandler zu erhöhen, kann die Programmierbarkeit der Referenzspannungen ebenfalls verwendet werden. Dazu wird in einer ersten Messung der Bereich festgelegt, in dem sich die Analogspannung momentan befindet. Die zwei höchstwertigen Bits des Ergebnisses werden dazu verwendet, den Spannungbereich auszuwählen. Gleichzeitig dienen sie als Bit 8 und 9 des entgültigen Ergebnisses. Die zweite Messung wird dann in einem eingeengten Spannungsbereich von 1,25 V mit der daraus resultierenden erhöhten Auflösung (8 Bit auf 1,25 V) durchgeführt. Durch diese zwei aufeinander folgenden Messungen läßt sich eine Auflösung von 10 Bit im Spannungsbereich von 0 bis 5 V erreichen. Das Analogsignal muß dabei während der Zeit vom Start der ersten Messung bis zum Start der zweiten Messung nahezu konstant bleiben.

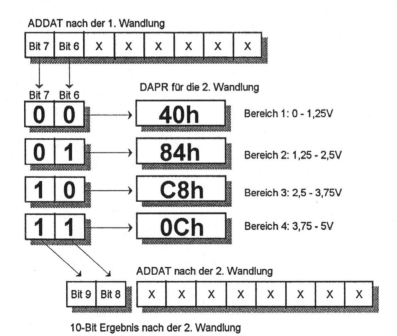

Abb. 4.24 Erhöhung der Auflösung des A/D-Wandlers

Die Umsetzung der Spannung in die jeweilige physikalische Größe (Temperatur, Druck, Kraft, usw.) geschieht am einfachsten mit Hilfe einer Tabelle im Programmspeicher. Damit kann auch gleichzeitig eine Linearisierung der Meßkurve des Meßwertaufnehmers erfolgen.

Verwendung des A/D-Wandlers mit 8 Bit Auflösung

Die Verwendung des A/D-Wandlers soll am Beispiel einer Druckmessung verdeutlicht werden. Am Analogeingang AN0 des 80515 ist ein Drucksensor angeschlossen, der den Druck in einem Behälter messen soll. Der Sensor liefert eine Spannung von 1 V bei 0 Bar und 5 V bei 10 Bar. Die Umwandlung des digitalen Spannungswertes in den Druck erfolgt über eine Tabelle, die für jeden Spannungswert den zugehörigen Druck enthält. Spannungswerte unterhalb von einem Volt sind als 0 Bar in die Tabelle eingetragen.

Bei 8 Bit Auflösung ist der kleinste Spannungsschritt 0,0196 V. Daraus ergibt sich die kleinste darstellbare Druckänderung zu 0,05 Bar. Der Druck kann daher nur exakt mit einer Stelle nach dem Komma verarbeitet werden.

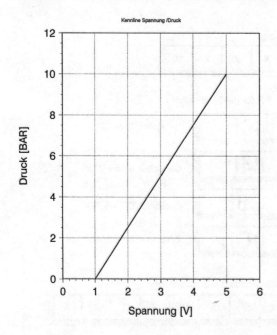

Abb. 4.25: Kennlinie
Spannung/Druck

Die Werte in der Tabelle errechnen sich nach der Formel

$y = (a*x + b)*10$

wobei
- y = Druck in Bar
- x = Spannung in Volt
- a = Steigung der Geraden in Bar/Volt
- b = Nulldurchgang in Bar

Bei negativen y-Werten wird 0 eingesetzt. Die Druckwerte sind mit 10 multipliziert, sodaß die erste Ziffer die Nachkommastelle und die zweite bzw. dritte Ziffer die Vorkommastellen ergeben. Die Zahl 92 stellt also einen Druck von 9,2 Bar dar.

Umwandlungstabelle und Interrupt -Routine für A/D-Wandler

```
;**********************************
;*
;* Modul: DRUCK_TA.A51
;*
;**********************************
$nomod51
$include (y:\to\asm51\reg515.inc)

public isr_ad

extrn data (ad_wert)
extrn bit (fertig)

;***** Umwandlungstabelle für AD-Werte nach Druck in Bar *****
;***** der Sensor liefert 1 V bei 0 Bar und 5 V bei 10 Bar ******
;***** bei Werten unter 1 V wird 0 Bar gewandelt **************
;***** Die Werte sind dezimal kodiert (10 = 1.0 Bar) **********

public druck_tab

?CO?DRUCK_TA SEGMENT CODE

rseg ?CO?DRUCK_TA
druck_tab:
        db 0,0,0,0,0,0,0,0,0,0,0,0,0,0,0,0
        db 0,0,0,0,0,0,0,0,0,0,0,0,0,0,0,0
        db 0,0,0,0,0,0,0,0,0,0,0,0,0,0,0,0
        db 0,0,0,0,0,0,0,0,0,1,1,2,2,3,3,4
        db 4,5,5,6,6,7,7,8,8,9,9,10,10,11,11
```

```
db 12,12,13,13,14,14,15,15,16,16,17,17,18,18,19
db 19,20,20,21,21,22,22,23,23,24,24,25,25,25,26
db 26,27,27,28,28,29,29,30,30,31,31,32,32,33,33
db 34,34,35,35,36,36,37,37,38,38,39,39,40,40,41
db 41,42,42,43,43,44,44,45,45,46,46,47,47,48,48
db 49,49,50,50,50,51,51,52,52,53,53,54,54,55,55
db 56,56,57,57,58,58,59,59,60,60,61,61,62,62,63
db 63,64,64,65,65,66,66,67,67,68,68,69,69,70,70
db 71,71,72,72,73,73,74,74,75,75,75,76,76,77,77
db 78,78,79,79,80,80,81,81,82,82,83,83,84,84,85
db 85,86,86,87,87,88,88,89,89,90,90,91,91,92,92
db 93,93,94,94,95,95,96,96,97,97,98,98,99,99,100

;**** Interrupt-Routine zum Auslesen des AD-Wertes ****
      cseg at 0043h
      isr_ad:
      jb    fertig,isr_ad_alt   ; Wenn alter Wert noch nicht abgeholt, dann
                                  Ende
      mov   ad_wert,addat        ; Neuer Wert auslesen
      setb  fertig               ; Signalisieren das neuer Wert
isr_ad_alt:
      clr   iadc                 ; Interruptanforderung löschen
      reti                       ; Ende Interrupt-Routine

      END
```

Die Interrupt-Routine ist direkt an der Einsprungadresse des A/D-Wandler-Interrupts platziert, um die Verarbeitungszeit so kurz wie möglich zu halten. Ist der alte Wert noch nicht abgeholt, „das Bit fertig" ist dann noch gesetzt, so wird die Interrupt-Routine sofort wieder verlassen. Wird ein neuer Wert angefordert, so wird dieser in die Variable ad__wert geschrieben und das Bit *fertig* gesetzt. Die Interrupt-Anforderung IADC muß immer von der Software gelöscht werden.

Grenzwertschalter MIN — OK — MAX

Im nachfolgenden Beispielprogramm wird der Druck kontinuierlich gemessen und über drei Statusanzeigen der Zustand des Systems angezeigt. Ist der Druck innerhalb der Grenzen MIN__WERT und MAX__WERT so leuchtet die Anzeige OK. Ist der MAX__WERT überschritten, so leuchtet die Anzeige MAX, bei Unterschreiten des MIN__WERT leuchtet die Anzeige MIN. Das C-Programm benutzt die Tabelle und das Interrupt-Programm aus dem Modul DRUCK__TA.A51.

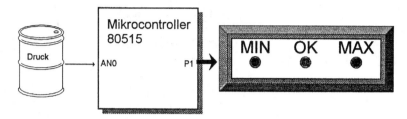

Abb. 4.26 Blockschaltbild der MIN-MAX-Anzeige

```
/******
Modulname    : AD1

Funktion     : 8 Bit A/D-Wandlung von Werten eines Drucksensors.
               Die Messungen werden kontinuierlich durchgeführt
               und per Interrupt ausgelesen. Ist der Druck
               innerhalb eines eingestellten Bereiches,
               soll eine LED an Port P1.0 leuchten.
               Bei Unterschreiten des Minimaldruckes soll eine
               LED an Port 1.1 leuchten.
               Bei Überschreiten des Maximaldruckes soll eine
               LED an Port 1.2 leuchten.

erstellt am  : 19.4.94
von          : jmw

Änderungen   :
Name  Datum  Beschreibung

*******/
#pragma small
#pragma debug

/********* INCLUDES *********/
#include <reg515.h>

/********* KONSTANTEN *******/

#define MIN_WERT   10    /* 1.0 bar Minimum */
#define MAX_WERT   40    /* 4.0 bar Maximum */

#define AD_INIT    0x08  /* Kanal 0, kontinuierliche Messung */

sbit OK_LED  = P1^0;     /* Definition der Ports */
sbit MIN_LED = P1^1;
sbit MAX_LED = P1^2;
```

```
#define AN 0                 /* Definition des LED-Zustandes */
#define AUS 1

/********* PROTOTYPEN *******/
/** externe **/
void isr_ad(void);

/** interne **/
void main(void);

/********* EXTERNE VARIABLEN *******/

extern code unsigned char druck_tab[];   /* Umwandlungstabelle AD-Wert
                                            -> Druck */

/********* VARIABLEN ********/

unsigned char ad_wert;
bit fertig;

/********* FUNTIONSDEFINITIONEN *******/

/*****************************
Funktionsname : main

Beschreibung : Initialisierung des AD-Wandlers und Auswertung
               der Wandler-Werte

Parameter    : keine

Returnwert   : keiner

erstellt am  : 19.4.94
von          : jmw

Änderungen   :
Name  Datum  Beschreibung

******************************/

void main(void)
{
/**** Variablen ****/

     unsigned char druck;
```

```
/**** Funktion ****/

    ADCON = AD_INIT;     /* Kanal 0, kontinuierliche Messung */
    EAL = 1;             /* Interrupts freigeben */
    EADC = 1;
    fertig = 0;          /* Merker für neuen AD-Wert */
    DAPR = 0x00;         /* Wandlung starten */
    do
    {
            while(!fertig);     /* Warten bis Wandlung fertig */
            druck = druck_tab[ad_wert];/* AD-Wert in Druck wandeln */
            fertig = 0;         /* neuer Wert freigeben */
            if (druck < MIN_WERT)
            {
                    MIN_LED = AN; /* Wenn Druck kleiner Minimum */
                    OK_LED = AUS; /* LED für Minimum an */
                    MAX_LED = AUS;
            }
            else if (druck > MAX_WERT)
            {
                    MIN_LED = AUS; /* Wenn Druck größer Maximum */
                    OK_LED = AUS;  /* LED für Maximum an */
                    MAX_LED = AN;
            }
            else
            {
                    MIN_LED = AUS; /* Wenn Druck ok */
                    OK_LED = AN;   /* LED für OK an */
                    MAX_LED = AUS;
            }
    }while(1);
}
```

Mittelwertbildung

Das Programmbeispiel AD2.C51 mißt den Druck kontinuierlich und zeigt ihn auf einer zweistelligen 7-Segment-Anzeige an. Um eine Glättung des Signales zu erreichen, wird aus je acht aufeinanderfolgenden Werten der Mittelwert gebildet und angezeigt. Da mit der zweistelligen Anzeige nur Werte bis maximal 9,9 Bar angezeigt werden können, wird der Wert 10,0 Bar zu 9,9 Bar abgerundet. Der Dezimalwert des

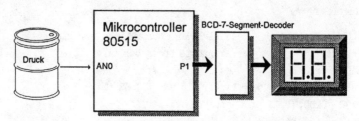

Abb. 4.27: Blockschaltbild der Druckanzeige über Mittelwert

Druckes wird in eine BCD-Zahl mit zwei Ziffern umgewandelt und über zwei BCD-zu-Sieben-Segment-Decoder, die an Port P1 angeschlossen sind, auf die 7-Segment-Anzeigen ausgegeben.

```
/******
Modulname    : AD2

Funktion     : 8 Bit A/D-Wandlung von Werten eines Drucksensors.
               Die Messungen werden kontinuierlich durchgeführt
               und per Interrupt ausgelesen.
               Über jeweils 8 Werte wird ein Mittelwert gebildet
               Der Druckwert ins BCD-Format gewandelt und auf zwei
               7-Segment-Anzeigen die an Port P1 angeschlossen sind
               angezeigt.

erstellt am  : 19.4.94
von          : jmw

Änderungen   :
Name  Datum  Beschreibung

*******/
#pragma small
#pragma debug

/********* INCLUDES *********/
#include <reg515.h>

/********* KONSTANTEN *******/

#define AD_INIT 0x08    /* Kanal 0, kontinuierliche Messung */

/********* PROTOTYPEN *******/
/** externe **/
void isr_ad(void);
```

```
/** interne **/
void main(void);

/********* EXTERNE VARIABLEN *******/

extern code unsigned char druck_tab[];   /* Umwandlungstabelle
                                             AD-Wert -> Druck */

/********* VARIABLEN ********/

unsigned char ad_wert;
bit fertig;

/********* FUNKTIONSDEFINITIONEN *******/

/*****************************
Funktionsname: main

Beschreibung : Initialisierung des AD-Wandlers und Auswertung
               der Wandler-Werte

Parameter    : keine

Returnwert   : keiner

erstellt am  : 19.4.94
von          : jmw

Änderungen   :
Name   Datum   Beschreibung

*******************************/

void main(void)
{
/**** Variablen ****/

     unsigned char druck,i,anzeige;
     unsigned long mittel;

/**** Funktion ****/

     ADCON = AD_INIT;     /* Kanal 0, kontinuierliche Messung */
     EAL = 1;             /* Interrupts freigeben */
     EADC = 1;
     fertig = 0;          /* Merker für neuen AD-Wert */
     DAPR = 0x00;         /* Wandlung starten */
     i = 0;
```

```
mittel = 0;
do
{
        while(!fertig);     /* Warten bis Wandlung fertig */
        druck = druck_tab[ad_wert];/* AD-Wert in Druck wandeln */
        fertig = 0;          /* neuer Wert freigeben */
        if (i<8)
        {
                mittel += druck;     /* Acht AD-Werte mittel */
                i++;
        }
        else
        {
                mittel = mittel >> 3; /* Wenn acht Werte gemittelt */
                i = mittel;   /* durch 8 teilen */
                anzeige = i%10;      /* und in BCD umwandeln */
                i = i / 10;
                anzeige = anzeige + i*16;
                mittel = 0;   /* Mittelwert und */
                i = 0;   /* und Zähler Null setzen */
                if (anzeige > 0x99)
                        anzeige = 0x99; /* Nur Werte bis 99 zulassen */
                P1 = anzeige;        /* Anzeigen */
        }
}while(1);
}
```

Mittelwertbildung und Anzeige in Assembler

Das Programmbeispiel AD3.A51 verwendet die gleiche Hardware wie das Programm AD2.C51. In diesem Beispiel wird der A/D-Wandler im Einzel-Meß-Modus betrieben. Nachdem ein Wert ausgelesen wurde, wird sofort die nächste Messung gestart, so daß, bis das Programm abgearbeitet ist, der neue Wert schon wieder bereit steht. Der letzte Wert der Umwandlungtabelle ist zu 9,9 Bar geändert, damit erspart man sich die Abfrage, ob der BCD-Wert größer 99 ist.

```
;******
;Modulname    : AD3

;Funktion     : 8 Bit A/D-Wandlung von Werten eines Drucksensors.
;                Die Messungen werden einzeln durchgeführt.
;                Über jeweils 8 Werte wird ein Mittelwert gebildet.
```

```
;                       Der Druckwert ins BCD-Format gewandelt und auf
;                       zwei 7-Segment-Anzeigen die an Port P1
;                       angeschlossen sind angezeigt.

;erstellt am : 20.4.94
;von         : jmw

;Änderungen  :
;Name  Datum  Beschreibung

;*******
$nomod51

;********* INCLUDES *********
$include(y:\to\asm51\reg515.inc)

;********* KONSTANTEN ******
       AD_INIT     equ 00h ;

;/********* PROTOTYPEN ******
;** interne **
?CO?AD3 SEGMENT CODE
?PR?MAIN?AD3 SEGMENT CODE
?DT?MAIN?AD3 SEGMENT DATA
STACK SEGMENT IDATA

;********* VARIABLEN ********

rseg STACK
?STACK:      ds 1

rseg ?CO?AD3
druck_tab:
       db 0,0,0,0,0,0,0,0,0,0,0,0,0,0,0,0
       db 0,0,0,0,0,0,0,0,0,0,0,0,0,0,0,0
       db 0,0,0,0,0,0,0,0,0,0,0,0,0,0,0,0
       db 0,0,0,0,0,0,0,0,1,1,2,2,3,3,4
       db 4,5,5,6,6,7,7,8,8,9,9,10,10,11,11
       db 12,12,13,13,14,14,15,15,16,16,17,17,18,18,19
       db 19,20,20,21,21,22,22,23,23,24,24,25,25,25,26
       db 26,27,27,28,28,29,29,30,30,31,31,32,32,33,33
       db 34,34,35,35,36,36,37,37,38,38,39,39,40,40,41
       db 41,42,42,43,43,44,44,45,45,46,46,47,47,48,48
       db 49,49,50,50,50,51,51,52,52,53,53,54,54,55,55
```

```
        db 56,56,57,57,58,58,59,59,60,60,61,61,62,62,63
        db 63,64,64,65,65,66,66,67,67,68,68,69,69,70,70
        db 71,71,72,72,73,73,74,74,75,75,75,76,76,77,77
        db 78,78,79,79,80,80,81,81,82,82,83,83,84,84,85
        db 85,86,86,87,87,88,88,89,89,90,90,91,91,92,92
        db 93,93,94,94,95,95,96,96,97,97,98,98,99,99,99

rseg?DT?MAIN?AD3
mittel:         ds      4       ; Speicher für Summe Mittelwert
i:              ds      1       ; Zähler für Mittelwert
druck:          ds      1       ; Zwischenspeicher für Druck


;********* FUNKTIONSDEFINITIONEN *******
cseg    at 000h
        ljmp    main


;*****************************
;Funktionsname: main

;Beschreibung: Initialsierung des AD-Wandlers, Einlesen der
               Druckwerte Mittelwertbildung und Anzeige

;Parameter     : keine

;Returnwert    : keiner

;erstellt am   : 20.4.94
;von           : jmw

;Änderungen    :
;Name  Datum  Beschreibung

;*******************************
rseg?PR?MAIN?AD3
main:
        mov     sp,#?STACK      ; Stackpoint laden
        mov     adcon,#AD_INIT      ; AD-Wandler: Kanal 0, einzelne Messungen
        mov     mittel+3,#0 ; Summe Mittelwert = 0
        mov     mittel+2,#0
        mov     mittel+2,#0
        mov     mittel+0,#0
        mov     i,#8            ; 8 Werte mitteln
        mov     DAPR,#00h   ; Messung starten
main_loop:
```

```
warte_ad_fertig:
        jb      BSY,warte_ad_fertig; Warten bis AD-Wandler fertig
        mov     a,ADDAT         ; AD-Wert einlesen
        mov     dptr,#druck_tab ; und in phyikalische Größe wandeln
        movc    a,@a+dptr
        mov     druck,a         ; Zwischenspeichern
        mov     DAPR,#00h       ; neue Messung starten
        add     a,mittel+3      ; Summe Mittelwert
        mov     mittel+3,a
        mov     a,mittel+2
        addc    a,#0
        mov     mittel+2,a
        mov     a,mittel+1
        addc    a,#0
        mov     mittel+1,a
        mov     a,mittel+0
        addc    a,#0
        mov     mittel+0,a
        djnz    i,main_loop     ; Anzahl Werte für Mittelwert zählen
        mov     i,#3            ; 8 Werte sind gemittelt
mittel_loop1:
        mov     R1,#4           ; Mittelwert = (Summe Mittelwert) / 8
        clr     c
        mov     R0,#mittel      ; Division durch 8 wird erreicht durch
mittel_loop2:                   ; 3 maliges rechts schieben von ,,mittel''
        mov     a,@R0
        rrc     a
        mov     @R0,a
        inc     R0
        djnz    R1,mittel_loop2
        djnz    i,mittel_loop1
        mov     a,mittel+3      ; Mittelwert steht im niederwertigsten Byte
        mov     b,              ; Dezimal -> BCD Umwandlung
        div     ab              ; Mittelwert / 10 -> 10er-Stelle
        swap    a
        orl     a,b             ; Rest -> Einer-Stelle
        mov     P1,a            ; Anzeigen
        mov     mittel+3,#0     ; Summe Mittelwert = 0
        mov     mittel+2,#0
        mov     mittel+2,#0
```

```
mov    mittel+0,#0
mov    i,#8              ; Zähler für Anzahl Werte = 8
jmp    main_loop

end
```

Verwendung des A/D-Wandlers mit 10 Bit Auflösung
In einigen Reglungsschaltungen müssen physikalische Größen mit hoher Auflösung gemessen werden. Physikalische Werte, die sich nur langsam ändern, zum Beispiel Druck, Temperatur oder Luftfeuchtigkeit, können nach dem oben beschiebenen Prinzip mit einem 8-Bit A/D-Wandler, durch Einengung des Spannungsbereiches mit einer Auflösung von 10 Bit gemessen werden.
Bei 10 Bit Auflösung ist der kleinste Spannungsschritt 0,0049 V. Daraus ergibt sich die kleinste darstellbare Druckänderung zu 0,01 Bar. Der Druck kann daher mit zwei Stellen nach dem Komma verarbeitet werden, wobei die Genauigkeit bei +/- 0,01 Bar liegt. Zur Darstellung von Meßwerten von 0,00 bis 10,00 Bar als Integer-Zahlen muß der Druck mit 100 multipliziert werden. Dadurch ergeben sich Werte bis 1000. Diese können nur in 2 Byte abgelegt werden. Die Umwandlungstabelle muß daher als Integer definiert werden.

Mittelwertbildung und Druckanzeige auf vier 7-Segmentanzeigen
Das Programmbeispiel AD4.C51 mißt den Druck mit 10 Bit Auflösung und zeigt ihn auf einer vierstelligen 7-Segment-Anzeige an. Um eine Glättung des Signales zu erreichen, wird aus je acht aufeinanderfolgenden Werten der Mittelwert gebildet und angezeigt. Die Dauer der 10-Bit-Umwandlung in der C-Funktion „ad_wandlung" beträgt ca. 80 µs bei 12 MHz Taktfrequenz. Das Signal darf sich während dieser Zeit nicht nennenswert ändern, um eine gute Genauigkeit zu erreichen.
Die vierstellige Anzeige kann Werte bis maximal 10,00 Bar anzeigen. Der Dezimalwert des Druckes wird in zwei BCD-Zahlen mit je zwei Ziffern umgewandelt. Über die zwei BCD-zu-Sieben-Segment-Decoder, die an Port P1 angeschlossen sind, werden die Nachkommastellen auf die 7-Segment-Anzeigen ausgegeben. Über die zwei

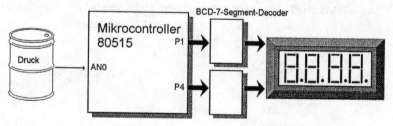

Abb. 4.28: Blockschaltbild Druckanzeige mit vierstelliger Anzeige

anderen BCD-zu-Sieben-Segment-Decoder an Port P4, werden die Vorkommastellen auf die 7-Segment-Anzeigen ausgegeben.

```
/*****
Modulname      :   AD4

Funktion       :   10 Bit A/D-Wandlung von Werten eines Drucksensors.
                   Die Messungen werden einzeln durchgeführt und ohne
                   Interrupt ausgelesen. Über jeweils 8 Werte wird ein
                   Mittelwert gebildet. Der Druckwert ins BCD-Format
                   gewandelt und auf vier 7-Segment-Anzeigen die an
                   Port P1 und P4 angeschlossen sind angezeigt.

erstellt am    :   21.4.94
von            :   jmw

Änderungen     :
Name    Datum    Beschreibung

*******/
#pragma small
#pragma debug

/********* INCLUDES ********/
#include <reg515.h>

/********* KONSTANTEN ******/

#define AD_INIT 0x00 /* Kanal 0, einzelne Messung */

/*** Werte für die interne Referenzspannung ***/
#define bereich_voll     0x00 /* 0.0 - 5.0 V */
#define bereich_1        0x40 /* 0.0 - 1.25 V */
#define bereich_2        0x84 /* 1.25 - 2.5 V */
#define bereich_3        0xC8 /* 2.5 - 3.75 V */
#define bereich_4        0x0C /* 3.75 - 5.0 V */

/** Bit 8 und 9 für die Bereichsauswahl */
#define bereich1 0x00
#define bereich2 0x40
#define bereich3 0x80
#define bereich4 0xC0

/********* PROTOTYPEN ******/
```

```
/** interne **/
unsigned int ad_wandlung(void);
void main(void);

/********* EXTERNE VARIABLEN *******/

extern code unsigned int druck_tab10[]; /* Umwandlungstabelle AD-Wert
-> Druck */

/********* FUNKTIONSDEFINITIONEN *******/

/*****************************
Funktionsname:     ad_wandlung

Beschreibung :     Wandelt ein analoges Signal am AD-Wandler, durch
                   zweifache Messung mit Bereichseinengung, in einen
                   digitalen Wert mit 10 Bit Auflösung.

Parameter    :     keine

Returnwert   :     int ad_wert gewandelter Wert

erstellt am  :     21.4.94
von          :     jmw

Änderungen   :
Name   Datum   Beschreibung

*****************************/

unsigned int ad_wandlung(void)
{
/**** Variablen ****/

unsigned int ad_wert;
unsigned char bereich
/**** Funktion ****/
      DAPR = bereich_voll;/* Erste Messung starten um Bereich festzulegen */
      while(BSY == 1);    /* Warten auf Ergebnis */
      temp = ADDAT & 0xC0; /* Mit MASKE einlesen */
      switch(bereich)     /* Bereichsauswahl */
      {
/* Zweite Messung mit eingeengtem Bereich starten */
            case bereich1:
                  DAPR = bereich_1;   /* 0.0 - 1.25 V */
                  break;
```

```
            case bereich2:
                    DAPR = bereich_2;    /* 1.25 – 2.5 V */
                    break;
            case bereich3:
                    DAPR = bereich_3;    /* 2.5 – 3.75 V */
                    break;
            case bereich4:
                    DAPR = bereich_4;    /* 3.75 – 5.0 V */
                    break;
    }
    bereich = bereich >> 6;   /* Bit 8 und 9 an die richtige Stelle schieben
                                */
    ad_wert = bereich*256;
    while(BSY == 1);     /* Warten auf Meßwert */
    ad_wert += ADDAT;    /* Bits 0 bis 7 hinzufügen */
    return(ad_wert);
}

/*****************************
Funktionsname: main

Beschreibung :   Initialisierung des AD-Wandlers und Auswertung
                 der Wandler-Werte.

Parameter    :   keine

Returnwert   :   keiner

erstellt am  :   19.4.94
von          :   jmw

Änderungen   :
Name    Datum   Beschreibung

*******************************/

void main(void)
{
/**** Variablen ****/

    unsigned char i, anzeige_h, anzeige_l;
    unsigned long mittel;
    unsigned int ad_wert, druck, temp;
```

```
/**** Funktion ****/

        ADCON = AD_INIT;      /* Kanal 0, einzelne Messung */
        i = 0;
        mittel = 0;
        do
        {
                ad_wert = ad_wandlung();/* 10-Bit-Wandlung durchführen  */
                druck = druck_tab10[ad_wert]; /* AD-Wert in Druck umwandeln */
                if (i<8)
                {
                        mittel += druck;      /* Mittelwert aufsummieren */
                        i++;
                }
                else
                {
                        mittel = mittel >> 3;      /* Mittelwert bilden (Geteilt
                                                      durch 8) */
                        /*** Dezimalwert in zwei BCD-Zahlen zerlegen ***/
                        temp = mittel;
                        anzeige_l = temp%10;
                        i = temp / 10;
                        i = i % 10;
                        anzeige_l = anzeige_l + i*16;
                        i = temp / 100;
                        anzeige_h = i % 10;
                        i = i / 10;
                        anzeige_h = anzeige_h + i*16;
                        mittel = 0;
                        i = 0;
                        /** Niederwertige BCD-Zahl an Port P1 ausgeben **/
                        P1 = anzeige_l;
                        /** Höherwertige BCD-Zahl an Port P4 ausgeben **/
                        P4 = anzeige_h;
                }
        }while(1);
}
```

10-Bit AD-Wandlung und Speicherung in einem Feld in Assembler
Mit dem Assembler-Programm AD5.A51, können Meßwerte mit 10 Bit Auflösung erfaßt werden. Die Funktion ,,ad__tabelle" wandelt den 10 Bit Digitalwert in einen Druckwert mit zwei Nachkommastellen um. Es werden jeweils 100 aufeinander folgende Druckwerte in dem Feld ,,mess__werte" gespeichert. In einer aufrufenden C-Funktion muß das Feld als

```
extern xdata unsigned int mess_werte[];
```

definiert werden.
Da in der Tabelle ,,druck__tab10" die Druckwerte in je zwei Byte abgespeichert sind, muß die Variable ,,ad__wert" mit zwei multipliziert werden, damit die Position, die aus ,,druck__tab10 + ad__wert" berechnet wird, stimmt.
Die Dauer der 10-Bit-Umwandlung in der Assembler-Funktion ,,ad__10bit" beträgt ca. 40 µs bei 12 MHz Taktfrequenz. Um eine gute Genauigkeit zu erreichen, darf sich das Signal während dieser Zeit, nicht nennenswert ändern.

```
;******
;Modulname   : AD5

;Funktion    : 10 Bit A/D-Wandlung von Werten eines Drucksensors.
;               Die Messungen werden einzeln durchgeführt.
;               Es werden 100 Druckwerte in das Feld ,,mess_werte''
;               eingetragen.

;erstellt am : 20.4.94
;von         : jmw

;Änderungen  :
;Name   Datum   Beschreibung

;*******
$nomod51

;********* INCLUDES ********
$include(y:\to\asm51\reg515.inc)

;********* KONSTANTEN ******
        AD_INIT      equ   00h    ; Kanal 0, einzelne Messung

        BEREICH_VOLL equ   00h    ; 0.0 - 5.0 V
        BEREICH1     equ   40h    ; 0.0 - 1.25 V
        BEREICH2     equ   84h    ; 1.25 - 2.5 V
        BEREICH3     equ   0C8h   ; 2.5 - 3.75 V
```

```
          BEREICH4      equ    0Ch    ; 3.75 – 5.0 V

          BEREICH_1     equ    00h    ; 0.0 – 1.25 V
          BEREICH_2     equ    40h    ; 1.25 – 2.5 V
          BEREICH_3     equ    80h    ; 2.5 – 3.75 V
          BEREICH_4     equ    0C0h   ; 3.75 – 5.0 V

;/********* PROTOTYPEN *******
;** interne **
?XD?AD5 SEGMENT       XDATA
?PR?AD_TABELLE?AD5  SEGMENT CODE
?DT?AD_TABELLE?AD5  SEGMENT DATA
STACK               SEGMENT IDATA

;********* EXTERNE VARIABLEN *******
extrn code (druck_tab10)

;********* VARIABLEN ********
public mess_werte

rseg STACK
?STACK:ds 1

rseg ?XD?AD5
mess_werte:   ds 200 ;Platz für 100 Druck-Integerwerte

rseg ?DT?AD_TABELLE?AD5
druck: ds 2    ; Zwischenspeicher für Druck
ad_wertds 2    ; 10 Bit AD-Wert
zaehlerds 1    ; Zähler für Anzahl Meßwerte

;********* FUNKTIONSDEFINITIONEN *******
cseg    at 000h
       ljmp   ad_tabelle
;*****************************
;Funktionsname: AD_Tabelle

;Beschreibung:   Initialsierung des AD-Wandlers. Einlesen der
;                Druckwerte und Abspeicherung von 100 Werten in
;                einer Tabelle.

;Parameter     : keine

;Returnwert    : keiner

;erstellt am   : 20.4.94
```

```
;von         : jmw

;Änderungen :
;Name   Datum   Beschreibung

;********************************
rseg   ?PR?AD_TABELLE?AD5
ad_tabelle:
       mov    sp, #?STACK          ; Stackpointer laden
       mov    dptr, #mess_werte    ; Zeiger auf Tabelle
       mov    zaehler, # 100       ; 100 Werte einlesen
       mov    adcon, #AD_INIT      ; AD-Wandler: Kanal 0, einzelne Messungen
main_loop:
       lcall  ad_10bit             ; 10 Bit AD-Wandlung
       push   dp                   ; Zeiger auf Feld mess_werte retten
       push   dph                  ; Basis der Tabelle druck_tab10 + ad_wert
       mov    a, ad_wert+1
       add    a, #low druck_tab10
       mov    dpl, a
       mov    a, ad_wert+0
       addc   a, #high druck_tab10
       mov    dph, a

       clr    a
       movc   a, @a+dptr           ; Digitalwert aus Tabelle holen
       mov    druck+0, a           ; Zwischenspeichern
       mov    a, # 1
       movc   a, @a+dptr
       mov    druck+1, a
       pop    dph                  ; Zeiger auf Feld mess_werte wieder her-
                                   ; stellen
       pop    dpl
       mov    a, druck+0           ; Druckwert in Feld mess_werte abspeichern
       movx   @dptr, a
       inc    dptr
       mov    a, druck+1
       movx   @dptr, a
       inc    dptr
       djnz   zaehler, main_loop   ; Solange bis 100 Werte gespeichert
       ret                         ; Zurück zum aufrufenden Programm
```

```
;*******************************
;Funktionsname ad_10bit

;Beschreibung : 10 Bit AD-Wandlung durch zweimalige Messung mit
;               eingeengtem Spannungsbereich

;Parameter    : keine

;Returnwert   : keiner

;erstellt am  : 20.4.94
;von          : jmw

;Änderungen   :
;Name   Datum   Beschreibung

;*******************************

ad_10bit:
        ; A/D-Wandler setzen und starten
        mov     dapr,#BEREICH_VOLL ;A/D-Wandler starten mit 0.0 - 5.0 V Bereich
        mov     ad_wert+0, #0       ; Digitalwert löschen
        mov     ad_wert+1, #0
messung_1:
        jb            BSY,messung_1; Warten bis 1. Wandlung fertig
        mov     a,addat
        anl     a, #0C0h
        cjne    a, #BEREICH_1,ad_bereich_2
        mov     dapr,#BEREICH1      ; Bereich 1 0 - 1.25 V
        sjmp    messung_2
ad_bereich_2:
        cjne    a, #BEREICH_2,ad_bereich_3
        mov     dapr,#BEREICH2      ; Bereich 2 1.25 - 2.5 V
        sjmp    messung_2
ad_bereich_3:
        cjne    a, #BEREICH_3,ad_bereich_4
        mov     dapr,#BEREICH3      ; Bereich 3 2.5 - 3.75 V
        sjmp    messung_2
ad_bereich_4:
        mov     dapr,#BEREICH4      ; Bereich 4 3.75 - 5.0 V
messung_2:
        rl            a
        rl            a
```

```
        mov    ad_wert+0,a          ; Bit 8 und 9 im HIGH-Byte speichern
messung_3:
        jb     BSY,messung_3        ; Warten bis 2. Wandlung fertig
        mov    a,addat              ; ad_wert * 2, da 16-Bit breite Tabelle
        clr    c
        rlc    a
        mov    ad_wert+1,a
        mov    a,ad_wert+0
        rlc    a
        mov    ad_wert+0,a
        ret
end
```

Umwandlungstabelle für A/D-Wandler mit 10 Bit Auflösung
Die Werte in der Tabelle errechnen sich nach der Formel

$$y = (a*x + b)*100$$

wobei
- y = Druck in Bar
- x = Spannung in Volt
- a = Steigung der Geraden in Bar/Volt
- b = Nulldurchgang in Bar

Bei negativen y-Werten wird 0 eingesetzt. Die Druckwerte sind mit 100 multipliziert, sodaß die ersten beiden Ziffern die zwei Nachkommastellen und die dritte bzw. vierte Ziffer die Vorkommastellen ergeben. Die Zahl 624 stellt demnach einen Druck von 6,24 Bar dar.

```
;***********************************
;*
;* Modul: DRCK_TA1.A51
;*
;***********************************

;***** Umwandlungstabelle für AD-Werte mit 10 Bit Auflösung **
;***** nach Druck in Bar ***********************************
;***** der Sensor liefert 1 V bei 0 Bar und 5 V bei 10 Bar ***
;***** bei Werten unter 1 V wird 0 Bar gewandelt ************
;***** Die Werte sind dezimal kodiert (100 = 1.00 Bar) *******
;***** Es werden zwei Stellen nach dem Komma angezeigt *******
```

```
public druck_tab10

?CO?DRCK_TA1 SEGMENT CODE

rseg ?CO?DRCK_TA1
druck_tab10:
  dw 0,0,0,0,0,0,0,0,0,0,0,0,0,0,0,0,0,0
  dw 0,0,0,0,0,0,0,0,0,0,0,0,0,0,0,0,0,0
  dw 0,0,0,0,0,0,0,0,0,0,0,0,0,0,0,0,0,0
  dw 0,0,0,0,0,0,0,0,0,0,0,0,0,0,0,0,0,0
  dw 0,0,0,0,0,0,0,0,0,0,0,0,0,0,0,0,0,0
  dw 0,0,0,0,0,0,0,0,0,0,0,0,0,0,0,0,0,0
  dw 0,0,0,0,0,0,0,0,0,0,0,0,0,0,0,0,0,0
  dw 0,0,0,0,0,0,0,0,0,0,0,0,0,0,0,0,0,0
  dw 0,0,0,0,0,0,0,0,0,0,0,0,0,0,0,0,0,0
  dw 0,0,0,0,0,0,0,0,0,0,0,0,0,0,0,0,0,0
  dw 0,0,0,0,0,0,0,0,0,0,0,0,0,0,0,0,0,0
  dw 0,0,0,0,0,0,0,0,0,0,0,0,0,0,0,0,0,0
  dw 0,0,0,0,0,0,0,0,0,0,0,0,0,0,0,0,0,0
  dw 0,0,0,0,0,0,0,0,0,0,0,1,2,4,5,6
  dw 7,9,10,11,12,13,15,16,17,18,20,21,22,23,24
  dw 26,27,28,29,31,32,33,34,35,37,38,39,40,42,43
  dw 44,45,46,48,49,50,51,53,54,55,56,57,59,60,61
  dw 62,64,65,66,67,68,70,71,72,73,75,76,77,78,79
  dw 81,82,83,84,86,87,88,89,90,92,93,94,95,97,98
  dw 99,100,101,103,104,105,106,108,109,110,111,112,114,115,116
  dw 117,119,120,121,122,123,125,126,127,128,130,131,132,133,134
  dw 136,137,138,139,141,142,143,144,145,147,148,149,150,152,153
  dw 154,155,156,158,159,160,161,163,164,165,166,167,169,170,171
  dw 172,173,175,176,177,178,180,181,182,183,184,186,187,188,189
  dw 191,192,193,194,195,197,198,199,200,202,203,204,205,206,208
  dw 209,210,211,213,214,215,216,217,219,220,221,222,224,225,226
  dw 227,228,230,231,232,233,235,236,237,238,239,241,242,243,244
  dw 246,247,248,249,250,252,253,254,255,257,258,259,260,261,263
  dw 264,265,266,268,269,270,271,272,274,275,276,277,279,280,281
  dw 282,283,285,286,287,288,290,291,292,293,294,296,297,298,299
  dw 301,302,303,304,305,307,308,309,310,312,313,314,315,316,318
  dw 319,320,321,323,324,325,326,327,329,330,331,332,334,335,336
  dw 337,338,340,341,342,343,345,346,347,348,349,351,352,353,354
  dw 356,357,358,359,360,362,363,364,365,367,368,369,370,371,373
  dw 374,375,376,378,379,380,381,382,384,385,386,387,389,390,391
```

```
dw 392,393,395,396,397,398,400,401,402,403,404,406,407,408,409
dw 411,412,413,414,415,417,418,419,420,422,423,424,425,426,428
dw 429,430,431,433,434,435,436,437,439,440,441,442,444,445,446
dw 447,448,450,451,452,453,455,456,457,458,459,461,462,463,464
dw 466,467,468,469,470,472,473,474,475,477,478,479,480,481,483
dw 484,485,486,488,489,490,491,492,494,495,496,497,499,500,501
dw 502,503,505,506,507,508,510,511,512,513,514,516,517,518,519
dw 521,522,523,524,525,527,528,529,530,532,533,534,535,536,538
dw 539,540,541,543,544,545,546,547,549,550,551,552,554,555,556
dw 557,558,560,561,562,563,565,566,567,568,569,571,572,573,574
dw 576,577,578,579,580,582,583,584,585,586,588,589,590,591,593
dw 594,595,596,597,599,600,601,602,604,605,606,607,608,610,611
dw 612,613,615,616,617,618,619,621,622,623,624,626,627,628,629
dw 630,632,633,634,635,637,638,639,640,641,643,644,645,646,648
dw 649,650,651,652,654,655,656,657,659,660,661,662,663,665,666
dw 667,668,670,671,672,673,674,676,677,678,679,681,682,683,684
dw 685,687,688,689,690,692,693,694,695,696,698,699,700,701,703
dw 704,705,706,707,709,710,711,712,714,715,716,717,718,720,721
dw 722,723,725,726,727,728,729,731,732,733,734,736,737,738,739
dw 740,742,743,744,745,747,748,749,750,751,753,754,755,756,758
dw 759,760,761,762,764,765,766,767,769,770,771,772,773,775,776
dw 777,778,780,781,782,783,784,786,787,788,789,791,792,793,794
dw 795,797,798,799,800,802,803,804,805,806,808,809,810,811,813
dw 814,815,816,817,819,820,821,822,824,825,826,827,828,830,831
dw 832,833,835,836,837,838,839,841,842,843,844,846,847,848,849
dw 850,852,853,854,855,857,858,859,860,861,863,864,865,866,868
dw 869,870,871,872,874,875,876,877,879,880,881,882,883,885,886
dw 887,888,890,891,892,893,894,896,897,898,899,901,902,903,904
dw 905,907,908,909,910,912,913,914,915,916,918,919,920,921,923
dw 924,925,926,927,929,930,931,932,934,935,936,937,938,940,941
dw 942,943,945,946,947,948,949,951,952,953,954,956,957,958,959
dw 960,962,963,964,965,967,968,969,970,971,973,974,975,976,978
dw 979,980,981,982,984,985,986,987,989,990,991,992,993,995,996
dw 997,998,1000

end
```

Umwandlung von A/D-Werten auf rechnerischem Wege
Die Umwandlung von A/D-Werten in physikalische Größen kann auch auf rechnerischem Wege erfolgen. Die Umwandlungsgeschwindigkeit ist zwar geringer als

bei der Umwandlung über Tabellen, um aber beispielsweise analoge Parameter über Drehpotis einzulesen, kann dies in Kauf genommen werden. Die Einsparungen bei dieser Methode liegen im erzeugten Code, da kein Speicherplatz für die Tabellen benötigt wird.

Das Programm arbeitet nach der Formel

$$y = a*x + b$$

wobei

- y = die Zeit [Minuten]
- x = Spannung [Volt]
- a = Steigung der Geraden [Minuten/Volt]
- b = Nulldurchgang [Minuten]

Da x eine Spannung von 0 bis 5 V darstellt, der A/D-Wandler aber Zahlenwerte von 00h bis FFh liefert, muß vom A/D-Wert auf die Spannung rückgerechnet werden. Dies geschieht mit der Formel:

$$x = AD\_WERT*c$$

$$c = s/255$$

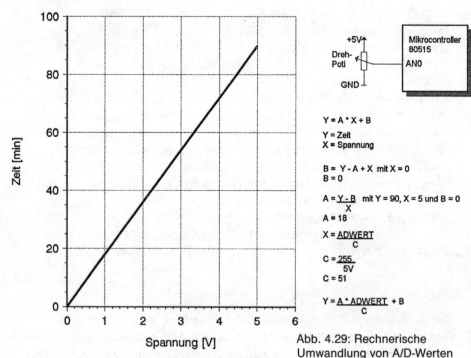

Abb. 4.29: Rechnerische Umwandlung von A/D-Werten

wobei

- x = Spannung [V]
- AD__WERT = Zahlenwert vom A/D-Wandler [DIGIT]
- c = s/255 = Auflösung des A/D-Wandlers [V/DIGIT]

Da c eine Zahl kleiner 1 ergibt, kann nicht mit ganzen Zahlen gerechnet werden, rechnen mit float-Werten erhöht die erforderliche Rechenzeit und den erforderlichen Programmcode aber enorm. Dies kann man umgehen, indem man die Formel wie folgt umstellt:

x = AD__WERT/c

c = 255/s

Daraus ergibt sich letztendlich die Formel

y = a*AD__WERT/c +b

aus der Abbildung ergeben sich die Konstanten a,b und c zu folgenden Werten:

- a = 18
- b = 0
- c = 51

Somit kann also mit ganzen Zahlen gerechnet werden. Da die Multiplikation a*AD__WERT Werte größer 255 ergeben kann, muß hier mit Integer-Werten gerechnet werden. Das Ergebnis paßt dann wieder in eine unsigned char Variable. Das Rückrechnen des A/D-Wertes auf die Spannung erleichtert das Überprüfen der eingelesenen Parameter, da die Spannung am Poti direkt dem Parameter-Wert zugeordnet werden kann.

```
/******
Modulname    : AD6

Funktion     : 8 Bit A/D-Wandlung von Werten eines Drehpotis
               zur Erfassung von analogen Parametern
               Die Messungen werden einzeln durchgeführt.

erstellt am  : 21.4.94
von          : jmw

Änderungen   :
Name   Datum   Beschreibung

*******/
#pragma small
#pragma debug
```

```
/********* INCLUDES *********/
#include <reg515.h>

/********* KONSTANTEN *******/

#define AD_INIT 0x00      /* Kanal 0, einzelne Messung */
#define a 18              /* Konstante a der Formel */
#define b 0               /* Konstante b der Formel */
#define c 51              /* Konstante c der Formel */

/********* PROTOTYPEN *******/
/** interne **/
unsigned char parameter(void);
void main(void);

/********* FUNKTIONSDEFINITIONEN *******/

/*****************************
Funktionsname : parameter

Beschreibung  : Einlesen der Spannung am Poti und Umwandlung in
                eine Zeit zwischen 0 und 90 Minuten.

Parameter     : keine

Returnwert    : unsigned char Zeit

erstellt am   : 21.4.94
von           : jmw

Änderungen    :
Name    Datum    Beschreibung

*****************************/

unsigned char parameter(void)
{
/**** Variablen ****/

      unsigned char zeit;

      /**** Funktion ****/

      DAPR = 0x00;  /* Messung starten 0-5 V */
      while(BSY);   /* Warten bis Messung fertig */
      /* Berechung der eingestellten Zeit */
      zeit = a*(int)(ADDAT)/c+b;
      return(zeit);
      }
```

```
/*****************************
Funktionsname: main

Beschreibung : Initialisierung des AD-Wandlers und Aufruf
               der Parameter-Funktion.

Parameter    : keine

Returnwert   : keiner

erstellt am  : 21.4.94
von          : jmw

Änderungen   :
Name    Datum    Beschreibung

*****************************/

void main(void)
{
/**** Variablen ****/

        unsigned char zeit;

        /**** Funktion ****/

        ADCON = AD_INIT;    /* Kanal 0, kontinuierliche Messung */
        do
        {
                /* Hier kann ein beliebiges Programm stehen */
                zeit = parameter();
        }while(1);
}
```

Automatisches Erstellen von Umwandlungstabellen

Das C-Programm ,,AD_TAB.C", das auf PCs lauffähig ist, erzeugt nach einer
gegebenen Formel eine Umwandlungstabelle von 8-Bit-Digitalwerte in physikalische Größen. Die Tabelle ,,druck_tab" in den obigen Beispielen wurde mit diesem Programm erstellt. Es werden alle nötigen Steueranweisungen in die erzeugte
Datei geschrieben, so daß sie ohne Änderungen mit dem A51-Assembler übersetzt
werden kann. Funktionen können dann über den Variablennamen ,,druck_tab"
auf die Tabelle zugreifen. Durch Ändern der Formel können Tabellen für jede beliebige Kurvenform erstellt werden. Das Programm mit dem Compiler BOR-
LAND C++ Version 3.0 erstellt. Das Programm ,,AD_TAB1.C", das sich ebenfalls auf der mitgelieferten Diskette befindet, erzeugt eine Tabelle für die

10-Bit-Auflösung und 16-Bit-Werten in der Tabelle. Die Tabelle „druck_tab10"
wurde mit diesem Programm erstellt.

```
/******
Modulname    : AD_TAB

Funktion     : Erzeugt eine A51-Datei mit einer Tabelle zur
               Umwandlung von AD-Werten in physikalische Größen.
               In diesem Beispiel von Spannungen eines Drucksensors
               (1 bis 5 V) in Druckwerte von 0 bis 10 Bar.

erstellt am  : 19.4.94
von          : jmw

Änderungen   :
Name   Datum   Beschreibung

*******/

/********* INCLUDES *********/
#include <string.h>
#include <stdio.h>
#include <stdlib.h>
#include <fcntl.h>
#include <io.h>

/********* PROTOTYPEN *******/
/** interne **/
void main(void);

/********* FUNKTIONSDEFINITIONEN *******/

/*****************************
Funktionsname: main

Beschreibung: Hauptprogramm

Parameter    : keine

Returnwert   : keiner

erstellt am  : 19.4.94
von          : jmw

Änderungen   :
Name   Datum   Beschreibung
```

```
*******************************/

void main(void)
{
/**** Variablen ****/

        FILE *out;

        char msg[85];
        float a,b,y,aufloesung;
        int x,wert;

/**** Funktion ****/

        /* Öffnen der Datei */
        if ((out = fopen(''AD_WERT.A51'', ''wt'')) == NULL)
        {
                /* Fehlermeldung wenn nicht geöffnet werden kann */
                fprintf(stderr, ''Datei kann nicht geöffnet werden!!\n'');
                return;
        }
/***** Definitionen in die Datei schreiben ****/
        strcpy(msg,'\n\npublic druck_tab\n\n\n'');
        fprintf(out,'%s'', msg);
        strcpy(msg,'?CO?AD_WERT SEGMENT CODE\n\n\n'');
        fprintf(out,'%s'', msg);
        strcpy(msg,'rseg?CO?AD_WERT\n'');
        fprintf(out,'%s'', msg);
        strcpy(msg,'druck_tab:\n db ,,);
        fprintf(out,'%s'', msg);

/*** Die Konstanten der Formel ***/
/* Die Geradenformel:
        y = a*x +b */

        b = -2.5;     /* Bei x = 1 V soll y = 0 Bar sein */
        a = 2.5;      /* Bei x = 5 V soll y = 10 Bar sein */
/* Auflösung der x-Schritte:
        Meßbereich / Max. Digitalwert */
        aufloesung = 5.0/255.0;
        for (x=0;x<256;x++) /* Zähler für 8 Bit Auflösung von 0 bis 255 */
        {
```

```
y = a*(x*aufloesung)+b;    /* Anwendung der Formel */
wert = y*10;               /* Anpassung und Konvertierung in Integer */
if (wert < 0)
        wert = 0;          /* Negative Werte auf 0 setzen */

strcpy(msg,itoa(wert,msg,10)); /* In Zeichenkette umwandeln */
wert = x % 15;             /* 15 Werte pro Zeile */
if ((wert != 0 || x == 0) && x != 255)
        strcat(msg,',');   /* Wenn nicht erster Wert, nicht letz-
                              ter der Zeile und nicht letzter der
                              Tabelle */
else if (wert == 0 && x != 255)
        strcat(msg,'\n db ,,);  /* Wenn erster Wert einer Zeile
                              und nicht letzter der Tabelle */
else
        strcat(msg,'\n\n'');  /*Letzter Wert mit zwei Zeilenvor-
                              schüben */
fprintf(out,'%s'', msg);
}
strcpy(msg,'end\n'');
fprintf(out,'%s'', msg);
fclose(out); /* Datei schliessen */
return ;
}
```

4.3.3 Mehrprozessorkommunikation

Die Betriebsarten 2 und 3 der seriellen Schnittstelle des 8051 sind speziell für Mehrprozessorkommunikation vorgesehen. Die Kommunikation zwischen den Controllern erfolgt nach dem Master-Slave-Prinzip. Im Halbduplexbetrieb kann jeder Controller als Master definiert werden (Multimaster-System), im Vollduplexbetrieb kann nur ein Controller als Master betrieben werden. Die Verdrahtung bestimmt welcher Controller der Master ist.

Für kurze und schnelle Verbindungen wird die Betriebsart 2 gewählt. Hier beträgt die Übertragungsgeschwindigkeit bei einem Takt von 12 MHz 187,5 kBaud. Für Verbindungen über längere Strecken, bei kleinerer Übertragungsgeschwindigkeit wählt man die Betriebsart 3. Hier hängt die Baudrate von der Einstellung des Timer 1 ab (zwischen 110 Baud und 19200 Baud).

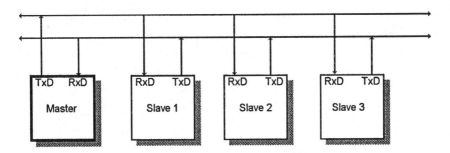

Abb. 4.30: Mehrprozessorkommunikation

Damit der Datenverkehr reibungslos verläuft, muß jeder Slave die serielle Schnittstelle in den folgenden Grundzustand versetzen:
- Das REN-Bit im Register SCON muß 1 sein.
- Das SM2-Bit im Register SCON muß 1 sein.

Nun wird das RI-Bit (Empfangsinterrupt) nur gesetzt, wenn das neunte Bit des empfangenen Zeichens gesetzt ist (RB8=1). Will der Master einen Slave ansprechen, so sendet er dessen Adresse und setzt das neunte Bit. Bei allen Slaves wird nun ein Interrupt ausgelöst. Jeder Slave prüft nun, ob die empfangene Adresse seine eigene ist. Stellt ein Slave fest, daß er adressiert wurde, so setzt er das SM2-Bit zurück (SM2=0) und kann somit alle Zeichen empfangen. Nun können Master und Slave Daten austauschen. Das neunte Bit muß dabei immer gelöscht sein. Ist der Datenaustausch beendet, so setzt der Slave das SM2-Bit wieder (SM2=1) und kann somit nur wieder Adresszeichen empfangen. Zur Beendigung des Datenaustausches gibt es verschiedene Möglichkeiten.
- Der Master sendet ein definiertes Endezeichen
- Der Master sendet eine neue Slave-Adresse.
- Der Slave schaltet nach jeder Anwort automatisch wieder in den Adresszustand. Somit muß der Master bei jeder Anfrage an einen Slave das Adresszeichen voraus schicken.

Beim Master muß das SM2-Bit gelöscht sein. Arbeitet der Bus im Halbduplexbetrieb, so muß während der Master sendet, das REN-Bit gelöscht sein, da sonst der Master seine eigenen Zeichen empfängt. Im Vollduplexbetrieb kann das REN-Bit immer gesetzt bleiben.

Werden Daten über längere Strecken übertragen (weiter als ca. 2 Meter) so empfielt es sich, Treiberbausteine einzusetzen (z. B. RS232-Treiber oder RS485-Treiber). Da dann aber im Vollduplexbetrieb auf der Empfangsleitung des Masters und im Halbduplexbetrieb auf der Busleitung, mehrere Ausgänge gegeneinander geschaltet sind, muß jeder Teilnehmer, der nicht sendet, seinen Sendetreiber in den hochohmigen Zustand schalten.

Der Halbduplexbetrieb hat den Vorteil, daß jeder Teilnehmer ohne Umverdrahtung als Master betrieben werden kann und daß nur zwei Leitungen benötigt werden. Gerät ein Teilnehmer außer Kontrolle und schaltet seine Sendeleitung nicht ab, so hat der Master keine Möglichkeit mehr, einen Initialisierungsbefehl zu senden. Beim Vollduplexbetrieb kann der Master jederzeit Befehle an die Slaves senden, da er der einzige Sender auf der Empfangsleitung der Slaves ist. Zur Verdrahtung werden mindestens drei Leitungen benötigt.

Initialisierung und Hauptprogramm MASTER
Der Master sendet eine Zeichenkette und wartet anschließend, bis der Slave eine Anwort zurücksendet. Hier kann beispielsweise auch eine Wartezeitüberprüfung eingebaut werden, die bei Ablauf eine Zeit, eine Fehlerbehandlung durchführt.

```
/******
Modulname    : MPK_MSTR

Funktion     : Multiprozessor-Kommunikation Master Hauptprogramm
               Der Bus wird als Single-Master-Bus betrieben

erstellt am  : 18.4.94
von          : jmw

Änderungen   :
Name   Datum   Beschreibung

*******/
#pragma small
#pragma debug
/********* INCLUDES *********/
#include <reg51.h>

/********* KONSTANTEN *******/
#define MODUS2 0x90 /* Modus 2, SM2 = 0, REN = 1 */

/********* PROTOTYPEN *******/
/** externe **/

/** interne **/
void init_master(void);
void send(unsigned char nr,unsigned char *ptr);
unsigned char *receive(void);
void main(void);
```

```
/********* EXTERNE VARIABLEN *******/

/********* VARIABLEN *******/

/********* FUNKTIONSDEFINITIONEN *******/

/*****************************
Funktionsname: init_master

Beschreibung : Initialisiert die serielle Schnittstelle im Modus 2
               für Masterbetrieb in einem Mehrprozessornetzwerk.

Parameter    : keine

Returnwert   : keiner

erstellt am  : 18.4.94
von          : jmw

Änderungen   :
Name   Datum   Beschreibung

*****************************/

void init_master(void)
{
/**** Variablen ****/

/**** Funktion ****/
     SCON = MODUS2;    /* Serielle Schnittstelle in den Modus 2 versetzen */
}

/*****************************
Funktionsname: main

Beschreibung : Hauptprogramm zur Mehrprozessorkommunikation Master.
               Dieses Programm stellt nur einen Rumpf dar und muß
               auf die speziellen Anwendungen angepaßt werden !!

Parameter    : keine

Returnwert   : keiner

erstellt am  : 18.4.94
von          : jmw

Änderungen   :
Name   Datum   Beschreibung
```

```
*******************************/
void main(void)

{
/**** Variablen ****/

unsigned char slave, *ptr;
static code unsigned char text[] = ,,HALLO SLAVE'';
/**** Funktion ****/

        init_master();      /* Initialisierung der Schnittstelle */
        do
        {
                ptr = text; /* Text der an Slave 1 gesendet werden soll */
                slave = 1; /* Adresse für Slave 1 */
                send(slave,ptr); /* Senden eines Befehls */
                ptr = receive(); /* Empfangene Zeichenkette einlesen */
        }
        while(1);
}
```

Initialisierung und Hauptprogramm SLAVE

Da der Slave nie weiß, wann der Master eine Zeichenkette sendet, ist es sinnvoll das Sende- und Empfangsprogramm Interrupt, interruptgesteuert zu betreiben. Die empfangenen Zeichen werden in *rec_buffer* geschrieben. Das Abschlußzeichen ist '\0' (Das String-Abschlußzeichen in C). Das Bit *master_rec* signalisiert dem Hauptprogramm, daß eine Nachricht vom Master empfangen wurde.

```
/******
Modulname   : MPK_SLVE

Funktion    : Multiprozessor-Kommunikation Slave Hauptprogramm.
              Der Bus wird als Single-Master-Bus betrieben.

erstellt am : 18.4.94
von         : jmw

Änderungen  :
Name   Datum   Beschreibung

*******/
#pragma small
#pragma debug
```

```
/********* INCLUDES *********/
#include <reg51.h>

/********* KONSTANTEN *******/
#define MODUS2_SLAVE 0xC0   /* Modus 2 SM2 = 1, REN = 1 */
#define SLAVE_NR 1   /* Teilnehmer Nummer 1 */

/********* PROTOTYPEN *******/
/** externe **/

/** interne **/
void init_slave(void);
void send_slave(unsigned char *ptr);
void isr_ser(void);
void main(void);

/********* EXTERNE VARIABLEN *******/

/********* VARIABLEN *******/
static pdata unsigned char rec_buffer[20]; /* Empfangspuffer */
static pdata unsigned char trm_buffer[20]; /* Sendepuffer */
static bit master_rec, master_trm; /* wird gesetzt wenn Nachricht vom Master
 empfangen bzw. an Master gesendet */
static data unsigned char *rec_ptr, *trm_ptr;

/********* FUNKTIONSDEFINITIONEN *******/

/******************************
Funktionsname: init_slave

Beschreibung : Initialisiert die serielle Schnittstelle im Modus 2 für Slave-
               betrieb in einem Mehrprozessornetzwerk.

Parameter    : keine

Returnwert   : keiner

erstellt am  : 18.4.94
von          : jmw

Änderungen   :
Name   Datum   Beschreibung

******************************/

void init_slave(void)
{
```

```
/**** Variablen ****/

/**** Funktion ****/
        SCON = MODUS2_SLAVE;/* Serielle Schnittstelle in den Modus 2
                                versetzen */
        master_rec = 0;
        master_trm = 0;
        trm_ptr = trm_buffer;
        rec_ptr = rec_buffer;
        ES = 1;
        EA = 1;          /* Interrupts für serielle Schnittstelle freigeben */
}


/*******************************
Funktionsname : main

Beschreibung  : Hauptprogramm zur Mehrprozessorkommunikation Master
                Dieses Programm stellt nur einen Rumpf dar und muß
                auf die speziellen Anwendungen angepaßt werden !!

Parameter     : keine

Returnwert    : keiner

erstellt am   : 18.4.94
von           : jmw

Änderungen    :
Name    Datum    Beschreibung

********************************/
void main(void)

{
/**** Variablen ****/

unsigned char *ptr;
static code unsigned char text[] = ,,HALLO MASTER'';
/**** Funktion ****/

        init_slave();/* Initialisierung der Schnittstelle */
        do
        {
                while(master_rec == 0)
```

```
                ;  /* Warten bis Zeichenkette von Master empfangen */
          ptr = text;
          send_slave(ptr);    /* Senden einer Antwort */
          while(master_trm == 0)
                ;  /* Warten bis Zeichenkette an Master gesendet */
     }
     while(1);
}
```

Sende- und Empfangs-Routinen MASTER
Beim Senden wird als erstes die Adresse des Slaves im gesetztem neunten Bit
gesendet. Unmittelbar im Anschluß werden die Nutzdaten Zeichen für Zeichen
mit gelöschtem neunten Bit gesendet. Das Abschlußzeichen ist '\0'.
Die empfangenen Zeichen werden in Puffer *rec_buffer* geschrieben. Das Empfangsprogramm gibt die Startadresse des Puffers zurück.

```
/*******************************
Funktionsname: send

Beschreibung : Sendet die übergebene Zeichenkette an den ausgewählten Slave.
               Ende der Zeichenkette ist \0.

Parameter    : unsigned char nr: Nummer des Slave
               unsigned char *ptr: Zeiger auf die Zeichenkette zum Senden

Returnwert   : keiner

erstellt am  : 18.4.94
von          : jmw

Änderungen   :
Name    Datum   Beschreibung

*******************************/
void send(unsigned char nr, unsigned char *ptr)
{
/**** Variablen ****/

/**** Funktion ****/

/* Adresse des Slave senden */
     TB8 = 1;       /* Kennzeichnung für Adresse */
     SBUF = nr;
     while (TI == 0)
          ;       /* Warten bis Slave-Adresse gesendet */
```

```
        TI = 0;       /* Interruptanforderung rücksetzen */
        TB8 = 0;      /* Kennzeichnung für Daten */
        do
        {
            SBUF = ptr++;
            while (TI == 0)
                    ;       /* Warten bis Zeichen gesendet */
            TI = 0; /* Interruptanforderung rücksetzen */
        } while (*ptr != 0);
}


/******************************
Funktionsname : receive

Beschreibung  : Empfängt eine Zeichenkette vom adressierten Slave.
                Ende der Zeichenkette ist \0.

Parameter     : keine

Returnwert    : unsigned char *ptr: Zeiger auf die empfangene Zeichenkette

erstellt am   : 18.4.94
von           : jmw

Änderungen :
Name    Datum   Beschreibung

*******************************/

unsigned char *receive(void)
{
/**** Variablen ****/

static pdata unsigned char rec_buffer[20]; /* Empfangspuffer */
unsigned char i;

/**** Funktion ****/

        i = 0;        /* Position im Empfangspuffer auf Anfang */
        do
        {
            while(RI == 0)
                    ; /* Warten bis ein Zeichen empfangen */
            rec_buffer[i++] = SBUF; /* Zeichen einlesen */
            RI = 0;   /* Empfangskennzeichung rücksetzen */
```

```
    } while(rec_buffer[i-1] != 0);  /* Solange bis '\0' gelesen wurde */
    return (rec_buffer);
}
```

Sende- und Empfangs-Routinen SLAVE

Eine Sendezeichenkette wird in den Sendepuffer *trm__buffer* kopiert. Durch Sezten des Transmit-Interrupt-Flag TI wird die Interruptroutine aufgerufen. über den Pointer **trm__ptr* wird Zeichen für Zeichen aus dem Puffer ausgelesen und gesendet. Wird das Zeichen '\0' gesendet, so setzt das Programm, das Flag *master__trm*. Ist das Null-Zeichen gesendet, so wird nur noch das TI-Flag gelöscht, ohne ein weiteres Zeichen zu senden. Damit wird das Senden beendet. Der Empfangsinterrupt wird nur ausgelöst, wenn Bit 8 gesetzt sind. Das Programm prüft nun ob seine Adresse empfangen wurde. Falls ja, so wird der Zeichenempfang generell freigegeben und der Zeiger auf die Anfangsadresse des Empfangspuffers gelegt. Empfangene Zeichen werden dann in den Empfangspuffer *rec__buffer* geschrieben. Wird das Null-Zeichen empfangen, so wird das Flag *master__rec* gesetzt und wieder auf Adreßempfang umgeschaltet.

```
/*******************************
Funktionsname: send_slave

Beschreibung : Sendet die übergebene Zeichenkette an den Master zurück. Ende
               der Zeichenkette ist \0.

Parameter    : unsigned char *ptr: Zeiger auf die Zeichenkette zum Senden

Returnwert   : keiner

erstellt am  : 18.4.94
von          : jmw

Änderungen   :
Name  Datum  Beschreibung

*******************************/

void send_slave(unsigned char *ptr)
{
/**** Variablen ****/

        data unsigned char i;

/**** Funktion ****/
```

```
        for (trm_ptr = trm_buffer,i=0; (trm_ptr[i] = ptr[i]) != 0;i++)
                ; /* Zeichenkette in Sendepuffer kopieren */
        master_trm = 0;      /* Sendekennzeichnung löschen */
        TI = 1;              /* Sendung interruptgesteuert starten */
}


/******************************
Funktionsname : isr_ser

Beschreibung  : Interrupt-Routine zum Senden und Empfang einer Zeichenkette
                an / vom Master.
                Ende der Zeichenkette ist \0.

Parameter     : keine

Returnwert    : keiner

erstellt am   : 18.4.94
von           : jmw

Änderungen    :
Name   Datum   Beschreibung

******************************/

void isr_ser(void) interrupt 4
{
/**** Variablen ****/

static unsigned char i;

/**** Funktion ****/

        if (RI == 1)
        {
                if ((SM2 == 1) && (SBUF == SLAVE_NR))
                 /* Wenn Adreßbetrieb und Adresse richtig */
                {
                        SM2 = 0;   /* Umschalten auf Datenbetrieb */
                        i = 0;   /* Position im Empfangspuffer auf Anfang */
                }
                else
                {
                        rec_buffer[i++] = SBUF;   /* Zeichen einlesen */
                        if (rec_buffer[i-1] == 0)
```

```
                    {           /* Wenn letztes Zeichen */
                        master_rec = 1;  /* Vollständiger Empfang
                                        signalsieren */
                        SM2 = 1;        /* Zurückschalten auf Adreßbetrieb */
                    }
                }
                RI = 0; /* Interruptanforderung löschen */
        }
        else if (TI == 1)
        {
                if (master_trm == 0)   /* Wenn noch nicht alles gesendet */
                {
                        SBUF = *trm_ptr;   /* Nächstes Zeichen senden */
                        if (*trm_ptr++ == 0)
                                master_trm = 1;   /* Wenn gesendetes Zeichen '\0'
                                                dann kennzeichnen */
                }
                TI = 0; /* Interruptanforderung löschen */
        }
}
```

4.3.4 Pulsweitenmodulation (PWM)

Einige Mitglieder der 8051-Familie besitzen eine Compare-Einheit, mit der ein pulsweitenmoduliertes Signal erzeugt werden kann. Wird dieses Signal über einen Tiefpaß geglättet, so kann es als Analogspannung verwendet werden. Es ist also möglich, mit dieser Compare-Einheit einen Digital-Analog-Umsetzer zu realisieren. Die Analogspannung ist proportional zum Tastverhältnis des PWM-Signals.

Die Erzeugung eines PWM-Signals soll anhand der im 80515 (Siemens) integrierten Compareeinheit des Timer 2 vorgestellt werden. Der 80515 stellt 4 PWM-Kanäle zur Verfügung. Der Startwert des Timers muß dann allerdings von einer Interrupt-Routine nachgeladen werden. Wird der Timer 2 im Auto-Reload-Modus betrieben, so stehen noch 3 Kanäle zur Verfügung, da ein Compare-Register für die Speicherung des Reload-Wertes verwendet wird. Die PWM-Signal-Erzeugung erfolgt dann aber nach der Initialisierung automatisch. Zur Erzeugung eines PWM-Signals wird der Compare-Modus 0 verwendet. Beim Überlauf des Timer 2 wird der Compareausgang (P1.0, P1.1, P1.2, P1.3) auf Null gesetzt. Ist der

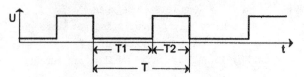

T   = Periodendauer
T1   = Pausenzeit
T2   = Impulszeit
T2/T = Tastverhältnis
U   = Amplitude

Auflösung [Bit]	Frequenz	Periodendauer	Reload-Wert
6	15,625 kHz	64 µs	FFC0h
7	7,8125 kHz	128 µs	FF80h
8	3,90625 kHz	256 µs	FF00h
9	1,95312 kHz	512 µs	FE00h
10	976,56 Hz	1,024 ms	FC00h
11	488,28 Hz	2,048 ms	F800h
12	244,14 Hz	4,096 ms	F000h
13	122,07 Hz	8,192 ms	E000h
14	61,03 Hz	16,384 ms	C000h
15	30,51 Hz	32,768 ms	8000h
16	15,25 Hz	65,536 ms	0000h

Abb. 4.31: Das PWM-Signal

Zählerstand des Timer 2 gleich dem jeweiligen Compare-Register, so wird der zugehörige Portausgang auf Eins gesetzt. Das Tastverhältnis des Ausgangssignals kann nun einfach durch Änderung des Wertes im Compare-Register verändert werden. Der Wert im Compare-Register muß immer größer als der Reload-Wert des Zählerregisters sein. Die Periodendauer des Ausgangssignals wird durch den Reload-Wert des Timer 2 bestimmt. Größere Werte verkleinern die Periodendauer. Allerdings wird mit kürzerer Periodendauer auch die Auflösung des PWM-Signals kleiner.

Die analoge Ausgangsspannung errechnet sich als:

$$U_{pwm} = U * T_2 / T$$

Wobei

- U_{pwm} Analogspannung
- U   Amplitude des PWM-Signales
- T_2 Einzeit des PWM-Signales
- T   Periodendauer des PWM-Signales

Will man also eine bestimmte Analogspannung einstellen, so errechnet sich der Wert des Compare-Registers folgendermaßen:

$T_2 = U_{pwm}/U*T$

Der errechnete Wert für T2 muß als Zweierkomplement in das entsprechende Compare-Register eingetragen werden.

Beispiel:
Analogspannung: 1.5 V
Amplitude des PWM-Signales 5 V
Periodendauer 1024 µs (Reload-Wert 0xFC00)

$T_2 = 1.5\ V/5\ V*1024 = 307.2 = 307$

Der Compare-Wert ist also 0xFECD.

Der Tiefpaß muß so dimensioniert werden, daß er die Grundfrequenz des PWM-Signals (1/T, T = Periodendauer) hinreichend gut unterdrückt. Bei einem Tiefpaß 1. Ordnung ist die Dämpfung oberhalb der Grenzfrequenz gleich f/f_{grenz}, somit ist bei einer Grundfrequenz von ca. 4 kHz (Auflösung 8 Bit) der Tiefpaß auf eine Grenzfrequenz von ca. 4 Hz zu dimensionieren, wenn man eine Dämpfung auf ca. 1 Promille erreichen will.

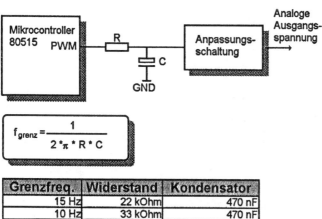

Grenzfreq.	Widerstand	Kondensator
15 Hz	22 kOhm	470 nF
10 Hz	33 kOhm	470 nF
7,5 Hz	47 kOhm	470 nF
5 Hz	68 kOhm	470 nF
2,5 Hz	68 kOhm	1 µF
1 Hz	150 kOhm	1 µF
0,5 Hz	150 kOhm	2,2 µF

Abb. 4.32 Dimensionierung eines Tiefpaßes

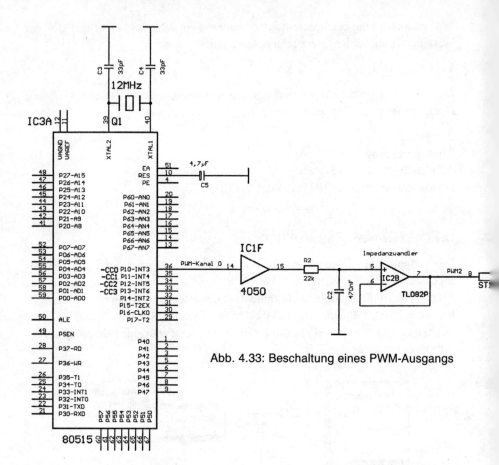

Abb. 4.33: Beschaltung eines PWM-Ausgangs

Will man nun Signalformen erzeugen, die bei einer 8-Bit-Auflösung eine höhere Frequenz als 4 Hz haben, so muß der Tiefpaß anders aufgebaut werden (z. B. Tiefpaß 2. oder 3. Ordnung).

Damit das erzeugte Analogsignal eine gute Genauigkeit erreicht, muß der Pegel des PWM-Signals im LOW-Zustand möglichst genau 0 V und im HIGH-Zustand genau 5 V haben. Dazu kann zur Ansteuerung des Tiefpaßes beispielsweise ein CMOS-Puffer 4050 eingesetzt werden. Um den PWM-Ausgang an die analoge Schaltung anzupassen, kann es erforderlich sein, einen Impedanzwandler nachzuschalten.

PWM-Signalerzeugung mit AUTO-RELOAD

```
/******
Modulname    : PWM1

Funktion     : Erzeugung von PWM-Signalen mit dem Timer 2 mit automatischem
               Reload

erstellt am  : 19.4.94
von          : jmw

Änderungen   :
Name   Datum   Beschreibung

*******/
#pragma small
#pragma debug

/********* INCLUDES *********/
#include <reg515.h>

/********* KONSTANTEN *******/

#define TIMER2_MODE   0x11 /* Kein Vorteiler, Auto-Reload, Compare-Modus 0 */
                           /* Interner Takt */
#define PWM_MODE      0x08  /* PWM-Kanal 1 freigeben */
#define RELOAD        0x00ff/* 8-Bit Auflösung */

/********* PROTOTYPEN *******/
/** externe **/

/** interne **/
void isr_pwm(void);
void da_wert(unsigned char wert);
void main(void);

/********* EXTERNE VARIABLEN *******/

/********* VARIABLEN *******/

sfr16 T2     = 0xcc;/* 16-Bit Variable für Zählregister Timer 2 */
sfr16 CC0    = 0xca;/* 16-Bit Variable für Compare-Register 0 bis 3 */
sfr16 CC1    = 0xc2;/* CC0 ist AUTO-RELOAD-REGISTER */
sfr16 CC2    = 0xc4;
sfr16 CC3    = 0xc6;
```

```
/** !! ACHTUNG !! im Gegensatz zur C-Konvention ist hier dasLOW-Byte an der
        niederwertigen Adresse. Das C-Programm lädt die Variable aber nach der
        C-Konvention, d. h. das High-Byte zuerst. **/

unsigned char compare;
bit neu;

/********* FUNKTIONSDEFINITIONEN *******/

/*****************************
Funktionsname : isr_pwm

Beschreibung  : Interrupt von steigender Flanke am PWM-Ausgang zum Ändern des
                Compare-Wertes.

Parameter     : keine

Returnwert    : keiner

erstellt am   : 19.4.94
von           : jmw

Änderungen    :
Name    Datum   Beschreibung

*****************************/
void isr_pwm(void) interrupt 11
{
/**** Variablen ****/

/**** Funktion ****/
        CCL1 = compare;     /* Neuer Compare-Wert laden */
        neu = 0;            /* und signalisieren */
}

/*****************************
Funktionsname : da_wert

Beschreibung  : Übergibt einen neuen Compare-Wert.

Parameter     : unsigned char wert

Returnwert    : keiner

erstellt am   : 19.4.94
von           : jmw
```

```
Änderungen   :
Name    Datum    Beschreibung

*******************************/

void da_wert(unsigned char wert)
{
/**** Variablen ****/

/**** Funktion ****/

/* Dieses Programm erzeugt ein Sägezahnsignal */
/* Durch Modifikation der Variablen ,,wert'' kann die Signalform
   verändert werden */

        compare = wert;        /* Neuer Wert übergeben */
        neu = 1;               /* Signalisierung setzen */
        for (;neu != 0;)
                ;  /* Warten bis Wert von ISR übernommen */
}


/*******************************
Funktionsname: main

Beschreibung : Initialisierung und Start der PWM-Signal-Erzeugung.
Parameter    : keine

Returnwert   : keiner

erstellt am  : 19.4.94
von          : jmw

Änderungen   :
Name    Datum    Beschreibung

*******************************/

void main(void)
{
/**** Variablen ****/

unsigned char i;

/**** Funktion ****/

        CCEN    = PWM_MODE; /* Kanal 1 für PWM-Signal freigeben */
```

```
T2     = RELOAD;     /* Zählregister und */
CCO    = RELOAD;     /* RELOAD-Register mit RELOAD-Wert laden */
CC1    = 0xffff;     /* COMPARE-Wert auf 0 Volt */
T2CON  = TIMER2_MODE;/* Timer initialisieren */
EAL    = 1;          /* Interrupts freigeben */
EX4    = 1;

do
{
      for (i=0;;i++)
      {
            da_wert(i);  /* COMPARE-Werte ändern */
      }

}
while(1);
}
```

Der Timer 2 wird im 16-Bit-Auto-Reload-Modus betrieben. Erreicht der Zählerstand den Wert des Compare-Registers, so wird durch die entstehende steigende Flanke am Port P1.1 ein externer Interrupt 4 ausgelöst. Dieser wird dazu verwendet, den Wert des Compare-Registers zu verändern.

PWM-Signalerzeugung ohne AUTO-RELOAD

```
/******
Modulname    : PWM1

Funktion     : Erzeugung von PWM-Signalen mit dem Timer 2 ohne automatisches
               Reload.

erstellt am  : 19.4.94
von          : jmw

Änderungen   :
Name    Datum    Beschreibung

*******/
#pragma small
#pragma debug

/********* INCLUDES *********/
#include <reg515.h>
```

```
/********* KONSTANTEN *******/

#define TIMER2_MODE0x01 /* Kein Vorteiler, kein Nachladen, Compare-Modus 0 */
                        /* Interner Takt */
#define PWM_MODE   0x02   /* PWM-Kanal 0 freigeben */
#define RELOAD     0x00ff /* 8-Bit Auflösung */

/********* PROTOTYPEN *******/
/** externe **/

/** interne **/
void isr_pwm(void);
void isr_pwm2(void);
void da_wert(unsigned char wert);
void main(void);

/********* EXTERNE VARIABLEN *******/

/********* VARIABLEN *******/

sfr16 T2     = 0xcc;/* 16-Bit Variable für Zählregister Timer 2 */
sfr16 CC0    = 0xca;/* 16-Bit Variable für Compare-Register 0 bis 3 */
sfr16 CC1    = 0xc2;/* CC0 ist AUTO-RELOAD-REGISTER */
sfr16 CC2    = 0xc4;
sfr16 CC3    = 0xc6;
/** !! ACHTUNG !! im Gegensatz zur C-Konvention ist hier das LOW-Byte an der
      niederwertigen Adresse. Das C-Programm lädt die Variable aber nach der
      C-Konvention, d. h. das High-Byte zuerst. **/

unsigned char compare;
bit neu;

/********* FUNKTIONSDEFINITIONEN *******/

/******************************
Funktionsname: isr_pwm

Beschreibung : Interrupt von Timer zum Nachladen des Zählwertes.

Parameter    : keine

Returnwert   : keiner

erstellt am  : 19.4.94
von          : jmw

Änderungen   :
Name   Datum   Beschreibung
```

```
********************************/

void isr_pwm(void) interrupt 5
{
/**** Variablen ****/

/**** Funktion ****/
     T2IO   = 0;          /* Timer Stop */
     T2     = RELOAD;     /* Timer 2 nachladen */
     T2IO   = 1;          /* Timer Start */
     TF2    = 0;          /* Anforderung rücksetzten */
}

/*******************************
Funktionsname : isr_pwm2

Beschreibung  : Interrupt vom PWM-Ausgang zum Ändern des Compare-Wertes.

Parameter     : keine

Returnwert    : keiner

erstellt am   : 19.4.94
von           : jmw

Änderungen :
Name   Datum   Beschreibung

********************************/

void isr_pwm2(void) interrupt 10
{
/**** Variablen ****/

/**** Funktion ****/
     CRCL = compare;      /* Neuer Compare-Wert laden */
     neu = 0;             /* und signalisieren */
}

/*******************************
Funktionsname : da_wert

Beschreibung  : Übergibt einen neuen Compare-Wert

Parameter     : unsigned char wert

Returnwert    : keiner
```

```
erstellt am   : 19.4.94
von           : jmw

Änderungen    :
Name   Datum   Beschreibung

*******************************/

void da_wert(unsigned char wert)
{
/**** Variablen ****/

/**** Funktion ****/

/* Dieses Programm erzeugt ein Sägezahnsignal */
/* Durch Modifikation der Variablen ,,wert'' kann die Signalform
 verändert werden */

      compare = wert;      /* Neuer Wert übergeben */
      neu = 1;             /* Signalisierung setzen */
      for (;neu != 0;)
            ;   /* Warten bis Wert von ISR übernommen */
}

/******************************
Funktionsname: main

Beschreibung : Initialisierung und Start der PWM-Signal-Erzeugung.

Parameter    : keine

Returnwert   : keiner

erstellt am   : 19.4.94
von           : jmw

Änderungen    :
Name   Datum   Beschreibung

*******************************/

void main(void)
{
/**** Variablen ****/

unsigned char i;
```

```
/**** Funktion ****/

        CCEN   = PWM_MODE;   /* Kanal 0 für PWM-Signal freigeben */
        T2     = RELOAD;     /* Zählregister setzen */
        CCO    = 0x00ff;     /* Compare-Wert für 5 Volt */
        T2CON  = TIMER2_MODE; /* Timer initialisieren */
        I3FR   = 1;          /* Interrupt bei steigender Flanke an PWM-Pin */
        EAL    = 1;          /* Interrupts freigeben */
        EX3    = 1;          /* Neue Compare-Werte */
        ET2    = 1;          /* Zähler nachladen */

        do
        {
                for (i=0;;i++)
                {
                        da_wert(i);   /* COMPARE-Werte ändern */
                }
        }
        while(1);
}
```

Der Timer 2 ist im 16-Bit Zeitgeber-Modus ohne automatisches Nachladen. Deswegen muß bei jedem Überlauf ein Timer 2 Interrupt ausgelöst werden. Der Timer wird angehalten und nachgeladen. Das Interrupt-Flag muß gelöscht werden, da es nicht automatisch von der Hardware gelöscht wird. Erreicht der Zählerstand den Wert des Compare-Registers, so wird durch die entstehende steigende Flanke am Port P1.0 ein externer Interrupt 3 ausgelöst. Dieser muß zuvor auf steigende Flanke programmiert werden. Der Interrupt 3 wird dazu verwendet, den Wert des Compare-Registers zu verändern.

5 Hardwareentwurf

Mit den Controllern der 8051-Familie lassen sich mit wenigen Bauteilen universell einsetzbare Steuerplatinen aufbauen. Je nach Aufgabenstellung wird ein Address Latch, ein EPROM, ein RAM und natürlich die CPU benötigt. Ansonsten sind nur wenige diskrete Bauteile zu beschalten.

5.1 Störsicheres Schaltungsdesign

Sollen Mikrocontroller-Schaltungen in Umgebungen eingesetzt werden, in denen es auf große Zuverlässigkeit und Störsicherheit ankommt, so muß schon bei der Schaltungskonzipierung darauf geachtet werden, daß störende Einflüsse, zum Beispiel Spannungsspitzen und Störeinstrahlung, möglichst vom digitalen Teil der Prozessorschaltung ferngehalten werden. Über integrierte oder zusätzliche Überwachungsschaltungen kann die korrekte Funktion des Controllers überwacht werden.

5.1.1 Schutzbeschaltungen

Stützkondensatoren
Um kurzzeitige Spannungseinbrüche auf der Versorgungsleitung durch Schaltvorgänge zu vermeiden, sollte für jedes IC in der Schaltung ein Keramikkondensator mit 100 nF als Stützkondensator vorgesehen werden. Dieser muß dann so nahe wie möglich am IC zwischen Masse und +5 V platziert werden.

Zusätzlich kann noch ein Elko mit 10 µF bis 100 µF direkt am +5 V-Anschluß der Schaltung angebracht werden.

Optokoppler und Freilaufdiode an Relais
Sollen Relais vom Mikrocontroller angesteuert werden, so empfiehlt es sich, diese nach Möglichkeit galvanisch über Optokoppler vom Prozessorteil zu trennen. Dadurch gelangen Spannungsspitzen, die beim Ein- und Ausschalten des Relais entstehen nicht in den Digitalteil der Schaltung.

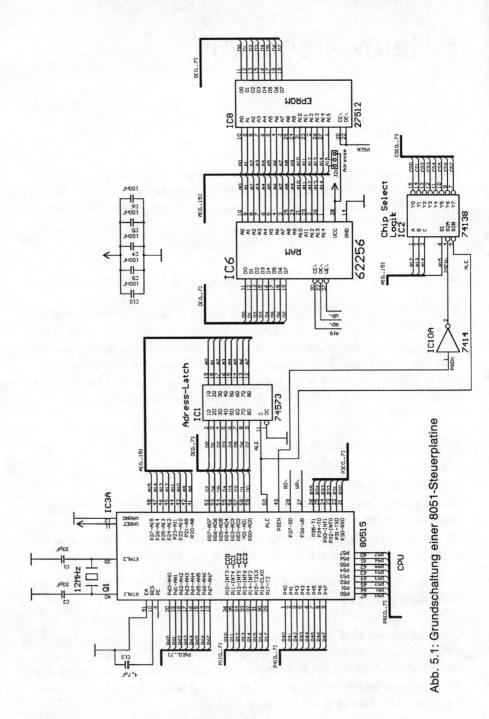

Abb. 5.1: Grundschaltung einer 8051-Steuerplatine

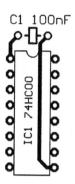

Abb. 5.2: Plazierung von Stützkondensatoren in elektronischen Schaltungen

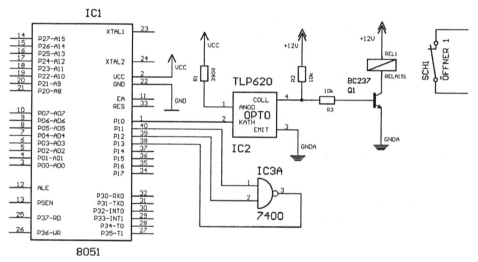

Abb. 5.3: Anschluß von Relais über Optokoppler

Bei der Leitungsführung ist darauf zu achten, daß keine Digitalleitungen im galvanisch getrennten Bereich der Relais liegen, da die Spannungsspitzen sonst auf diese übersprechen. Um die Größe der Spannungsspritzen zu verringern muß parallel zu jeder Relais-Spule eine Freilaufdiode geschaltet werden.

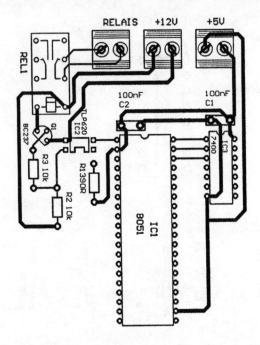

Abb. 5.4 Leitungsführung bei galvanisch getrennten Schaltungen

Schutzdiode in der Versorgungsspannung

Um Spannungsspitzen auf der Versorgungsspannungsleitung zu unterdrücken, können Z-Dioden und schnelle Schutzdioden eingesetzt werden. Die Z-Diode mit einer Zenerspannung von 5,1 V verhindert, daß die Spannung über 5,1 V ansteigt, die Schutzdiode kappt negative Spannungsspitzen.

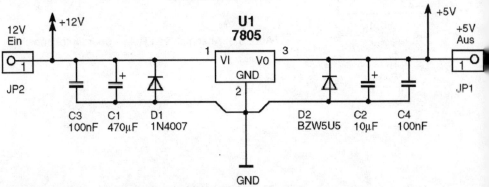

Abb. 5.5 Schutzdioden in der Versorgunsspannung

Diese Schutzschaltungen sollten direkt am +5 V-Anschluß der Schaltung plaziert werden.

Absicherung analoger und digitaler Eingänge

Analoge und digitale Eingänge können durch Spannungsspitzen oder negative Spannungen zerstört werden. Durch Z-Dioden und schnelle Schutzdioden können auch hier Spannungsspitzen unterdrückt werden. Die 5,1-Z-Diode verhindert, daß die Spannung am Porteingang über 5,1 V ansteigt, die Schutzdiode kappt negative Spannungsspitzen. Der Serienwiderstand der Z-Diode begrenzt den Strom durch die Diode.

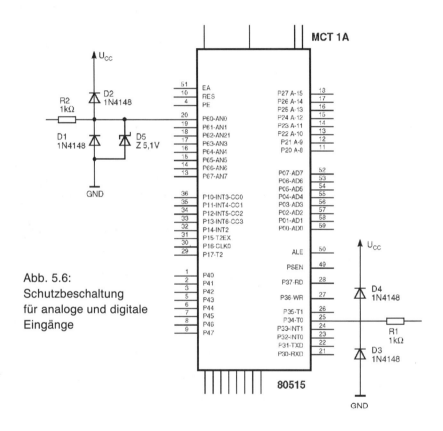

Abb. 5.6:
Schutzbeschaltung
für analoge und digitale
Eingänge

5.1.2 Watchdog intern, extern

Der Watchdog hat darüber zu wachen, daß das laufende Programm richtig arbeitet. Durch externe Störungen, zum Beispiel elektromagnetische Einstrahlungen auf den externen Bus, kann ein falscher Programmbefehl eingelesen werden, der das Programm zum Absturz bringt. Arbeitet das Programm korrekt, so muß es in bestimmten Abständen ein Signal an den Watchdog senden. Bleibt dieses für eine gewisse Zeit aus, so erzeugt der Watchdog einen RESET. **Bei der Programmierung ist unbedingt darauf zu achten, daß der Watchdog nicht von einer Interrupt-Routine (z. B. Timerinterrupt) bedient wird, da diese auch bei einem Programmabsturz immer wieder aufgerufen wird und dadurch ein Programmabsturz nicht erkannt werden kann. Deshalb muß der Watchdog an Stellen im Hauptprogramm bedient werden, die bei korrekter Funktion immer wieder durchlaufen werden.** Es muß auch darauf geachtet werden, daß der Watchdog auch in Schleifen, z. B. Warteschleifen die länger als die Reaktionszeit des Watchdogs dauern, bedient wird.

Der integrierte Watchdog-Timer

Einige Mitglieder der 8051-Familie besitzen einen integrierten Watchdog. Dieser soll dafür sorgen, daß ein Programm nach einem Absturz immer wieder an einer definierten Position, nämlich an der Adresse 0000h zu laufen beginnt. Die Funktion und die Einsatzmöglichkeiten des integrierten Watchdogs sollen am Beispiel des 80(C)515 erläutert werden.

Der Watchdog-Timer wird per Software durch Setzen des Bits SWDT gestartet, kann dann aber nicht mehr gestoppt werden, außer durch einen externen Reset. Durch Starten des Wachdog-Timers wird das Bit WDTS (Wachdog-Timer Status) gesetzt um anzuzeigen, daß der Watchdog aktiv ist. Löst der Watchdog einen Reset aus, so bleibt das Bit WDTS gesetzt und der Watchdog läuft weiter. Dadurch kann die Software feststellen ob ein externer oder interner (Watchdog) Reset ausgeführt wurde. Der Watchdog-Timer ist ein 16-Bit Zähler, der mit jedem Maschinenzyklus inkrementiert wird. Um das Überlaufen des Watchdog-Timers zu verhindern, muß zuerst das Bit WDT und unmittelbar danach das Bit SWDT gesetzt werden. Durch diesen Doppelbefehl wird verhindert, daß im Fehlerfall der Watchdog unbeabsichtigt gesetzt wird. Beim Zählerstand 0FFFCh löst der Watchdog-Timer einen Reset aus, der 4 Maschinenzyklen dauert. Die Reaktionszeit des Watchdog-Timers beträgt also ca. 65,5 ms bei 12 MHz Taktfrequenz.

Bei der Verwendung des Watchdog-Timer-Status-Bits (WDTS) muß berücksichtigt werden, daß das Register IP0 nicht bitadressierbar ist.

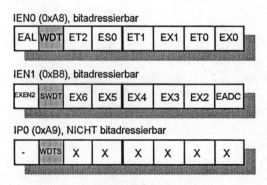

IEN0 (0xA8), bitadressierbar

| EAL | WDT | ET2 | ES0 | ET1 | EX1 | ET0 | EX0 |

IEN1 (0xB8), bitadressierbar

| EXEN2 | SWDT | EX6 | EX5 | EX4 | EX3 | EX2 | EADC |

IP0 (0xA9), NICHT bitadressierbar

| - | WDTS | X | X | X | X | X | X |

Abb. 5.7 Die Watchdog-Timer Register

Benutzung des integrierten Watchdog-Timers in C51

```
/******
Modulname    : WATCHDG1

Funktion     : Ansteuerung des integrierten Watchdog

erstellt am  : 1.6.94
von          : jmw

Änderungen   :
Name   Datum   Beschreibung

*******/
#pragma small
#pragma debug

/********* INCLUDES ********/
#include <reg515.h>

/********* KONSTANTEN ******/
#define watchdog    WDT=1;SWDT=1; /* MAKRO: Watchdog triggern */

/********* PROTOTYPEN ******/
/** interne **/
void main(void);

/********* FUNKTIONSDEFINITIONEN ******/

/*****************************
Funktionsname: main

Beschreibung : Start des integrierten Watchdog und laufende Triggerung

Parameter    : keine

Returnwert   : keiner

erstellt am  : 1.6.94
von          : jmw

Änderungen   :
Name   Datum   Beschreibung
*****************************/

void main(void)
{
```

```
/**** Variablen ****/
     bit watchdog_reset;

     /**** Funktion ****/

     watchdog_reset = 0; /* Watchdog-Reset Erkennung auf Hardware-Reset */
     /* Bit WDTS extrahieren */
     if ((IP0 & 0x40) != 0)      /* Wenn WDTS gesetzt dann Watchdog-Reset
                                    Erkennung */
           watchdog_reset = 1; /* auf Watchdog-Reset */
/* Dieses Bit kann im Programm verwendet werden, um unterschiedliche Aktionen bei
Hardware- und Watchdog-Reset durchzuführen */
     SWDT = 1;     /* integrierter Watchdog starten */

     for (;;)
     {
           /* Hier kann ein beliebiges Programm stehen */

           watchdog /* MAKRO: Watchdog triggern */
     }
}
```

Benutzung des integrierten Watchdog-Timers in Assembler

```
;******
;Modulname   : WATCHDG2.A51

;Funktion    : Ansteuerung des integrierten Watchdog

;erstellt am : 2.6.94
;von         : jmw

;Änderungen  :
;Name   Datum   Beschreibung

;*******
$nomod51

;********* INCLUDES *********
$include(y:\to\asm51\reg515.inc)

;********* KONSTANTEN *******

$set (use_watchdog) ;      Hier kann die Verwendung des Watchdog ein- und aus-
                           geschaltet werden.
```

```
;********* MAKROS ***********

;******* Watchdog setzen ***********
watchdog     macro
$if (use_watchdog) ;        Wird nur ausgeführt wenn Watchdog gewünscht
     setb   WDT ;           Watchdog triggern
     setb   SWDT
$endif
     endm

;********* SEGMENTDEFINITIONEN *******

;** interne **
?PR?MAIN?WATCHDG2 SEGMENT CODE
?BI?MAIN?WATCHDG2 SEGMENT BIT
STACK SEGMENT IDATA

;********* EXTERNE VARIABLEN *******

;********* VARIABLEN ********

rseg STACK
?STACK:      ds 1

rseg ?BI?MAIN?WATCHDG2
watchdog_reset:    dbit   1 ;    Bit zur Unterscheidung zw. Hardware- und
                                 Watchdogreset

;********* FUNKTIONSDEFINITIONEN *******
cseg    at 000h
     ljmp    main
;*****************************
;Funktionsname main

;Beschreibung: Start des integrierten Watchdog und Triggerung

;Parameter   : keine

;Returnwert  : keiner

;erstellt am : 2.6.94
;von         : jmw
;Änderungen  :
;Name    Datum   Beschreibung
```

```
;********************************
rseg ?PR?MAIN?WATCHDG2
main:
        mov     sp,#?STACK          ; Stackpointer laden
        clr     watchdog_reset      ; Reset-Kennung vorbesetzen für Hardware-Reset
        mov     a,IP0               ; Bit WDTS extrahieren
        anl     a,#40h
        jz      start_watchdog      ; Wenn WDTS gesetzt, dann Reset-Kennung
        setb    watchdog_reset      ; auf Watchdog-Reset
; Dieses Bit kann im Programm verwendet werden, um unterschiedliche Aktionen
; bei Hardware- und Watchdog-Reset ; durchzuführen.

start_watchdog:
$if (use_watchdog)                  ; Wird nur ausgeführt wenn Watchdog gewünscht
        setb    SWDT                ; integrierter Watchdog starten
$endif
main_loop:
        ;******** Hier kann ein beliebiges Programm stehen ********

        watchdog                    ; MAKRO: Watchdog triggern
        jmp     main_loop

end
```

Externe Watchdog-Bausteine

Die Mikroprozessorüberwachungsbausteine der Serie MAX69x von MAXIM integrieren Watchdogtimer, Überwachung und Pufferung der Versorgungsspannung von CMOS-RAMs und Schreibschutzlogik für CMOS-RAMs in einem IC. Durch den Einsatz eines solchen Schaltkreises kann die Systemzuverlässigkeit von Mikrocontrollerschaltungen erheblich verbessert werden.

- V_{cc} Versorgungsspannung +5 V
- V_{Batt} Backup-Batterie-Anschluß. Ist mit GND zu verbinden wenn unbenutzt.
- V_{out} Die höhere der beiden Spannungen V_{cc} und V_{Batt} wird an diesen Ausgang geschaltet. Ist mit V_{cc} zu verbinden, wenn V_{Batt} nicht benutzt wird.
- GND   0 V-Anschluß
- $\overline{RESET}$ Dieser Ausgang geht auf 0, wenn V_{cc} unter die Schwellenspannung oder unter V_{Batt} fällt. Der Ausgang bleibt noch für 50 ms auf 0 wenn die Spannung wieder +5 V erreicht hat. Der $\overline{RESET}$-Ausgang wird ebenfalls aktiv, wenn der Watchdog nicht innerhalb seiner Reaktionszeit bedient wird.

- WDI   Watchdog-Trigger-Signal. Dieser Eingang kennt drei Zustände. Bleibt er länger als die Reationszeit des Watchdogs auf 0 oder 1 so wird ein Reset-Signal erzeugt. Der Watchdog wird mit jeder Flanke zurückgesetzt. Bleibt der Eingang unbeschaltet, oder wird auf der Mitte zwischen 0 und +5 V gehalten, so ist die Watchdogfunktion ausgeschaltet.
- PFI   Eingang des Spannungs-Komparators. Fällt die Spannung an diesem Pin unter 1,25 V so wird der Ausgang PFO auf 0 geschaltet. Dieser Eingang ist mit GND oder V_{cc} zu verbinden, wenn unbenutzt.
- $\overline{PFO}$ Dieser Ausgang geht auf 0, wenn die Spannung an PFI unter 1,25 V fällt.
- $\overline{CEin}$ Chip-Enable-Eingang für RAM-Schreibschutz. Ist mit GND oder V_{cc} zu verbinden, wenn unbenutzt.
- $\overline{CEout}$ Dieser Ausgang folgt den Eingang $\overline{CEin}$ nur, wenn V_{cc} oberhalb der Schwellenspannung liegt, sonst bleibt er auf 1.
- BATT On   Dieser Ausgang ist 1, wenn V_{Batt} mit V_{out} verbunden ist.
- $\overline{LOW\ LINE}$ Dieser Ausgang geht auf 0, wenn V_{cc} unter die Schwellenspannung fällt und geht auf 1, sobald V_{cc} wieder über der Schwellenspannung liegt.
- RESET   Ist das invertierte Signal von $\overline{RESET}$
- OSC SEL   Ist dieser Eingang unbeschaltet oder mit +5 V verbunden, so ist der interne Oszillator aktiviert. Ansonsten muß eine externe Oszillatorschaltung an OSC IN angeschlossen werden.
- OSC IN   Hiermit kann die Länge des Reset-Signals und die Reaktionszeit des Watchdog eingestellt werden.
- $\overline{WDO}$ Dieser Ausgang geht auf 0, wenn der Watchdogtimer abgelaufen ist. Mit einer Flanke an WDI wird dieser Ausgang wieder auf 1 gesetzt.

Es gibt zwei verschiedene Ausführungen dieser Bausteine. Die Typen MAX690 und MAX692 sind in einem 8-poligen Gehäuse untergebracht und haben vier Funktionen:

- Erzeugung eines Reset-Signals beim Ein- und Ausschalten, sowie bei kurzzeitigen Einbrüchen der Spannungversorgung. Unterhalb einer Schwellenspannung von 4,65 V (4,40 V MAX691 und MAX693) wird ein Reset-Signal erzeugt, das auch noch 50 ms nach Überschreiten der Schwellenspannung erhalten bleibt.
- Umschalten von normaler Versorgungsspannung auf Batteriespannung, zur Versorgung von Schaltungsteilen mit niedriger Leistungsaufnahme (z. B. CMOS-RAM, CMOS-Prozessor).

- Erzeugung eines Reset-Signals, wenn der integrierte Watchdog nicht innerhalb der eingestellten Zeit bedient wurde.
- Überwachung einer Spannung, zum Beispiel Versorgungsspannung oder Batteriespannung und Erzeugung eines Warnsignals, wenn die Spannung am Spannungskomparator unter 1,25 V sinkt.

Die Typen MAX691 und MAX693 sind in einem 16-poligen Gehäuse untergebracht und besitzen zusätzlich zu den oben genannten Eigenschaften folgende Funktionen:

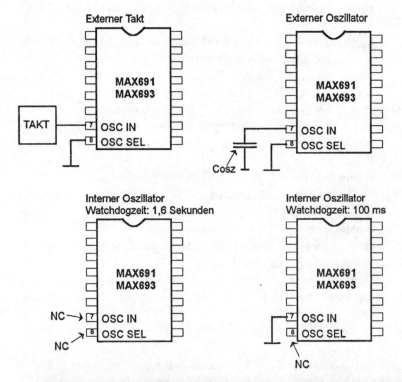

OSC SEL	OSC IN	WATCHDOGZEIT	1. Intervall nach RESET	Länge von RESET
0	externer Takt	1024 Takte	4096 Takte	512 Takte
0	externer Kondensator	400ms/47pF*C	1,6 Sek/47pF*C	200ms/47pF*C
1/NC	0	100 ms	1,6 Sek	50 ms
1/NC	1/NC	1,6 Sek	1,6 Sek	50 ms

Abb. 5.9: Verschiedene Oszillatorbeschaqltungenb am MAX691/MAX693

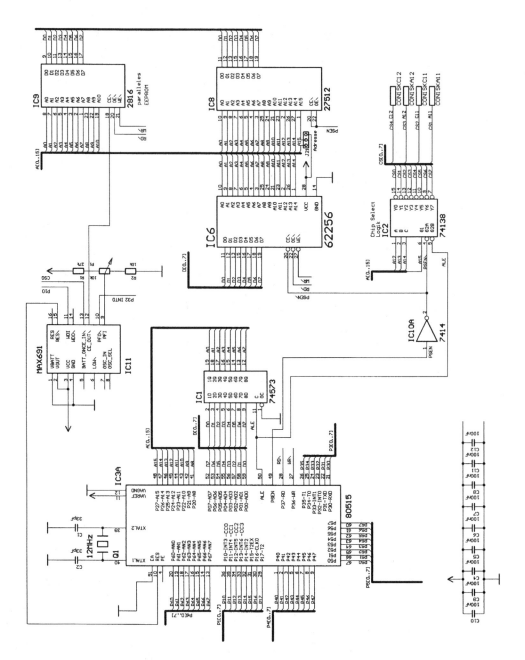

Abb. 5.10: Anwendung des MAX691/MAX693

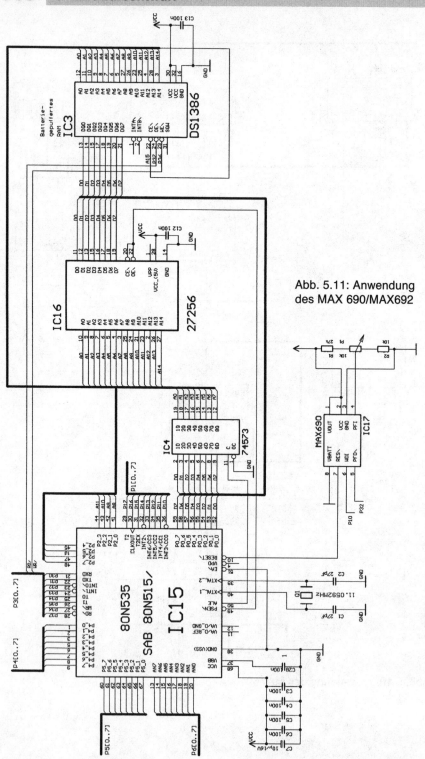

Abb. 5.11: Anwendung des MAX 690/MAX692

- Schreibschutzlogik für batteriegepuffertes CMOS-RAM. Mit dem Ausgang $\overline{\text{CE}}$-Out wird der CE-Anschluß des CMOS-RAMs angesteuert. Solange die Versorgungsspannung über 4,65 V (4,40 MAX693) liegt, wird das CE-Signal von Prozessor, das am Anschluß CE-In liegt, durchgeschaltet. Fällt die Versorgungsspannung unter die Schwellenspannung, so wird der Ausgang CE-Out auf 1 geschaltet und somit das CE-Signal vom Prozessor gesperrt. Damit wird verhindert, daß der Prozessor bei Ausfall der Versorgungsspannung unkontrolliert Daten in das CMOS-RAM schreibt. Der Ausgang $\overline{\text{LOW LINE}}$ geht in diesem Fall auf 0.
- Einstellbare Zeit für das Reset-Signal und die Reaktionszeit des Watchdog.
- Separate Statusausgänge für Watchdog-Fehler, Umschaltung auf Batteriespannung und zu niedrige Versorgungsspannung.

Der interne Oszillator ist aktiviert, wenn der Pin OSC SEL auf 1 liegt, oder unbeschaltet ist. Mit der Beschaltung des Pins OSC IN kann dann die Reaktionszeit des Watchdog festgelegt werden. Ist OSC IN = 1 so ist die Reaktionszeit 1,6 Sekunden, ist OSC IN = 0 100 ms. Das erste Watchdog-Intervall nach einem Reset ist immer 1,6 Sekunden, um dem Prozessor Zeit für die Initialisierung zu geben. Ab dem ersten Impuls am Eingang WDI wird dann die eingestellte Reaktionszeit aktiviert. Durch Anschluß eines externen Taktes oder eines Kondensators an den Pin OSC IN kann die Reaktionszeit und die Dauer des Reset-Signals in gewissen Grenzen frei eingestellt werden. Der Pin OSC SEL muß dabei auf 0 liegen.

Fällt die Schwellenspannung am Eingang PFI unter 1,25 V, so wird der zugehörige Ausgang $\overline{\text{PFO}}$ auf 0 geschaltet und erzeugt einen Interrupt. Der Spannungsteiler sollte dabei so eingestellt werden, daß die Spannung an PFI einige Millisekunden von unterschreiten der Resetschwelle von 4,65 V (4,40 V) unter 1,25 V sinkt. Die Interrupt-Routine hat dann Zeit wichtige Daten ins batteriegepufferte CMOS-RAM oder in ein EEPROM abzulegen, bevor der MAX691 den Reset auslöst.

Bei Geräten die unabhängig von Netz betrieben werden können, wird mit Hilfe des PFI-Eingangs die Batteriespannung überwacht. Sinkt sie unter die eingestellte Schwelle ab, so wird mit dem Ausgang $\overline{\text{PFO}}$ ein Interrupt erzeugt, der das Gerät definiert herunterfährt.

Kann auf die Schreibschutzlogik und auf die Statusausgänge verzichtet werden, so kann der kleinere Baustein MAX690 / MAX692 eingesetzt werden. Dies ist der Fall, wenn ein CMOS-RAM mit integrierter Batterie verwendet wird. Die Reaktionszeit des Watchdog ist hier fest auf ca. 1,6 Sekunden eingestellt. Die Länge des Reset-Impulses ist 50 ms. Der Strombedarf der batteriegepufferten Schaltungsteile darf nicht über 100 mA liegen.

Als Portanschluß für das Watchdog-Signal wird der Port P1.0 verwendet. Das
$\overline{PFO}$-Signal zur Überwachung der Spannung wird an $\overline{INT0}$ (P3.2) angeschlossen,
um bei Absinken der Spannung einen Interrupt auslösen zu können.

PFO-Interrupt und WDI-Signalgenerierung in C51

```
/******
Modulname     : MAX69X_1

Funktion      : Ansteuerung des MAX69x und Spannungsüberwachung

erstellt am   : 3.6.94
von           : jmw

Änderungen    :
Name   Datum   Beschreibung

*******/
#pragma small
#pragma debug

/********* INCLUDES *********/
#include <reg515.h>


/********* KONSTANTEN *******/

sbit   WDI = P1^0;    /* Anschluß für das Triggersignal des MAX69x */
#define watchdog WDI = ~WDI;    /* Watchdog-Eingang Flankenwechsel */


/********* PROTOTYPEN *******/
/** interne **/
void power_fail(void);
void main(void);

/********* VARIABLEN ********/
unsigned char var1;      /* Beispiel für Arbeitsvariable */

xdata unsigned char save1;      /* Sicherungsvariable im batteriegepuf-
                                   ferten RAM */

/********* FUNKTIONSDEFINITIONEN *******/

/****************************
Funktionsname power_fail
```

Beschreibung : Bei Unterschreiten der Schwellenspannung wird der externe
               Interrupt 0 ausgelöst. Hier werden alle anderen Interrupts aus-
               geschaltet und Variablen ins batteriegepufferte RAM gesichert.
               In einer Endlos-Schleife wartet das Programm dann auf die
               Abschaltung.

Parameter   : keine

Returnwert   : keiner

erstellt am : 3.6.94
von   : jmw

Änderungen   :
Name   Datum   Beschreibung

```
******************************/

void power_fail(void) interrupt 0 using 0
{
/**** Funktion ****/
     EAL = 0;      /* Alle Interrupts sperren */
     save1 = var1; /* Variablen sichern */
     /* Hier können weitere Variablen gesichert werden */
     for (;;)
          watchdog      /* Warten auf Abschaltung */
}

/*****************************
```

Funktionsname: main

Beschreibung : Start der Spannungsüberwachung und Triggern des Watchdog

Parameter   : keine

Returnwert   : keiner

erstellt am : 3.6.94
von   : jmw

Änderungen   :
Name   Datum   Beschreibung

```
*******************************/

void main(void)
{
/**** Funktion ****/
        IP0 = IP1 = 0x01;       /* Externer Interrupt 0 höchste Priorität */
        EX0 = 1;                /* Externer Interrupt 0 freigeben */
        EAL = 1;                /* Damit Spannungsüberwachung läuft */

        for (;;)
        {
        /* Hier kann ein beliebiges Programm stehen */
                watchdog        /* Der Watchdog wird getriggert */
        }
}
```

Bei einem batteriebetriebenen Gerät werden beim Absinken der Batteriespannung alle Daten in ein paralleles EEPROM ab der Adresse 8000h abgelegt. Durch eine Leuchtdiode an Port P1.1 wird signalisiert, daß die Batterie schwach ist. Nach dem Einschalten wird der WDO-Eingang abgefragt, ist dieser 0, so wurde der Interrupt vom Watchdog ausgelöst.

PFO-Interrupt und WDI-Signalgenerierung in Assembler

```
;******
;Modulname    : MAX69X_2.A51

;Funktion     : Ansteuerung eines externen Watchdog und Spannungsüberwachung

;erstellt am  : 2.6.94
;von          : jmw

;Änderungen   :
;Name    Datum    Beschreibung

;*******
$nomod51

;********* INCLUDES *********
$include(y:\to\asm51\reg515.inc)

;********* KONSTANTEN *******

$set (use_watchdog)      ; Hier kann die Verwendung des Watchdog ein-
;                              und ausgeschaltet werden.
```

```
WDI              equ    P1.0   ; Ausgang für Watchdog Triggerung
WDO              equ    P1.2   ; Eingang für Watchdog-Reset
POWER_LOW        equ    P1.1   ; Ausgang für Signalisierung Spannungsabfall

;********* MAKROS **********

;******* Watchdog setzen **********
watchdog    macro
$if (use_watchdog)            ; Wird nur ausgeführt, wenn Watchdog gewünscht.
     cpl    WDI
$endif
     endm

;********* SEGMENTDEFINITIONEN *******

;** interne **
?PR?MAIN?MAX69X_2 SEGMENT CODE
?PR?POWER_FAIL?MAX69X_2 SEGMENT CODE
?BI?MAIN?MAX69X_2 SEGMENT BIT
?DT?MAIN?MAX69X_2 SEGMENT DATA
STACK SEGMENT IDATA

;********* VARIABLEN *******

rseg STACK
?STACK:      ds 1

rseg ?BI?MAIN?MAX69X_2
watchdog_reset:    dbit   1      ; Bit zur Unterscheidung bzw. Hardware-
;                                  und Watchdogreset.

rseg ?DT?MAIN?MAX69X_2
var1:       ds     1      ; Beispielvariable

xseg   at 8000h    ; EEPROM ab der Adresse 8000h
save1: ds   1      ; Variable im parallelen EEPROM zur Datensicherung

;********* FUNKTIONSDEFINITIONEN *******
cseg   at 0000h
     ljmp   main

cseg   at 0003h
     ljmp   power_fail    ; Interrupt-Einsprung für externen Interrupt 0

;*****************************
```

```
;Funktionsname main

;Beschreibung : Start des integrierten Watchdog und Triggerung

;Parameter    : keine

;Returnwert    : keiner

;erstellt am   : 2.6.94
;von           : jmw

                ;Änderungen
;Name    Datum    Beschreibung

;********************************
rseg ?PR?MAIN?MAX69X_2
main:
        mov    sp, #?STACK         ; Stackpointer laden
        clr    watchdog_reset      ; Reset-Kennung vorbesetzen für Hardware-
                                      Reset
        jb     WDO,init            ; Wenn WDO gelöscht, dann Reset-Kennung
        setb   watchdog_reset      ; auf Watchdog-Reset
; Dieses Bit kann im Programm verwendet werden, um unterschiedliche Aktionen bei
; Hardware- und Watchdog-Reset durchzuführen.
init:
        mov    IP0, #01h    ;* Externer Interrupt 0 höchste Priorität
        mov    IP1, #01h    ;*

        setb   EAL          ;* Externer Interrupt 0 freigeben
        setb   EX0          ;*

main_loop:
        ;******** Hier kann ein beliebiges Programm stehen ********
        watchdog             ; MAKRO: Watchdog triggern

        jmp    main_loop

;******************************
;Funktionsname power_fail

;Beschreibung : Variablen ins EEPROM sichern
;               Spannungsabfall signalisieren und sind auf
;               Abschaltung.

;Parameter    : keine
```

```
;Returnwert  : keiner

;erstellt am : 2.6.94
;von         : jmw

;Änderungen  :
;Name  Datum  Beschreibung

;*******************************
rseg ?PR?POWER_FAIL?MAX69X_2
power_fail:
        push    acc
        push    psw
        push    dpl
        push    dph
        mov     dptr,#save1     ;* Variable VAR1 nach SAVE1 sichern
        mov     a,var1          ;*
        movx    @dptr,a         ;*

        clr     POWER_LOW       ; Spannungsabfall signalisieren

power_fail_loop:                ;*
        watchdog                ;* Warten auf Abschaltung
        jmp     power_fail_loop ;*
        pop     dph
        pop     dpl
        pop     psw
        pop     acc
        reti
end
```

In einfacheren Anwendungen, in denen kein externer Watchdog oder eine Backup-Batterie erforderlich ist, kann der Baustein MAX709 eingesetzt werden. Dieser erzeugt beim Unterschreiten der internen Schwellenspannung einen Reset. Dieser bleibt mindestens 140 ms nach Rückkehr der Versorgungsspannung anliegen. Der MAX709 hält den Reset bis hinunter zu einer Spannung von 1 V aktiv. Die meisten Logikbausteine arbeiten unterhalb einer Spannung von 1 V schon lange nicht mehr, soll der Reset aber dennoch bis hinunter zu 0 V garantiert werden, so ist der Pin RESET des MAX709 mit einen Pull-Down-Widerstand von ca. 100kΩ gegen Masse zu beschalten. Um den MAX709 gegen kurzzeitige Störspitzen unempfindlich zu machen, muß ein Keramikkondensator mit 100nF möglichst nahe an den Versorgungspins platziert werden.

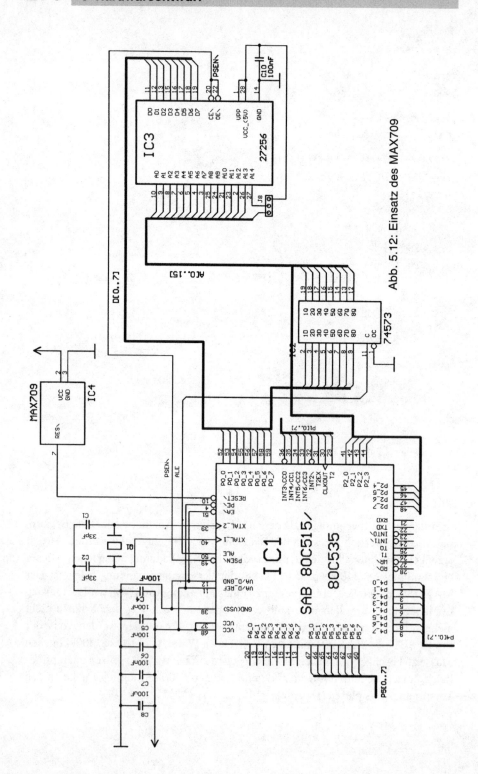

Abb. 5.12: Einsatz des MAX709

5.2 Anschluß externer Peripherie

5.2.1 Analogeingang für verschiedene Spannungsbereiche

Der integrierte A/D-Wandler des Mikrocontrollers 80515 hat einen Eingangsspannungsbereich von 0 bis 5 V. Liegen die zu erfassenden Spannungen innerhalb dieses Bereiches, kann zum Schutz des A/D-Wandlereingangs nur ein Operationsverstärker als Impedanzwandler vorgesehen werden. In der Schaltung wird dieser über die Brücke J1 ausgewählt. Die Operationsverstärker zur Pegelanpassung (OP1 und OP2) brauchen dann nicht verwendet zu werden.
Oft müssen aber Spannungen außerhalb des Eingangsspannungsbereiches des integrierten A/D-Wandlers erfaßt werden. In diesem Fall ist eine Anpassungsschaltung erforderlich. Die unten angeführte Schaltung ist für alle Spannungen von +12 V bis -12 V einsetzbar.

Spannungsbereich -10 V bis +10 V
Der OP1 teilt die Spannung im Verhältnis 2 zu 1 und invertiert das Signal. Aus -10 V werden so +5 V und aus +10 V werden -5 V. Die zweite Stufe mit OP2 addiert zum Eingangssignal eine einstellbare Spannung (hier -5 V), teilt das Signal im Verhältnis 2 zu 1 und invertiert es ebenfalls. So wird aus +5 V 0 V (-(+5 -5)/2) und aus -5 V werden +5 V (-(-5 -5)/2). Die dritte Stufe dient nur noch dem Schutz des

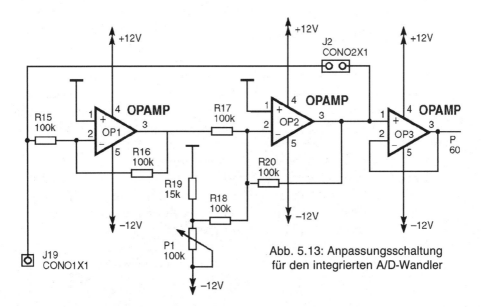

Abb. 5.13: Anpassungsschaltung für den integrierten A/D-Wandler

A/D-Wandler-Eingangs, da OP3 nur mit 0 V und 5 V Versorgungsspannung betrieben wird, kann die Ausgangsspannung nicht größer als 5 V und nicht kleiner als 0 V werden. OP1 und OP2 werden mit +12 V und -12 V Versorgungsspannung betrieben.

Spannungsbereich -5 V bis +5 V
Der OP1 invertiert das ankommende Signal. Aus -5 V werden so +5 V und aus +5 V werden -5 V. Die zweite Stufe mit OP2 addiert zum Eingangssignal eine einstellbare Spannung (hier -5 V), teilt das Signal im Vehältnis 2 zu 1 und invertiert es ebenfalls. So wird +5 V zu 0 V (-(+5 -5)/2) und -5 V wird zu +5 V (-(-5 -5)/2). Die dritte Stufe dient nur noch dem Schutz des A/D-Wandler-Eingangs, da OP3 nur mit 0 V und 5 V Versorgungsspannung betrieben wird, kann die Ausgangsspannung nicht größer als 5 V und nicht kleiner als 0 V werden. OP1 und OP2 werden mit +12 V und -12 V Versorgungsspannung betrieben.

Spannungsbereich 0 V bis +10 V
Der OP1 teilt die Spannung im Verhältnis 2 zu 1 und invertiert das Signal. Aus +10 V werden so -5 V, 0 V bleiben 0 V. Die zweite Stufe mit OP2 addiert zum Eingangssignal eine einstellbare Spannung (hier 0 V) und invertiert es ebenfalls. Aus -5 V werden +5 V (-(-5 -0)) die 0 V bleiben unverändert (-(0 -0)). Die dritte Stufe dient nur noch dem Schutz des A/D-Wandler-Eingangs, da OP3 nur mit 0 V und 5 V Versorgungsspannung betrieben wird, kann die Ausgangsspannung nicht größer als 5 V und nicht kleiner als 0 V werden. OP1 und OP2 werden mit +12 V und -12 V Versorgungsspannung betrieben.

5.2.2 Druckerschnittstelle

Da die meisten Drucker über eine parallele Schnittstelle (Centronics) verfügen, bei der die Daten mit 8 Leitungen und etlichen zusätzlichen Steuerleitungen übertragen werden, empfiehlt sich der Einsatz eines universellen parallelen Portbausteins, zum Beispiel der 8255 . Dieser Baustein hat drei Ports zu je 8 Bit und läßt sich auf verschiedene Betriebsarten programmieren.

- D0...D7   Datenbusverbindung zum Mikroprozessor
- RESET   Reset-Eingang. Eine 1 an diesem Eingang setzt alle Register zurück und schaltet die Ports A, B und C in die Betriebsart Eingabe.
- $\overline{CS}$ Chip-Select-Eingang. Eine 0 an diesem Eingang aktiviert die Busschnittstelle zum Mikroprozessor.
- $\overline{RD}$ Read-Eingang. Eine 0 an diesem Eingang veranlaßt, daß der Inhalt des adressierten Registers im 8255 am Datenbus bereitgestellt wird.

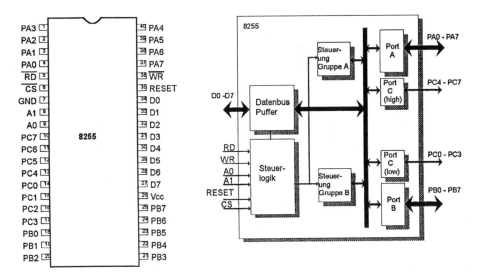

Abb. 5.14: Blockschaltbild des 8255

- $\overline{WR}$ Write-Eingang. Eine 0 an diesem Eingang veranlaßt, daß die Daten am Datenbus in das adressierte Register im 8255 geschrieben wird.
- A_0, A_1 Mit diesen beiden Eingängen wird das gewünschte Register im 8255 ausgewählt.
- $PA_0...PA_7$ Kanal A Bit 0 bis Bit 7
- $PB_0...PB_7$ Kanal B Bit 0 bis Bit 7
- $PC_0...PC_7$ Kanal C Bit 0 bis Bit 7
- V_{cc} Versorgungsspannung +5 V
- GND   0 V, Masse

Die Ports sind mit A, B und C bezeichnet, die durch entsprechende Programmierung des Controlregisters als Eingänge oder Ausgänge gewählt werden können. Ist Bit 7 des Steuerworts 1, so lassen sich mit den Bits 0 bis 6 die Ports A, B und C als Eingabe oder Ausgabe programmieren. Bei Port C lassen sich die unteren und oberen vier Bits getrennt voneinander als Ein- oder Ausgang programmieren. Für Port B sind Mode 0 und 1 und für Port A Mode 0, 1 und 2 programmierbar.

Jede der 8 Leitungen des Ports C kann bitweise gesetzt bzw. zurückgesetzt werden. Hierzu muß das Controlregister mit Bit 7 = 0 und der entsprechenden Vorgabe der Bitnummer programmiert werden.

- Mode 0:   einfache Ein- bzw. Ausgabe. Hier werden die Daten byteweise in einen Ausgabeport geschrieben oder aus einem Eingabeport gelesen.

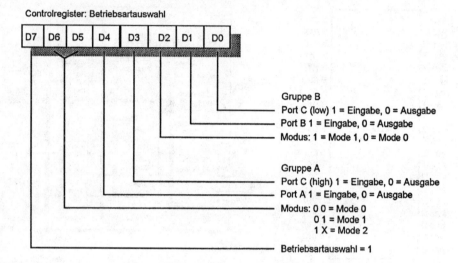

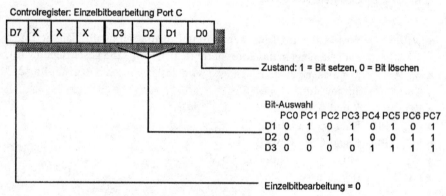

Abb. 5.15: Programmierung der Controlregister

- Mode 1:   Port A bzw. Port B Ein- oder Ausgabe und Port C Quittierungssignale für beide Ports. Dieser Modus kann zur Ansteuerung eines Druckers benutzt werden.

Der Prozessor generiert das Write-Signal (WR/), mit dessen steigender Flanke die Daten in den Baustein übernommen werden. Gleichzeitig wird das OBF-Signal gesetzt. Die externe Logik generiert dann nach dem Lesen der Daten das ACK-Signal, welches das OBF-Signal zurücksetzt. Die fallende Flanke des Write-Signales (WR/), setzt den Ausgang INTR zurück. Die steigende Flanke des ACK-Signals setzt den Ausgang INTR auf 1. Dieser Ausgang kann dazu verwendet werden, um im Controller einen Interrupt auszulösen, der das nächste Zeichen sendet.

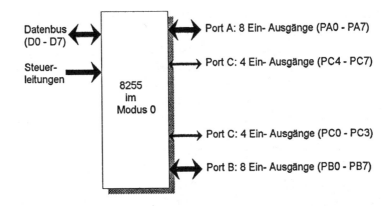

Abb. 5.16: Portbelegung im Modus 0

Die Quittierungssignale des Port C können bitweise gesetzt bzw. zurückgesetzt werden. Hierzu muß das Controlregister mit Bit 7 = 0 und der entsprechenden Vorgabe der Bitnummer programmiert werden.

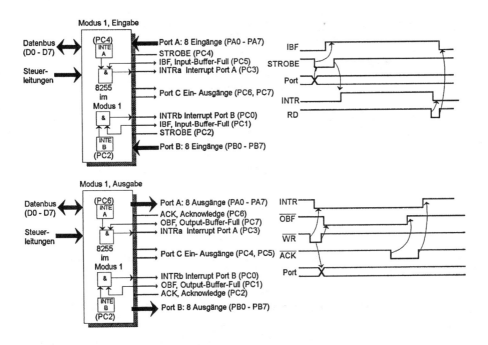

Abb. 5.17 Portbelegung im Modus 1

- Mode 2:   Port A bidirektionaler Port und Port C Quittierungssignale für den
            Port A. In dieser Betriebsart können Daten parallel mit Quittie-
            rungssignalen ausgetauscht werden.

Die externe Logik generiert das Strobesignal, welches mit der fallenden Flanke
das Signal IBF erzeugt. Bei der steigenden Flanke des Strobes müssen die Daten
gültig sein. Sie werden dann in den Baustein gelesen. Gleichzeitig wird das Inter-
ruptsignal INTR gesetzt. Das Lesen der Daten (RD/-Signal) setzt mit der fallenden Flanke das INTR-Signal und mit der steigenden Flanke das IBF-Signal
zurück.

Der Prozessor generiert das Write-Signal (WR/), mit dessen steigender Flanke die
Daten in den Baustein übernommen werden. Gleichzeitig wird das OBF-Signal
erzeugt. Die externe Logik generiert dann nach dem Lesen der Daten das ACK-
Signal, welches das OBF-Signal zurücksetzt. Die Quittierungssignale des Port C
können bitweise gesetzt bzw. zurückgesetzt werden. Hierzu muß das Controlregister mit Bit 7 = 0 und der entsprechenden Vorgabe der Bitnummer programmiert
werden.

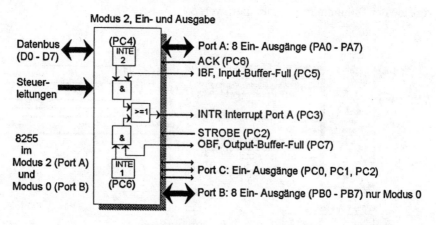

Abb. 5.18 Portbelegung im Modus 2

Zur Übertragung der Daten an den Drucker wird Port A im Modus 1 als Ausgang
programmiert. Die Statusleitungen des Druckers können über Port B eingelesen
werden, der im Modus 0 als Eingang programmiert ist. Die freien Leitungen an
Port C werden als Ausgang programmiert und steuern die Kontrolleingänge des
Druckers. Um vorkonfektionierte Standard-Druckerkabel verwenden zu können,
bietet es sich an, den gleichen Stecker und die gleiche Steckerbelegung wie an PCs
zu verwenden.

25-polige SUB-D Buchse am Controller (oder PC)

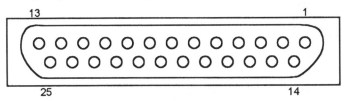

36-poliger CENTRONICS-Stecker am Drucker

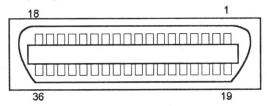

Pinbelegung

Signal	36-pol. Centr.	25-pol. SUB-D	Richtung
STROBE *	1	1	zum Drucker
Data Bit D0	2	2	zum Drucker
Data Bit D1	3	3	zum Drucker
Data Bit D2	4	4	zum Drucker
Data Bit D3	5	5	zum Drucker
Data Bit D4	6	6	zum Drucker
Data Bit D5	7	7	zum Drucker
Data Bit D6	8	8	zum Drucker
Data Bit D7	9	9	zum Drucker
ACK *	10	10	vom Drucker
BUSY	11	11	vom Drucker
Paper Empty	12	12	vom Drucker
Select	13	13	vom Drucker
Auto Feed XT	14	14	zum Drucker
Error *	32	15	vom Drucker
Init *	31	16	zum Drucker
Select In *	36	17	zum Drucker
GND	19 -30, 33 - 35	18 - 25	zum Drucker
* = Low Active			

Abb. 5.19 Steckerbelegung und Timing der CENTRONICS-Schnittstelle

Da bei einigen Druckern das STROBE-Signal wieder inaktiv sein muß, bevor sie das ACK-Signal senden, wird hier das BUSY-Signal über einen Inverter an den Eingang ACK des 8255 gelegt. Wird ein Interrupt-Eingang des Controllers verwendet der auf eine fallende Flanke reagiert, muß der INTR-Ausgang des 8255 ebenfalls invertiert werden. Der 8255 kann direkt an den Datenbus des 8051 angeschlossen werden.

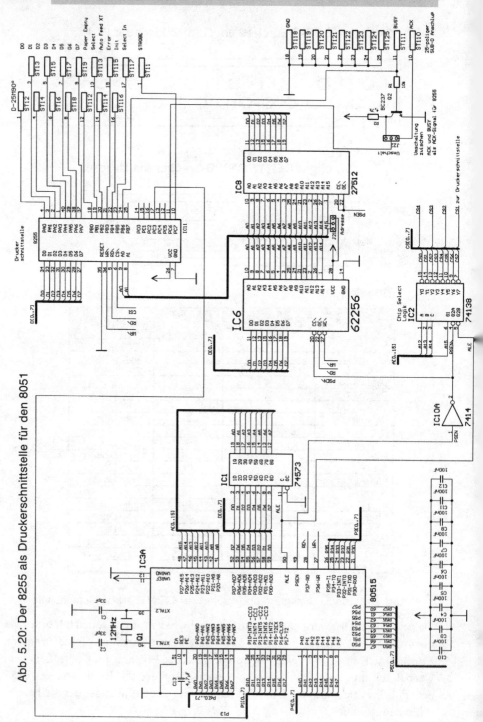

Abb. 5.20: Der 8255 als Druckerschnittstelle für den 8051

Initalsierung und Zeichenausgabe auf einen 8255 als Druckerport

```
/******
Modulname    : DRUCKER1

Funktion     : Initialisierung und Drucken mit dem 8255
                 Interruptgesteuert über Ext. Interrupt 6

erstellt am  : 4.6.94
von          : jmw

Änderungen   :
Name   Datum   Beschreibung

*******/
#pragma small
#pragma debug

/********* INCLUDES *********/
#include <reg515.h>
#include <absacc.h>

/********* KONSTANTEN *******/
#define PRN_CONT XBYTE[0x9003] /* Drucker-Control */
#define PRN_PORTA XBYTE[0x9000] /* Drucker-Port A */
#define PRN_PORTB XBYTE[0x9001] /* Drucker-Port B */
#define PRN_PORTC XBYTE[0x9002] /* Drucker-Port C */

/********* PROTOTYPEN *******/
/** interne **/
void Init_Printer(void);
void Start_Printer(void);
void Printer_ISR(void);
void Send_Line(unsigned char *char_ptr);
void main(void);

/********* VARIABLEN *******/
unsigned char *drucker_ptr; /* Globale Variable für Drucker Zeichenkette */

/********* FUNKTIONSDEFINITIONEN *******/

/*****************************
```

```
Funktionsname : Init_Printer

Beschreibung  : Initialisiert den 8255 als Druckerinterface am Interrupt 6
                P1.3.

Parameter     : keine

Returnwert    : keiner

erstellt am   : 4.6.94
von           : jmw

Änderungen    :
Name   Datum   Beschreibung

*******************************/

void Init_Printer(void)
{
       /*** Funktion ***/

       IEX6 = 0;            /* Interruptanforderung löschen */
       PRN_CONT = 0xAA;     /* Port A ist Ausgabe, Port B ist Eingang */
       PRN_CONT = 0x0D;     /* INTE A Setzen */
       PRN_CONT = 0x00;     /* AutoLineFeed Rücksetzen */
       PRN_CONT = 0x03;     /* Drucker Init Setzen */
       PRN_CONT = 0x04;     /* Select Eingang Rücksetzen */
}

/*******************************
Funktionsname : Start_Printer

Beschreibung  : Startet den Druckvorgang

Parameter     : keine

Returnwert    : keiner

erstellt am   : 4.6.94
von           : jmw

Änderungen    :
Name   Datum   Beschreibung

*******************************/
```

```
void Start_Printer(void)
{
/**** Funktion ****/

        IEX6 = 0;       /* Interruptanforderung löschen */
        EX6 = 1;        /* Interrupt freigeben */
        EAL = 1;
        PRN_PORTA = *drucker_ptr; /* Erstes Zeichen senden */
}
```

```
/*****************************
Funktionsname: Printer_ISR
```

Beschreibung : Hat der Drucker ein Zeichen abgeholt, so wird der ext. Inter-
                rupt 6 ausgelöst. Dieser sendet das nächste Zeichen zum
                Drucker. Wird eine Null erkannt, so wird das Senden beendet.

Parameter   : keine

Returnwert   : keiner

erstellt am   : 4.6.94
von   : jmw

Änderungen   :
Name   Datum   Beschreibung

```
*****************************/
```

```
void Printer_ISR(void) interrupt 13
{
        /*** Funktion ***/

        drucker_ptr++;              /* Zeiger auf nächstes Zeichen */
        if(*drucker_ptr != 0)       /* Wenn NICHT NULL dann */
                PRN_PORTA = *drucker_ptr; /* Zeichen drucken */
        else
                EX6 = 0;    /* Sonst Interrupt aus und nicht mehr drucken */
}
```

```
/*****************************
Funktionsname: Send_Line
```

Beschreibung : Startet das Drucken

```
Parameter     : char_ptr    pointer auf den Anfang der
                            Zeichenkette zum Drucken

Returnwert    : keiner

erstellt am   : 4.6.94
von           : jmw

Änderungen    :
Name   Datum   Beschreibung

*******************************/

void Send_Line(unsigned char *char_ptr)
{
     /*** Funktion ***/

     drucker_ptr = char_ptr; /* Zeichenkette an Druckerzeiger übergeben */
     Start_Printer();   /* Druck starten */
}

/*****************************
Funktionsname : main

Beschreibung : Initialisiert den Drucker und sendet 50 mal eine Zeichenkette
               zum Drucker.

Parameter     : keine

Returnwert    : keiner

erstellt am   : 4.6.94
von           : jmw

Änderungen    :
Name   Datum   Beschreibung

*******************************/

void main(void)
{
/**** Variablen ****/

     static code unsigned char drucker_test[] = ,,Das ist ein Druckertest
     ABCDEFGHIJKLMNOPQRSTUVWXYZ\n'';
     unsigned char zaehler;    /* Zeilenzähler */
```

```
/**** Funktion ****/

     Init_Printer();      /* Drucker initialisieren */

     for(zaehler=0; zaehler < 50; zaehler++)   /* 50 Zeilen senden */
     {
             Send_Line(drucker_test);  /* Zeile drucken */
             while(*drucker_ptr != 0)
                   ; /* Warten bis alle Zeichen gesendet */
     }
}
```

5.2.3 Serielle Schnittstellen

Die integrierte serielle Schnittstelle des 8051 kann dazu benutzt werden, mit seriellen Peripheriegeräten, zum Beispiel Modem oder Terminal, zu kommunizieren, oder Mehrprozessornetzwerke aufzubauen. Da der TTL-Pegel der integrierten seriellen Schnittstelle für die Datenübertragung über längere Strecken ungeeignet ist, muß eine Treiberstufe eingebaut werden. Nachfolgend wird der Aufbau von Treibern nach zwei wichtigen Schnittstellennormen beschrieben.

5.2.3.1 RS232 für Mehrprozessorkommunikation (Vollduplex, Master-Slave)

Die RS232-Schnittstelle arbeitet mit Spannungspegeln von bis zu +/-12 V. Dadurch wird eine bessere Störungsunempfindlichkeit erreicht. Es können Daten über Kabel von mehreren Metern Länge übertragen werden.

Die Bausteine der Serie MAX200 bis MAX252 von MAXIM eignen sich besonders zum Aufbau von RS232-Treiberstufen. Sie halten alle Forderungen der EIA-232E und V.28-Spezifikationen ein. Diese schreiben einen Mindestpegel von +/-5 V bei 3kΩ Last und 4,5 V Versorgungsspannung an der maximalen Arbeitstemperatur vor. Die meisten Bausteine kommen mit einer +5 V-Versorgungsspannung aus, da sie über eine interne Ladungspumpe und Spannungskonvertierung die +10 V und die -10 V zur Generierung der RS232-Pegel erzeugen. In allen Bausteinen sind sowohl Sender als auch Empfänger in unterschiedlicher Anzahl vorhanden. Als externe Bauteile müssen lediglich einige Kondensatoren beschaltet werden.

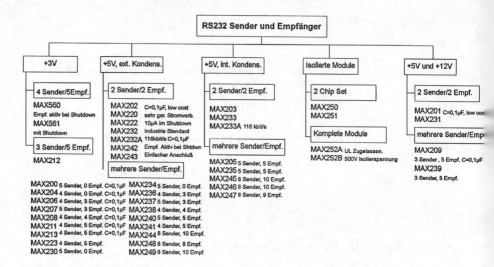

Abb. 5.21 Übersicht verfügbarer Komponenten

Um ein Mehrprozessornetzwerk aufbauen zu können, eignet sich der Baustein MAX242 besonders, da er in der Lage ist, seine Sendetreiber auf der RS232-Seite abzuschalten. Dabei bleibt der Empfänger aber aktiv.

- $\overline{\text{EN}}$ Receiver-Enable. Eine 0 an diesem Pin gibt die Empfangsfunktion des Bausteins frei. Wird eine 1 angelegt, so sind die Ausgänge $R1_{out}$ und $R2_{out}$ im hochohmigen Zustand.
- C1+, C1-   Anschluß für externen Kondensator zur Spannungsverdopplung
- C2+, C2-   Anschluß für externen Kondensator zur Spannungsinvertierung
- V+   Ausgang für +10 V
- V-   Ausgang für -10 V
- $\overline{\text{SHDN}}$ Shut-Down-Eingang. Eine 1 an diesem Eingang schaltet die Sender auf der RS232-Seite ab. Die Empfänger werden in einen Stromsparbetrieb versetzt, bleiben aber empfangsbereit.
- $T1_{out}$ Sender-Ausgang auf der RS232-Seite, Kanal 1.
- $T1_{in}$ Sender-Eingang auf der TTL/CMOS-Seite, Kanal 1.
- $R1_{in}$ Empfänger-Eingang auf der RS232-Seite, Kanal 1.
- $R1_{out}$ Empfänger-Ausgang auf der TTL/CMOS-Seite, Kanal 1.
- $T2_{out}$ Sender-Ausgang auf der RS232-Seite, Kanal 2.
- $T2_{in}$ Sender-Eingang auf der TTL/CMOS-Seite, Kanal 2.
- $R2_{in}$ Empfänger-Eingang auf der RS232-Seite, Kanal 2.
- $R2_{out}$ Empfänger-Ausgang auf der TTL/CMOS-Seite, Kanal 2.
- V_{cc} Versorgungsspannung +5 V
- GND   0 V, Masse

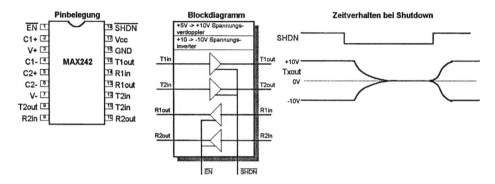

Abb. 5.22: Pinbelegung und Zeitverhalten des MAX242

Als Werte für Kondensatoren zur Spannungserzeugung sollten 0,1 µF verwendet werden, dadurch wird die Einschaltzeitverzögerung minimiert.

Über eine Portleitung (Port P1.0) wird die Senderfreigabe über den Anschluß SHUTDOWN gesteuert. Um unnötige Verzögerungen oder Übertragungsfehler zu vermeiden, wird der Sender bereits eingeschaltet, wenn der Slave seine Adresse vom Master empfängt. Dadurch ist sichergestellt, daß der Sender voll funktionstüchtig ist, bis der Slave antwortet. Ist der Sender abgeschaltet, so arbeitet der Empfänger in einem Stromsparmodus, bei dem die Durchlaufverzögerung auf bis zu 2,5 µs ansteigt. Der Empfänger arbeitet dann als CMOS-Inverter ohne Hysterese. Dadurch wird die maximale Datenrate reduziert. Auch deshalb muß der RS232-Treiber schon zu dem oben beschriebenen Zeitpunkt aktiviert werden.

Multiprozessor-Kommunikation SLAVE-Funktion

```
/******
Modulname    : MPK_SLV1

Funktion     : Multiprozessor-Kommunikation Slave Hauptprogramm.
               Der Bus wird als Single-Master-Bus betrieben.
               Als Treiber wird der Baustein MAX242 verwendet.
               Über Port P1.0 wird die Freigabe des Senders gesteuert.

erstellt am  : 20.5.94
von          : jmw

Änderungen   :
Name    Datum    Beschreibung
```

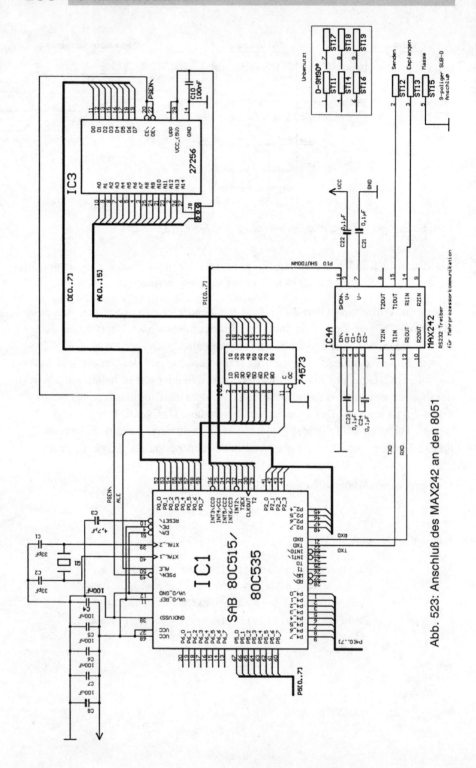

Abb. 523: Anschluß des MAX242 an den 8051

```
******/
#pragma small
#pragma debug
/********* INCLUDES ********/
#include <reg51.h>

/********* KONSTANTEN *******/
#define MODUS2_SLAVE 0xC0 /* Modus 2 SM2 = 1, REN = 1 */
#define SLAVE_NR 1 /* Teilnehmer Nummer 1 */
#define EIN 0 /* Sender aktiv */
#define AUS 1 /* Sender inaktiv */

/********* PROTOTYPEN *******/
/** externe **/

/** interne **/
void init_slave(void);
void send_slave(unsigned char *ptr);
void isr_ser(void);
void main(void);

/********* EXTERNE VARIABLEN *******/

/********* VARIABLEN *******/
static pdata unsigned char rec_buffer[20];   /* Empfangspuffer */
static pdata unsigned char trm_buffer[20];   /* Sendepuffer */
static bit master_rec, master_trm;   /* wird gesetzt wenn Nachricht vom Master
empfangen bzw. an Master gesendet */
static data unsigned char *rec_ptr, *trm_ptr;

sbit trans_en = P1^0;       /* Freigabeleitung für RS232-Treiber */

/********* FUNKTIONSDEFINITIONEN *******/

/****************************
Funktionsname: init_slave

Beschreibung : Initialisiert die serielle Schnittstelle im Modus 2.
               Für Slavebetrieb in einem Mehrprozessornetzwerk Sender
               abschalten.

Parameter    : keine

Returnwert   : keiner

erstellt am  : 20.5.94
```

```
von          : jmw

Änderungen   :
Name   Datum   Beschreibung

*****************************/

void init_slave(void)
{
/**** Variablen ****/

/**** Funktion ****/
      trans_en = AUS;      /* Sender abschalten */
      SCON = MODUS2_SLAVE;/* Serielle Schnittstelle in den Modus 2 versetzen */
      master_rec = 0;
      master_trm = 0;
      trm_ptr = trm_buffer;
      rec_ptr = rec_buffer;
      ES = 1;
      EA = 1;        /* Interrupts für serielle Schnittstelle freigeben */
}


/*****************************
Funktionsname : send_slave

Beschreibung  : Sendet die übergebene Zeichenkette an den Master zurück. Ende
                der Zeichenkette ist \0.

Parameter     : unsigned char *ptr: Zeiger auf die Zeichenkette zum Senden

Returnwert    : keiner

erstellt am   : 20.5.94
von           : jmw

Änderungen    :
Name   Datum   Beschreibung

*****************************/

void send_slave(unsigned char *ptr)
{
/**** Variablen ****/

      data unsigned char i;
```

```
/**** Funktion ****/

    for (trm_ptr = trm_buffer,i=0; (trm_ptr[i] = ptr[i]) != 0;i++)
        ;       /* Zeichenkette in Sendepuffer kopieren */
    master_trm = 0;    /* Sendekennzeichnung löschen */
    TI = 1;       /* Sendung interruptgesteuert starten */
}

/*******************************
Funktionsname: isr_ser

Beschreibung : Interrupt-Routine zum Senden und Empfang einer Zeichenkette an
               / vom Master.
               Ende der Zeichenkette ist \0.
               Der Sender wird beim Empfang der Slaveadresse eingeschaltet.

Parameter     : keine

Returnwert    : keiner

erstellt am   : 20.5.94
von           : jmw

Änderungen    :
Name   Datum   Beschreibung

*******************************/

void isr_ser(void) interrupt 5
{
/**** Variablen ****/

static unsigned char i;

/**** Funktion ****/

    if (RI == 1)
    {
        if ((SM2 == 1) && (SBUF == SLAVE_NR))
         /* Wenn Adressbetrieb und Adresse richtig */
        {
            SM2 = 0;     /* Umschalten auf Datenbetrieb */
            i = 0;  /* Position im Empfangspuffer auf Anfang */
            /* Sobald der Slave angesprochen ist, kann der Sender ein-
               geschaltet werden */
            trans_en = EIN;
```

```
            }
            else if (SM2 == 0)
            {
                    rec_buffer[i++] = SBUF;   /* Zeichen einlesen */
                    if (rec_buffer[i-1] == 0)
                    {   /* Wenn letztes Zeichen */
                    /* Vollständiger Empfang signalsieren */
                            master_rec = 1;
                            SM2 = 1;   /* Zurückschalten auf Adressbetrieb */
                    }
            }
            RI = 0;   /* Interruptanforderung Löschen */
    }
    else if (TI == 1)
    {
            if (master_trm == 0)    /* Wenn noch nicht alles gesendet */
            {
                    SBUF = *trm_ptr;   /* Nächstes Zeichen senden */
                    if (*trm_ptr++ == 0)
                            master_trm = 1;   /* Wenn gesendetes Zeichen '\0'
                                                  dann kennzeichnen */
            }
            else
            {
                    trans_en = AUS;   /* Wird ein anderer Slave angesprochen,
                                          Sender abschalten */
            }
            TI = 0;/* Interruptanforderung löschen */
    }
}


/******************************
Funktionsname : main

Beschreibung : Hauptprogramm zur Mehrprozessorkommunikation.
               Dieses Programm stellt nur einen Rumpf dar und muß auf die
               speziellen Anwendungen angepaßt werden !!

Parameter     : keine

Returnwert    : keiner
```

```
erstellt am  : 20.5.94
von          : jmw

Änderungen   :
Name   Datum   Beschreibung

*******************************/
void main(void)

{
/**** Variablen ****/

unsigned char *ptr;
static code unsigned char text[] = ,,HALLO MASTER'';
/**** Funktion ****/

        init_slave();       /* Initialisierung der Schnittstelle */
        do
        {
                while(master_rec == 0)
                        ; /* Warten bis Zeichenkette von Master empfangen */
                ptr = text;
                send_slave(ptr);   /* Senden einer Antwort */
                while(master_trm == 0)
                        ; /* Warten bis Zeichenkette an Master gesendet */
        }
        while(1);
}
```

5.2.3.2 RS485 für Mehrprozessorkommunikation

Die RS485-Schnittstelle arbeitet mit zwei differenziell angesteuerten Leitungen und einem Spannungspegel von 0 bis +5 V. Dadurch wird eine sehr gute Störungsunempfindlichkeit erreicht. Es können Daten über Kabel von mehreren hundert Metern Länge übertragen werden. Werden für Sende- und Empfangsrichtungen getrennte Leitungen vorgesehen (4-Draht-Technik), so können sehr einfache Verstärker aufgebaut werden, mit denen sich Signale mühelos über mehrere Kilometer übertragen lassen. Wegen ihrer hohen Störsicherheit werden Schnittstellen nach der RS485-Spezifikation normalerweise in der Feldbusvernetzung eingesetzt.

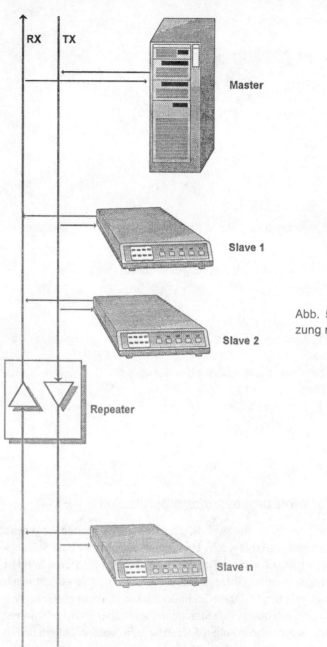

RX TX

Master

Slave 1

Slave 2

Abb. 5.24 Feldbusvernet-
zung mit RS485-Bus

Repeater

Slave n

Auch zum Aufbau von Treiber-Stufen nach der RS485-Spezifikation gibt es integrierte Schaltungen, so zum Beispiel der SN75176A von TEXAS INSTRUMENTS oder der pinkompatible LTC485 von LINEAR TECHNOLOGY. Jeder Baustein kann als Sender und Empfänger verwendet werden. Wird in Zwei-Draht-Technik gearbeitet, so ist nur ein Baustein nötig, in Vier-Draht-Technik müssen zwei Bausteine eingesetzt werden.

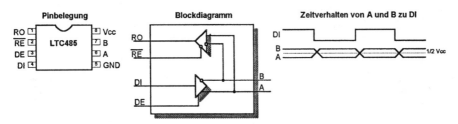

Abb. 5.25 Pinbelegung und Timing des LTC485

- **RO**   Receiver Output. Wenn der Empfänger freigegeben ist, so geht RO auf 1, wenn an A eine um 200 mV größere Spannung anliegt als an B. R0 geht auf 0, wenn an A eine um 200 mV kleinere Spannung anliegt als an B

- **$\overline{\text{RE}}$**   Receiver Output Enable. Eine 0 an diesem Eingang gibt den RS485-Empfänger frei. Liegt hier eine 1 an, so ist der Ausgang RO im hochohmigen Zustand.

- **DE**   Driver Output Enable. Eine 1 an diesem Eingang bewirkt, daß der Baustein als Sender arbeitet. Liegt eine 0 an so arbeitet er als Empfänger.

- **DI**   Driver Input. Ist der Baustein im Senderbetrieb, so erzeugt eine 0 an diesem Eingang 0 V an Ausgang A und +5 V an Ausgang B. Eine 1 erzeugt +5 V am Ausgang A und 0 V an Ausgang B.

- **GND**   0 V, Masse

- **A**   Sender Ausgang und Empfänger Eingang

- **B**   Sender Ausgang und Empfänger Eingang

- **V_{cc}**   Spannungsversorgung, +5 V

Aufgrund der Impedanz der Empfänger können bis zu 32 Bausteine an einen Bus angeschlossen werden. Die Bausteine sind intern gegen Überlastung geschützt und eine spezielle Schutzschaltung sorgt dafür, daß der Baustein ohne Beschädigung unter Spannung aus dem Bus entfernt oder an den Bus angeschlossen werden kann. Liegt keine Versorgungsspannung am Baustein an, so ist der Sender im hochohmigen Zustand und belastet dadurch den Bus nicht.

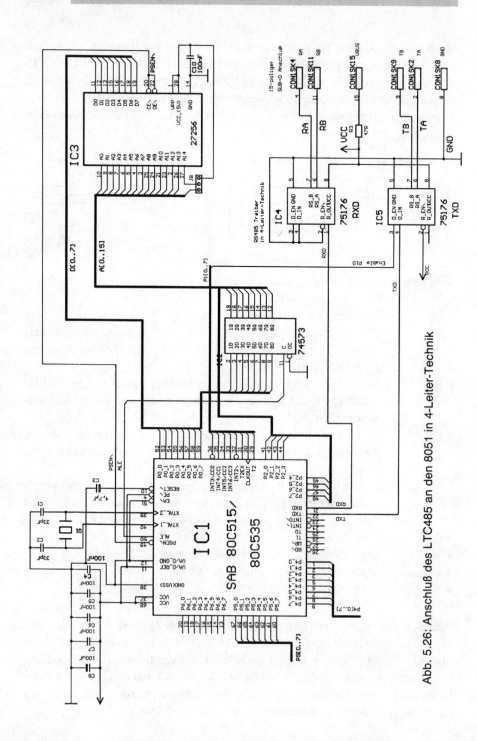

Abb. 5.26: Anschluß des LTC485 an den 8051 in 4-Leiter-Technik

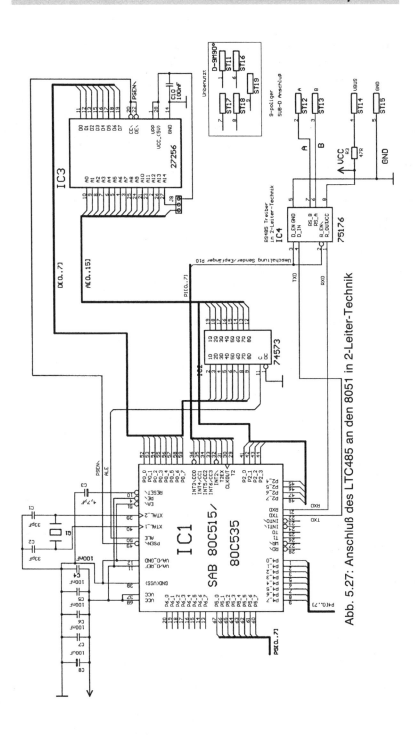

Abb. 5.27: Anschluß des LTC485 an den 8051 in 2-Leiter-Technik

Zum Betrieb eines RS485-Busses kann das gleiche Programm wie im vorigen Kapitel verwendet werden. Wird der Bus in 2-Leiter-Technik betrieben, so darf der Sender aber erst eingeschaltet werden, wenn der Slave tatsächlich zu senden beginnt. Dies verursacht aber keine Sendeverzögerung, da der Sender in maximal 50 ns betriebsbereit ist.

5.2.4 Tastaturen

Über Einzeltasten und Tastaturen kann der Bediener die Funktion einer Mikrocontoller-Schaltung steuern. Je nach Art der Anwendung und Anzahl benötigter Tasten kommen verschiedene Anschlußarten zum Einsatz.

5.2.4.1 Einfache Tastatur mit gemeinsamen Anschluß

Werden nur wenige Tasten benötigt, so können die Tasten einzeln an die Porteingänge angeschlossen werden. Der jeweils andere Anschluß der Tasten wird zusammengefaßt und mit Masse verbunden.

Werden die Tasten nun abgefragt, so erscheint eine 0 an dem Porteingang, an dem eine Taste gedrückt wurde. Es ist hier auch sehr einfach möglich, Tastenkombinationen von mehreren gleichzeitig, gedrückten Tasten abzufragen.
Der Nachteil dieser Tastaturbeschaltung, ist die große Anzahl der benötigen Porteingänge. Mit acht Porteingängen können acht Tasten abgefragt werden.

Werden die Tasten 1 bis 3 gedrückt, so leuchten die zugehörigen LEDs 1 bis 3. Wird die SHIFT-Taste und gleichzeitig eine der Tasten 1 bis 3 gedrückt, so leuchtet eine der LEDs 4 bis 6. Durch Drücken der Taste DEL werden alle LEDs ausgeschaltet, bei OK werden Alle angeschaltet. Mit „Pfeil hoch" wird die nächst höhere, mit „Pfeil runter" die nächst niedrigere LED eingeschaltet. Alle anderen Tastenkombinationen haben keine Wirkung.

Tastatur mit gemeinsamen Anschluß

```
/******
Modulname    : TAST1

Funktion     : Einlesen einer Tastatur mit 8 Tasten und gemeinsamem Anschluß

erstellt am  : 5.6.94
von          : jmw
```

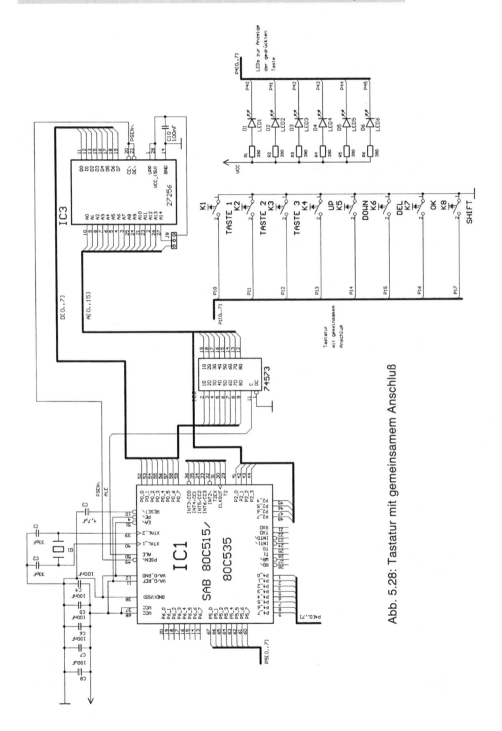

Abb. 5.28: Tastatur mit gemeinsamem Anschluß

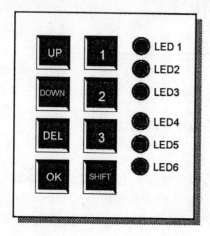

Abb. 5.29: Tataturanordnung mit LEDs für Tastatur mit gemeinsamen Anschluß

```
Änderungen   :
Name   Datum   Beschreibung

*******/
#pragma small
#pragma debug

/********* INCLUDES *********/
#include <reg515.h>

/********* KONSTANTEN *******/

#define TAST_PORT P1   /* Die Tastatur ist an Port 1 */

#define Taste_1      0xFE   /* Taste 1 */
#define TAST_2       0xFD   /* Taste 2 */
#define TAST_3       0xFB   /* Taste 3 */
#define TAST_UP      0xF7   /* Pfeil hoch */
#define TAST_DOWN         0xEF   /* Pfeil runter */
#define TAST_DEL          0xDF   /* Löschen */
#define TAST_OK      0xBF   /* Bestätigen */

#define TAST_S_1     0x7E   /* SHIFT + Taste 1 */
#define TAST_S_2          0x7D   /* SHIFT + Taste 2 */
#define TAST_S_3          0x7B   /* SHIFT + Taste 3 */

#define KEINE_TASTE 0x00

#define LED_PORT     P4    /* LEDs sind an Port 4 angeschlossen */
```

```
/********* PROTOTYPEN *******/
/** interne **/
unsigned char tastatur(void);
void delay(void);
void main(void);

/********* FUNKTIONSDEFINITIONEN *******/

/*****************************
Funktionsname: tastatur

Beschreibung : Ist noch keine Taste gedrückt, so wird der Code eingelesen.
               Wenn ein Taste gedrückt wurde, wird die Tastatur entprellt und
               der Tastencode zurückgegeben. Ist schon eine Taste gedrückt,
               überprüft die Funktion ob es noch die selbe Taste ist. Wenn JA
               wird KEINE_TASTE gemeldet, wenn NEIN wird die neue Taste
               eingelesen (s. o.)

Parameter    : keine

Returnwert   : Tastencode: unsigned char

erstellt am  : 5.6.94
von          : jmw

Änderungen   :
Name   Datum   Beschreibung

*****************************/

unsigned char tastatur(void)
{
/**** Variablen ****/

     static unsigned char tast_code;
     static bit gedrueckt;

/**** Funktion ****/

     if (gedrueckt && (tast_code == TAST_PORT))
     {   /* Ist Taste schon mal erkannt */
          return(KEINE_TASTE);/* nicht mehr zurückgeben da sonst Mehr-
                                          fachdruck */
     }
     else
```

```
        {
                tast_code = TAST_PORT;   /* Keine Taste oder neue Taste */
                delay();   /* Wartezeit zum Entprellen */
                if ((tast_code == TAST_PORT) && (tast_code != 0xFF))
                {   /* Neue Taste gedrückt */
                        gedrueckt = 1;   /* Taste als erkannt markieren */
                        return(tast_code);   /* Tastencode zurückgeben */
                }
                else
                {
                        return(KEINE_TASTE);   /* Keine Taste */
                }
        }
}


/*******************************
Funktionsname : delay

Beschreibung  : Zeitverzögerung zur Tastaturentprellung

Parameter     : keine

Returnwert    : keiner

erstellt am   : 5.6.94
von           : jmw

Änderungen    :
Name   Datum   Beschreibung

*******************************/

void delay(void)
{
/**** Variablen ****/

        unsigned int zeit;

/**** Funktion ****/

        for (zeit = 600; zeit > 0; zeit--)   /* Warte ca. 10ms */
                ;

}
```

```
/********************************
Funktionsname: main

Beschreibung : Bei jedem Tastendruck wird eine bestimmte Funktion ausgeführt.

Parameter    : keine

Returnwert   : keiner

erstellt am  : 5.6.94
von          : jmw

Änderungen   :
Name   Datum   Beschreibung

********************************/

void main(void)
{
/**** Funktion ****/

        for (;;)
        {
                switch(tastatur()) /* Tastatur einlesen */
                {
                        case TAST_1:
                                LED_PORT = 0xFE;   /* LED1 ein */
                                break;
                        case TAST_2:
                                LED_PORT = 0xFD;   /* LED2 ein */
                                break;
                        case TAST_3:
                                LED_PORT = 0xFB;   /* LED3 ein */
                                break;
                        case TAST_UP:
                                /* nächst höhere LED ein */
                                LED_PORT = ~ ( ~ LED_PORT << 1);
                                break;
                        case TAST_DOWN:
                                /* nächst niedrigere LED ein*/
                                LED_PORT = ~ ( ~ LED_PORT >> 1);;
                                break;
                        case TAST_DEL:
                                LED_PORT = 0xFF;   /* Alle LEDs aus */
```

```
                    break;
            case TAST_OK:
                    LED_PORT = 0x00;   /* Alle LEDs an */
                    break;
            case TAST_S_1:
                    LED_PORT = 0xF7;   /* LED4 ein */
                    break;
            case TAST_S_2:
                    LED_PORT = 0xEF;   /* LED5 ein */
                    break;
            case TAST_S_3:
                    LED_PORT = 0xDF;   /* LED6 ein */
                    break;
            default:
                    break;   /* keine gültige Taste */
            }
        }
}
```

Da die meisten Tasten prellen, das heißt der Kontakt schließt nicht sofort, sondern federt ein paarmal wieder auf, muß die Tastenabfrage dieses Verhalten berücksichtigen, weil sonst eine Taste mehrfach eingelesen wird. Die Prellzeit einer Taste kann bis zu 10 ms betragen.

Ist eine Taste als gedrückt erkannt, wird ca. 10 ms gewartet, dann wird die Taste erneut abgefragt, ist sie immer noch gedrückt, gibt das Unterprogramm den Tastencode zurück.

Damit aber eine längere Zeit die gedrückte Taste nicht mehrfach erkannt wird, überprüft das Tastaturprogramm auch, ob die alte Taste losgelassen, bzw. eine neue Taste gedrückt wurde.

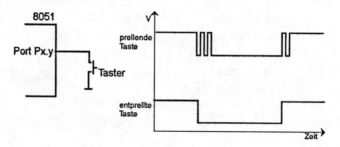

Abb. 5030: Prellen einer Taste

5.2.4.2 Matrixtastatur mit Polling oder Timerinterrupt

Eine platzsparende Art, eine Tastatur an den Controller anzuschließen, ist der Anschluß in Matrixform. Dazu wird jede Taste mit einer Spalten- und einer Reihenleitung verbunden. Dies ist wohl die am meisten verwendete Form eine Tastatur anzuschließen.

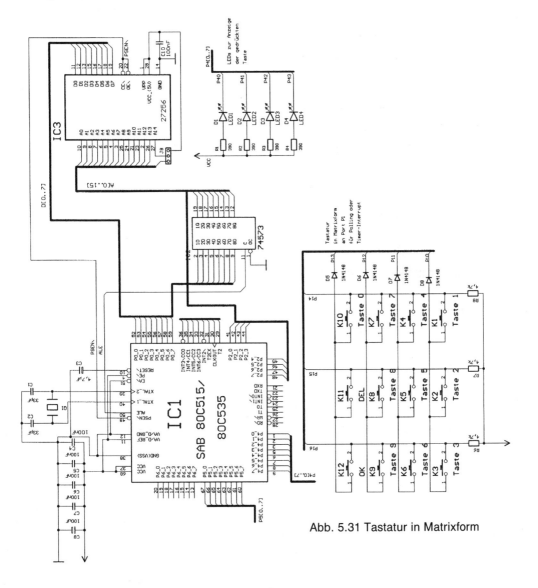

Abb. 5.31 Tastatur in Matrixform

Es wird nacheinander, an je eine Spaltenleitung, eine 0 angelegt und die Reihenleitungen eingelesen. Wird an einer Reihenleitung eine 0 erkannt, so ist eine bestimmte Taste gedrückt. Bei dieser Art der Tastaturbeschaltung können mit acht Portleitungen bis zu 16 Tasten abgefragt werden.

In den nachfolgenden Beispielprogrammen wird eine Tastatur mit 12 Tasten verwendet. Die gedrückte Taste wird mit Hilfe von vier LEDs angezeigt.

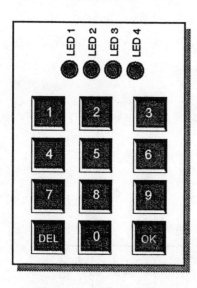

Abb. 5.32 Tastaturanordnung mit LEDs für Tastatur in Matrixform

Damit ein Tastendruck erkannt wird, muß die Tastatur ständig wie oben beschrieben abgefragt werden. Dies kann auf zwei Arten realisiert werden.

Tastaturabfrage mit Polling

Im Hauptprogramm wird an bestimmten Stellen, die das Programm immer wieder durchläuft, die Tastaturabfrage eingebaut. Dazu wird am einfachsten ein Unterprogramm aufgerufen. Ein wichtiger Punkt bei der Tastaturabfrage ist auch hier die Entprellung der Tasten. Sie geschieht analog zur Tastenabfrage mit gemeinsamen Anschluß, indem bei erkanntem Tastendruck ca. 10 ms gewartet wird, dann überprüft das Programm erneut, ob die Taste gedrückt wurde. Auch hier wird überprüft, ob die alte Taste noch gedrückt ist.

Tastaturabfrage mit Polling

```
/******
Modulname    : TAST2

Funktion     : Tastaturabfrage einer Matrixtastatur mit 12 Tasten im Polling-
               Betrieb

erstellt am  : 5.6.94
von          : jmw

Änderungen   :
Name    Datum    Beschreibung

*******/
#pragma small
#pragma debug

/********* INCLUDES *********/
#include <reg515.h>

/********* KONSTANTEN ******/

#define TAST_PORT  P1      /* Die Tastatur ist an Port 1 */

#define SCAN       0xFE    /* Startwert für Tastaturabfrage */
#define TAST_MASK  0xF0    /* Maske für Tastendruck */
#define zeilen     4       /* Anzahl Zeilenleitungen für Abfrage */

#define TAST_1     0xEE    /* Taste 1 */
#define TAST_2     0xDE    /* Taste 2 */
#define TAST_3     0xBE    /* Taste 3 */
#define TAST_4     0xED    /* Taste 4 */
#define TAST_5     0xDD    /* Taste 5 */
#define TAST_6     0xBD    /* Taste 6 */
#define TAST_7     0xEB    /* Taste 7 */
#define TAST_8     0xDB    /* Taste 8 */
#define TAST_9     0xBB    /* Taste 9 */
#define TAST_0     0xE7    /* Taste 0 */
#define TAST_DEL   0xD7    /* Löschen */
#define TAST_OK    0xB7    /* Bestätigen */

#define KEINE_TASTE 0x00

#define LED_PORT   P4      /* LEDs sind an Port 4 angeschlossen */
```

```
/********* PROTOTYPEN *******/
/** interne **/
unsigned char tastatur(void);
void delay(void);
void main(void);

/********* FUNKTIONSDEFINITIONEN *******/

/*****************************
Funktionsname : tastatur

Beschreibung : Die Tastatur wird zeilenweise abgetastet. Wird ein Tastendruck
               erkannt, so wartet die Funktion 10 ms um die Tastatur zu ent-
               prellen und fragt dann die letzte Zeile noch einmal ab. Ist die
               Taste immer noch gedrückt, wird geprüft ob die Taste schon
               einmal erkannt wurde, wenn NEIN wird der Tastencode zurückge-
               geben, wenn JA wird der Code für KEINE TASTE zurückgegeben. Ist
               keine Taste gedrückt, wird ebenfalls KEINE TASTE zurück
               gegeben.

Parameter    : keine

Returnwert   :
Tastencode:  unsigned char

erstellt am  : 5.6.94
von          : jmw

Änderungen   :
Name    Datum   Beschreibung

*******************************/
unsigned char tastatur(void)
{
/**** Variablen ****/

        static unsigned char alt_tast_code;
        static bit gedrueckt;
        unsigned char zaehl, scan_code, tast_code;
        bit taste;

/**** Funktion ****/

        for (zaehl = 0,scan_code = SCAN, taste = 0;
             zaehl < zeilen && taste == 0; zaehl++)
        {
```

```
        TAST_PORT = scan_code;   /* SCAN-Code anlegen */
        tast_code = TAST_PORT;   /* Tastatur einlesen */
        /* Test ob Taste gedrückt */
        if ((tast_code & TAST_MASK) != 0xF0)
                taste = 1;   /* Taste gedrückt */
        else
                scan_code = ~(~scan_code << 1);   /* Nächste Zeile */
}
if (taste == 1)   /* Wenn Taste gedrückt */
{
        delay();   /* Entprellen */
        /* Abfragen ob immer noch gedrückt */
        TAST_PORT = scan_code;
        tast_code = TAST_PORT;
        if ((tast_code & TAST_MASK) != 0xF0)
        { /* Taste gedrückt */
                if (!gedrueckt) /* Wenn noch keine Taste gedrückt */
                {
                        /* Aktuelle Taste zwischenspeichern */
                        alt_tast_code = tast_code;
                        gedrueckt = 1;   /* Als gedrückt markieren */
                        return(tast_code);   /* Tastencode zurückgeben */
                }
                else
                {
                        /* Testen ob Taste noch gedrückt */
                        if (alt_tast_code != tast_code)
                        {
                                /* Wenn NEIN dann neue Taste */
                                /* speichern und zurückgeben */
                                alt_tast_code = tast_code;
                                return(tast_code);
                        }
                        else
                                /* Wenn JA keine Taste */
                                return(KEINE_TASTE);
                }
        }
}
```

```
        gedrueckt = 0;
        return(KEINE_TASTE);   /* Keine Taste gedrückt */
}

/*******************************
Funktionsname : delay

Beschreibung : Zeitverzögerung zur Tastaturentprellung

Parameter    : keine

Returnwert   : keiner

erstellt am  : 5.6.94
von          : jmw

Änderungen   :
Name   Datum   Beschreibung

*******************************/

void delay(void)
{
/**** Variablen ****/

        unsigned int zeit;

        /**** Funktion ****/

        for (zeit = 600; zeit > 0; zeit--)   /* Warte ca. 10ms */
                ;
}

/*******************************
Funktionsname : main

Beschreibung : Bei jedem Tastendruck wird eine bestimmte Funktion ausgeführt.

Parameter    : keine

Returnwert   : keiner

erstellt am  : 5.6.94
von          : jmw

Änderungen   :
Name    Datum   Beschreibung
```

```
********************************/

void main(void)
{
/**** Funktion ****/

        for (;;)
        {
                switch(tastatur())   /* Tastatur einlesen */
                {
                        case TAST_1:
                                LED_PORT = ~1;   /* BCD 1 */
                                break;
                        case TAST_2:
                                LED_PORT = ~2;   /* BCD 2 */
                                break;
                        case TAST_3:
                                LED_PORT = ~3;   /* BCD 3 */
                                break;
                        case TAST_4:
                                LED_PORT = ~4;   /* BCD 4 */
                                break;
                        case TAST_5:
                                LED_PORT = ~5;   /* BCD 5 */
                                break;
                        case TAST_6:
                                LED_PORT = ~6;   /* BCD 6 */
                                break;
                        case TAST_7:
                                LED_PORT = ~7;   /* BCD 7 */
                                break;
                        case TAST_8:
                                LED_PORT = ~8;   /* BCD 8 */
                                break;
                        case TAST_9:
                                LED_PORT = ~9;   /* BCD 9 */
                                break;
                        case TAST_0:
                                LED_PORT = ~0;   /* BCD 0 */
                                break;
                        case TAST_DEL:
```

```
                        LED_PORT = 0xFF;   /* Alle LEDs aus */
                        break;
                case TAST_OK:
                        LED_PORT = 0xF0;   /* Alle LEDs an */
                        break;
                default:
                        break;             /* keine gültige Taste */
        }
    }
}
```

Tastaturabfrage mit Timerinterrupt

Wird einer der integrierten Timer verwendet, so kann die Tastaturabfrage im Hintergrund erfolgen. Der Timer wird so programmiert, daß er alle 10 ms einen Interrupt auslöst. Dann wird die Tastatur abgefragt. Ist eine neue Taste gedrückt, wird diese gespeichert und beim nächsten Interrupt überprüft, ob sie immer noch gedrückt ist. Erst dann wird dem Hauptprogramm der Tastendruck gemeldet. Dadurch wird die Tastatur entprellt. Auch hier überprüft das Programm, ob die alte Taste wieder losgelassen wurde. Als Zusatz ist hier eine Tasten-Wiederhol-Funktion eingebaut. Ist ein Taste länger als 0,5 Sekunden gedrückt, wird dem Hauptprogramm erneut ein Tastendruck gemeldet.

Tastaturabfrage mit Timerinterrupt und Repeat

```
/******
Modulname   : TAST3

Funktion    : Tastaturabfrage einer Matrixtastatur mit 12 Tasten mit Timer 0
              Interrupt

erstellt am : 5.6.94
von         : jmw

Änderungen  :
Name    Datum   Beschreibung

******/
#pragma small
#pragma debug

/********* INCLUDES *********/
#include <reg515.h>
```

```
/********* KONSTANTEN *******/

#define TAST_PORT        P1     /* Die Tastatur ist an Port 1 */

#define SCAN             0xFE   /* Startwert für Tastaturabfrage */
#define TAST_MASK        0xF0   /* Maske für Tastendruck */
#define zeilen           4      /* Anzahl Zeilenleitungen für Abfrage */

#define TAST_1           0xEE   /* Taste 1 */
#define TAST_2           0xDE   /* Taste 2 */
#define TAST_3           0xBE   /* Taste 3 */
#define TAST_4           0xED   /* Taste 4 */
#define TAST_5           0xDD   /* Taste 5 */
#define TAST_6           0xBD   /* Taste 6 */
#define TAST_7           0xEB   /* Taste 7 */
#define TAST_8           0xDB   /* Taste 8 */
#define TAST_9           0xBB   /* Taste 9 */
#define TAST_0           0xE7   /* Taste 0 */
#define TAST_DEL         0xD7   /* Löschen */
#define TAST_OK          0xB7   /* Bestätigen */

#define KEINE_TASTE      0x00

#define LED_PORT         P4     /* LEDs sind an Port 4 angeschlossen */

#define REPEAT_ZEIT 50   /* 0,5 sec */

/********* PROTOTYPEN *******/
/** interne **/
void ISR_tastatur(void);
void main(void);

/********* GLOBALE VARIABLEN **********/

unsigned char tast_code;   /* Aktueller Tastencode */

/********* FUNKTIONSDEFINITIONEN *******/

/*****************************
Funktionsname: ISR_tastatur

Beschreibung : Die Tastatur wird zeilenweise abgetastet. Wird ein Tastendruck
               erkannt, so setzt die Funktion das Bit ,,gedrueckt'' um die
               Tastatur zu entprellen und fragt beim nächten Interrupt die
               letzte Zeile dann noch einmal ab. Ist die Taste immer noch
               gedrückt, wird geprüft ob die Taste schon einmal erkannt wurde,
```

wenn NEIN wird der Tastencode zurückgegeben, wenn JA wird der
Code für KEINE TASTE zurückgegeben. Ist die selbe Taste länger
als 0,5 sec gedrückt, so wird der Tastencode erneut zurückgegeben.
Ist keine Taste gedrückt, wird ebenfalls KEINE TASTE zurückgegeben.

Parameter   : keine

Returnwert   : Die globale Variable ,,tast_code'' enthält den aktuellen
                 Tastendruck

erstellt am   : 5.6.94
von   : jmw

Änderungen   :
Name   Datum   Beschreibung

********************************/

```
void ISR_tastatur(void) interrupt 1
{
/**** Variablen ****/

      static unsigned char alt_tast_code, temp_tast_code, scan_code, repeat;
      static bit gedrueckt;
      unsigned char zaehl;
      bit taste;

/**** Funktion ****/

      TH0 = 0xD8;    /* Zeit: 10ms */
      TL0 = 0xF0;

      if (gedrueckt)   /* Wenn Taste gedrückt */
      {
            /* Abfragen ob immer noch gedrückt */
            TAST_PORT = scan_code;
            temp_tast_code = TAST_PORT;
            if ((temp_tast_code & TAST_MASK) != 0xF0)
            {   /* Taste immer noch gedrückt */

                  /* Testen ob selbe Taste noch gedrückt */
                  if (alt_tast_code != temp_tast_code)
                  {   /* Wenn NEIN dann neue Taste */
```

```
                        /* speichern und zurückgeben */
                        alt_tast_code = temp_tast_code;
                        tast_code = temp_tast_code;
                        }
                else
                {   /* Immer noch selbe Taste */
                        repeat++;   /* Wiederholzeit erhöhen */
                        if (repeat == REPEAT_ZEIT)
                        {   /* Wenn Wiederholzeit erreicht alte Taste
                                zurückgeben */
                                tast_code = alt_tast_code;
                                repeat = 0;
                        }
                        else
                        /* Wenn noch nicht Zeit keine Taste */
                                tast_code = KEINE_TASTE;
                }
        }
        else
        {   /* Taste losgelassen */
                gedrueckt = 0;
                tast_code = KEINE_TASTE;
                repeat = 0;
        }
}
else
{   /* letztes mal keine Taste gedrückt */
        repeat = 0;

        for (zaehl = 0,scan_code = SCAN, taste = 0;
                zaehl < zeilen && !taste; zaehl++)
        {
                TAST_PORT = scan_code;   /* SCAN-Code anlegen */
                tast_code = TAST_PORT;   /* Tastatur einlesen */
                /* Test ob Taste gedrückt */
                if ((tast_code & TAST_MASK) != 0xF0)
                        taste = 1;   /* JA: Taste gedrückt merken */
                else
                        /* NEIN: Nächste Zeile */
                        scan_code = ~(~scan_code << 1);
```

```
                }
                if (taste)
                {   /* neue Taste gedrückt */
/* Markieren für nächsten Interrupt */
/* zum Entprellen */
                        gedrueckt = 1;
                        tast_code = KEINE_TASTE;
                        alt_tast_code = KEINE_TASTE;
                }
                else
                {
                        gedrueckt = 0;
                        tast_code = KEINE_TASTE;   /* Keine Taste gedrückt */
                }
        }
}


/********************************
Funktionsname : main

Beschreibung  : Bei jedem Tastendruck wird die Tastennumer BCD-kodiert oder
                invertiert, auf 4 LEDs ausgegeben. Bleibt eine Taste länger als
                0,5 sec gedrückt, so wird die Anzeige in diesem Takt umge-
                schaltet.

Parameter     : keine

Returnwert    : keiner

erstellt am   : 5.6.94
von           : jmw

Änderungen    :
Name    Datum   Beschreibung

********************************/

void main(void)
{
/**** Funktion ****/

/* Initialisierung Timer 0 für Tastaturabfrage */
        TMOD = 0x01;  /* 16-Bit Zeigeber */
        TH0 = 0xD8;   /* Zeit: 10ms */
```

```
TL0 = 0xF0;
TCON = 0x10;  /* Timer 0 starten */
EAL = 1;      /* Interrupts freigeben */
ET0 = 1;
tast_code = KEINE_TASTE;

for (;;)
{
     switch(tast_code)   /* Tastendruck auswerten */
     {
          case TAST_1:
               if (LED_PORT == ~1)
                    LED_PORT = 1;   /* invertierte 1 */
               else
                    LED_PORT = ~1;   /* BCD 1 */
               /* Tastendruck quittieren */
               tast_code = KEINE_TASTE;
               break;
          case TAST_2:
               if (LED_PORT == ~2)
                    LED_PORT = 2;   /* invertierte 2 */
               else
                    LED_PORT = ~2;   /* BCD 2 */
               /* Tastendruck quittieren */
               tast_code = KEINE_TASTE;
               break;
          case TAST_3:
               if (LED_PORT == ~3)
                    LED_PORT = 3;   /* invertierte 3 */
               else
                    LED_PORT = ~3; /* BCD 3 */
               /* Tastendruck quittieren */
               tast_code = KEINE_TASTE;
               break;
          case TAST_4:
               if (LED_PORT == ~4)
                    LED_PORT = 4;   * invertierte 4 */
               else
                    LED_PORT = ~4;   * BCD 4 */
               /* Tastendruck quittieren */
```

```
                    tast_code = KEINE_TASTE;
                    break;
            case TAST_5:
                    if (LED_PORT == ~5)
                            LED_PORT = 5;   * invertierte 5 */
                    else
                            LED_PORT = ~5;   * BCD 5 */
                    /* Tastendruck quittieren */
                    tast_code = KEINE_TASTE;
                    break;
            case TAST_6:
                    if (LED_PORT == ~6)
                            LED_PORT = 6;   * invertierte 6 */
                    else
                            LED_PORT = ~6;   * BCD 6 */
                    /* Tastendruck quittieren */
                    tast_code = KEINE_TASTE;
                    break;
            case TAST_7:
                    if (LED_PORT == ~7)
                            LED_PORT = 7;   * invertierte 7 */
                    else
                            LED_PORT = ~7;   * BCD 7 */
                    /* Tastendruck quittieren */
                    tast_code = KEINE_TASTE;
                    break;
            case TAST_8:
                    if (LED_PORT == ~8)
                            LED_PORT = 8;   * invertierte 8 */
                    else
                            LED_PORT = ~8;   * BCD 8 */
                    /* Tastendruck quittieren */
                    tast_code = KEINE_TASTE;
                    break;
            case TAST_9:
                    if (LED_PORT == ~9)
                            LED_PORT = 9;   * invertierte 9 */
                    else
                            LED_PORT = ~9;   * BCD 9 */
                    /* Tastendruck quittieren */
```

```
                tast_code = KEINE_TASTE;
                break;
        case TAST_0:
                if (LED_PORT == ~0)
                        LED_PORT = 0;    /* invertierte 0 */
                else
                        LED_PORT = ~0;   /* BCD 0 */
                /* Tastendruck quittieren */
                tast_code = KEINE_TASTE
                break;
        case TAST_DEL:
                LED_PORT = 0xFF;   /* Alle LEDs aus */
                /* Tastendruck quittieren */
                tast_code = KEINE_TASTE;
                break;
        case TAST_OK:
                LED_PORT = 0xF0;   /* Alle LEDs an */
                /* Tastendruck quittieren */
                tast_code = KEINE_TASTE;
                break;
        default:
                break;   /* keine gültige Taste */
        }
    }
}
```

5.2.4.3 Matrixtastatur mit externem Interrupt

Steht kein Timer zur Verfügung, oder soll die Tastatur nur dann abgefragt werden, wenn tatsächlich eine Taste gedrückt wurde, so können die Reihenleitungen auf ein Mehrfach-UND-Gatter geschaltet werden, dessen Ausgang mit einem externen Interruptanschluß des Controllers verbunden ist.

Alle Spaltenleitungen werden auf 0 gelegt. Wird nun eine Taste gedrückt, so gelangt eine 0 an einen Eingang des Mehrfach-UND-Gatters. Dieses setzt dann seinen Ausgang auf 0 und löst so einen Interrupt aus. Wird ein Interrupt erkannt, so werden erst alle Spaltenleitungen auf 1 gelegt, dann wird nacheinander an je eine Spaltenleitung eine 0 angelegt und die Reihenleitungen eingelesen. Wird an einer Reihenleitung eine 0 erkannt, so ist eine bestimmte Taste gedrückt.

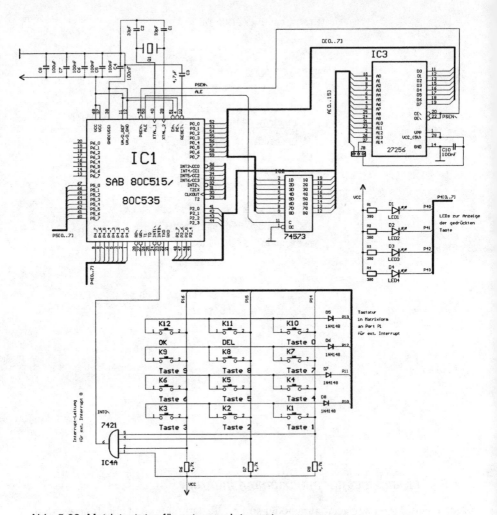

Abb. 5.33: Matrixtastatur für externen Interrupt

Tastaturabfrage über externen Interrupt

```
/******
Modulname    : TAST4

Funktion     : Tastaturabfrage einer Matrixtastatur mit 12 Tasten über
               externen Interrupt

erstellt am  : 5.6.94
```

```
von          : jmw

Änderungen   :
Name    Datum    Beschreibung

*******/
#pragma small
#pragma debug

/********* INCLUDES *********/
#include <reg515.h>

/********* KONSTANTEN *******/

#define TAST_PORT        P1     /* Die Tastatur ist an Port 1 */
#define SCAN             0xFE   /* Startwert für Tastaturabfrage */
#define TAST_MASK        0xF0   /* Maske für Tastendruck */
#define6                 4      /* Anzahl Zeilenleitungen für Abfrage */

#define TAST_1           0xEE   /* Taste 1 */
#define TAST_2           0xDE   /* Taste 2 */
#define TAST_3           0xBE   /* Taste 3 */
#define TAST_4           0xED   /* Taste 4 */
#define TAST_5           0xDD   /* Taste 5 */
#define TAST_6           0xBD   /* Taste 6 */
#define TAST_7           0xEB   /* Taste 7 */
#define TAST_8           0xDB   /* Taste 8 */
#define TAST_9           0xBB   /* Taste 9 */
#define TAST_0           0xE7   /* Taste 0 */
#define TAST_DEL         0xD7   /* Löschen */
#define TAST_OK          0xB7   /* Bestätigen */

#define KEINE_TASTE      0x00

#define LED_PORT         P4     /* LEDs sind an Port 4 angeschlossen */

/**** GLOBALE VARIABLEN *****/

unsigned char tast_code;   /* Enthält die aktuelle Taste */

/********* PROTOTYPEN *******/
/** interne **/
void ISR_tastatur(void);
void main(void);
```

```
/********* FUNKTIONSDEFINITIONEN *******/

/*******************************
Funktionsname : ISR_tastatur

Beschreibung  : Wird der externe Intererrupt 0 ausgelöst, wird die Tastatur
                zeilenweise abgetastet. Wird ein Tastendruck erkannt, so
                wartet die Funktion 10ms um die Tastatur zu entprellen und fragt
                dann die letzte Zeile noch einmal ab, ist die Taste immer noch
                gedrückt, wird der Tastencode zurückgegeben, wenn nicht, wird
                der Code für KEINE TASTE zurückgegeben.

Parameter     : keine

Returnwert    : die globale Varialbe ,,tast_code'' enthält die aktuelle Taste

erstellt am   : 5.6.94
von           : jmw

Änderungen    :
Name   Datum   Beschreibung

*******************************/

ISR_tastatur(void) interrupt 0
{
/**** Variablen ****/

      unsigned char zaehl, scan_code;
      unsigned int zeit;
      bit taste;

/**** Funktion ****/

      for (zaehl = 0,scan_code = SCAN, taste = 0;
          zaehl < zeilen && taste == 0; zaehl++)
      {
           TAST_PORT = scan_code;   /* SCAN-Code anlegen */
           tast_code = TAST_PORT;   /* Tastatur einlesen */
           /* Testen ob Taste gedrückt   */
           if ((tast_code & TAST_MASK) != 0xF0)
                 taste = 1;   /* Taste gedrückt */
           else
                 scan_code = ~(~scan_code << 1);   /* Nächste Zeile */
      }
```

```
        if (taste == 1)   /* Wenn Taste gedrückt */
        {
                /*** Warte ca. 10ms zum Entprellen ***/
                for (zeit = 600; zeit > 0; zeit--)
                        ;
/* Abfragen ob immer noch gedrückt */
                TAST_PORT = scan_code;
                tast_code = TAST_PORT;   /* Tastencode einlesen */
                if ((tast_code & TAST_MASK) == 0xF0)
                {
                        tast_code = KEINE_TASTE;   /* Keine Taste gedrückt */
                }
        }
        else
                tast_code = KEINE_TASTE;   /* Keine Taste gedrückt */

/* Alle Zeilenleitungen auf 0 damit wieder ein Interrupt ausgelöst werden kann */
        TAST_PORT = TAST_MASK;
}

/******************************
Funktionsname: main

Beschreibung : Bei jedem Tastendruck wird eine bestimmte Funktion ausgeführt

Parameter    : keine

Returnwert   : keiner

erstellt am  : 5.6.94
von          : jmw

Änderungen   :
Name    Datum   Beschreibung

******************************/

void main(void)
{
/**** Funktion ****/
        IT0 = 1;      /* Externer Interrupt 0 flankengetriggert */
        EX0 = 1;      /* Externer Interrupt 0 freigeben */
        EAL = 1;
```

```
/* Alle Zeilenleitungen auf 0 damit ein */
/* Interrupt ausgelöst werden kann */
      TAST_PORT = TAST_MASK;
      tast_code = KEINE_TASTE;
      for (;;)
      {
            switch(tast_code) /* Tastendruck auswerten */
            {
                  case TAST_1:
                        LED_PORT = ~1;   /* BCD 1 */
                        tast_code = KEINE_TASTE;
                        break;
                  case TAST_2:
                        LED_PORT = ~2;   /* BCD 2 */
                        tast_code = KEINE_TASTE;
                        break;
                  case TAST_3:
                        LED_PORT = ~3;   /* BCD 3 */
                        tast_code = KEINE_TASTE;
                        break;
                  case TAST_4:
                        LED_PORT = ~4;   /* BCD 4 */
                        tast_code = KEINE_TASTE;
                        break;
                  case TAST_5:
                        LED_PORT = ~5;   /* BCD 5 */
                        tast_code = KEINE_TASTE;
                        break;
                  case TAST_6:
                        LED_PORT = ~6;   /* BCD 6 */
                        tast_code = KEINE_TASTE;
                        break;
                  case TAST_7:
                        LED_PORT = ~7;   /* BCD 7 */
                        tast_code = KEINE_TASTE;
                        break;
                  case TAST_8:
                        LED_PORT = ~8;   /* BCD 8 */
                        tast_code = KEINE_TASTE;
                        break;
```

```
        case TAST_9:
                LED_PORT = ~9;   /* BCD 9 */
                tast_code = KEINE_TASTE;
                break;
        case TAST_0:
                LED_PORT = ~0;   /* BCD 0 */
                tast_code = KEINE_TASTE;
                break;
        case TAST_DEL:
                LED_PORT = 0xFF;  /* Alle LEDs aus */
                tast_code = KEINE_TASTE;
                break;
        case TAST_OK:
                LED_PORT = 0xF0;  /* Alle LEDs an */
                tast_code = KEINE_TASTE;
                break;
        default:
                break;   /* keine gültige Taste */
        }
     }
}
```

5.2.4.4 Matrixtastatur am Datenbus

Will man gar keine zusätzlichen Portleitungen für eine Tastatur zur Verfügung stellen, so kann diese auch als Peripheriegerät an den Daten- und Adressbus des Controllers angeschlossen werden.

In das Latch 74573 wird im ersten Schritt das Bitmuster für die Spaltenleitungen geschrieben. Im zweiten Schritt werden über den Bustreiber 74245 die Reihenleitungen ausgelesen. Ist eine Reihenleitung auf 0, so ist eine Taste gedrückt. Die Abfrage der Tastatur kann hier über Polling oder einen Timerinterrupt erfolgen.

Da der Datenbus 8 Bit breit ist und das Abfragen der Tastatur in zwei Schritten erfolgt, können mit dieser Schaltung bis zu 64 Tasten abgefragt werden.

Tastaturabfrage am Datenbus über Timerinterrupt

```
/******
Modulname    : TAST5

Funktion     : Tastaturabfrage einer Matrixtastatur am Datenbus des Control-
               lers mit 12 Tasten über Timer 0 Interrupt
```

```
erstellt am    : 5.6.94
von            : jmw

Änderungen     :
Name    Datum   Beschreibung

*******/
#pragma small
#pragma debug

/********* INCLUDES *********/
#include <reg515.h>
#include <absacc.h>

/********* KONSTANTEN *******/

/* Die Tastatur ist am Datenbus Adresse 8000 h angeschlossen */
#define TAST_PORT XBYTE[0x8000]

#define SCAN        0xFE    /* Startwert für Tastaturabfrage */
#define TAST_MASK   0xF0    /* Maske für Tastendruck */
#define zeilen      4       /* Anzahl Zeilenleitungen für Abfrage */

#define TAST_1      0xEE    /* Taste 1 */
#define TAST_2      0xDE    /* Taste 2 */
#define TAST_3      0xBE    /* Taste 3 */
#define TAST_4      0xED    /* Taste 4 */
#define TAST_5      0xDD    /* Taste 5 */
#define TAST_6      0xBD    /* Taste 6 */
#define TAST_7      0xEB    /* Taste 7 */
#define TAST_8      0xDB    /* Taste 8 */
#define TAST_9      0xBB    /* Taste 9 */
#define TAST_0      0xE7    /* Taste 0 */
#define TAST_DEL    0xD7    /* Löschen */
#define TAST_OK     0xB7    /* Bestätigen */

#define KEINE_TASTE 0x00

#define LED_PORT    P4      /* LEDs sind an Port 4 angeschlossen */

#define REPEAT_ZEIT 50      /* 0,5 sec */

/********* PROTOTYPEN *******/
/** interne **/
void ISR_tastatur(void);
void main(void);
```

```
/******** GLOBALE VARIABLEN *********/
unsigned char tast_code;   /* Enthält die aktuelle Taste */

/******** FUNKTIONSDEFINITIONEN *******/

/*****************************
Funktionsname: ISR_tastatur

Beschreibung : Die Tastatur wird zeilenweise abgetastet, wird ein Tastendruck
               erkannt, so setzt die Fuunktion das Bit ,,gedrueckt'' um die
               Tastatur zu entprellen und fragt beim nächten Interrupt dann
               die letzte Zeile noch einmal ab, ist die Taste immer noch
               gedrückt, wird geprüft ob die Taste schon einmal erkannt wurde,
               wenn NEIN wird der Tastencode zurückgegeben, wenn JA wird der
               Code für KEINE TASTE zurückgegeben. Ist die selbe Taste länger
               als 0,5 sec gedrückt, so wird der Tastencode erneut zurückge-
               geben.
               Ist keine Taste gedrückt, wird ebenfalls KEINE TASTE zurückge-
               geben.

Parameter    : keine

Returnwert   : Die globale Variable ,,tast_code'' enthält den aktuellen
               Tastendruck

erstellt am  : 5.6.94
von          : jmw

Änderungen   :
Name    Datum    Beschreibung

*****************************/

void ISR_tastatur(void) interrupt 1
{
/**** Variablen ****/

        static unsigned char alt_tast_code, temp_tast_code, scan_code, repeat;
        static bit gedrueckt;
        unsigned char zaehl;
        bit taste;

/**** Funktion ****/

        TH0 = 0xD8;   /* Zeit: 10ms */
        TL0 = 0xF0;
```

```
        if (gedrueckt) /* Wenn Taste gedrückt */
        {
/* Abfragen ob immer noch gedrückt */
                TAST_PORT = scan_code;
                temp_tast_code = TAST_PORT;
                if ((temp_tast_code & TAST_MASK) != 0xF0)
                { /* Taste immer noch gedrückt */
                        if (alt_tast_code != temp_tast_code)
                        /* Testen ob selbe Taste noch gedrückt */
                        {
                        /* Wenn NEIN dann neue Taste */
                        /* speichern und zurückgeben */
                                alt_tast_code = temp_tast_code;
                                tast_code = temp_tast_code;
                                }
                        else
                        { /* Immer noch selbe Taste */
                                repeat++;   /* Wiederholzeit erhöhen */
                                if (repeat == REPEAT_ZEIT)
                                { /* Wenn Wiederholzeit erreicht alte Taste zurück-
                                    geben */
                                        tast_code = alt_tast_code;
                                        repeat = 0;
                                }
                                else
                                /* Wenn noch nicht Zeit keine Taste */
                                        tast_code = KEINE_TASTE;
                        }
                }
                else
                { /* Taste losgelassen */
                        gedrueckt = 0;
                        tast_code = KEINE_TASTE;
                        repeat = 0;
                }
        }
        else
        { /* letztes mal keine Taste gedrückt */
                repeat = 0;
```

```
for (zaehl = 0,scan_code = SCAN, taste = 0;
        zaehl < zeilen && !taste; zaehl++)
{
        TAST_PORT = scan_code;   /* SCAN-Code anlegen */
        tast_code = TAST_PORT;   /* Tastatur einlesen */
        /* Test ob Taste gedrückt */
        if ((tast_code & TAST_MASK) != 0xF0)
                taste = 1;   /* JA: Taste gedrückt merken */
        else
                /* NEIN: Nächste Zeile */
                scan_code = ~(~scan_code << 1);
}
if (taste)
{ /* neue Taste gedrückt */
/* Markieren für nächsten Interrupt */
/* zum Entprellen */
        gedrueckt = 1;
        tast_code = KEINE_TASTE;
        alt_tast_code = KEINE_TASTE;
}
else
{
        gedrueckt = 0;
        tast_code = KEINE_TASTE;   /* Keine Taste gedrückt */
}
}
}


/*******************************
Funktionsname: main

Beschreibung : Bei jedem Tastendruck wird die Tastennumer BCD-kodiert oder
               invertiert auf 4 LEDs ausgegeben. Bleibt eine Taste länger als
               0,5 sec gedrückt, so wird die Anzeige in diesem Takt umge-
               schaltet.

Parameter    : keine

Returnwert   : keiner

erstellt am  : 5.6.94
von          : jmw
```

```
Änderungen   :
Name   Datum   Beschreibung

*********************************/

void main(void)
{
/**** Funktion ****/

/* Initialisierung Timer 0 für Tastaturabfrage */

        TMOD = 0x01;   /* 16-Bit Zeigeber */
        TH0 = 0xD8;    /* Zeit: 10ms */
        TL0 = 0xF0;
        TCON = 0x10;   /* Timer 0 starten */
        EAL = 1;       /* Interrupts freigeben */
        ET0 = 1;
        tast_code = KEINE_TASTE;

        for (;;)
        {
                switch(tast_code) /* Tastatur einlesen */
                {
                        case TAST_1:
                                if (LED_PORT == ~1)
                                        LED_PORT = 1;   /* invertierte 1 */
                                else
                                        LED_PORT = ~1;   /* BCD 1 */
                                /* Tastendruck quittieren */
                                tast_code = KEINE_TASTE;
                                break;
                        case TAST_2:
                                if (LED_PORT == ~2)
                                        LED_PORT = 2;   /* invertierte 2 */
                                else
                                        LED_PORT = ~2;   /* BCD 2 */
                                /* Tastendruck quittieren */
                                tast_code = KEINE_TASTE;
                                break;
                        case TAST_3:
                                if (LED_PORT == ~3)
                                        LED_PORT = 3;   /* invertierte 3 */
```

```
            else
                    LED_PORT = ~3;   /* BCD 3 */
            /* Tastendruck quittieren */
            tast_code = KEINE_TASTE;
            break;
    case TAST_4:
            if (LED_PORT == ~4)
                    LED_PORT = 4;   /* invertierte 4 */
            else
                    LED_PORT = ~4;   /* BCD 4 */
            /* Tastendruck quittieren */
            tast_code = KEINE_TASTE;
            break;
    case TAST_5:
            if (LED_PORT == ~5)
                    LED_PORT = 5;   /* invertierte 5 */
            else
                    LED_PORT = ~5;   /* BCD 5 */
            /* Tastendruck quittieren */
            tast_code = KEINE_TASTE;
                break;
    case TAST_6:
            if (LED_PORT == ~6)
                    LED_PORT = 6;   /* invertierte 6 */
            else
                    LED_PORT = ~6;   /* BCD 6 */
            /* Tastendruck quittieren */
            tast_code = KEINE_TASTE;
                break;
    case TAST_7:
            if (LED_PORT == ~7)
                    LED_PORT = 7;   /* invertierte 7 */
            else
                    LED_PORT = ~7;   /* BCD 7 */
            /* Tastendruck quittieren */
            tast_code = KEINE_TASTE;
                break;
    case TAST_8:
            if (LED_PORT == ~8)
                    LED_PORT = 8;   /* invertierte 8 */
```

```
            else
                    LED_PORT = ~8;   /* BCD 8 */
            /* Tastendruck quittieren */
            tast_code = KEINE_TASTE;
                    break;
    case TAST_9:
            if (LED_PORT == ~9)
                    LED_PORT = 9;   /* invertierte 9 */
            else
                    LED_PORT = ~9;   /* BCD 9 */
            /* Tastendruck quittieren */
            tast_code = KEINE_TASTE;
                    break;
    case TAST_0:
            if (LED_PORT == ~0)
                    LED_PORT = 0;   /* invertierte 0 */
            else
                    LED_PORT = ~0;   /* BCD 0 */
            /* Tastendruck quittieren */
            tast_code = KEINE_TASTE;
                    break;
    case TAST_DEL:
            LED_PORT = 0xFF;   /* Alle LEDs aus */
            /* Tastendruck quittieren */
            tast_code = KEINE_TASTE;
                    break;
    case TAST_OK:
            LED_PORT = 0xF0;   /* Alle LEDs an */
            /* Tastendruck quittieren */
            tast_code = KEINE_TASTE;
                    break;
    default:
            break;   /* keine gültige Taste */
    }
  }
}
```

5.2.5 Bausteine mit seriellem Anschluß

Peripheriebausteine mit seriellem Anschluß haben einige Vorteile gegenüber Bausteinen mit parallelem Anschluß. Die geringe Anzahl von Leitungen und die kleinen Gehäusemaße führen zu erhöhter Sicherheit und zu kleineren Baugruppenabmessungen. Die Nachteile serieller Peripherie sind längere Zugriffszeiten und erhöhter Software-Aufwand bei der Bedienung.

5.2.5.1 serielle EEPROMs

Oft müssen in Mikrocontrolleranwendungen Parameter, die meist nur wenig Speicherplatz benötigen, stromausfallsicher gespeichert werden. Hier bietet sich aus Kosten- und Platzgründen der Einsatz von seriellen EEPROMs, gegenüber parallelen EEPROMs oder batteriegepufferten RAMs, an.

Viele serielle EEPROMs besitzen ein I²C-Bus-Interface (Inter-Integrated-Circuit-Bus). Dieser Bus ist vor allem im Konsumelektronikbereich weit verbreitet. Es werden nur zwei Leitungen benötigt, die Takt- (SCL) und die bidirektionale Datenleitung (SDA). Einige Controller der 8051-Familie von Philips haben eine I²C-Bus-Schnittstelle. Da das Timing aber sehr einfach ist, kann es auch leicht per Software nachgebildet werden.

Am Beispiel des Bausteins AT24C01 von ATMEL soll der Anschluß und die Programmierung von seriellen EEPROMs erläutert werden.

Abb. 5.35 Pinbelegung
des AT24C01

- SCL   Serial Clock. Taktleitung des I²C-Bus-Interface
- SDA   Serial Data. Datenleitung des I²C-Bus-Interface
- TEST   Dieser Pin immer mit GND Verbunden sein
- V_{cc} Versorgungspannung +5 V
- GND   0 V, Masse
- NC   Nicht beschaltet.

Der AT24C01 besitzt 1024 Bit EEPROM-Speicher (Electrically Erasable and Programmable Read Only Memory), das zu 128 Adressen zu je 8 Bit organisiert ist. Die Bausteine können mindestens 10000 mal neu beschrieben werden, und halten ihre Daten länger als 100 Jahre ohne Versorgungsspannung. Die maximale Traktfrequenz der SCL-Leitung beträgt 100 kHz.

Werden Daten übertragen, darf sich die Datenleitung nur ändern, wenn die Takt-leitung auf 0 ist. Jede Datenübertragung wird mit einer Startbedingung eingeleitet und mit einer Stopbedingung beendet. Die Startbedingung ist definiert durch SCL = 1 und eine fallende Flanke auf der SDA-Leitung. Die Stopbedingung ist definiert durch SCL = 1 und eine steigende Flanke auf der SDA-Leitung. Die Daten werden mit dem MSB zuerst übertragen.

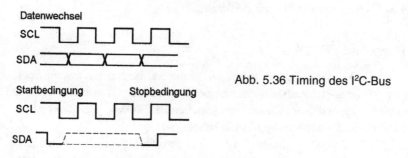

Abb. 5.36 Timing des I²C-Bus

Daten schreiben

Nach der Startbedingung wird die 7-Bit-Adresse der gewünschten Speicherstelle übertragen. Als niederwertigstes Bit muß eine 0 übertragen werden, um dem Bau-stein zu signalisieren, daß ein Datum geschrieben werden soll. Mit dem neunten Takt antwortet der Baustein mit dem Acknowledge-Bit. Dieses muß 0 sein, dann ist der Baustein bereit, Daten zu empfangen. Mit den nächsten acht Takten wird dann das Datum in den Baustein getaktet. Nach der Stopbedingung überträgt der Baustein das empfangene Datum automatisch in den EEPROM-Speicher. Dieser Schreibvorgang dauert maximal 10 ms.

Wird nach der Übertragung des ersten Datenbytes keine Stopbedingung übertra-gen, so können bis zu drei weitere Datenbytes übertragen werden (Blockübertra-gung). Die Adresse wird dabei intern automatisch inkrementiert. Nach dem Sen-den der Stopbedingung wird auch hier das automatische Speichern im EEPROM gestartet.

Während des Speichervorgangs nimmt der Baustein keine Daten und Adressen entgegen. Dieses Verhalten kann dazu verwendet werden, das Ende des Schreib-vorgangs zu erfragen. Dem Baustein wird die Adresse mit gesetzten oder gelösch-ten READ/WRITE-Bit übertragen. Ist das Acknowledge-Bit 1, so ist der Schreib-vorgang noch nicht abgeschlossen. Dieser Vorgang wird solange wiederholt, bis das Acknowledge-Bit 0 ist.

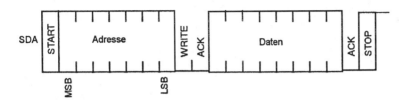

Abb. 5.37 Schreibzugriff auf das serielle EEPROM

Daten lesen

Das Lesen von Daten aus dem EEPROM funktioniert analog zum Schreiben, mit dem Unterschied, daß beim Senden der Adresse das niederwertigste Bit auf 1 gesetzt ist. Nach dem Senden der Adresse, legt das serielle EEPROM seine Daten,ebenfalls mit dem MSB zuerst, auf die SDA-Leitung. Die lesende Einheit (der Mikrocontroller) hält im neunten Takt die SDA-Leitung auf 1, sendet also kein Acknowledge-Bit, und sendet dann eine Stopbedingung.

Auch hier können Daten hintereinander ausgelesen werden, ohne daß jedesmal eine neue Adresse gesendet werden muß. Solange der Empfänger (Mikrocontroller) ein Acknowledge-Bit = 0 und keine Stopbedingung sendet, inkrementiert das EEPROM nach jedem ausgelesenen Byte die interne Adresse und sendet die zugehörigen Daten. Auf diese Weise können beliebig viele Bytes hintereinander ausgelesen werden. Ist der Adreßzähler an der oberen Speichergrenze angekommen, so beginnt er bei der Adresse 0 weiter zu zählen.

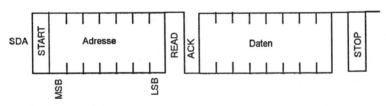

Abb. 5.38 Lesezugriff auf das serielle EEPROM

Das serielle EEPROM wird einfach an zwei bitadressierbare Portleitungen angeschlossen.

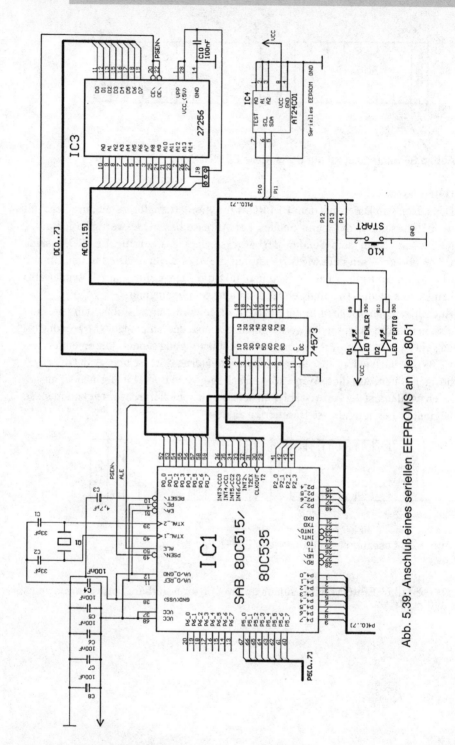

Abb. 5.39: Anschluß eines seriellen EEPROMS an den 8051

Ein neuer Baustein von SGS-Thomson, der ST24W01, der Pin- und Funktions-kompatibel zum AT24C01 ist, bietet zusätzlich noch einen Hardware-Schreib-schutz. Wird der Schreibkontroll-Pin auf 1 gelegt können keine Daten mehr in das serielle EEPROM geschrieben werden. Dieser Pin kann zum Beispiel an einen Spannungsüberwachungsbaustein (MAX691) angeschlossen werden, der bei Aus-fall der Versorgungsspannung ein irrtümliches Schreiben verhindert.

Schreiben und Lesen von seriellen EEPROMs

```
;******
;Modulname   : EEPROM1.A51

;Funktion    : Lesen und Schreiben von Daten für serielle EEPROM

;erstellt am : 6.6.94
;von         : jmw

;Änderungen  :
;Name   Datum   Beschreibung

;*******
$nomod51

;********* INCLUDES *********
$include(y:\to\asm51\reg515.inc)

;********* KONSTANTEN *******

SCL    equ    P1.0   ; Clock-Leitung für serielles EEPROM
SDA    equ    P1.1   ; Datenleitung für serielles EEPROM

;********* MAKROS ***********
wait   macro
       nop
       nop
       nop
       nop
       endm

;********* SEGMENTDEFINITIONEN *******

;** interne **
?PR?SEND_EEPROM?EEPROM1 SEGMENT CODE
?PR?RECV_EEPROM?EEPROM1 SEGMENT CODE
```

```
?DT?EEPROM1 SEGMENT DATA
?BI?EEPROM1 SEGMENT BIT

;********* VARIABLEN ********

rseg ?DT?EEPROM1
        eeprom_data:        ds      1     ; Daten
        eeprom_address:     ds      1     ; Adresse

rseg ?BI?EEPROM1
        rw_flag:         dbit 1 ; Schreiben oder Lesen
        eeprom_error:    dbit 1 ; Interne Fehlerkennung
        eeprom_fehler:   dbit 1 ; Fehlersignalisierung

;********* PUBLICS **********
public eeprom_fehler, eeprom_data, eeprom_address
public send_eeprom, recv_eeprom

;********* FUNTIONSDEFINITIONEN *******

;*****************************
;Funktionsname send_eeprom

;Beschreibung: Sendet die Daten in ,,eeprom_data'' an die Adresse
;                ,,eeprom_address'' im seriellen EEPROM

;Parameter    : keine

;Returnwert   : keiner

;erstellt am  : 6.6.94
;von          : jmw

;Änderungen   :
;Name   Datum   Beschreibung

;*******************************
rseg ?PR?SEND_EEPROM?EEPROM1
send_eeprom:
        using 0
        push       AR1
        mov        r1, #5                ;Zahl der Versuche
send_eeprom_loop:
        setb       eeprom_error
        lcall      start_condition       ; Startbedingung senden
        clr        rw_flag               ; Schreiben in EEPROM
```

```
        lcall       send_eeprom_address   ; Adresse senden
        jc          send_eeprom_err   ; wenn Carry = 1 dann Fehler
        clr         eeprom_error
        lcall       send_eeprom_data  ; Daten senden
send_eeprom_err:
        lcall       stop_condition  ; Stopbedingung senden
        lcall       eeprom_wait   ; Warten bis Daten gespeichert sind
        jnb         eeprom_error,send_eeprom_end   ; Kein Fehler dann ENDE
        djnz        r1,send_eeprom_loop  ; sonst noch einmal Probieren
        setb        eeprom_fehler  ; fünf mal Erfolglos: Dann FEHLER
send_eeprom_end:
        pop         AR1
        ret

start_condition:
        wait
        clr         SDA              ; Fallende Flanke wenn SCL = 1;
        wait
        clr         SCL
        wait
        ret

stop_condition:
        wait
        clr         SDA
        wait
        setb        SCL              ; Steigende Flanke wenn SCL = 1;
        wait
        setb        SDA
        wait
        wait
        ret

send_eeprom_address:
        mov         a,eeprom_address   ; Adresse laden
        rl          a
        clr         acc.0          ; Schreiben
        jnb         rw_flag,send_eeprom_addr
        setb        acc.0          ; Lesen
send_eeprom_addr:
        mov         b,#8                  ; 8 Bit senden
```

```
            clr         c
send_byte_loop1:
            rlc         a               ; ein Bit ins Carry
            wait
            clr         SCL
            wait
            mov         SDA,c           ; Senden wenn SCL = 0
            wait
            setb        SCL
            wait
            djnz        b,send_byte_loop1   ; Bis alle 8 Bit gesendet
            lcall       read_ack        ; Acknowledge von EEPROM lesen
            ret

send_eeprom_data:
            mov         a,eeprom_data   ; Datum laden
            mov         b,#8            ; 8 Bit senden
send_byte_loop2:
            rlc         a               ; Ein Bit ins Carry
            wait
            clr         SCL
            wait
            mov         SDA, c          ; Senden wenn SCL = 0
            wait
            setb        SCL
            wait
            djnz        b,send_byte_loop2   ; Bis alle 8 Bit gesendet
            lcall       read_ack        ; Acknowledge von EEPROM lesen
            ret

eeprom_wait:
            mov         b,#200          ; Warten bis Daten ins EEPROM geschrieben
send_wt0:
            wait
            wait
            wait
            wait
            wait
            wait
            wait
            wait
```

```
            wait
            wait
            djnz        b,send_wt0
            ret

;*******************************
;Funktionsname recv_eeprom

;Beschreibung: Liest Daten aus der Adresse ,,eeprom_address'' und übergibt sie
;              in ,,eeprom_data''

;Parameter   : keine

;Returnwert  : keiner

;erstellt am : 6.6.94
;von         : jmw

;Änderungen  :
;Name    Datum    Beschreibung

;*******************************
rseg ?PR?RECV_EEPROM?EEPROM1
recv_eeprom:
            using 0
            push        AR1
            mov         r1,#5        ;Zahl der Versuche
recv_eeprom_loop:
            setb        eeprom_error
            lcall   start_condition   ; Startbedingung senden
            setb        rw_flag       ; Lesen aus EEPROM
            lcall       send_eeprom_address   ; Adresse senden
            jc          recv_eeprom_err   ; wenn Carry = 1 dann Fehler
            clr         eeprom_error
            lcall   receive_eeprom_data   ; Datum lesen
recv_eeprom_err:
            lcall   stop_condition    ; Stopbedingung senden
            jnb         eeprom_error,recv_eeprom_end   ; Kein Fehler dann ENDE
            djnz        r1,recv_eeprom_loop   ; Sonst noch einmal versuchen
            setb        eeprom_fehler     ; Bei 5 erfolglosen Versuchen: FEHLER
recv_eeprom_end:
            pop         AR1
            ret
```

```
receive_eeprom_data:
        mov         a,#0
        mov         b,#8                    ; 8 Bit empfangen
recv_byte_loop2:
        wait
        setb        SCL
        wait
        mov         c,SDA                   ; Bit lesen wenn SCL = 1
        rlc         a                       ; in Accu schieben
        wait
        clr         SCL
        wait
        djnz        b,recv_byte_loop2
        lcall       send_ack                ; Acknowledge an EEPROM senden
        mov         eeprom_data,a           ; empfangene Daten speichern
        ret

send_ack:
        wait
        setb        SDA                     ; SDA = 1 wenn SCL = 0
        wait
        setb        SCL
        wait
        clr         SCL
        wait
        ret

read_ack:
        wait
        clr         SCL
        wait
        setb        SDA                     ; Datenleitung auf Empfang
        wait
        setb        SCL
        wait
        mov         c,SDA                   ; Ack lesen wenn SCL = 1
        wait
        clr         SCL
        wait
        ret
end
```

Die grundlegenden Funktionen sind in Assembler geschrieben, um die Zeitverluste durch die serielle Übertragung so gering wie möglich zu halten.

Testprogramm für serielle EEPROMs

```
/******
Modulname    : EEPROM2

Funktion     : Alle Speicherplätze eines seriellen EEPROMs werden nach-
               einander mit den Werten 0x55 und 0xAA beschrieben und wieder
               ausgelesen. Wird ein Fehler festgestellt, leuchtet der
               LED FEHLER. Ist der Test beendet leuchtet die LED FERTIG. Mit
               dem Taster START wird der Test gestartet.

erstellt am  : 6.6.94
von          : jmw

Änderungen   :
Name    Datum   Beschreibung

*******/
#pragma small
#pragma debug

/********* INCLUDES *********/
#include <reg515.h>

/******* KONSTANTEN ********/

sbit FEHLER = P1^2;   /* LED EEPROM-FEHLER */
sbit FERTIG = P1^3;   /* LED Test FERTIG */
sbit START  = P1^4;   /* Taster Test starten */

/********* PROTOTYPEN *******/
/** externe **/
void send_eeprom(void);   /* Assemblerfunktionen für Schreiben */
void recv_eeprom(void);   /* und Lesen eines seriellen EEPROMs */

/** interne **/
void main(void);

/***** EXTERNE VARIABLEN *******/

/* Daten und Adresse im seriellen EEPROM */
extern unsigned char eeprom_data, eeprom_address; extern bit eeprom_fehler;
/* Schreib- oder Lesefehler */
```

```
/********* FUNKTIONSDEFINITIONEN *******/

/*****************************
Funktionsname : main

Beschreibung  : Test eines seriellen EEPROMs

Parameter     : keine

Returnwert    : keiner

erstellt am   : 6.6.94
von           : jmw

Änderungen    :
Name   Datum   Beschreibung

*******************************/

void main(void)
{
/*** Variablen ****/

     unsigned char adresse;
     bit abbruch;

/**** Funktion ****/

     FEHLER = 1;    /* LED FEHLER aus */
     for (;;)
     {
             FERTIG = 0;    /* LED FERTIG an */
             while(START == 1)
                     ;        /* Warten bis Start */
             FEHLER = 1;    /* LED FEHLER und */
             FERTIG = 1;    /* FERTIG aus */
             for (adresse = 0, abbruch = 0; adresse < 128 && !abbruch;
             adresse++)
             {
                     eeprom_address = adresse;
                     eeprom_data = 0x55;   /* erstes Testdatum schreiben */
                     send_eeprom();
                     if (!eeprom_fehler)   /* wenn kein Schreibfehler */
                     {
                             eeprom_address = adresse;
```

```
                    eeprom_data = 0;   /* geschriebenes Datum lesen */
                    recv_eeprom();
                    /* Testen ob richtig gelesen */
                    if (eeprom_fehler | | eeprom_data ! = 0x55)
                            abbruch = 1;
            }
            else
                    abbruch = 1;
            if (!abbruch)   /* Wenn erstes Datum OK dann zweites */
            {
                    eeprom_address = adresse;
                    eeprom_data = 0xAA;
                    send_eeprom();   /* Testdatum schreiben */
                    if (!eeprom_fehler)
                    { /* Wenn kein Schreibfehler */
                            eeprom_address = adresse;
                            eeprom_data = 0;
                            /* dann zweites Datum wieder lesen */
                            recv_eeprom();
                            /* und testen ob korrekt */
                            if (eeprom_fehler | | eeprom_data ! = 0xAA)
                                    abbruch = 1;
                    }
                    else
                            abbruch = 1;
            }
    }
    if (abbruch)
            FEHLER = 0;   /* Bei Fehler LED FEHLER ein */
    while(START == 0)
            ;      /* Warten bis Start-Taste losgelassen */
    }
}
```

5.2.5.2 Automatische Identifikation

Um Teile oder Personen automatisch zu identifizieren, gibt es verschiedene Möglichkeiten. Ein Beispiel ist die Verwendung von Halbleiterspeichern, die in geeigneten Gehäusen verpackt und an Gegenständen befestigt, nicht nur zur Identifikation, sondern auch zur Speicherung von relevanten Informationen benutzt werden können.

Gegenüber herkömmlichen Methoden, wie zum Beispiel Bar-Code, haben diese Chips den Vorteil, daß sie wesentlich mehr Informationen speichern können und daß die Information geändert werden kann, ohne den Chip vom zu identifizierenden Gegenstand zu entfernen.

Die einfachste und kostengünstigste Art der automatischen Identifizierung ist das Lesen oder Schreiben von Informationen durch Berührung. Mit den Bausteinen DS2223/2224 und DS2400 von DALLAS Semiconducter ist ein sehr einfacher Aufbau von automatischen Identifikationssystemen möglich.

Die DS199x Touch-Keys sind nichtflüchtige Speicherchips, die in einem münzenähnlichen Gehäuse aus Edelstahl mit einem Durchmesser von ca. 16 mm untergebracht sind.

Alle oben genannten Bauteile kommunizieren über nur eine Datenleitung und einen Masseanschluß mit dem Schreib/Lesegerät.

Eigenschaften Überblick

- DS2223/2224: Diese RAMs mit sehr geringem Standby-Stromverbrauch bieten eine Speicherkapazität von 256 Bit (DS2223) oder 224 Bit und 32 Bit ROM-Seriennummer (DS2224). Sie sind in einem TO-92 Gehäuse untergebracht und benötigen weniger als 1nA im Standby-Betrieb.
- DS2400: Dieses Bauteil enthält eine einmalige 48 Bit lange ROM-Seriennummer, die über einen 8-Bit-CRC-Code abgesichert ist. Die Versorgungsspannung zum Auslesen der Seriennummer wird über die Datenleitung geliefert. Im Standby-Betrieb ist keine Spannungsversorgung notwendig.

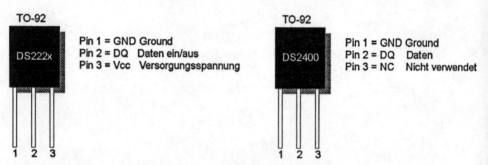

Abb. 5.40 Pinbelegung DS2223/2224 und DS2400

- DS1990: Enthält eine einmalige 48 Bit Seriennummer
- DS1991: Enthält eine einmalige 48 Bit Seriennummer und zusätzlich 1152 Bit nichtflüchter RAM-Speicher der über ein Password geschützt ist
- DS1992: Enthält eine einmalige 48 Bit Seriennummer und 1024 Bit nichtflüchtiger RAM-Speicher
- DS1993: Enthält eine einmalige 48 Bit Seriennummer und 4096 Bit nichtflüchtiger RAM-Speicher
- DS1994: Enthält eine einmalige 48 Bit Seriennummer und 1024 Bit nichtflüchtiger RAM-Speicher, sowie eine Echtzeituhr.

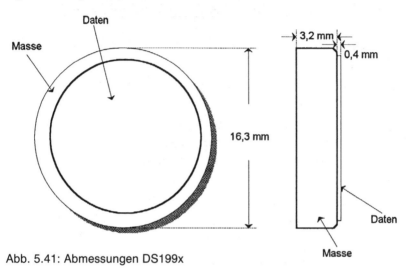

Abb. 5.41: Abmessungen DS199x

Das 1-Wire-Protocol

Im Folgenden wird beschrieben, wie die Seriennummer aus dem DS1990 bzw. DS2400 ausgelesen werden kann. Das nachstehende Programmbeispiel erfüllt diese Aufgabe.

Über einen Pull-Up-Widerstand, der größer als 5kΩ sein sollte, wird die Datenleitung im IDLE-Zustand gehalten. Der Mikrocontroller arbeitet als Bus-Master, der Baustein DSxxxx als Slave. Die Reihenfolge einer Kommunikation ist folgende:

- Reset (vom Master)
- Anwesenheitskennung (vom Slave)
- Kommando-Wort (vom Master)
- Familien-Code (vom Slave)
- 48 Bit Seriennummer (vom Slave)
- CRC Byte (vom Slave)

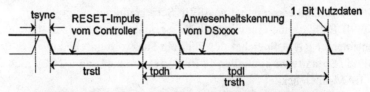

Zeit	Min.	Typ.	Max.	Einheit	Beschreibung
tsync	1			µs	Synchronisierung
trstl	480			µs	RESET Low vom Controller
trsth	480			µs	RESET High vom Controller
tpdh	15		60	µs	Anwesenheitskennung High
tpdl	60		240	µs	Anwesenheitskennung Low

Abb. 5.42: Speicherbelegung des DS1990 bzw. DS2400

Der Controller fragt die Datenleitung zyklisch ab, indem er den Reset-Code sendet. Ist ein DSxxxx vorhanden, so antwortet er mit der Anwesenheitskennung.

Ist ein DSxxxx am Bus, sendet der Controller das Lese-Kommando (0Fh). Anschließend sendet der DSxxxx seine Daten, mit dem LSB jedes Bytes zuerst, an den Controller. Zuerst wird der 8 Bit Familien-Code gesendet. Dieser ist 01 beim DS1990 bzw. DS2400. Dann folgt die 48-Bit Seriennummer und zum Schluß der 8 Bit CRC-Code.

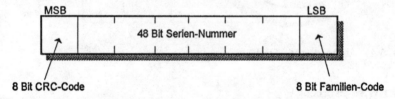

Abb. 5.43 Speicherbelegung des DS1990 bzw. DS2400

Daten schreiben
- Als Startsignal für jedes zu übertragende Bit muß der Master dem Bus für mindestens 1 µs auf 0 legen.
- Um eine 0 zu übertragen, muß der Master anschließend das Bus für mindestens weitere 60 µs auf 0 halten.
- Um eine 1 zu übertragen, muß der Master nachdem Startsignal den Bus für mindestens weitere 60 µs auf 1 halten.
- Nach dieser Zeit muß der Master den Bus für mindestens 1 µs auf 1 halten, dann kann das nächste Bit, beginnend mit den Startsignal übertragen werden.

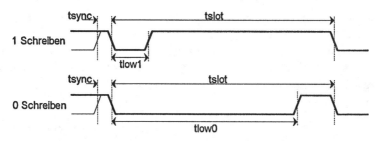

Zeit	Min.	Typ.	Max.	Einheit	Beschreibung
tsync	1			µs	Synchronisierung
tslot	60		120	µs	Zeitdauer pro Bit
tlow1	1		15	µs	Schreiben 1 Low-Zeit
tlow0	60		120	µs	Schreiben 0 Low-Zeit

Abb. 5.44 Timing Daten schreiben

Daten lesen

Ein Lesezyklus läuft ähnlich ab, wie der oben beschriebene Schreibzyklus.

- Als Startsignal für jedes zu lesende Bit legt der Master mindestens 1 µs lang eine 0 auf den Bus. Anschließend muß der Master die Busleitung freigeben (der 8051 legt eine 1 an).

- Will der Slave eine 0 senden, muß er während der nächsten 14 µs (maximal 59µs) eine 0 auf den Bus legen.

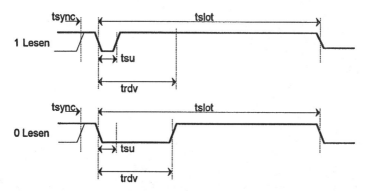

Zeit	Min.	Typ.	Max.	Einheit	Beschreibung
tsync	1			µs	Synchronisierung
tslot	60		120	µs	Zeitdauer pro Bit
tsu	1		15	µs	Lesen Setup-Zeit
trdv	15			µs	Lesen Daten gültig

Abb. 5.45: Timing Daten lesen

- Will der Slave eine 1 senden, muß er während der nächsten 14 µs (maximal 59µs) eine 1 auf den Bus legen.
- Der Master muß vom Startsignal an mindestens 60 µs warten bis er das Stopsignal anlegen darf. Als Stopsignal muß der Master den Bus für mindestens 1 µs auf 1 halten, dann kann das nächste Bit, beginnend mit den Startsignal gelesen werden.

Für ein sicheres Einlesen der Daten, sollte der Controller das anliegende Bit innerhalb 15 µs nachdem Startsignal gelesen haben.

Um die eingelesenen Daten zu überprüfen, kann ein CRC-Wert generiert werden. Dieser wird über den Familien-Code und die 48-Bit Seriennummer gebildet und mit dem abgespeicherten CRC-Wert verglichen. Sind beide Werte identisch, war die Übertragung fehlerfrei.

Damit das vorgegebene Timing eingehalten werden kann, sind die grundlegenden Funktionen, Anwesenheitserkennung, Einlesen der Seriennummer und CRC-Check in Assembler geschrieben.

die Funktionen, Anwesenheitserkennung, Einlesen der Seriennummer und CRC-Check

```
;******
;Modulname    : TOUCH.A51

;Funktion     : Erkennt das Vorhandensein einer Silicon Serial Number und liest
;               die Seriennummer aus.

erstellt am   : 7.6.94
;von          : jmw

;Änderungen   :
;Name   Datum   Beschreibung

;*******
$nomod51

;********* INCLUDES *********
$include(y:\to\asm51\reg515.inc)

;********* KONSTANTEN *******

        DATA_BIT bit P1.0 ; DATA-Anschluß für Silicon Serial Number
```

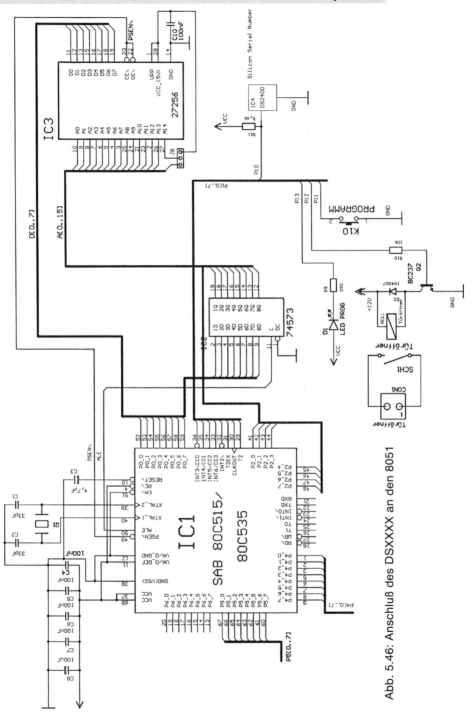

Abb. 5.46: Anschluß des DSXXXX an den 8051

```
;********* SEGMENTDEFINITIONEN *******

;** interne **
        ?DT?TOUCH1 SEGMENT DATA
        ?BI?TOUCH1 SEGMENT BIT

        ?DT?touchin?touchmem segment data
        ?PR?initouch?touchmem segment code
        ?PR?do_crc?touchmem segment code
        ?PR?touchin?touchmem segment code

;********* VARIABLEN ********
        rseg ?BI?TOUCH1
        tm_erkannt:  dbit 1 ; Anwesenheit des Chips

        rseg ?DT?TOUCH1
        crc_calc:    ds 1    ; CRC der eingelesenen Daten
        touch_code:  ds 8    ; Datenwort

;********* PUBLICS **********

        public tm_erkannt, crc_calc, touch_code

        public initouch, touchin

;********* FUNKTIONSDEFINITIONEN *******

;******************************
;Funktionsname initouch

;Beschreibung      : Prüft das Vorhandensein einer Silicon Serial Number und
                     setzt dann das Bit ,,tm_erkannt''

;Parameter         : keine

;Returnwert        : keiner

;erstellt am       : 7.6.94
;von               : jmw

;Änderungen        :
;Name    Datum    Beschreibung

;******************************
                    rseg ?PR?initouch?touchmem

INITOUCH:
                    PUSH   B            ;Register B retten
```

```
                CLR     DATA_BIT        ;Start Reset Impulse
                NOP                     ;
                MOV     B,#0            ;Zeitinterval setzen
                DJNZ    B,$             ;Warte mit data low
                SETB    DATA_BIT        ;data auf high setzen
                MOV     B,#128          ;Zeitinterval setzen
                CLR     C               ;
HI_LOOP:
                ORL     C,/DATA_BIT     ;Anwesenheitimpulse einlesen
                DJNZ    B,HI_LOOP       ;Bis Zeit abgelaufen
                MOV     tm_erkannt,C    ;in ,,tm_erkannt'' speichern
                POP     B               ;Register B wieder herstellen
                RET                     ;
```

```
;*******************************
;Funktionsname: do_crc

;Beschreibung: Berechnet die CRC-Checksumme für die empfangenen Daten

;Parameter   : keine

;Returnwert  : keiner

;erstellt am : 7.6.94
;von         : jmw

            ;Änderungen
;Name    Datum   Beschreibung

;*******************************
            rseg ?PR?do_crc?touchmem

DO_CRC:
                PUSH    ACC             ;Benutzte Register retten
                PUSH    B               ;
                PUSH    ACC             ;
                MOV     B,#8            ;8 Bit schieben
CRC_LOOP:
                XRL     A,crc_calc      ;CRC berechnen
                RRC     A               ;
                MOV     A,crc_calc      ;
                JNC     ZERO            ;
                XRL     A,#18H          ;
```

```
ZERO:
                RRC    A                ;
                MOV    crc_calc,A ;
                POP    ACC              ;
                RR     A                ;
                PUSH   ACC              ;
                DJNZ   B,CRC_LOOP       ;
                POP    ACC              ;Benutzte Register wieder
                POP    B                ;herstellen
                POP    ACC              ;
                RET                     ;
```

;********************************
;Funktionsname   : touchin

;Beschreibung   : Liest die Seriennummer ein und speichert sie in der
;   Variablen ,,touch_code''.

;Parameter   : keine

;Returnwert   : keiner

;erstellt am   : 7.6.94
;von   : jmw

;Änderungen   :
;Name   Datum   Beschreibung

;********************************

```
                rseg ?DT?touchin?touchmem
BYTES:      ds    1
                rseg ?PR?touchin?touchmem

TOUCHIN:
                MOV    A,#033H       ;ROM code lesen
                LCALL  TOUCH_WR
                MOV    crc_calc,#0   ;crc_calc löschen
                MOV    B,#7
                MOV    R0,#touch_code
TOUCHIN_LOOP:
                LCALL  TOUCH_RD
                LCALL  do_crc        ;CRC für ein Byte berechnen
                MOV    @R0,A         ;gelesenes Byte abspeichern
                INC    R0            ;Pointer auf nächste Stelle
```

```
              DJNZ   b,TOUCHIN_LOOP
              LCALL  TOUCH_RD    ;CRC-Byte einlesen
              MOV    @R0,A       ;und speichern
              RET


TOUCH_RD:
              MOV    A,#0FFH     ; Akku vorbesetzen für lesen
TOUCH_WR:
              CLR    EAL         ;alle Interrupts aus
              PUSH   B           ; Register B retten
              MOV    B,#8        ; 8 Bit verarbeiten
BIT_LOOP:
              RRC    A           ;ein Bit ins Carry schieben
              SETB   DATA_BIT    ;DATA_BIT auf 1
              NOP                ; als Startimpuls
              NOP                ;
              NOP                ;
              NOP                ;
              NOP                ;
              CLR    DATA_BIT    ;Starte time slot mit DATA_BIT=0
              NOP                ;
              NOP                ;
              NOP                ;
              NOP                ;
              NOP                ;
              MOV    DATA_BIT,C  ; Datenbit senden
              NOP                ;
              NOP                ;
              NOP                ;
              NOP                ;
              NOP                ;
              MOV    C,DATA_BIT  ; Datenbit lesen
              PUSH   B           ; Bitzähler retten
              MOV    B,#17       ; Warten bis zum Ende des
              DJNZ   B,$         ; time slot
              POP    B           ;Bitzähler wieder herstellen
              DJNZ   B,BIT_LOOP  ; 8 Bit senden
              RRC    A           ;Empfangenes Bit in Akku
              SETB   DATA_BIT    ;Ende des time slot
              POP    B           ;Register B wieder herstellen
```

```
        SETB   EAL          ; Interrupts wieder freigeben
        RET                 ;

        end
```

Im folgenden Beispiel wird der DS1990 dazu benutzt, ein elektrisches Schloß zu öffnen. Über einen Taster kann ein DS1990 als gültiger Schlüssel programmiert werden.

Elektronisches Schloß mit Touchkey

```
/******
Modulname    : TOUCH2

Funktion     : Liest die Seriennummer eines TOUCHKEY DS1990 ein.
               Ist der Taster LESE_SCHUESSEL gedrückt, so wird die Serien-
               nummer gespeichert. Ansonsten wird dieEingelesene mit der ge-
               speicherten Seriennummer verglichen und bei Übereinstimmung
               der Ausgang für ein elektrisches Türschloß betätigt.

erstellt am  : 7.6.94
von          : jmw

Änderungen   :
Name   Datum   Beschreibung

*******/
#pragma small
#pragma debug

/********* INCLUDES *********/
#include <reg515.h>

/********* KONSTANTEN *******/

sbit LESE_SCHLUESSEL= P1^1;   /*Taster zum Programmieren dec Codes*/
sbit SCHLOSS        = P1^2;   /* Ausgang für das Schloß */
sbit PROGRAMMIERT   = P1^3;   /* Anzeige wenn programmiert */

/********* PROTOTYPEN *******/
/** externe **/
void INITOUCH(void);         /* Anwesenheitserkennung Schlüssel */
void TOUCHIN(void);          /* Nummer einlesen */

/** interne **/
void main(void);
```

```
/********* EXTERNE VARIABLEN ********/

extern unsigned char touch_code[], crc_calc;
extern bit tm_erkannt;

/********* FUNKTIONSDEFINITIONEN *******/

/*******************************
Funktionsname      : main

Beschreibung       : Programmieren eines Schlüssels, Einlesen und ggf. Öffnen
                     eines Schlosses.

Parameter          : keine

Returnwert         : keiner

erstellt am        : 7.6.94
von                : jmw

Änderungen         :
Name    Datum    Beschreibung

*******************************/

void main(void)
{
/**** Variablen ****/

      unsigned char schluessel[8], i;
      unsigned int zeit;
      bit fehler;

/**** Funktion ****/

      for (;;)
      {
            for(i = 0; i < 8; i++)
            {
                  touch_code[i] = 0;   /* aktuelle Nummer löschen */
            }
            tm_erkannt = 0;
            INITOUCH();                 /* Testen ob Schlüssel vorhanden */
            if(tm_erkannt == 1)         /* wenn vorhanden */
            {
                  TOUCHIN();            /* Nummer einlesen */
```

```
if((crc_calc == touch_code[7]) && (crc_calc != 0))
{ /* Wenn CRC ok */
      if (LESE_SCHLUESSEL == 0)
      { /* Neuer Schlüssel programmieren */
            for (i = 0; i < 8; i++)
                  schluessel[i] = touch_code[i];
            PROGRAMMIERT = 0;   /* Anzeigen */
            do
            { /* Warten bis Schlüssel weg */
                  INITOUCH();
            }
            while (tm_erkannt);
            PROGRAMMIERT = 1;   /* Anzeige aus */
      }
      else
      { /* Testen ob Schloß öffnen */
            for (i=0, fehler=0; i<8 && !fehler; i++)
            {
                  if (schluessel[i] != touch_code[i])
                  /* Wenn Nummer nicht übereinstimmt */
                        fehler = 1;
            }
            if (!fehler)
            { /* Nummer war richtig */
                  SCHLOSS = 0;
                  for (zeit = 30000; zeit > 0; zeit--)
                  /* Warte ca. 0,5 sec */
                        ;
                  SCHLOSS = 1;
            }
            do
            { /* Warten bis Schlüssel weg */
                  INITOUCH();
            }
            while (tm_erkannt);
      }
   }
 }
}
```

5.2.6 Anzeige-Module

5.2.6.1 7-Segment-LED-Anzeigen

Eine preiswerte Möglichkeit Daten anzuzeigen stellen 7-Segment-LED-Anzeigen dar. Sie können ohne großen Hardwareaufwand vom Prozessor angesteuert werden.

Anschluß über BCD-zu-7-Segment-Decoder

Sollen nur Ziffern von 0 bis 9 angezeigt werden, so kann dies mit dem BCD-zu-7-Segment-Dekoder 74247 realisiert werden. Für zwei Ziffern wird ein Port des 8051 benötigt. Die darzustellende Zahl muß ins BCD-Format konvertiert werden, und kann dann auf dem Port ausgegeben werden. Der BCD-zu-7-Segment-Dekoder ist in der Lage eine 7-Segment-Anzeige direkt anzusteuern.

In den Beispielprogrammen AD2.C51 und AD3.A51 in Kapitel 4.3.2 werden die Druckdaten über den BCD-zu-7-Segment-Dekoder 74247 auf einer 7-Segment-Anzeige dargestellt.

Ansteuerung im Zeitmultiplexbetrieb

Will man mehrere Ziffern darstellen, so ist es sinnvoll die Anzeige im Zeitmultiplexbetrieb anzusteuern. Dazu werden alle Anzeigestellen nacheinander für eine kurze Zeit eingeschaltet, dadurch entsteht der optische Eindruck, daß alle Anzeigestellen gleichzeitig leuchten. Um eine flimmerfreie Darstellung zu erreichen, muß die Wiederholfrequenz größer als 50 Hz sein.

Die Ansteuerung der Anzeige wird am einfachsten über eine Timer-Interrupt-Routine realisiert. Die Zeit für den Timer richtet sich nach der Anzahl der verwendeten Anzeigestellen und kann nach folgender Formel berechnet werden:

$$t = \frac{20\text{ms}}{n}$$

wobei t die Zeit für den Timer ist und n die Anzahl der Anzeigestellen.

Je mehr Anzeigestellen verwendet werden, desto kleiner wird die Zeit für den Timer. Das bedeutet, daß die Belastung der CPU durch das Multiplexen der Anzeige mit zunehmender Stellenzahl steigt. Es ist daher abzuwägen, wieviele Anzeigestellen verwendet werden können, ohne daß die Arbeitsgeschwindigkeit des Hauptprogramms leidet. Außerdem ist zu beachten, daß die Leuchtstärke mit zunehmender Stellenzahl abnimmt.

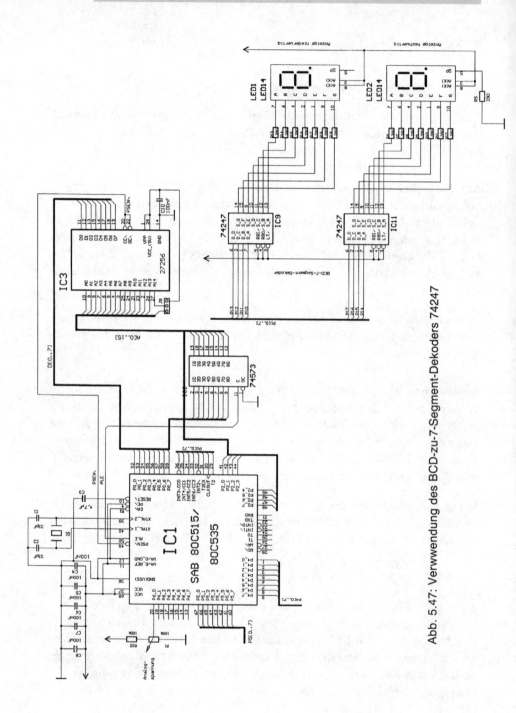

Abb. 5.47: Verwendung des BCD-zu-7-Segment-Dekoders 74247

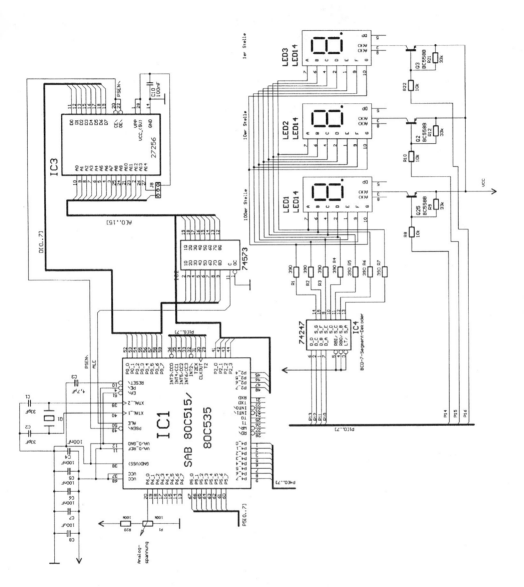

Abb. 5.48: 7-Segment-Anzeige im Zeitmultiplex

Das folgende Beispiel stellt die Stellung eines Potis, das am Analogeingang Kanal 0 angeschlossen ist, dezimal auf einer dreistelligen 7-Segment-Anzeige dar. Anzeige 0 ist dabei ganz links, Anzeige 255 ist ganz rechts.

LED-Anzeige im Multiplexbetrieb

```
/******
Modulname    : DISP1

Funktion     : Zeitmultiplex einer dreistelligen 7-Segment-Anzeige
               mit Timer 0 Interrupt

erstellt am  : 8.6.94
von          : jmw

Änderungen   :
Name  Datum  Beschreibung

******/
#pragma small
#pragma debug

/********* INCLUDES *********/
#include <reg515.h>

/********* KONSTANTEN *******/

#define ANZEIGE_PORT P1 /* Dekoder und Digitauswahl an Port P1 */

#define SCAN_START  0x10 /* Digit 1 ist an Port P1.4 */
#define ALLE_AUS    0x0F /* Fh am Dekoder ist Anzeige aus */
                         /* 0 an Digitauswahl ist Digit aus */
#define AD_INIT     0x00 /* AD-Wandler Kanal 0 einzelne Messung */

/********* PROTOTYPEN *******/
/** interne **/
void ISR_display(void);
void main(void);

/********* GLOBALE VARIABLEN **********/

unsigned char anzeige[3];  /* Anzeigedaten BCD-Kodiert */

/********* FUNKTIONSDEFINITIONEN *******/

/*****************************
Funktionsname : ISR_display

Beschreibung  : Alle 6 ms wird der Timer-Interrupt ausgelöst.
                Es werden alle Digit abgeschaltet, dann werden die
                neuen Daten an den Dekoder angelegt und das neue
                Digit eingeschaltet.
```

```
Parameter    : keine

Returnwert   : keiner

erstellt am  : 8.6.94
von          : jmw

Änderungen   :
Name  Datum  Beschreibung

*******************************/

void ISR_display(void) interrupt 1
{
/**** Variablen ****/

    static unsigned char scan = 0x80, *ptr;

    /**** Funktion ****/

    TH0 = 0xE8;          /* Zeit: 6 ms */
    TL0 = 0x90;
    if (scan == 0x80)    /* Letztes Digit */
    {
        ptr = anzeige; /* Zeiger auf Anfang der Anzeigedaten */
        scan = SCAN_START;   /* erstes Digit auswählen */
    }
    ANZEIGE_PORT = ALLE_AUS;   /* Alle Digits aus */
    ANZEIGE_PORT = *ptr++;     /* Neue Daten an Dekoder */
    ANZEIGE_PORT |= scan;      /* Neues Digit einschalten */
    scan = scan << 1;          /* Nächstes Digit vorbereiten */
}


/*****************************
Funktionsname: main

Beschreibung : Die Spannung am AD-Kanal 0 wird gemessen und
               der Meßwert dezimal angezeigt (0-255)

Parameter    : keine

Returnwert   : keiner

erstellt am  : 8.6.94
von          : jmw
```

```
Änderungen   :
Name  Datum  Beschreibung

*******************************/

void main(void)
{
/**** Variablen ***/

unsigned char temp;

/**** Funktion ****/

/* Initialisierung Timer 0 für Anzeigenmultiplex */

        TMOD = 0x01;  /* 16-Bit Zeigeber */
        TH0 = 0xE8;   /* Zeit: 6 ms */
        TL0 = 0x90;
        TCON = 0x10;  /* Timer 0 starten */
        EAL = 1;      /* Interrupts freigeben */
        ET0 = 1;
        ADCON = AD_INIT;    /* Kanal 0, einzelne Messung */

        for (;;)
        {
                DAPR = 0x00;  /* Messung starten 0-5 V */
                while(BSY)
                        ;        /* Warten bis Messung fertig */
                anzeige[0] = ADDAT / 100;   /* HEX -> DEZIMAL */
                temp = ADDAT % 100;   /* in Anzeigenpuffer */
                anzeige[1] = temp / 10;
                anzeige[2] = temp % 10;
        }

}
```

MAX7219/7220 LED-Display-Treiber

Mit den LED-Display-Treibern MAX7219 und MAX7220 von MAXIM können auf einfache Weise bis zu acht 7-Segment-LED-Anzeigen über einen Mikroprozessor angesteuert werden. Der MAX7219 besitzt eine serielle Schnittstelle mit drei Leitungen, der MAX7220 wird parallel als 8-Bit-Peripherie-Baustein angesteuert. Die Bausteine verfügen über folgende Funktionen:

- Bis zu acht Stellen mit einem Baustein

- Stromsparender Shutdown-Modus
- Digitale Helligkeitssteuerung in 16 Stufen
- Jedes Segment einzeln entweder über BCD-Kodierung oder direkt ansteuerbar
- Scanrate von ca. 1300Hz, gleichmäßige Helligkeit der Anzeige
- Beliebig kaskadierbar
- Anzahl der benutzten Digits ist einstellbar
- Display-Test-Funktion
- Zur Einstellung des maximalen Segmentstroms ist nur ein externer Widerstand nötig.

Beschreibung des MAX7219

Der MAX7219 kommuniziert mit dem Mikrocontroller über ein synchrones serielles Interface. Es werden 16 Bit übertragen, mit dem Bit 15 (MSB) zuerst. Die einzelnen Bits haben folgende Bedeutung:

- Bit D15 — D12   sind unbenutzt
- Bit D11 — D8   enthalten die 4-Bit Adresse des Zielregisters
- Bit D7 — D0   enthalten die 8-Bit Daten für das Zielregister

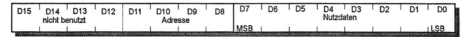

Abb. 5.49 serielles Datenformat des MAX7219

Die seriellen Daten werden mit der steigenden Flanke des Taktsignales in das interne Schieberegister des MAX7219 übernommen. Sind alle 16 Bit übertragen, werden diese mit der steigenden Flanke des LOAD-Signales in das Zielregister geschrieben. Das LOAD-Signal muß gleichzeitg mit oder nach der letzten steigenden Flanke des Taktsignales kommen, aber noch vor der ersten steigenden Flanke des Taktes für das nächste Datenpaket, sonst sind die Daten ungültig. Zur Kaskadierung mehrerer Bausteine werden die Daten im integrierten Schieberegister bei der Übertragung des nächsten Datenpaketes am Ausgang DOUT, um einen halben Takt verschoben, wieder herausgetaktet.

Um also „n" kaskadierte MAX7219 anzusprechen müssen „n"-mal 16-Bit Daten übertragen werden. Erst am Ende werden alle Daten mit dem LOAD-Signal übernommen. Die Daten für den hintersten Baustein müssen als erstes gesendet werden. Soll der Inhalt bestimmter Anzeigenteile nicht geändert werden, so wird in den betreffenden Bausteinen einfach das Register „No-Op" adressiert.

Wird keine durch 8 teilbare Anzahl von Anzeigestellen benötigt, so sollten alle Bausteine auf die gleiche Anzahl Anzeigestellen programmiert werden, damit

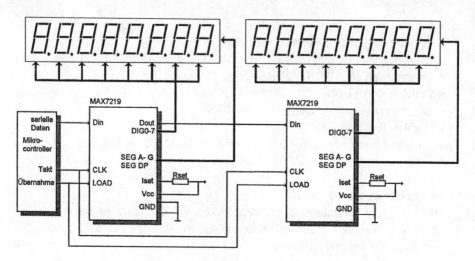

Abb. 5.50: Kaskadierung mehrerer MAX 7219

keine Unterschiede in der Helligkeit der Anzeigen auftritt. Bei einer ungeraden Anzahl von Stellen muß auf die nächste gerade Zahl aufgerundet werden. An einem Baustein bleibt dann ein Digit-Treiber unbeschaltet. Sollen beispielsweise 11 Stellen angezeigt werden, so müssen beide MAX7219 auf 6 Stellen programmiert werden, somit ergibt sich ein Tastverhältnis von 1/6. Würde der erste Baustein auf 6 und der Zweite auf 5 Stellen eingestellt, so würden die Anzeigen des zweiten Bausteins heller erscheinen, da das Tastverhältnis pro Stelle hier 1/5 ist, während es beim ersten Baustein nur 1/6 ist.

Um die Versorgungsspannung des MAX7219 zu puffern, sollte ein Elko mit ca. 10 µF und parallel ein Keramik-Kondensator mit ca. 100 nF möglichst nahe am Baustein zwischen den V_{cc}- und GND-Anschlüssen angebracht werden. Um Übersprechprobleme zwischen den Leitungen und Spannungsabfälle auf den Leitungen zu vermeiden, sollte der Baustein so nahe wie möglich an den LED-Anzeigen plaziert werden. Ebenso müssen beide GND-Anschlüsse mit Masse verbunden werden.

Verlustleistung und maximaler Segment-Strom
Der maximal zulässige Segment-Strom ist ca. 40 mA. Aus der nachstehenden Tabelle kann für verschiedene Ströme und Spannungsabfälle über dem LED-Segment der Wert für den Strombegrenzungs-Widerstand R_{SET} abgelesen werden.

Gehäuse	Therm. Widerstand	Max. Sperrschicht Temp. (Tjmax)	Max. Umgeb. Temp. (Tumax)	Max. Verlustleistung bei Tumax
Plastic DIP	75°C/W	150°C	70°C / 85°C	0,87W
Wide SO	85°C/W	150°C	70°C / 85°C	0,76W
Keramik DIP	60°C/W	150°C	85°C	1,1W

Werte für Rset

Strom pro Segment	Spannungsabfall über dem Seg.				
	1,5 V	2 V	2,5 V	3 V	3,5 V
10 mA	60,1k	56k	51,7k	47k	41,9k
20 mA	26,2k	24,6k	22,8k	20,9k	18,6k
30 mA	16,3k	15k	14k	12,9k	11,4k
40 mA	11,3k	10,4k	9,8k	8,9k	7,8k

Abb. 5.51: Verlustleistung und Werte für R_{SET}

Die maximale MAX7219:Verlustleistung des MAX7219 ist durch folgende Gleichung bestimmt:

$$P_D = (V_{cc} * 8mA) + (V_{cc} - V_{LED}) * DUTY * I_{SEG} * N$$

wobei

- P_D Verlustleistung
- V_{cc} Versorgungsspannung
- V_{LED} Spannungsabfall über dem LED-Segment
- DUTY   Tastverhältnis programmiert im Intensity-Register
- I_{SEG} Maximaler Segmentstrom durch R_{SET} eingestellt
- N   Anzahl der Anzeigestellen (maximal 8)

Beispiel:
I_{SEG} = 40mA, N = 8, DUTY = 31/32, V_{LED} = 1,5 V bei 40mA, V_{cc} = 5 V

$$P_D = (5 \text{ V} * 8mA) + (5 \text{ V} - 1,5 \text{ V}) * 31/32 * 40mA * 8$$

$$P_D = 1,125W$$

Damit diese Verlustleistung abgeführt werden kann, darf die maximale Umgebungstemperatur eine bestimmte Grenze nicht überschreiten. Diese Grenze berechnet sich folgendermaßen:

$$T_U = T_{Jmax} - P_D * \Theta_{JU}$$

wobei

- T_U max. Umgebungstemperatur
- T_{Jmax} max. Sperrschichttemperatur

- P_D Verlustleistung
- Θ_{JU} Termischer Widerstand

Für einen MAX7219 im Plastic-DIP-Gehäuse ergibt sich mit den Daten aus der obigen Formel und Tabelle, die maximal zulässige Umgebungstemperatur zu.

$$T_U = 150°C - 1{,}125W * 75°C/W$$

$$T_U = 65{,}625°C$$

Die Register des MAX7219

Der MAX7219 verfügt über 14 Register, die über den 4-Bit-Adressteil des Datenwortes adressiert werden. Für jede Anzeigestelle ist ein eigenes Register vorhanden. Die restlichen Register dienen zur Steuerung der Funktion des Bausteins.

Register	Adresse (HEX)
NO-OP	x0
DIGIT 0	x1
DIGIT 1	x2
DIGIT 2	x3
DIGIT 3	x4
DIGIT 4	x5
DIGIT 5	x6
DIGIT 6	x7
DIGIT 7	x8
DECODE MODE	x9
INTENSITY	xA
SCAN LIMIT	xB
SHUTDOWN	xC
DISPLAY TEST	xF

Abb. 5.52 Die Register des MAX7219

Das Register NO-OP

Dieses Register wird verwendet, wenn mehrere Bausteine kaskadiert werden. Da immer Daten für alle angeschlossenen Bausteine übertragen werden müssen, wird in denjenigen Chips, deren Daten nicht geändert werden sollen, das NO-OP-Register adressiert.

Die Register DIGIT0 bis DIGIT7

Diese Register enthalten die Anzeigedaten. Je nach Programmierung des DECODE-MODE-Registers werden die Daten entweder BCD im CODE B Format oder direkt interpretiert. Bit 7 steuert immer den Dezimalpunkt der Anzeige an. Ist Bit 7 gesetzt, so ist der Dezimalpunkt an.

Datenregister DIGIT0 - DIGIT7 im unkodierten Modus

D7	D6	D5	D4	D3	D2	D1	D0
DP	A	B	C	D	E	F	G

Datenregister DIGIT0 - DIGIT7 im BCD CODE B Modus

7-Segment-Zeichen	Register DIGIT0 - DIGIT7
0	xxxx0000
1	xxxx0001
2	xxxx0010
3	xxxx0011
4	xxxx0100
5	xxxx0101
6	xxxx0110
7	xxxx0111
8	xxxx1000
9	xxxx1001
'–'	xxxx1010
E	xxxx1011
H	xxxx1100
L	xxxx1101
P	xxxx1110
aus	xxxx1111

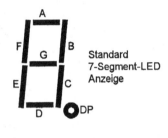

Standard
7-Segment-LED
Anzeige

Abb. 5.53 Zuordnung der Bits in den Datenregistern zu den Segmenten

Das Register DECODE-MODE

Mit diesem Register wird festgelegt, wie die Anzeigedaten interpretiert werden. Jedes Bit in diesem Register korrespondiert mit einem Digit der LED-Anzeige. Bei einer 1 werden die Daten als BCD Code B interpretiert, bei einer 0 werden die Daten unkodiert angezeigt.

DECODE-MODE-Register

D7	D6	D5	D4	D3	D2	D1	D0
DIGIT7	DIGIT6	DIGIT5	DIGIT4	DIGIT3	DIGIT2	DIGIT1	DIGIT0

Dx = 0 unkodierter Betrieb
Dx = 1 BCD Code B kodiert

Abb. 5.54 DECODE-MODE-Register

Das Register INTENSITY

Dieses Register steuert die Helligkeit der LED-Anzeige. Die Helligkeit kann in 16 Stufen von 1/32 (Dunkel) bis 31/32 (Hell) des maximalen Segmentstromes, der durch R_{SET} festgelegt ist, eingestellt werden. Dazu werden die 4 unteren Bits des INTENSITY-Registers dem integrierten DA-Wandler zugeführt, der dann ein entsprechendes PWM-Signal erzeugt.

Tastverhältnis	INTENSITY (Binär)	INTENSITY (HEX)
1/32 (min)	xxxx0000	x0
3/32	xxxx0001	x1
5/32	xxxx0010	x2
7/32	xxxx0011	x3
9/32	xxxx0100	x4
11/32	xxxx0101	x5
13/32	xxxx0110	x6
15/32	xxxx0111	x7
17/32	xxxx1000	x8
19/32	xxxx1001	x9
21/32	xxxx1010	xA
23/32	xxxx1011	xB
25/32	xxxx1100	xC
27/32	xxxx1101	xD
29/32	xxxx1110	xE
31/32 (max)	xxxx1111	xF

Abb. 5.55 Die Helligkeitssteuerung

Das Register SCAN-LIMIT

Das SCAN-LIMIT-Register legt fest, wieviele Digits angesteuert werden sollen. Die Digits werden im Zeitmultiplexbetrieb mit einer Frequenz von ca. 1300 Hz bei 8 Digit angesteuert. Da die Anzahl angesteuerter Digit die Helligkeit der Anzeige beeinflußt, sollte dieses Register nicht zur Unterdrückung zeitweise unbenutzter Stellen, wie zum Beispiel führender Nullen, verwendet werden.

Anzahl Digits	Daten in Register SCAN-LIMIT
Nur Digit 0 *	x0
Digit 0 und 1 *	x1
Digit 0, 1 und 2 *	x2
Digit 0, 1, 2, 3	x3
Digit 0 - 4	x4
Digit 0 - 5	x5
Digit 0 - 6	x6
Digit 0 - 7	x7

Abb. 5.56 Anzahl angesteuerter Digits

* Der max. zulässige Segmentstrom ist zu beachten

Werden drei oder weniger Anzeigestellen verwendet, so erhöht sich die Verlustleistung in den Digit-Treibern. Deshalb muß in diesem Fall der Widerstand R_{SET} entsprechend gewählt werden.

Abb. 5.57 Maximaler Segmentstrom bei
drei oder weniger Digits

Anzahl Digits	Max. Segmentstrom
1	10 mA
2	20 mA
3	30 mA

Das Register SHUTDOWN
Eine 0 in Bit 0 des SHUTDOWN-Registers versetzt den Baustein in den SHUT-DOWN-Modus. Hierbei wird die Anzeige abgeschaltet, die Daten in den Anzeigeregistern bleiben erhalten. Der Baustein kann weiterhin programmiert werden. Die Display-Test-Funktion überschreibt den SHUTDOWN-Modus. SHUT-DOWN kann als Stromsparmodus verwendet werden, oder als Alarm-Signalisierung indem der SHUTDOWN-Modus periodisch ein- und ausgeschaltet wird.

Das Register DISPLAY TEST
Eine 1 in Bit 0 des DISPLAY-TEST-Registers schaltet den Display-Test-Modus ein. Dabei werden alle Segmente aller Digits mit voller Helligkeit eingeschaltet. Eine 0 schaltet die Display-Test-Funktion ab und stellt den alten Zustand wieder her, das heißt die Programmierung des Bausteins wird durch die Display-Test-Funktion nicht verändert.

Im folgenden Beispiel steuert der MAX7219 drei Digits an. Diese zeigen die Stellung eines Poti 1 dezimal an. Anzeige 0 ist dabei ganz links, Anzeige 255 ist ganz rechts. Mit dem Poti 2 kann die Helligkeit der Anzeige softwaremäßig eingestellt werden. Links ist dunkel, rechts ist hell.

LED-Anzeige mit dem MAX7219

```
/******
Modulname    : MAX7219A

Funktion     : Ansteuerung einer dreistelligen 7-Segment-Anzeige
               mit dem MAX7219

erstellt am  : 8.6.94
von          : jmw
```

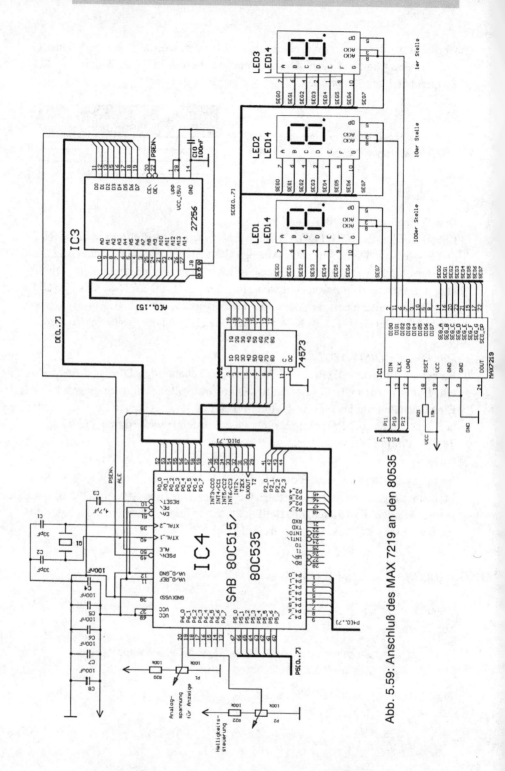

Abb. 5.59: Anschluß des MAX 7219 an den 80535

Änderungen :
Name Datum Beschreibung

******/
#pragma small
#pragma debug

/********* INCLUDES *********/
#include <reg515.h>

/********* KONSTANTEN *******/

```
#define AD_INIT0 0x00      /* AD-Wandler Kanal 0, einzelne Messungen */
#define AD_INIT1 0x01      /* AD-Wandler Kanal 1, einzelne Messungen */
```

/*** Definition der Register des MAX7219 ***/

```
#define NO_OP       0x00   /* NO-OP */
#define DIGIT0      0x01   /* DIGIT 0 */
#define DIGIT1      0x02   /* DIGIT 1 */
#define DIGIT2      0x03   /* DIGIT 2 */
#define DIGIT3      0x04   /* DIGIT 3 */
#define DIGIT4      0x05   /* DIGIT 4 */
#define DIGIT5      0x06   /* DIGIT 5 */
#define DIGIT6      0x07   /* DIGIT 6 */
#define DIGIT7      0x08   /* DIGIT 7 */
#define DECODE      0x09   /* DECODE MODE */
#define INTENS      0x0A   /* INTENSITY */
#define SCAN_L      0x0B   /* SCAN LIMIT */
#define SHUTDN      0x0C   /* SHUTDOWN */
#define D_TEST      0x0F   /* DISPLAY TEST */

#define SHUTDN_ON   0x00   /* Display aus */
#define SHUTDN_OFF  0x01   /* Display ein */

#define D_TEST_ON   0x01   /* Display Test ein */
#define D_TEST_OFF  0x00   /* Display Test aus */
```

/********* PROTOTYPEN *******/
/** externe **/
/* int MAX7219 B.A51 */
void MAX7219_send(unsigned char adress, unsigned char daten);

```
/** interne **/
void MAX7219_init(void);
void main(void);

/********* GLOBALE VARIABLEN **********/

unsigned char anzeige[3];   /* Anzeigedaten BCD-Kodiert */

/********* FUNKTIONSDEFINITIONEN *******/

/******************************
Funktionsname: MAX7219_init

Beschreibung  : Anzeige BCD-kodiert auf drei Stellen
                und volle Helligkeit. Display-Test für ca. 0,5 s

Parameter     : keine

Returnwert    : keiner

erstellt am    : 8.6.94
von            : jmw

Änderungen     :
Name  Datum  Beschreibung

******************************/

void MAX7219_init(void)
{
/**** Variablen ****/

     unsigned int zeit;

/**** Funktion ****/

     MAX7219_send(DECODE,0xFF); /* Alle Anzeigen BCD Code B */
     MAX7219_send(SCAN_L,0x03); /* Drei Stellen anzeigen */
     MAX7219_send(INTENS,0x0F); /* Volle Helligkeit */
     MAX7219_send(SHUTDN,SHUTDN_OFF); /* Anzeige einschalten */

/* Display-Test für ca. 0,5 sec an */
     MAX7219_send(D_TEST,D_TEST_ON);
     for (zeit = 30000; zeit > 0; zeit--)
          ;
     MAX7219_send(D_TEST,D_TEST_OFF);
}
```

```
/********************************
Funktionsname: main

Beschreibung : Die Spannung am AD-Kanal 0 wird gemessen und
               der Me-df-wert dezimal angezeigt (0-255).
               Über AD-Kanal 1 kann die Helligkeit der Anzeige
               eingestellt werden.

Parameter    : keine

Returnwert   : keiner

erstellt am  : 8.6.94
von          : jmw

Änderungen   :
Name  Datum  Beschreibung

********************************/

void main(void)
{
/**** Variablen ***/

unsigned char temp, hell;

/**** Funktion ****/

     MAX7219_init();     /* MAX7219 initialisieren */

     for (;;)
     {
             /* Stellung des Poti 1 einlesen für Anzeige */
             ADCON = AD_INIT0;   /* Kanal 0, einzelne Messung */
             DAPR = 0x00;        /* Messung starten 0-5 V */
             while(BSY)
                    ;                   /* Warten bis Messung fertig */
             anzeige[0] = ADDAT / 100;  /* HEX -> DEZIMAL */
             temp = ADDAT % 100;   /* in Anzeigenpuffer */
             anzeige[1] = temp / 10;
             anzeige[2] = temp % 10;
             /* Stellung des Poti 2 einlesen für Helligkeit */
             ADCON = AD_INIT1;   /* Kanal 1, einzelne Messung */
             DAPR = 0x00;        /* Messung starten 0-5 V */
             while(BSY)
```

```
        ;              /* Warten bis Messung fertig */
    hell = ADDAT / 16;   /* Helligkeit berechnen */
    MAX7219_send(INTENS,hell); /* Helligkeit einstellen */

    MAX7219_send(DIGIT0,anzeige[0]); /* Messwert anzeigen */
    MAX7219_send(DIGIT1,anzeige[1]);
    MAX7219_send(DIGIT2,anzeige[2]);
    }
}
```

Damit die Übertragung der Daten an den MAX7219 möglichst schnell geht, ist dieses Programm in Assembler realisiert. Die Funktion MAX7219__send besitzt ein C51-Interface und kann von einer C-Funktion daher problemlos aufgerufen werden (siehe Programm MAX7219A.C51).

Übertragung von Daten an den MAX7219

```
;*****
;Modulname    : MAX7219 B

;Funktion     : Kommunikation mit dem LED-Display-Treiber
;               MAX7219 für einen Treiber und maximal 8 Digits

;erstellt am  : 8.6.94
;von          : jmw

;Änderungen   :
;Name Datum Beschreibung

;*******
$nomod51

;********* INCLUDES *********
$include(y:\to\asm51\reg515.inc)

;********* KONSTANTEN *******

CLOCK        equ   P1.0 ; Clock-Leitung für MAX7219
DATA_IN      equ   P1.1 ; Datenleitung für MAX7219
LOAD         equ   P1.2 ; Übernahmeimpuls

;********* SEGMENTDEFINITIONEN *******

;** interne **
?PR?MAX7219_SEND?MAX7219 B SEGMENT CODE

?DT?MAX7219_SEND?MAX7219 B SEGMENT DATA
```

```
;********* VARIABLEN ********

;********* PUBLICS **********
public        MAX7219_send
public        ?MAX7219_SEND?BYTE

;********* FUNKTIONSDEFINITIONEN *******

;*******************************
;Funktionsname: MAX_7219_send

;Beschreibung: Serielle Übertragung von Daten an den MAX7219

;Parameter    : unsigned char adress,Adresse für Register
;               unsigned char daten, Daten für Register

;Returnwert  : keiner

;erstellt am : 8.6.94
;von         : jmw

;Änderungen  :
;Name Datum  Beschreibung

;*******************************
rseg   ?DT?MAX7219_SEND?MAX7219 B
       ?MAX7219_SEND?BYTE:
       adress:     ds    1 ;   Register-Adresse
       daten:      ds    1 ;   Daten für adressiertes Register

rseg   ?PR?MAX7219_SEND?MAX7219 B
MAX7219_send:
       clr   CLOCK ;           Takt initialisieren
       clr   DATA_IN ;         Daten initialisieren
       clr   LOAD ;            Übernahmesignal initialisieren
       mov   R2,#2 ;           2 * 8 Bit übertragen
       mov   R3,#8 ;           8 Bit
       mov   A,adress ;        Adresse zuerst
MAX7219_loop1:
       clr   C
       rlc   A ;               MSB ins Carry
       mov   DATA_IN,C ;       und auf Datenleitung ausgeben
       setb  CLOCK ;           in den MAX7219 eintakten
       clr   CLOCK
       djnz  R3,MAX7219_loop1 ; nächstes Bit
```

```
mov    R3,#8 ;              zweites Byte
mov    A,daten ;           Daten für adressiertes Register
djnz   R2,MAX7219_loop1 ;  übertragen
setb   LOAD ;              Übernahmeimpuls
clr    LOAD
ret
```
end

5.2.6.2 Alphanumerische LCD-Module

Mit LCD-Modulen kann auf sehr einfache Weise die Kommunikation mit dem Bediener erfolgen. Sie können sowohl Ziffern als auch Buchstaben und Sonderzeichen darstellen. Gängige Anzeigeformate sind:

- 1 Zeile * 8 Zeichen
- 1 Zeile * 16 Zeichen
- 1 Zeile * 20 Zeichen
- 1 Zeile * 24 Zeichen
- 1 Zeile * 40 Zeichen
- 2 Zeilen * 8 Zeichen
- 2 Zeilen * 16 Zeichen
- 2 Zeilen * 20 Zeichen
- 2 Zeilen * 24 Zeichen
- 2 Zeilen * 40 Zeichen
- 4 Zeilen * 16 Zeichen
- 4 Zeilen * 20 Zeichen
- 4 Zeilen * 40 Zeichen

Diese Display-Module werden mit verschiedenen Zeichenhöhen angeboten:

- 3 mm Zeichenhöhe
- 5 mm Zeichenhöhe
- 8 mm Zeichenhöhe
- 9 mm Zeichenhöhe
- 12 mm Zeichenhöhe

Die meisten Module benutzen den LCD-Controller HD44780 oder einen kompatiblen Typ. Dieser besitzt einen parallelen Datenbus zum direkten Anschluß an einen Mikroprozessor. Die Breite des Busses kann durch ein Steuerwort auf 4 oder 8 Bit eingestellt werden. Zur Synchronisierung mit dem Prozessor werden noch drei Steuerleitungen benötigt:

- RS Register Select: Ist RS = 0, so werden die Daten am Datenbus als Befehle interpretiert, ist RS = 1, werden die Daten in das Display-RAM geleitet.
- R/W READ/WRITE: Ist R/W = 0, werden Daten in das Modul geschrieben, mit R/W = 1 können Daten oder der Status aus dem Modul gelesen werden.

Pin	Symbol	Funktion	Erläuterung
1	GND	Masse	
2	Vcc	5V	
3	Vee	Kontrast	Poti anschließen
4	RS	Register Auswahl	1 = Daten, 0 = Befehl
5	R/W	Lesen / Schreiben	1 = Schreiben, 0 = Lesen
6	E	Enable	Übernahme mit fallender Flanke
7	D0	Datenleitung 0	
8	D1	Datenleitung 1	
9	D2	Datenleitung 2	
10	D3	Datenleitung 3	
11	D4	Datenleitung 4	
12	D5	Datenleitung 5	
13	D6	Datenleitung 6	
14	D7	Datenleitung 7	
15	Vled+	Hintergrundbel. +	
16	Vled-	Hintergrundbel. -	

Befehl	Beschreibung	Ausführungszeit
Clear Display	Anzeige löschen und Cursor auf Position 0	1,64 ms
Cursor Home	Cursor auf Position 0	1,64 ms
Entry Mode Set	Bestimmt die Cursorbewegung	40 µs
Display ON/OFF Control	Display Ein/Aus Cursor Modus	40 µs
Function Set	Funktion der Anzeige (Busbreite)	40 µs
Cursor and Display Shift	Cursor bewegen	40 µs
Set CG-RAM Address	Adresse im CG-Ram setzen	40 µs
Set DD-RAM Address	Adresse im DD-Ram setzen	40 µs
Data Write	Daten in Display schreiben	40 µs
Data Read	Daten aus Display lesen	40 µs

Abb. 5.59: Anschlußbelegung und Befehlsliste von LCD-Modulen

- E   Enable: Werden Daten in das Modul geschrieben, werden sie mit der fallenden Flanke von E übernommen.

Befehl zur Steuerung der Betriebsarten
Zur Steuerung der Betriebsarten und zur Initialisierung des Moduls gibt es verschiedene Befehle.

Clear Display
Die Anzeige wird gelöscht, indem an jede Adresse im DD-RAM ein Leerzeichen (20h) geschrieben wird. Der Adresszähler für das DD-RAM wird auf 0 gesetzt und der Cursor erscheint in der oberen linken Ecke. Das I/D-Bit (Increment Mode) im Befehl Entry Mode Set wird auf 1, also Inkrementieren gesetzt.

RS	R/W	D7	D6	D5	D4	D3	D2	D1	D0
0	0	0	0	0	0	0	0	0	1

Abb. 5.60 Clear Display Befehl

Cursor Home
Der Adresszähler für das DD-RAM wird auf 0 gesetzt, dabei wird der Inhalt des DD-RAM nicht verändert. Der Cursor erscheint in der linken oberen Ecke.

RS	R/W	D7	D6	D5	D4	D3	D2	D1	D0
0	0	0	0	0	0	0	0	1	x

Abb. 5.61 Cursor Home Befehl

Entry mode set
Ist das Bit I/D = 0, so wird der Adresszähler für das DD-RAM oder CG-RAM dekrementiert, bei I/D = 1 inkrementiert, wenn Daten in das DD-RAM oder CG-RAM geschrieben, oder aus ihm gelesen wird.
Ist das Bit S = 1, wird der gesamte Inhalt des DD-RAM nach rechts (I/D = 0) oder nach links (I/D = 1) geschoben. Es sieht also so aus, als ob der Cursor an seiner Position stehen bleibt und sich die Anzeige bewegt. Die Anzeige bewegt sich nicht, wenn aus dem DD-RAM oder CG-RAM gelesen oder in das CG-RAM geschrieben wird.

RS	R/W	D7	D6	D5	D4	D3	D2	D1	D0
0	0	0	0	0	0	0	1	I/D	S

Abb. 5.62 Entry Mode Set Befehl

Display ON/OFF control
Ist das Bit D = 0, so ist die Anzeige ausgeschaltet. Die Daten bleiben aber im DD-RAM erhalten. Sie werden wieder angezeigt, wenn D = 1 ist.
Mit dem Bit C kann der Cursor ein- (C = 1) und ausgeschaltet (C = 0) werden. Die Anzeige zeigt die Daten die in das DD-RAM geschrieben werden immer an, auch wenn der Cursor ausgeschaltet ist.
Ist das Bit B gesetzt, so blinkt die Zeichenmatrix an der Cursorposition in einem Intervall von ca. 400 ms.

RS	R/W	D7	D6	D5	D4	D3	D2	D1	D0
0	0	0	0	0	0	1	D	C	B

Abb. 5.63 Display ON/OFF Control Befehl

Function set

Der Function Set Befehl muß nach der Initialierung als erster Befehl ausgeführt werden, damit dem Display-Controller seine Konfiguration bekannt ist. Die Einstellung kann dann bis zum nächsten Reset nicht mehr geändert werden.

Das Bit DL gibt die Breite des Datenbusses an. DL = 0 bedeutet 4 Bit Breite, bei DL = 1 ist der Datenbus 8 Bit breit.

Mit dem Bit N kann die Anzahl der Displayzeilen eingestellt werden. N = 0 bei einzeiligen Anzeigen, bei mehrzeiligen Anzeigen ist N = 1.

Das Bit F legt das Zeichenformat fest. F = 0 bedeutet 5 * 7 Punkte, F = 1 bedeutet 5 * 10 Punkte. Das 5 * 10 Punkte Format kann nur bei einzeiligen Anzeigen verwendet werden.

RS	R/W	D7	D6	D5	D4	D3	D2	D1	D0
0	0	0	0	1	DL	N	F	x	x

Abb. 5.64 Function Set Befehl

Cursor and Display Shift

Die Cursor- oder Displayposition wird verschoben, ohne daß Daten in das DD-RAM geschrieben oder aus ihm gelesen werden. Bei zwei- oder mehrzeiligen Anzeigen springt der Cursor in die zweite Zeile, wenn die Spalte 40 der Zeile 1 erreicht ist. Das Bit R/L gibt die Richtung an (R/L = 0 links, R/L = 1 rechts) und das Bit S/C gibt an, ob der Cursor oder die Anzeige bewegt werden (S/C = 0 Cursor, S/C = 1 Anzeige).

RS	R/W	D7	D6	D5	D4	D3	D2	D1	D0
0	0	0	0	0	1	S/C	R/L	x	x

Abb. 5.65 Cursor and Display Shift Befehl

Set CG RAM address
Der Adresszähler wird mit der angegebenen Adresse des CG-RAM geladen. Daten können nun in das CG-RAM geschrieben oder aus ihm gelesen werden.

RS	R/W	D7	D6	D5	D4	D3	D2	D1	D0
0	0	0	1	Adresse CG-RAM					

Abb. 5.66 Set CG-RAM Address Befehl

Set DD RAM address
Der Adresszähler wird mit der angegebenen Adresse des DD-RAM geladen. Daten können nun in das DD-RAM geschrieben oder aus ihm gelesen werden. Bei einzeiligen Anzeigen (N = 0 in Function Set). Sind Adressen zwischen 00h und 4Fh zulässig, bei mehrzeiligen Anzeigen ist der Adressbereich für die erste Zeile 00h bis 27h und für die zweite Zeile 40h bis 67h.

RS	R/W	D7	D6	D5	D4	D3	D2	D1	D0
0	0	1	Adresse DD-RAM						

Abb. 5.67 Set DD-RAM Address Befehl

Daten in CG oder DD RAM schreiben
Bevor Daten zum ersten Mal in das DD-RAM oder das CG-RAM geschrieben werden, muß zuerst mit dem Befehl Set CG-RAM Address oder Set DD-RAM Address festgelegt werden, auf welchen Speicherbereich und an welche Adresse geschrieben werden soll. Nach dem Schreiben der Daten wird der Adresszähler automatisch inkrementiert oder dekrementiert, abhängig von der Einstellung des Entry Mode Set Befehls.

RS	R/W	D7	D6	D5	D4	D3	D2	D1	D0
1	0	zu schreibende Daten							

Abb. 5.68 Write Data

Daten aus CG oder DD RAM lesen
Bevor Daten zum ersten Mal aus dem DD-RAM oder dem CG-RAM gelesen werden, muß zuerst mit dem Befehl Set CG-RAM Address oder Set DD-RAM Address festgelegt werden, aus welchen Speicherbereich und aus welcher Adresse

gelesen werden soll. Nach dem Lesen der Daten wird der Adresszähler automatisch inkrementiert oder dekrementiert, abhängig von der Einstellung des Entry Mode Set Befehls. Nach dem ersten Lesen von Daten braucht der Set Address Befehl nicht mehr ausgeführt werden. Wird nach dem Lesen ein Daten-Schreibbefehl ausgeführt, so wird der Adresszähler automatisch inkrementiert oder dekrementiert. Danach ist das Lesen des DD-RAM oder CG-RAM nur wieder möglich, wenn vorher ein Set DD-RAM Address- oder ein Set CG-RAM Address Befehl ausgeführt wurde.

RS	R/W	D7	D6	D5	D4	D3	D2	D1	D0
1	1				zu lesende Daten				

Abb. 5.69 Read Data

Status und Adresse lesen
Das Bit BF zeigt an, ob der Display-Controller bereit ist neue Befehle oder Daten anzunehmen. Ist BF = 1 so akzeptiert der Controller keine Befehle oder Daten. Vor der Ausführung eines Schreibbefehls sollte das Busy-Flag BF kontrolliert werden. Das Status-Byte des Display-Controllers enthält auch die aktuelle Adresse des DD-RAM oder des CG-RAM. Der Adresszähler wird von beiden Speicherbereichen gleichzeitig verwendet und durch die Befehle Set DD-RAM Address und Set CG-RAM Address umgeschaltet.

RS	R/W	D7	D6	D5	D4	D3	D2	D1	D0
0	1	BF		Adresse DD-RAM oder CG-RAM					

Abb. 5.70 Status und Adress Anzeige

Zuordnung DD-RAM Adresse zu Zeilen im Display
Je nach Anzahl, Zeilen und Zeichen je Zeile, ergeben sich unterschiedliche Anfangsadressen für jede Zeile. In jedem Display beginnt die Zeile 1 bei der Adresse 00h und die zweite Zeile bei der Adresse 40h. Die dritte Zeile bildet die zweite Hälfte der Ersten und die vierte Zeile ist die zweite Hälfte der Zweiten. Wird also beispielsweise eine Zeichenkette in Zeile 1 des Displays geschrieben, die länger ist als die Zeilenbreite, so wird der Rest der Zeile in der dritten Displayzeile dargestellt. Displays mit 4 * 40 Zeichen besitzen zwei Display Controller und zwei Enable-Signale (El und E2).

Anzeigeformat	1.Zeile	2.Zeile	3.Zeile	4.Zeile
1 Zeile * 8 Zeichen	00h - 07h			
1 Zeile * 16 Zeichen	00h - 0Fh			
1 Zeile * 20 Zeichen	00h - 13h			
1 Zeile * 24 Zeichen	00h - 17h			
1 Zeile * 40 Zeichen	00h - 27h			
2 Zeilen * 8 Zeichen	00h - 07h	40h - 47h		
2 Zeilen * 16 Zeichen	00h - 0Fh	40h - 4Fh		
2 Zeilen * 20 Zeichen	00h - 13h	40h - 53h		
2 Zeilen * 24 Zeichen	00h - 17h	40h - 57h		
2 Zeilen * 40 Zeichen	00h - 27h	40h - 67h		
4 Zeilen * 16 Zeichen	00h - 0Fh	40h - 4Fh	10h - 1Fh	50h - 5Fh
4 Zeilen * 20 Zeichen	00h - 13h	40h - 53h	14h - 27h	54h - 67h
4 Zeilen * 40 Zeichen	00h - 27h	40h - 67h	00h - 27h *	40h - 67h *

* zweiter Controller (E2)

Abb. 5.71 Zuordnung DD-RAM Adresse zu Zeilen in Display

Initialisierung des LCD-Moduls

Die LCD-Module verfügen über eine interne Resetschaltung, die das Modul in einen definierten Zustand versetzt. Folgende Funktionen werden während dem Reset ausgeführt:

- Display Clear
- Function Set mit DL = 1 (8-Bit Interface), N = 0 (eine Zeile), F = 0 (5 * 7 Matrix)
- Display ON/OFF Control mit D = 0 (Display aus), C = 0 (Cursor aus), B = 0 (kein blinken)
- Entry Mode Set mit I/D = 1 (Inkrementieren), S = 0 (Display nicht schieben)

Symbol	Min.	Max.	Einheit	Bedeutung
trcc	0,1	10	ms	Anstiegszeit der Versorgungsspannung
toff	1		ms	Pause zwischen Aus- und wieder Einschalten

Abb. 572: Resetbedingungen

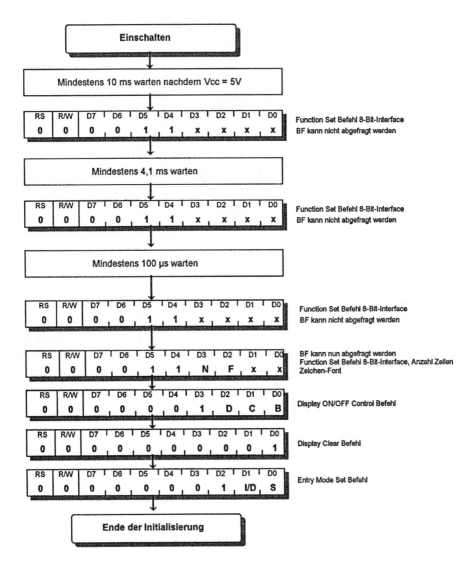

Abb. 5.73: Initialisierung des LCD-Moduls

Die interne Initialisierungsphase dauert ca. 15 ms, deshalb muß der Prozessor nach dem Einschalten mindestens 15 ms warten, bis er auf das LCD-Modul zugreifen darf.

Die interne Resetschaltung funktioniert aber nur korrekt, wenn die Versorgungsspannung bestimmte Anstiegszeiten einhält. Die Anstiegszeit bis 4,5 V muß zwi-

Zu definierendes Zeichen

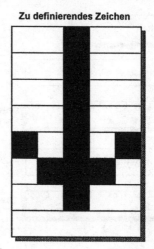

Adresse im CG-RAM **Daten des Zeichens im CG-RAM**

D7	D6	D5	D4	D3	D2	D1	D0
x	x	0	0	1	0	0	0

D7	D6	D5	D4	D3	D2	D1	D0
x	x	x	0	0	1	0	0

D7	D6	D5	D4	D3	D2	D1	D0
x	x	0	0	1	0	0	1

D7	D6	D5	D4	D3	D2	D1	D0
x	x	x	0	0	1	0	0

D7	D6	D5	D4	D3	D2	D1	D0
x	x	0	0	1	0	1	0

D7	D6	D5	D4	D3	D2	D1	D0
x	x	x	0	0	1	0	0

D7	D6	D5	D4	D3	D2	D1	D0
x	x	0	0	1	0	1	1

D7	D6	D5	D4	D3	D2	D1	D0
x	x	x	0	0	1	0	0

D7	D6	D5	D4	D3	D2	D1	D0
x	x	0	0	1	1	0	0

D7	D6	D5	D4	D3	D2	D1	D0
x	x	x	1	0	1	0	1

D7	D6	D5	D4	D3	D2	D1	D0
x	x	0	0	1	1	0	1

D7	D6	D5	D4	D3	D2	D1	D0
x	x	x	0	1	1	1	0

D7	D6	D5	D4	D3	D2	D1	D0
x	x	0	0	1	1	1	0

D7	D6	D5	D4	D3	D2	D1	D0
x	x	x	0	0	1	0	0

D7	D6	D5	D4	D3	D2	D1	D0
x	x	0	0	1	1	1	1

D7	D6	D5	D4	D3	D2	D1	D0
x	x	x	0	0	0	0	0

Abb. 5.74: Programmierung von selbstdefiniertenZeichen

schen 0,1 und 10 ms liegen. Fällt die Versorgungsspannung aus, so muß sie mindestens 1 ms unterhalb 0,2 V bleiben.

Erfüllt die Versorgungsspannung diese Vorgaben nicht, so wird der interne Reset nicht korrekt ausgeführt. In diesem Fall muß ein Software Reset erfolgen. Dieser wird durch dreimaliges Schreiben des Befehles Function Set mit DL = 1 (8-Bit Interface), mit einer Pause von 4,1 ms und 100 μ s dazwischen, ausgeführt. Während dieser Befehle kann das Busy-Flag nicht abgefragt werden. Nach dem dritten Function Set Befehl kann das Display mit der gewünschten Einstellung initialisiert werden.

Programmierung von selbstdefinierten Zeichen

Bei allen LCD-Modulen mit dem Display Controller HD 44780 können bis zu acht selbstdefinierte Zeichen programmiert werden. Bei Verwendung des 5 * 10 Punkte Formats können nur 4 Zeichen programmiert werden. Die selbstdefinierten Zeichen können im DD-RAM über die ASCII-Codes 00 h bis 07 h zur Anzeige gebracht werden.

Zuerst muß die Anfangsadresse des zu definierenden Zeichens im CG-RAM festgelegt werden. Dies geschieht mit dem Befehl CG-RAM Address Set. Dabei entsprechen die Bits 5, 4, 3 der CG-RAM Adresse den Bit 2, 1, 0 des ASCII-Codes. Bit 2, 1, 0 der CG-RAM Adresse sind normalerweise immer 0 für die erste Zeile des Zeichens. Die CG-RAM Adresse 04 h ist also die Anfangsadresse des Zeichens mit dem ASCII-Code 01 h. Mit dem Befehl Write Data werden nun die einzelnen Zeilen des zu definierenden Zeichens in das CG-RAM geschrieben. Um ein vollständiges Zeichen zu definieren, müssen 8 bzw. 11 Zeilen geschrieben werden, wobei die achte bzw. elfte Zeile die Cursorzeile darstellt.

Das Timing

Das Signal Enable (E) kontrolliert die Übernahme der Daten am Datenbus des Moduls. Ist R/W = 1, d. h. der Mikrocontroller will Daten aus dem Display lesen, so legt der Display Controller seine Daten auf den Datenbus, sobald das Signal E = 1 ist. Ist R/W = 0, d. h. der Mikrocontroller will Daten in das Display schreiben, so übernimmt der Display Controller die Daten am Datenbus mit der fallenden Flanke des Enable-Signals.

Das Signal Enable (E) des Display Controllers stellt besondere Ansprüche an die Flankensteilheit, diese darf nicht größer als 25 ns sein. Deshalb muß zur Ansteuerung dieses Signals ein Treiberbaustein zwischengeschaltet werden, der die Flankensteilheit erzeugt. Es empfehlen sich hier TTL-ICs, der Typen 74HCxx oder 74Sxx. Durch lange Kabel kann das Enable-Signal verschliffen werden, deshalb sollte der Treiberbaustein möglichst nahe am LCD-Modul platziert werden.

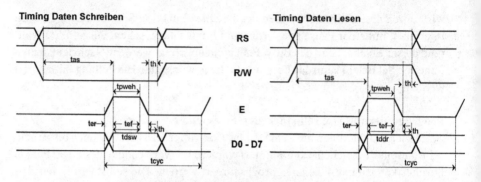

Symbol	Min.	Max.	Einheit	Bedeutung
tcyc	1		µs	Zykluszeit
tpweh	450		ns	Länge Signal E High
tas	140		ns	Address Setup Zeit
ter		25	ns	Signal E steigende Flanke
tef		25	ns	Signal E fallende Flanke
th	10		ns	Data Hold Zeit
tdsw	195		ns	Data Setup Zeit
tddr		320	ns	Data Delay Zeit

Abb. 5.75: Das Timing des Display controllers HD 44780

Alphanumerische LCD-Module am Datenbus

Das Bustiming des 8051 ist zum direkten Anschluß eines LCD-Moduls ungeeignet, da er für die Steuerung der Lese- und Schreibzugriffe zwei Signale (WR und RD) verwendet und die Freigabe (Enable) des ausgewählten Bausteins über ein Chip Select Signal geschieht.

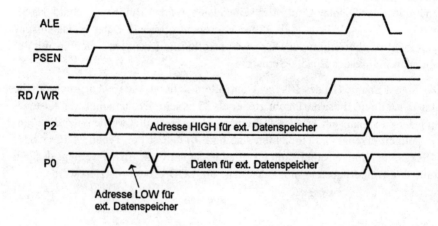

Abb. 5.76 Das Timing des 8051 Schreiben / Lesen ext. Datenspeicher

Mit einer kleinen Zusatzschaltung kann das Timing des 8051 aber an das des Display Controllers angepaßt werden. Dazu wird nur ein TTL-IC vom Typ 74S02 oder 74HC02 benötigt. Dieser Baustein enthält vier NOR-Gatter. Es wird ein Enable-

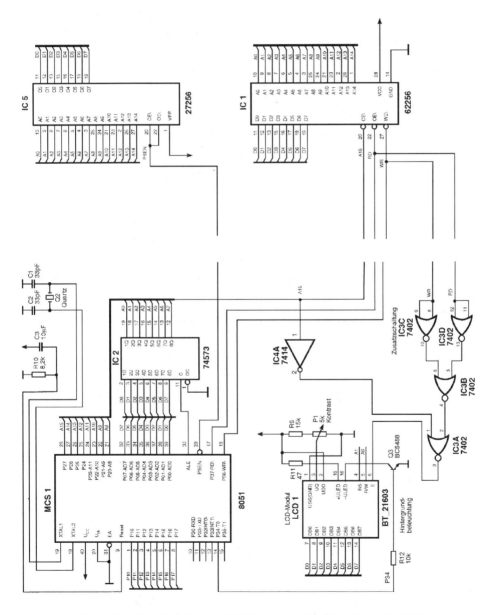

Abb. 5.77: Anschluß eines LCD-Moduls an den Datenbus des 8051

Signal erzeugt, wenn der 8051 schreibend oder lesend auf eine Adresse im externen Datenspeicher zugreift, die durch die Chip-Select-Logik (74138) für das LCD-Modul reserviert ist.

Die Auswahl des Daten oder Befehlsregisters (Signal RS) und des Schreib- Lesesignals erfolgt über die Adressleitungen A0 und A1. Die Basisadresse des LCD-Moduls ist 8000 h. Von dieser Adresse aus kann auf das Modul wie folgt zugegriffen werden:

- Befehle schreiben MOV DPTR, #8000h MOVX @DPTR,A
- Daten schreiben   MOV DPTR, #8001h MOVX @DPTR,A
- Status lesen   MOV DPTR, #8002h MOVX A,@DPTR
- Daten lesen   MOV DPTR, #8003h MOVX A,@DPTR

Über das Poti P1 kann der Kontrast des LCD-Displays eingestellt werden.

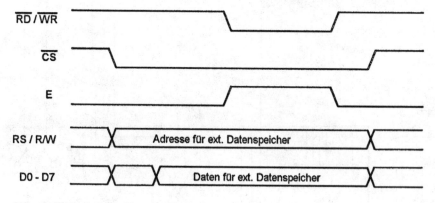

Abb. 5.78 Timing der Zusatzschaltung

In der Praxis funktioniert die Kommunikation zwischen 8051 und LCD-Modul bis zu einer Taktfrequenz des 8051 von 12 MHz ohne Probleme, darüber hinaus (z. B. 16 MHz) ist das Bustiming des 8051 zu schnell. Es bleibt dann nur noch die Möglichkeit das LCD-Modul an den I/O-Ports des 8051 anzuschließen.

Ansteuerung einer LCD-Anzeige über den Daten- und Adressbus des Controllers

```
/******
Modulname   : LCD1

Funktion    : Ansteuerung einer LCD-Anzeige mit 4*20 Zeichen über
              den Daten- und Adressbus des Controllers.
```

```
erstellt am   : 9.6.94
von           : jmw

Änderungen    :
Name  Datum  Beschreibung

*******/
#pragma small
#pragma debug

/********* INCLUDES *********/
#include <reg515.h>
#include <absacc.h>

/********* KONSTANTEN *******/
/*   RS = A0
     R/W = A1
     Es wird über eine spezielle Schaltung aus A15, RD und WR
        des Controllers erzeugt */

/* Datenregister des LCD-Moduls schreiben */
#define W_LCD_DATA       XBYTE[0x8001] /* Steuerregister des LCD-Moduls
                                           schreiben */
#define W_LCD_CONTROL    XBYTE[0x8000] /* Datenregister des LCD-Moduls
                                           lesen */
#define R_LCD_DATA       XBYTE[0x8003] /* Status des LCD-Moduls lesen */
#define R_LCD_CONTROL    XBYTE[0x8002] /* Adresse im DD-RAM für 4*20 Zeichen
                                           */
static code unsigned char scrn_loc[4][20] = {
      {0x80,0x81,0x82,0x83,0x84,0x85,0x86,0x87,0x88,0x89,
       0x8A,0x8 B,0x8C,0x8D,0x8E,0x8F,0x90,0x91,0x92,0x93},
      {0xC0,0xC1,0xC2,0xC3,0xC4,0xC5,0xC6,0xC7,0xC8,0xC9,
       0xCA,0xCB,0xCC,0xCD,0xCE,0xCF,0xD0,0xD1,0xD2,0xD3},
      {0x94,0x95,0x96,0x97,0x98,0x99,0x9A,0x9 B,0x9C,0x9D,
       0x9E,0x9F,0xA0,0xA1,0xA2,0xA3,0xA4,0xA5,0xA6,0xA7},
      {0xD4,0xD5,0xD6,0xD7,0xD8,0xD9,0xDA,0xDB,0xDC,0xDD,
       0xDE,0xDF,0xE0,0xE1,0xE2,0xE3,0xE4,0xE5,0xE6,0xE7}};

/********* PROTOTYPEN *******/
/** interne **/
void delay(unsigned int zeit);
void InitLCD(void);
void PrintLCD(unsigned char x_pos,unsigned char y_pos,char *ptr);
```

```
void Cursor(bit shown,bit blink);
void write_char(unsigned char character);
void MoveXY(unsigned char x_col,unsigned char y_row);
void ClearScreen(void);
void main(void);


/********* FUNKTIONSDEFINITIONEN *******/

/****************************** 
Funktionsname : delay

Beschreibung  : Zeitverzögerung 1 ca. 15 Mikrosekunden

Parameter     : unsigned int zeit

Returnwert    : keiner

erstellt am   : 9.6.94
von           : jmw

Änderungen    :
Name  Datum  Beschreibung

******************************/

void delay(unsigned int zeit)
{
/**** Funktion ****/

      for (; zeit > 0; zeit--)   /* Warte eingestellte Zeit */
            ;

}


/******************************
Funktionsname : InitLCD

Beschreibung  : Inititalisierung einer 4*20 LCD-Anzeige

Parameter     : keine

Returnwert    : keiner

erstellt am   : 9.6.94
von           : jmw

Änderungen    :
Name  Datum  Beschreibung
```

```
*******************************/

void InitLCD(void)
{
      /*** Funktion ***/

      W_LCD_CONTROL = 0x30; /* Software Reset */
      delay(164);
      W_LCD_CONTROL = 0x30; /* Software Reset */
      delay(164);
      W_LCD_CONTROL = 0x30; /* Software Reset */
      delay(4);
      W_LCD_CONTROL = 0x38; /* Function Set: 8-Bit Datenlänge, */
                            /* 2-zeilige Anzeige, 5*7 Font */
      delay(4);
      W_LCD_CONTROL = 0x0f; /* Display On/Off Control:*/
                            /* Display ein, Cursor ein und Cursor blinken */
      delay(4);
      W_LCD_CONTROL = 0x01; /* Clear Display */
      delay(164);
      W_LCD_CONTROL = 0x06; /* Entry Mode Set: */
                            /* DD-RAM Adresse inkrementieren */
                            /* Cursor verschieben */
      delay(4);
}

/*******************************
Funktionsname: Cursor

Beschreibung : Steuerung der Cursor-Funktion

Parameter    : bit shown   1 = Cursor zeigen
               bit blink   1 = Cursor blinken

Returnwert   : keiner

erstellt am  : 9.6.94
von          : jmw

Änderungen   :
Name  Datum  Beschreibung

*******************************/

void Cursor(bit shown,bit blink)
```

```
{
        /*** Variablen ***/

        unsigned char store;

        /*** Funktion ***/

        store = 0x0C; /* Cursor aus, Blinken aus, Display ein */
        store = store+(2*(unsigned char)(shown)); /* Cursor ein/aus */
        store = store + (unsigned char)(blink); /* Blinken ein/aus */

        EAL = 0;
        W_LCD_CONTROL = store;      /* Display On/Off Controll schreiben */
        EAL = 1;
        delay(4);
}


/*******************************
Funktionsname : MoveXY

Beschreibung  : Setzt den DD-RAM-Zeiger auf die angegebene Position.

Parameter     : unsigned char x_col      Spalte beginnend mit 1 = vorne
                unsigned char y_col      Zeile beginnend mit 1 = oben

Returnwert    : keiner

erstellt am   : 9.6.94
von           : jmw

Änderungen    :
Name  Datum  Beschreibung

*******************************/


void MoveXY(unsigned char x_col, unsigned char y_row)
{
        /*** Funktion ***/

        EAL = 0;
        /* Cursor-Position aus Tabelle */
        W_LCD_CONTROL = scrn_loc[y_row - 1][x_col - 1];
        EAL = 1;
        delay(4);
}
```

```
/*******************************
Funktionsname: write_char

Beschreibung : Schreibt das übergebene Zeichen an die aktuelle Position.

Parameter    : unsigned char character

Returnwert   : keiner

erstellt am  : 9.6.94
von          : jmw

Änderungen   :
Name  Datum  Beschreibung

*******************************/

void write_char(unsigned char character)
{
     /*** Funktion ***/

     EAL = 0;
     W_LCD_DATA = character;    /* ASCII-Zeichen übergeben */
     EAL = 1;
     delay(4);
}


/*******************************
Funktionsname: ClearScreen

Beschreibung : Löscht die LCD-Anzeige, setzt die Position auf 1,1.

Parameter    : keine

Returnwert   : keiner

erstellt am  : 9.6.94
von          : jmw

Änderungen   :
Name  Datum  Beschreibung

*******************************/

void ClearScreen(void)
{
```

```
/*** Function ***/

EAL = 0;
W_LCD_CONTROL = 0x01;        /* Steuerzeichen Clear Display */
EAL = 1;
delay(164);
}
```

```
/*******************************
```
Funktionsname : PrintLCD

Beschreibung : Gibt eine Zeichenkette ab der Position X, Y auf
               der LCD-Anzeige aus.

Parameter   : unsigned char x_pos Spaltenposition
               unsigned char y_pos Zeilenposition
               char *ptr   Zeiger auf auszugebende Zeichenkette

Returnwert   : keiner

erstellt am : 9.6.94
von   : jmw

Änderungen   :
Name Datum Beschreibung

```
*******************************/
```

```
void PrintLCD(unsigned char x_pos, unsigned char y_pos, char *ptr)
{
      /*** Funktion ***/

      MoveXY(x_pos,y_pos);        /* Position im DD-RAM einstellen */
      while(*ptr != 0)            /* Solange nicht Ende der Zeichenkette */
      {                           /* Zeichen ausgeben und nächstes adressieren */
            write_char(*ptr++);
      }
}
```

```
/*****************************
```
Funktionsname : main

Beschreibung : Initialisierung der LCD-Anzeige und
               Ausgabe eines Textes.

Parameter   : keine

```
Returnwert   : keiner

erstellt am  : 9.6.94
von          : jmw

Änderungen   :
Name  Datum  Beschreibung

*****************************/

void main(void)
{
     /*** Funktion ***/

     delay(2000); /* Warten bis LCD-Modul betriebsbereit */
     InitLCD();   /* LCD-Anzeige initialisieren */

     for (;;)
     {
          PrintLCD(1,1,"!!! Hallo Welt !!!");    /* Text ausgeben */
          PrintLCD(1,2,"> > > > LCD-Test < < < <");
          PrintLCD(1,3,"LCD-Anzeige 4*20");
          PrintLCD(1,4,"Zeichen !!!");
          delay(30000);      /* ca. 1 Sekunde warten */
          delay(30000);
          ClearScreen();     /* Anzeige löschen */
     }
}
```

Alphanumerische LCD-Module an Ports

Da das LCD-Modul sowohl mit 4-Bit aus auch mit 8-Bit Datenbus betrieben werden kann, werden je nach gewählter Betriebsart 7 oder 11 Portleitungen benötigt. Da beim Anschluß an die I/O-Ports das Timing selbst bestimmt werden kann, ist eine Zusatzschaltung wie beim Anschluß an den Datenbus nicht nötig. Ebenso ergeben sich keine Einschränkungen bei der Taktfrequenz des 8051-Controllers. Lediglich die Flankensteilheit des Enable-Signals muß auch hier beachtet werden.

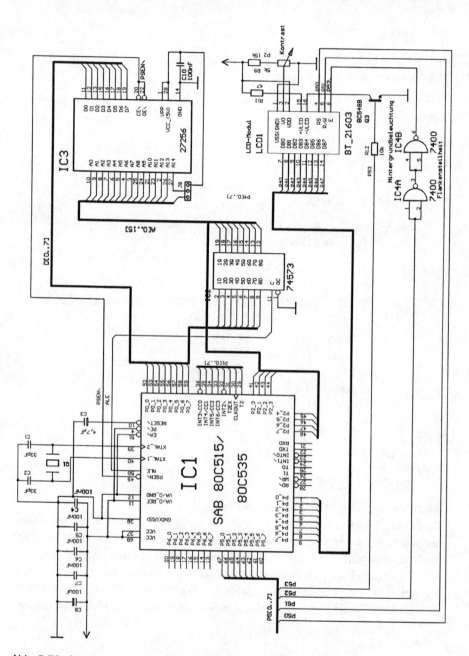

Abb. 5.79: Anschluß eines LCD-Moduls an Portleitungen des 8051

Ansteuerung eines LCD-Moduls über Portleitungen

```
/******
Modulname    : LCD2

Funktion     : Ansteuerung einer LCD-Anzeige mit 4*20 Zeichen über
               den Port P4 als Datenbus und P5 als Steuerleitungen.

erstellt am  : 9.6.94
von          : jmw

Änderungen   :
Name  Datum  Beschreibung

******/
#pragma small
#pragma debug

/********* INCLUDES *********/

#include <reg515.h>

/********* KONSTANTEN ******/

#define CONTROL    0      /* Steuer-Register */
#define DATA_REG   1      /* Daten-Register */

#define WRITE      0      /* Schreiben in LCD-Modul */
#define READ       1      /* Lesen von LCD-Modul */

#define LCD_DATA   P4     /* Datenbus zum LCD-Modul */

sbit LCD_RS = P5^0;       /* Registerauswahl */
sbit LCD_RW = P5^1;       /* Schreiben/Lesen */
sbit LCD_E = P5^2;        /* Übernahme */

/* Adresse im DD-RAM für 4*20 Zeichen */
static code unsigned char scrn_loc[4][20] = {
      {0x80,0x81,0x82,0x83,0x84,0x85,0x86,0x87,0x88,0x89,
       0x8A,0x8 B,0x8C,0x8D,0x8E,0x8F,0x90,0x91,0x92,0x93},
      {0xC0,0xC1,0xC2,0xC3,0xC4,0xC5,0xC6,0xC7,0xC8,0xC9,
       0xCA,0xCB,0xCC,0xCD,0xCE,0xCF,0xD0,0xD1,0xD2,0xD3},
      {0x94,0x95,0x96,0x97,0x98,0x99,0x9A,0x9 B,0x9C,0x9D,
       0x9E,0x9F,0xA0,0xA1,0xA2,0xA3,0xA4,0xA5,0xA6,0xA7},
      {0xD4,0xD5,0xD6,0xD7,0xD8,0xD9,0xDA,0xDB,0xDC,0xDD,
       0xDE,0xDF,0xE0,0xE1,0xE2,0xE3,0xE4,0xE5,0xE6,0xE7}};
```

```
/********* PROTOTYPEN *******/
/** interne **/
void delay(unsigned int zeit);
void InitLCD(void);
void PrintLCD(unsigned char x_pos,unsigned char y_pos,char *ptr);
void Cursor(bit shown,bit blink);
void write_char(unsigned char character);
void MoveXY(unsigned char x_col,unsigned char y_row);
void ClearScreen(void);
void main(void);

/********* FUNKTIONSDEFINITIONEN *******/

/******************************
Funktionsname : delay

Beschreibung  : Zeitverzögerung 1 ca. 15 Mikrosekunden

Parameter     : unsigned int zeit

Returnwert    : keiner

erstellt am   : 9.6.94
von           : jmw

Änderungen    :
Name  Datum  Beschreibung

******************************/

void delay(unsigned int zeit)
{
/**** Funktion ****/

     for (; zeit > 0; zeit--)   /* Warte eingestellte Zeit */
          ;
}


/******************************
Funktionsname : InitLCD

Beschreibung  : Inititalisierung einer 4*20 LCD-Anzeige.

Parameter     : keine

Returnwert    : keiner
```

```
erstellt am  : 9.6.94
von          : jmw

Änderungen   :
Name  Datum  Beschreibung

*******************************/

void InitLCD(void)
{
      /*** Funktion ***/

      LCD_E = 0;
      LCD_RS = CONTROL;
      LCD_RW = WRITE;
      LCD_DATA = 0x30;      /* Software Reset */
      LCD_E = 1;
      LCD_E = 0;
      delay(164);
      LCD_E = 1;
      LCD_E = 0;
      delay(164);
      LCD_E = 1;
      LCD_E = 0;
      delay(4);
      P4 = 0x38;            /* Function Set: 8-Bit Datenlänge, 2-zeilige */
      LCD_E = 1;            /* Anzeige mit 5*7 Font */
      LCD_E = 0;
      delay(4);

      P4 = 0x0f;            /* Display On/Off Control: Display ein */
      LCD_E = 1;            /* Cursor ein und Cursor blinken */
      LCD_E = 0;
      delay(4);

      P4 = 0x01;            /* Clear Display */
      LCD_E = 1;
      LCD_E = 0;
      delay(164);
      P4 = 0x06;            /* Entry Mode Set: DD-RAM Adresse inkrementieren */
      LCD_E = 1;            /* Cursor verschieben */
      LCD_E = 0;
      delay(4);
}
```

```
/********************************
Funktionsname : Cursor

Beschreibung  : Steuerung der Cursor-Funktion

Parameter     : bit shown   1 = Cursor zeigen
                bit blink   1 = Cursor blinken

Returnwert    : keiner

erstellt am   : 9.6.94
von           : jmw

Änderungen    :
Name  Datum  Beschreibung

********************************/

void Cursor(bit shown,bit blink)
{
      /*** Variablen ***/

      unsigned char store;

      /*** Funktion ***/

      store = 0x0C; /* Cursor aus, Blinken aus, Display ein */
      store = store+(2 *(unsigned char)(shown)); /* Cursor ein/aus */
      store = store + (unsigned char)(blink); /* Blinken ein/aus */

      EAL = 0;
      LCD_RS = CONTROL;
      LCD_RW = WRITE;
      LCD_DATA = store;          /* Display On/Off Controll schreiben */
      LCD_E = 1;
      LCD_E = 0;
      EAL = 1;
      delay(4);
}
```

```
/*******************************
Funktionsname: MoveXY

Beschreibung : Setzt den DD-RAM-Zeiger auf die angegebene Position.

Parameter    : unsigned char x_col  Spalte beginnend mit 1 = vorne
               unsigned char y_col  Zeile beginnend mit 1 = oben

Returnwert   : keiner

erstellt am  : 9.6.94
von          : jmw

Änderungen   :
Name  Datum  Beschreibung

*******************************/
void MoveXY(unsigned char x_col, unsigned char y_row)
{
    /*** Funktion ***/

    EAL = 0;
    LCD_RS = CONTROL;
    LCD_RW = WRITE;
    /* Cursor-Position aus Tabelle */
    LCD_DATA = scrn_loc[y_row - 1][x_col - 1];
    LCD_E = 1;
    LCD_E = 0;
    EAL = 1;
    delay(4);
}

/*******************************
Funktionsname: write_char

Beschreibung : Schreibt das übergebene Zeichen an die aktuelle Position.

Parameter    : unsigned char character

Returnwert   : keiner

erstellt am  : 9.6.94
von          : jmw

Änderungen   :
Name  Datum  Beschreibung
```

```
********************************/

void write_char(unsigned char character)
{
        /*** Funktion ***/

        EAL = 0;
        LCD_RS = DATA_REG;         /* DD-RAM adressieren */
        LCD_RW = WRITE;
        LCD_DATA = character;      /* ASCII-Zeichen übergeben */
        LCD_E = 1;
        LCD_E = 0;
        EAL = 1;
        delay(4);
}


/*******************************
Funktionsname: ClearScreen

Beschreibung  : Löscht die LCD-Anzeige, setzt die Position auf 1,1.

Parameter     : keine

Returnwert    : keiner

erstellt am   : 9.6.94
von           : jmw

Änderungen    :
Name  Datum  Beschreibung

********************************/

void ClearScreen(void)
{
        /*** Function ***/

        EAL = 0;
        LCD_RS = CONTROL;
        LCD_RW = WRITE;
        LCD_DATA = 0x01;           /* Steuerzeichen Clear Display */
        LCD_E = 1;                 /* Übernehmen */
        LCD_E = 0;
        EAL = 1;
        delay(164);
}
```

```
/*******************************
Funktionsname: PrintLCD

Beschreibung : Gibt eine Zeichenkette ab der Position X, Y auf
               der LCD-Anzeige aus.

Parameter    : unsigned char x_pos  Spaltenposition
               unsigned char y_pos  Zeilenposition
               char *ptr            Zeiger auf auszugebende Zeichenkette

Returnwert   : keiner

erstellt am  : 9.6.94
von          : jmw

Änderungen   :
Name  Datum  Beschreibung

*******************************/

void PrintLCD(unsigned char x_pos, unsigned char y_pos, char *ptr)
{
     /*** Funktion ***/

     MoveXY(x_pos,y_pos);       /* Position im DD-RAM einstellen */
     while(*ptr != 0)           /* Solange nicht Ende der Zeichenkette */
     {
          /* Zeichen ausgeben und nächstes adressieren */
          write_char(*ptr++);
     }
}


/*******************************
Funktionsname: main

Beschreibung : Initialisierung der LCD-Anzeige und Ausgabe eines Textes.

Parameter    : keine

Returnwert   : keiner

erstellt am  : 9.6.94
von          : jmw

Änderungen   :
Name  Datum  Beschreibung
```

```
*******************************/

void main(void)
{
      /*** Funktion ***/

      delay(2000);        /* Warten bis LCD-Modul betriebsbereit */
      InitLCD();          /* LCD-Anzeige initialisieren */

      for (;;)
      {
            PrintLCD(1,1,"!!! Hallo Welt !!!");   /* Text ausgeben */
            PrintLCD(1,2,">>>> LCD-Test <<<<");
            PrintLCD(1,3,"LCD-Anzeige 4*20");
            PrintLCD(1,4,"Zeichen !!!");
            delay(30000);                /* ca. 1 Sekunde warten */
            delay(30000);
            ClearScreen();               /* Anzeige löschen */
      }
}
```

5.2.7 Intelligente Peripheriebausteine

5.2.7.1 DC-Motorcontroller LM629 und LMD18200

Mit dem LM629 von National Semiconducter kann sehr einfach eine schnelle und
genaue Positionier- oder Drehzahlregelung für DC-Motoren aufgebaut werden. Der
LM629 erzeugt selbständig die Beschleunigungs- und Bremsrampe nach vorgegebenen Parametern. Über den integrierten PID-Filter kann er an die mechanischen Last-
verhältnisse einfach angepaßt werden. Alle Parameter, außer die Beschleunigung
können während des Motorlaufs, „on the fly", geändert werden. Zur Ansteuerung
des Motors liefert der Baustein ein PWM-Signal mit Vorzeichen. Der Anschluß an
den Mikrocontroller wird über ein 8-Bit-Dateninterface mit sechs Kontrolleitungen
realisiert. Der LM629 kann auch einen Interrupt auslösen.

Um eine Bewegung zu starten, müssen die Beschleunigung, die Position (nur im Po-
sitionierbetrieb) und die Geschwindigkeit an den LM629 übertragen werden. Über
ein Start-Kommando wird dann die Bewegung gestartet. Das Start-Kommando kann
auch dazu verwendet werden, um beispielsweise mehrere LM629 synchron starten
zu lassen.

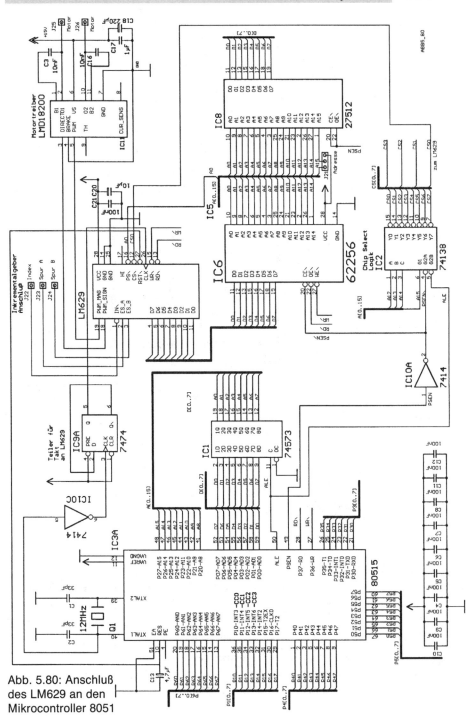

Abb. 5.80: Anschluß
des LM629 an den
Mikrocontroller 8051

Die aktuelle Position und Drehzahl des Motors wird über einen Inkremental-Drehgeber erfaßt. Dieser kann direkt an den LM629 angeschlossen werden. Der integrierte PID-Filter wird über die drei Parameter _Proportionalteil_, _Integralteil_ und _Differentialteil_ eingestellt. Diese Werte sind im Allgemeinen unkritisch und können empirisch am System ermittelt und eingestellt werden.

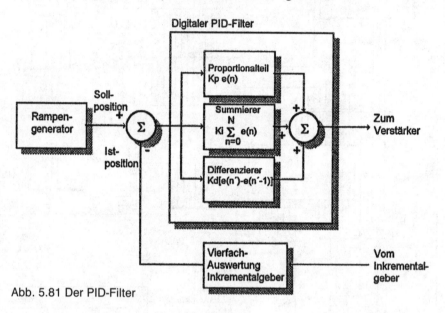

Abb. 5.81 Der PID-Filter

Beschreibung der Pins des LM629

- $\overline{\text{IN}}$ Indeximpuls-Eingang vom Inkremental-Drehgeber. Dieser Eingang muß auf 1 gelegt werden, wenn er nicht verwendet wird.
- A, B Spur A bzw. B vom Inkremental-Drehgeber. Das Signal A muß zu B um 90 Grad versetzt sein.
- D0 bis D7 Datenbus-Verbindung zum Mikrocontroller
- $\overline{\text{CS}}$ Chip-Select-Eingang. Dieser Eingang muß 0 sein, wenn auf den Baustein zugegriffen wird.
- $\overline{\text{RD}}$ Lese-Eingang. Dieser Eingang muß 0 sein, dann stellt der LM629 Daten oder den Status am Datenbus bereit.
- GND Masse-Anschluß des Bausteins.
- $\overline{\text{WR}}$ Schreib-Eingang. Dieser Eingang muß 0 sein, dann können Daten oder Kommandos in den LM629 geschrieben werden.

- $\overline{PS}$ Port-Select-Eingang. Liegt eine 0 an, so können Kommandos in den LM629 geschrieben werden, oder der Status gelesen werden. Ist der Pin auf 1 gelegt, so können Daten gelesen oder geschrieben werden.
- HI   Host-Interrupt-Ausgang. Eine 1 an diesem Ausgang kann dazu benutzt werden, am Mikrocontroller einen Interrupt auszulösen. Die Art des Interrupts kann am Statuswort abgelesen werden.
- PWM SIGN   Drehrichtungs-Ausgang für die Motorendstufe.
- PWM MAG   PWM-Signal-Ausgang für die Motorendstufe.
- NC   Die Pins 20 bis 25 sind nicht verwendet. Pin 25 sollte mit Masse verbunden werden.
- CLK   Takt-Eingang. Hier muß der 6 MHz Systemtakt angelegt werden.
- $\overline{RST}$ Reset-Eingang. Eine 0 an diesem Eingang für mindestens 8 Takt perioden setzt den Baustein in den Grundzustand zurück.
- V_{DD} Versorgungsspannung +5 V.

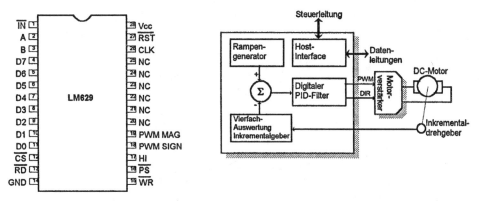

Abb. 5.82 Pinbelegung und Blockdiagramm des LM629

Der Rampengenerator erzeugt ein trapzeförmiges Geschwindigkeitprofil, indem er mit der vorgegebenen Beschleunigung auf die gewünschte Geschwindigkeit beschleunigt. Im Positioniermodus bremst der Rampengenerator den Motor mit der eingestellten negativen Beschleunigung ab, so daß der Motor an der gewünschten Position zum Stehen kommt. Die Geschwindigkeit und die Zielposition kann während des Positioniervorgangs beliebig oft verändert werden. Der Rampengenerator paßt die erforderliche Geschwindigkeit dann mit der eingestellen Beschleunigung an.

Im Drehzahlbetrieb beschleunigt der Motor mit der angegebenen Beschleunigung auf die programmierte Geschwindigkeit und hält diese anschließend konstant bis ein Stop-Kommando kommt.

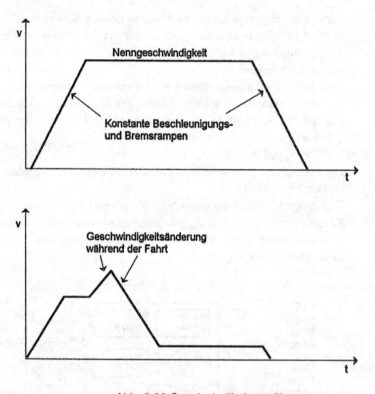

Abb. 5.83 Geschwindikeitsprofile

Alle Bewegungsparameter sind 32 Bit lang. Die Position wird vorzeichenbehaftet verarbeitet. Die Geschwindikeit und die Beschleunigung werden als 16 Bit Integer-Werte mit 16 Bit Bruchteil verarbeitet. Damit wird eine höhere interne Rechengenauigkeit erreicht.

Die Parameter müssen an den LM629 als Hex-Codes übertragen werden. Das Signal vom Inkremental-Drehgeber wird intern vierfach ausgewertet. Dadurch wird Genauigkeit des Systems erhöht. Die Parameter *Beschleunigung* und *Geschwindigkeit* müssen mit 65536 multipliziert werden, damit sie in das Integer/Bruchteil-Format passen.

Position

P = Zielposition (in Inkrementen LM629)
R = Auflösung der Drehgebers * 4
Z = Zielposition in Umdrehungen des Motors

R = 250 * 4 = 1000
Z = 115 Umdrehungen

P = R * Z
P = 1000 * 115
P = 115.000 (0001C138h)

Geschwindigkeit

V = Sollgeschwindigkeit (in Inkrementen/Abtastzeit LM629)
T = Abtastzeit (sec = 341 µs bei 6 MHz)
C = Umrechnungfaktor 1min / 60sec
U = Sollgeschwindigkeit des Motors (in Umdr. pro Minute)

U = 620 Umdr./Min

V = R * T * C * U
V = 1000 * 341E-6 * 1/60 * 620
V = 3,524 Inc/Sample
V = 3,524 * 65536 (Skalierung)
V = 230948,86
V = 230949 (gerundet) (00038625h)

Beschleunigung

A = Sollbeschleunigung (in Inkrementen/(Abtastzeit * Abtastzeit) LM629)
B = Sollbeschleunigung des Motors (in Umdr pro Sekunde*Sekunde)

B = 2 Umdr./(Sek*Sek)

A = R * T * T * B
A = 1000 * 341E-6 * 341E-6 * 2
A = 2,326E-4 Inc/(Sample*Sample)
A = 2,326E-4 * 65536 (Skalierung)
A = 15,24
A = 15 (gerundet) (0000000Fh)

Abb. 5.84: Berechnung der Bewegungsparameter

Programmierung des LM629

Nach dem Einschalt-Reset muß mindestens 1,5 ms gewartet werden, bis der
LM629 betriebsbereit ist. Mit dem RESET-Befehl kann ein Software-Reset ausgeführt werden. Das Statuswort muß nach dem RESET-Befehl 84 h oder C4 h sein.
Anschließend werden die Interrupt-Control-Parameter und die Filter-Parameter
übertragen. Nun ist der LM629 bereit, Bewegungsparameter zu empfangen und
den Motor zu bewegen.

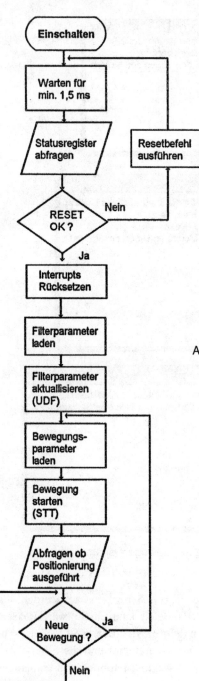

Abb. 5.85 Programmierung des LM629

Die Befehle des LM629 teilen sich in die Funktionsbereiche *Initialisierung*, *Interrupt-Behandlung*, *Filter-Parameter*, *Bewegungs-Befehle* und *Status-Befehle* auf. Vor jedem Befehl muß das Busy-Flag im Status-Byte geprüft werden. Ein Befehl darf nur übertragen werden, wenn das Busy-Flag 0 ist. Ebenso muß vor dem Schreiben oder Lesen von Daten das Busy-Flag überprüft werden. Ist es 0 so können zwei Byte Daten gelesen oder geschrieben werden. Daten werden immer mit dem höherwertigen Byte zuerst übertragen.

Befehl	Funktionsbereich	Code (HEX)	Anzahl Datenbytes	Beschreibung
RESET	Initialisierung	00h	0	Software-Reset
DFH	Initialisierung	02h	0	Nullposition
SIP	Interrupt	03h	0	Warte auf Index-Impuls
LPEI	Interrupt	1Bh	2	Schleppfehler für Interrupt
LPES	Interrupt	1Ah	2	Schleppfehler für Motorstop
SBPA	Interrupt	20h	4	Breakpoint Absolut
SBPR	Interrupt	21h	4	Breakpoint Relativ
MSKI	Interrupt	1Ch	2	Maske für Interrupts
RSTI	Interrupt	1Dh	2	Interrupts Rücksetzen
LFIL	Filter	1Eh	2 - 10	Filterparameter übertragen
UDF	Filter	04h	0	Filterparameter aktualisieren
LTRJ	Bewegung	1Fh	2 - 14	Bewegungsparameter übertragen
STT	Bewegung	01h	0	Bewegung starten
RDSTAT	Status	xx	1	Status lesen
RDSIGS	Status	0Ch	2	Statuswort lesen
RDIP	Status	09h	4	Indexposition lesen
RDDP	Status	08h	4	Momentane Sollposition
RDRP	Status	0Ah	4	Momentane Istposition
RDSUM	Status	0Dh	2	Integrationswert

Abb. 5.86 Befehle des LM629

Initialisierung

RESET: Setzt, gleich wie der Hardware-Reset (Pin 27), die Filter-Parameter und die Bewegungs-Parameter auf 0. Der Motor-Ausgang wird abgeschaltet und der Positionszähler auf 0 gesetzt.

DFH DeFine Home: Setzt den Positionszähler auf 0. Wird dieser Befehl während einer Bewegung ausgeführt, so beeinflußt er die Zielposition nicht, solange kein STT-Befehl ausgeführt wird.

Interrupt-Behandlung

Mit diesen Befehlen können die Bedingungen gesteuert werden, die einen Interrupt am Mikrocontroller auslösen können. Die Interruptquelle kann dann im Statuswort erkannt werden.

SIP Set Index Position: Nach Ausführung dieses Befehls wird beim nächsten Auftreten des Index-Impulses und wenn Spur A und B des Inkremental-Drehgebers gleichzeitig 0 sind, die aktuelle Position in das Index-Register übernommen, in diesem Moment wird auch das Bit 3 im Statuswort gesetzt. Das Index-Register kann beispielsweise dazu benutzt werden, um die Nullposition genauer zu definieren.

LPEI Load Position Error for Interrupt: Mit diesem Befehl kann die Schwelle für den Schleppfehler eingestellt werden. Der Schleppfehler ist die Differenz zwischen Soll- und Istposition. Er kann entstehen, wenn zum Beispiel der Motor blockiert. Bei Überschreiten der eingestellten Schwelle wird das Bit 5 im Statuswort gesetzt, dieses kann dann einen Interrupt auslösen.

LPES Load Position Error for Stoppping: Dieser Befehl funktioniert ähnlich wie LPEI, nur wird hier zusätzlich der Motorausgang abgeschaltet, wenn die eingestellte Schwelle überschritten wird.

SBPA Set BreakPoint Absolute: Bei Erreichen der eingestellten absoluten Position wird das Bit 6 im Statuswort gesetzt und gegebenenfalls ein Interrupt erzeugt. Diese Funktion kann eingesetzt werden, um zum Beispiel Positionen zu markieren, an den die Geschwindigkeit des Motors geändert werden soll.

SBPR Set BreakPoint Relative: Die übergebene Position wird zur aktuellen Position addiert. Das Ergebnis muß innerhalb des Wertebereichs für die Position bleiben. Ansonsten funktioniert dieser Befehl gleich wie SBPA.

MSKI MaSK Interrupt: Mit diesem Kommando kann festgelegt werden, welche Interruptbedingung einen Interrupt auslösen kann. Um einen Interrupt freizugeben, muß an der entsprechenden Stelle im Datenwort des Befehls eine 1 stehen.

Bit Position	Funktion
Bit 7- 15	frei
Bit 6	Breakpoint Interrupt
Bit 5	Schleppfehler
Bit 4	Positionsüberlauf
Bit 3	Indeximpuls erkannt
Bit 2	Bewegung ausgeführt
Bit 1	falscher Befehl
Bit 0	frei

Abb. 5.87 Datenwort der Befehle MSKI und RSTI

RSTI ReSeT Interrupt: Wenn ein Interrupt aufgetreten ist, kann das korrespondierende Interrupt-Bit, oder alle Bits gelöscht werden. Werden die Interrupt-Bits nacheinander gelöscht, so kann der Mikrocontroller diese nach ihrer Priorität abarbeiten. Ein Interrupt-Bit wird gelöscht, indem an der entsprechenden Stelle im Datenwort des Befehls eine 0 steht.

Filter-Parameter
Mit diesen Befehlen kann das Verhalten des PID-Filters für die Motorregelung programmiert werden.

LFIL Load FILter parameters: Die Parameter des PID-Filters kp, ki, kd und il (Integrationslimit) können mit diesem Befehl eingestellt werden. gleichzeitig wird auch das Abtastintervall für den D-Anteil festgelegt. Die Bits 0 bis 3 im Filter Control Word legen fest welche Parameter übertragen werden. Die Reihenfolge der Parameter ist kp, ki, kd, il. Die Parameter werden in einem Puffer übertragen und müssen mit dem Befehl UDF in die Arbeitsregister geladen werden. Diese Methode hat den Vorteil, daß alle Daten synchron und zu einem bestimmten Zeitpunkt, zum Beispiel beim Auftreten eines Breakpoint Interrupts, in die Arbeitsregister gelangen.

UDF UpDate Filter: Mit diesem Befehl werden die Filter-Parameter in die Arbeitsregister übertragen, die vorher mit dem Befehl LFIL spezifiziert wurden. Die Aktualisierung der Parameter wird mit der Motorregelung synchronisiert, um Regelungsfehler zu vermeiden.

Abb. 5.88: Filter Control Word

Bit Position	Funktion
Bit 15	Abtastintervall D-Anteil
Bit 14	Abtastintervall D-Anteil
Bit 13	Abtastintervall D-Anteil
Bit 12	Abtastintervall D-Anteil
Bit 11	Abtastintervall D-Anteil
Bit 10	Abtastintervall D-Anteil
Bit 9	Abtastintervall D-Anteil
Bit 8	Abtastintervall D-Anteil
Bit 4 - 7	frei
Bit 3	Kp laden
Bit 2	Ki laden
Bit 1	Kd laden
Bit 0	iL laden

Abtastinvervall-Code	Abtastzeit
00h	256 µs
01h	512 µs
02h	768 µs
...	...
FFh	65536 µs

Bewegungs-Befehle

Mit diesen Befehlen kann die Bewegung des Motors gesteuert werden.

LTRJ Load TRaJectory parameters: Mit diesem Befehl können die Bewegungsparameter, *Beschleunigung*, *Geschwindigkeit* und *Position* programmiert werden. Über das *Trajectory Control Word* wird angegeben, welche Parameter übertragen werden und ob sie relativ oder absolut sind. Die Reihenfolge der Parameter ist Beschleunigung, Geschwindigkeit und Position. Alle Parameter, außer die Beschleunigung, können während einer Bewegung übertragen werden. Sie werden aber erst wirksam, wenn das Kommando STT gesendet wird. Auch hier ist also eine Pipeline eingebaut, mit deren Hilfe zum Beispiel eine einfache Synchronisierung von mehreren Motor-Controllern erreicht werden kann. Aber auch das positionsgenaue Ändern der Bewegungsparameter ist dadurch möglich.

Bit Position	Funktion
Bit 13-15	frei
Bit 12	Vorwärts (nur Drehzahlbetrieb)
Bit 11	Drehzahlbetrieb
Bit 10	Stop normal
Bit 9	Stop Abrupt
Bit 8	Motor aus
Bit 7	frei
Bit 6	frei
Bit 5	Beschleunigung laden
Bit 4	Beschleunigung relativ
Bit 3	Geschwindigkeit laden
Bit 2	Geschwindigkeit relativ
Bit 1	Position laden
Bit 0	Position relativ

Abb. 5.89 Trajectory Control Word

Über die Bits 8 bis 10 kann der Motor manuell gestoppt werden. Mit Bit 10 = 1 wird der Motor mit der eingestellten negativen Beschleunigung gestoppt. Mit diesem Bit sollte normalerweise der Motor im Drehzahlbetrieb angehalten werden. Der Motor wird auf der Position gehalten an der er sich nach dem Stop befindet (Positionsregelung). Ist Bit 9 = 1 so wird Motor gestoppt, indem die momentane Position und die Zielposition gleichgesetzt werden. Das führt zu einem abrupten Anhalten des Motors. Der Motor verbeibt in Positionsregelung. Durch setzen von Bit 8 wird der Motorausgang abgeschaltet. Der Motor ist nicht mehr in Positionsregelung.

Ist Bit 11 gesetzt, so arbeitet der LM629 im Drehzahlbetrieb. Mit Bit 12 wird die Drehrichtung des Motors festgelegt, eine 1 bedeutet vorwärts.

STT STarT motion: Dieses Kommando überträgt die Bewegungsparameter, die mit dem Befehl LTRJ programmiert wurden, in die Arbeitsregister und macht diese somit wirksam. Die Synchronisierung mehrerer Motoren kann also dadurch erfolgen, daß die Bewegungsparameter an alle Motoren übertragen werden. Anschließend werden sie mit einem STT-Befehl, der gleichzeitig an alle Motor-controller geschickt wird, ausgeführt. Dieser Befehl kann jederzeit ausgeführt werden, es sei denn die Beschleunigung wurde geändert. Dann erzeugt das STT-Kommando einen Command Error Interrupt, wenn sich der Motor noch bewegt.

Status-Befehle

Mit diesen Befehlen können Daten aus verschiedenen Registern des LM629 gelesen werden. Mit Ausnahme des Befehls RSTAT, werden die Daten gelesen, indem zuerst das zugehörige Kommando an den LM629 gesendet wird.

RDSTAT ReaD STATus byte: Dieser Befehl ist eigentlich gar keiner, da er keinen Befehls-Code hat. Er ist aber trotzdem an dieser Stelle aufgeführt, da er für die Kommunikation mit dem Mikrocontroller unbedingt gebraucht wird. Das Status-wort wird gelesen, indem es vom Befehlsregister gelesen wird.

Abb. 5.90 Statuswort

Bit Position	Funktion
Bit 7	Motor aus
Bit 6	Breakpoint
Bit 5	Schleppfehler
Bit 4	Positionsüberlauf
Bit 3	Indeximpuls erkannt
Bit 2	Bewegung ausgeführt
Bit 1	falscher Befehl
Bit 0	Busy

- Bit 7 zeigt an ob der Motorausgang ein- (0) oder ausgeschaltet (1) ist.
- Bit 6 signalisiert das Erreichen der Breakpoint-Position.
- Bit 5 wird gesetzt, wenn ein Schleppfehler aufgetreten ist.
- Bit 4 muß im Drehzahlbetrieb beachtet werden. Es wird gesetzt, wenn ein Überlauf des Positionsregisters aufgetreten ist.
- Bit 3 wird nach Ausführung des SIP-Befehls gesetzt, wenn der Index-Impuls erkannt wurde.
- Bit 2 ist gesetzt, wenn der Motor seine Zielposition erreicht hat.
- Bit 1 zeigt an, daß ein falsches Kommando übertragen wurde.
- Bit 0 ist das BUSY-Flag. Kommandos können nur geschrieben, Daten nur gelesen oder geschrieben werden, wenn es auf 0 ist. Gesendete Kommandos oder Daten werden ignoriert, wenn BUSY = 1 ist.

RDSIGS ReaD SIGnalS register: Dieser Befehl stellt erweiterte Statusinformationen zur Verfügung. Das niederwertige Byte, mit Ausnahme des Bit 0, gibt den Inhalt des Statuswortes wieder.

Bit Position	Funktion
Bit 15	Interruptanforderung
Bit 14	Beschleunigung geladen aber nicht aktualisiert
Bit 13	UDF-Befehl in Bearbeitung
Bit 12	Vorwärts (nur Drehzahlbetrieb)
Bit 11	Drehzahlbetrieb
Bit 10	Ziel erreicht
Bit 9	Motor aus bei Schleppfehler
Bit 8	immer 1
Bit 7	Motor aus
Bit 6	Breakpoint
Bit 5	Schleppfehler
Bit 4	Positionsüberlauf
Bit 3	Indeximpuls erkannt
Bit 2	Bewegung ausgeführt
Bit 1	falscher Befehl
Bit 0	SIP-Befehl in Bearbeitung

Abb. 5.91 Signals Register

- Bit 15 ist gesetzt, wenn der Interrupt-Ausgang Pin 17 gesetzt ist. Es wird durch den Befehl RSTI gelöscht.
- Bit 14 ist gesetzt, wenn der Bewegungsparameter *Beschleunigung* programmiert, aber noch nicht mit dem STT-Befehl ausgeführt wurde. Der STT-Befehl löscht dieses Bit.
- Bit 13 ist gesetzt solange der Befehl UDF ausgeführt wird.
- Bit 12 und 11 geben die korrespondierenden Bits im Trajectory Control Word wieder.
- Bit 10 zeigt an, daß der aktuelle Postioniervorgang abgeschlossen ist. Mit den nächsten STT-Befehlen wird es gelöscht.
- Bit 9 ist gesetzt, wenn der Befehl LPES ausgeführt wurde und wenn er durch den Befehl LPEI gelöscht wurde.
- Bit 8 ist beim LM629 nicht benutzt und ist immer 1.
- Bit 0 bleibt nach Übertragung des Befehls SIP solange auf 1 bis ein Index-Impuls erkannt wurde.

RDIP ReaD Index Position: Liest das Index-Position-Register. Dieses Register kann zum Beispiel zur Fehlererkennung des Positioniersystems verwendet werden. Durch zwei aufeinander folgende SIP-Befehl kann festgestellt werden, ob der Inkremental-Drehgeber korrekte Impulse liefert:

$$\frac{IP_{neu} - IP_{alt}}{n*4}$$

wobei

- IP_{neu} der Wert des Index-Positions-Registers des aktuellen SIP-Befehls und
- IP_{alt} der Wert des Index-Positions-Registers des vorangegangenen SIP-Befehls ist.
- n ist die Anzahl der Impulse pro Umdrehung des Inkremental-Drehgebers.

Das Ergebnis dieser Berechnung muß immer eine ganze Zahl ergeben.

Das Index-Positions-Register kann auch zur genauen Festlegung des Nullpunktes oder einer anderen wichtigen Position verwendet werden. Der Motor wird nach Erreichen der Index-Position angehalten und anschließend auf die Position im Index-Positions-Register positioniert. Nun wird der DFH-Befehl ausgeführt. Somit ist die Index-Position der neue Nullpunkt.

RDDP ReaD Desired Position: Dieser Befehl stellt die momentane Sollposition, also den Ausgang des Rampengenerators dar.

RDRP ReaD Real Position: Dieser Befehl stellt die aktuelle Istposition, als die Rückmeldung von Inkremental-Drehgeber dar.

RDSUM ReaD integration-term SUMation: Hier kann der Wert des Integral-Anteils des PID-Regler gelesen werden. Zur Einstellung des Integrations Limit kann dieses Register hilfreich sein.

Beschreibung des LMD18200

Der LMD18200 ist ein integrierter Treiber für DC- und Schrittmotoren, der speziell für Positionieraufgaben entwickelt wurde. Wichtige technische Merkmale sind:

- 3A Dauerstrom
- Versorgungsspannung bis 55 V
- Niedriger DRAIN-SOURCE-Widerstand
- TTL- und CMOS-Kompatible Steuereingänge
- Überlast-Ausgang bei 145 Grad
- Abschaltung der Motorausgänge bei 170 Grad
- Interne Freilaufdioden
- Kurzschlußfest

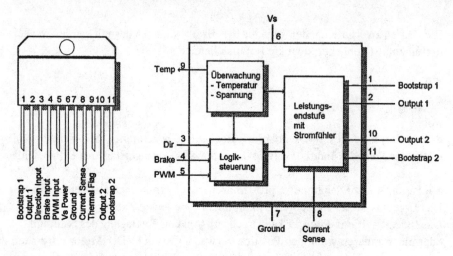

Abb. 5.92 Pinbelegung und Blockdiagramm des LMD18200

- (1) BOOTSTRAP 1 Input: Anschluß für den externen Kondensator (10nF) für die Ladungspumpe.
- (2) Output 1: Motoranschluß 1.
- (3) DIRECTION Input: Hier wird die Drehrichtung des Motors gesteuert.
- (4) BRAKE Input: Liegt eine 1 an diesem und gleichzeitig am PWM-Eingang, so wird der Motor gebremst, indem die beiden Motoranschlüsse kurzgeschlossen werden. Liegt eine 0 am PWM-Eingang so sind die Ausgänge ausgeschaltet.
- (5) PWM Input: Hier wird das PWM-Signal des LM629 angelegt.
- (6) V_s Input: Versorgungsspannung-Eingang für die Motor-Ausgänge
- (7) GROUND: Der Masse-Anschluß ist intern mit der Anschlußfahne des Gehäuses verbunden.
- (8) CURRENT SENSE Output: Der Stromüberwachungs-Ausgang liefert typischerweise 377 µA/A.
- (9) THERMAL FLAG Output: Dieser Ausgang geht auf 0 wenn die Sperrschicht-Temperatur 145 Grad übersteigt. Bei Erreichen von 170 Grad werden die Motor-Ausgänge automatisch abgeschaltet.
- (10) Output 2: Motoranschluß 2
- (11) BOOTSTRAP 2 Input: Anschluß für den externen Kondensator (10nF) für die Ladungspumpe.

Das folgende Beispielprogramm initialisiert den PID-Filter des LM629 und bewegt dann den Motor im Drehzahlbetrieb ca. eine Sekunde vorwärts, stoppt und bewegt den Motor dann ca. eine Sekunde rückwärts. Aus den Grundfunktionen können sehr einfach weitere Funktionen hergeleitet werden.

Programmierung des LM629

```
/******
Modulname    : LM629A

Funktion     : Kommunikation mit dem LM629 über den Daten- und Adressbus des
               Controllers

erstellt am  : 10.6.94
von          : jmw

Änderungen   :
Name  Datum  Beschreibung

******/
#pragma small
#pragma debug

/********* INCLUDES *********/
#include <reg515.h>
#include <absacc.h>

/********* KONSTANTEN *******/

/* LM629-BEFEHLE : */

#define RESET     0x00   /* Reset LM629 */
#define DFH       0x02   /* Define Home */
#define SIP       0x03   /* Set Index Position */
#define LPEI      0x1B   /* Load Position Error for Interrupt */
#define LPES      0x1A   /* Load Position Error for Stopping */
#define SBPA      0x20   /* Set Breakpoint, Absolute */

#define SBPR      0x21   /* Set Breakpoint, Relative */
#define MSKI      0x1C   /* Mask Interrupts */
#define RSTI      0x1D   /* Reset Interrupts */
#define LFIL      0x1E   /* Load Filter Parameters */
#define UDF       0x04   /* Update Filter */
#define LTRJ      0x1F   /* Load Trajectory */
#define STT       0x01   /* Start Motion */
#define RDSTAT           /* Read Status Byte */
#define RDSIGS    0x0C   /* Read Signals Register */

#define LM629_DATA XBYTE[0x8001] /* Datenregister des LM629 */
#define LM629_CONTROL XBYTE[0x8000]    /* Steuerregister des LM629 */
```

```
/********* PROTOTYPEN *******/
/** interne **/
unsigned char Status(void);
unsigned int ReadData(void);
void WriteCom(unsigned char Bef);
void WriteData(unsigned char Dat1, unsigned char Dat2);
void InitLM(unsigned int beschl, unsigned int kp, unsigned int ki,
        unsigned int kd, unsigned int il, unsigned char sample);
void main(void);

/********* FUNKTIONSDEFINITIONEN *******/

/******************************
Funktionsname : Status

Beschreibung  : Einlesen des Status und warten bis LM629 bereit

Parameter     : keine

Returnwert    : Statusbyte

erstellt am   : 10.6.94
von           : jmw

Änderungen    :
Name Datum Beschreibung

******************************/

unsigned char Status(void)
{
/** Variablen **/

        unsigned char puffer;

/** Funktion **/

  do            /* Status-Byte lesen und warten bis not busy */
  {
      puffer = LM629_CONTROL;

  } while ((puffer & 0x80) != 0);

  return(puffer);   /* Status zurückgeben */
}
```

```
/*****************************
Funktionsname: ReadData

Beschreibung : Lesen eines 16-Bit Wortes vom LM629

Parameter    : keine

Returnwert   : gelesenes 16-Bit Wort (unsigned int)

erstellt am  : 10.6.94
von          : jmw

Änderungen   :
Name  Datum  Beschreibung

*****************************/

unsigned int ReadData(void)
{
/** Variablen **/

     unsigned char pu1, pu2;

/** Funktion **/

     Status();                 /* Warten bis LM629 bereit ist */

     pu1 = LM629_DATA;         /* erstes Byte empfangen */
     pu2 = LM629_DATA;         /* zweites Byte empfangen */
     return((pu1*256 + pu2));  /* Integerwert zurückgeben */
}


/*****************************
Funktionsname: WriteCom

Beschreibung : Befehlsbyte an LM629 senden

Parameter    : unsigned char Bef Befehlsbyte

Returnwert   : keiner

erstellt am  : 10.6.94
von          : jmw

Änderungen   :
Name  Datum  Beschreibung
```

```
*******************************/

void WriteCom(unsigned char Bef)
{
/** Funktion **/

        Status();                   /* Warten bis LM629 bereit ist */

        LM629_CONTROL = Bef;        /* Befehl senden */
}

/*******************************
Funktionsname : WriteData

Beschreibung  : 16-Bit Wort Daten an den Lm629 senden

Parameter     : unsigned char Dat1 Highbyte Daten
                unsigned char Dat2 Lowbyte Daten

Returnwert    : keiner

erstellt am   : 10.6.94
von           : jmw

Änderungen    :
Name  Datum  Beschreibung

*******************************/

void WriteData(unsigned char Dat1, unsigned char Dat2)
{
/** Funktion **/

        Status();                   /* Warten bis LM629 bereit ist */

        LM629_DATA = Dat1;          /* erstes Byte senden */
        LM629_DATA = Dat2;          /* zweites Byte senden */
}

/*******************************
Funktionsname: InitLM

Beschreibung : Initialisiert den LM629
               sendet Filterparameter und Beschleunigung

Parameter    : unsigned int beschl Beschleunigung
               unsigned int kp Filterparameter Kp
               unsigned int ki Filterparameter Ki
```

```
                  unsigned int kd Filterparameter Kd
                  unsigned int il Filterparameter Il
                  unsigned char sample Filterparameter Sample-Interv.

Returnwert   : keiner

erstellt am  : 10.6.94
von          : jmw

Änderungen   :
Name  Datum  Beschreibung

*******************************/

void InitLM(unsigned int beschl, unsigned int kp, unsigned int ki,
      unsigned int kd, unsigned int il, unsigned char sample)
{
/** Variablen **/

      unsigned char PLow, PHigh, puf;

/** Funktion **/

      WriteCom(RSTI);              /* Interrupts zurücksetzen */
      WriteData(0,0);

      WriteCom(LFIL);              /* Filterparameter laden */
      WriteData(sample, 0x0F);
      PLow = kp;                   /* Zeiger auf unteres Byte */
      PHigh = kp/256;              /* Zeiger auf oberes Byte */
      WriteData(PHigh, PLow);      /* kp */
      PLow = ki;
      PHigh = ki/256;
      WriteData(PHigh, PLow);      /* ki */
      PLow = kd;
      PHigh = kd/256;
      WriteData(PHigh, PLow);      /* kd */
      PLow = il;
      PHigh = il/256;
      WriteData(PHigh, PLow);      /* il */
      WriteCom(UDF);               /* Update Filterparameter */

      WriteCom(LTRJ);              /* Load Trajectory: */
      WriteData(0x00,0x20);        /* Acceleration absolute */
                                   /* Beschleunigung wird geladen */
```

```
        PLow = beschl;              /* 4 Byte Beschleunigung */
        PHigh = beschl/256;
        WriteData(0,0);
        WriteData(PHigh, PLow);
        WriteCom(STT);              /* Beschleunigung aktivieren */

        WriteCom(MSKI);             /* Interrupts maskieren */
        WriteData(0x00,0x00);       /* Keine Interrupts zulassen */
        WriteCom(RSTI);             /* Interrupt-Flags im Status-Byte löschen */
        WriteData(0x00,0x00);
}


/*******************************
Funktionsname : main

Beschreibung  : Initialisierung des LM629
                Drehzahlbetrieb: 1 sec vorwärts
                                 1 sec rückwärts

Parameter     : keine

Returnwert    : keiner

erstellt am   : 10.6.94
von           : jmw

Änderungen    :
Name  Datum  Beschreibung

*******************************/

void main(void)
{
/** Variablen **/

        unsigned int zeit;

/** Funktion **/

/* LM629 initialisieren */
        InitLM(20,256,10,2,512,0);

        for (;;)
        {
                WriteCom(LTRJ);          /* Load Trajectory : */
                WriteData(0x18,0x08);    /* Velocity Mode, Vorwärts */
```

```
                              /* Geschwindigkeit wird geladen */
WriteData(0,0);               /* 4 Byte Geschwindigkeit */
WriteData(0x10,0x00);
WriteCom(STT);                /* Motor starten */
for (zeit = 60000; zeit > 0;zeit--)
        ;                     /* Warte ca. 1 Sekunde */
WriteCom(LTRJ);               /* Load Trajectory : */
WriteData(0x1C,0x00);         /* Velocity Mode, */
                              /* Motor Stop */
WriteCom(STT);                /* Motor Stop ausführen */
while ((Status() & 0x04) == 0)
        ;                     /* Warten bis Motor steht */
WriteCom(RSTI);               /* Trajectory Complete-Bit löschen */
WriteData(0x00,0x00);

WriteCom(LTRJ);               /* Load Trajectory : */
WriteData(0x08,0x08);         /* Velocity Mode, Rückwärts */
                              /* Geschwindigkeit wird geladen */
WriteData(0,0);               /* 4 Byte Geschwindigkeit */
WriteData(0x10,0x00);
WriteCom(STT);                /* Motor starten */
for (zeit = 60000; zeit > 0;zeit--)
        ;                     /* Warte ca. 1 Sekunde */
WriteCom(LTRJ);               /* Load Trajectory : */
WriteData(0x0C,0x00);         /* Velocity Mode, */
                              /* Motor Stop */
WriteCom(STT);                /* Motor Stop ausführen */
while ((Status() & 0x04) == 0)
        ;                     /* Warten bis Motor steht */
WriteCom(RSTI);               /* Trajectory Complete-Bit löschen */
WriteData(0x00,0x00);
    }
}
```

5.2.7.2 Schrittmotorcontroller L297 und L298

Der Schrittmotorcontroller L297 bildet zusammen mit dem Leistungstreiber L298 (beide von SGS-Thomson) eine komplette Einheit zur Ansteuerung von bipolaren Schrittmotoren über einen Mikrocontroller. Die Verwendung dieser Kombination hat folgende Vorteile:

- Es werden nur wenige Komponenten benötigt
- Hohe Zuverlässigkeit
- Geringer Platzbedarf

Beschreibung des L297

Der *Translator* setzt die Eingangssignale *HALF/FULL*, $\overline{RESET}$, *CW/CCW* und $\overline{CLOCK}$ in die richtige Schrittfolge für den Motor um. Der L297 kann Schrittfolgen für die drei Betriebsarten Halbschrittbetrieb, Vollschrittbetrieb (Two Phase On) und Wave-Drive-Modus (One Phase On) liefern. Der integrierte PWM-Chopper regelt den Strom in den Motorspulen.

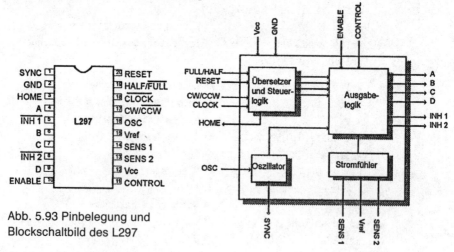

Abb. 5.93 Pinbelegung und
Blockschaltbild des L297

Der L297 ist in einem 20-poligen DIL-Gehäuse untergebracht. Die Pins haben folgende Bedeutung:

- (1) SYNC Dieser Anschluß dient zur Synchronisierung mehrerer L297-Bausteine. Dazu werden alle SYNC-Anschlüsse der zu synchronisierenden Bausteine verbunden. Alle OSC-Anschlüsse, bis auf einen, werden mit Masse verbunden. An diesem Anschluß kann auch eine externer Takt eingespeist werden.
- (2) GND Masseanschluß.
- (3) HOME Dieser Open-Collector-Ausgang signalisiert, daß die Schrittfolge im L297 in Grundstellung (ABCD = 0101) ist. Der Transistor-Ausgang ist offen, wenn das Signal aktiv, die Schrittfolge also in Grundstellung ist.
- (4) Motor-Phase A Signal für die Motorphase A muß mit dem Leistungsteil verbunden werden.

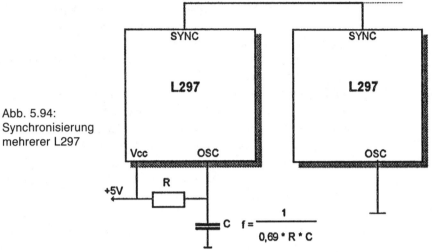

Abb. 5.94:
Synchronisierung
mehrerer L297

$$f = \frac{1}{0,69 * R * C}$$

- (5) $\overline{INH1}$ Freigabe-Anschluß für die Motorphasen A und B. Dieser Anschluß steuert das schnelle Entregen der Motorspulen.
- (6) Motor-Phase B Signal für die Motorphase B muß mit dem Leistungsteil verbunden werden.
- (7) Motor-Phase C Signal für die Motorphase C muß mit dem Leistungsteil verbunden werden.
- (8) $\overline{INH2}$ Freigabe-Anschluß für die Motorphasen C und D. Dieser Anschluß steuert das schnelle Entregen der Motorspulen.
- (9) Motor-Phase D Signal für die Motorphase D muß mit dem Leistungsteil verbunden werden.
- (10) ENABLE Wenn an diesem Eingang ein 0 (Baustein inaktiv) anliegt, werden die Ausgänge A, B, C, D, INH1 und INH2 auf 0 geschaltet.
- (11) CONTROL Dieser Eingang steuert die Funktion des integrierten Choppers. Liegt eine 0 an, so arbeitet der Chopper auf den Ausgängen INH1 und INH'', liegt eine 1 an, so arbeitet er auf den Motorphasen A,B,C und D.
- (12) V_{cc} 5 V Versorgungsspannung
- (13) $SENS_2$ Anschluß zur Messung des Phasenstroms der Phasen C und D.
- (14) $SENS_3$ Anschluß zur Messung des Phasenstroms der Phasen A und B.
- (15) V_{ref} Referenzspannung für den integrierten Chopper. Mit dieser Spannung kann der Spitzenstrom für den Motor eingestellt werden.
- (16) OSC An diesem Anschluß wird ein RC-Glied angeschlossen, das die Frequenz des integrierten Choppers festlegt. Werden mehrere L297 synchronisiert, so muß dieser Anschluß bei allen, bis auf einen an Masse geschaltet werden.

- (17) CW/$\overline{\text{CCW}}$ Mit diesem Anschluß kann die Drehrichtung des Motors bestimmt werden. Da dieser Pin intern synchronisiert ist, kann die Richtung jederzeit umgeschaltet werden.
- (18) $\overline{\text{CLOCK}}$ Eine steigende Flanke an diesem Eingang schaltet die Schrittfolge auf die nächste Position.
- (19) HALF/$\overline{\text{FULL}}$ Mit diesem Pin kann zwischen Voll- und Halbschrittbetrieb gewählt werden. Eine 1 selektiert den Halbschrittbetrieb, eine 0 den Vollschrittbetrieb. Wird die 0 bei einer ungeraden Schrittnummer angelegt, so ist der normale Vollschrittbetrieb gewählt (Two Phase On), bei einer geraden Schrittnummer wird der Wave-Drive-Modus (One Phase On) gewählt. Die Grundstellung hat die Schrittnummer 1.

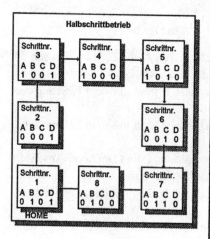

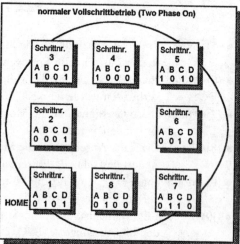

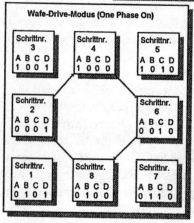

Abb. 5.95 Schrittfolgen der drei Betriebsarten

- (20) $\overline{\text{RESET}}$ Eine 0 an diesem Eingang stellt die Schrittfolge auf Grundstel-
  (ABCD = 0101).

Beschreibung des L298

Der L298 ist ein integrierter zweifacher Hochleistungs-Vollbrücken-Treiber, der mit TTL-Signalen angesteuert werden kann. Er ist einem 15-poligen Multiwatt-Gehäuse untergebracht und kann einen Dauerstrom von bis zu 4 A liefern. Über zwei getrennte Eingänge werden die Versorgungsspannung für den Motor und für den Logik-Teil angelegt. Die Versorgungsspannung für den Motor kann maximal 50 V betragen, der Logik-Teil kann mit maximal 7 V betrieben werden. Die Logik-Eingänge sind sehr störunempfindlich, da sie eine 0 bis zu einer Spannung von 1,5 V erkennen (Bei TTL überlicherweise 0,4 V). Der Baustein ist mit einer integrierten Übertemperatursicherung ausgestattet, wodurch er im Störungsfall vor der Zerstörung bewahrt wird.

- (1) SENSE 1   Ausgang zur Strommessung der Brücke 1
- (2) OUTPUT 1   Motor-Anschluß 1 der Brücke 1
- (3) OUTPUT 2   Motor-Anschluß 2 der Brücke 1
- (4) V_s Versorgungsspannung für die Brücken und Motor
- (5) Motor-Phase A   TTL-Eingang für die Motor-Phase A
- (6) ENABLE 1   Freigabe für die Brücke 1
- (7) Motor-Phase B   TTL-Eingang für die Motor-Phase B

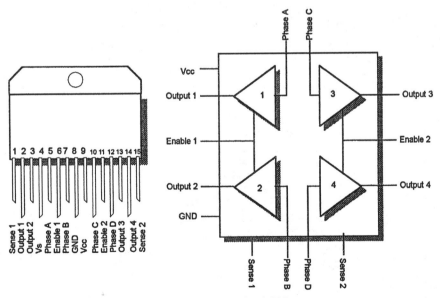

Abb. 5.96: Blockschaltbild und Pinbelegung des L298

- (8) GND — Masseanschluß
- (9) V_{cc} — Versorgungsspannung für den Logik-Teil
- (10) Motor-Phase C — TTL-Eingang für die Motor-Phase C
- (11) ENABLE 2 — Freigabe für die Brücke 2
- (12) Motor-Phase D — TTL-Eingang für die Motor-Phase D
- (13) OUTPUT 3 — Motor-Anschluß 1 der Brücke 2
- (14) OUTPUT 4 — Motor-Anschluß 2 der Brücke 2
- (15) SENSE 2 — Ausgang zur Strommessung der Brücke 2

Bei der Montage auf einen Kühlkörper ist zu beachten, daß die Anschlußfahne des Mutiwatt-Gehäuses mit Masse (Pin 8) verbunden ist. Sind an dem Kühlkörper Bausteine mit unterschiedlichen Bezugspotentialen montiert, so muß der L298 gegebenenfalls isoliert montiert werden.

Die Freilaufdioden für den Schrittmotor müssen für einen Strom von 2 A ausgelegt sein. Um die Störspitzen zu minimieren, müssen hier schnelle Dioden mit $t_{rr} <= 200$ ns eingesetzt werden. Die Stromfühler-Widerstände werden üblicherweise auf 0,5 bis 1 Ω dimensioniert. Da die Spannung an den Strommessungs-Ausgängen (Pin 1 und 15) dann maximal 1 bis 2 V betragen kann, ergibt sich bei einem maximalen Dauerstrom von 2 A je Kanal eine Leistung für jeden Stromfühler-Widerstand von 2 bis 4 W.

Das folgende Beispielprogramm steuert den Schrittmotor ohne Rampenfunktion an. Es muß bei der Einstellung der Drehzahl darauf geachtet werden, daß die Start/Stop-Frequenz des Motors nicht überschritten wird.

Ansteuerung eines Schrittmotors

```
/******
Modulname    : SCHRITT 1

Funktion     : Ansteuerung eines Schrittmotors über eine
               Impulsleitung und eine Richtungsleitung.
               Eine dritte Eingangsleitung gibt die Endposition
               bekannt.
               (P5.0) OUT 1 = Schrittimpulse
               (P5.1) OUT 2 = Richtung (vorwärts/rückwärts)
               (P5.2) IN 1 = 0 = Referenzposition erreicht

erstellt am  : 11.6.94
von          : jmw

Änderungen   :
Name  Datum  Beschreibung
```

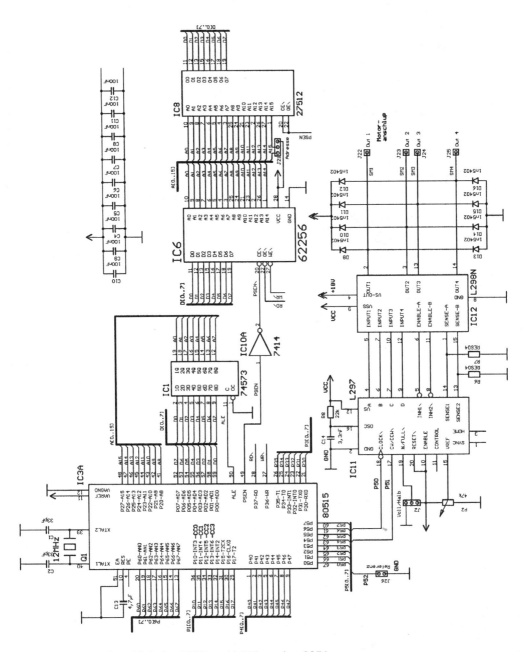

Abb. 5.97: Anschluß des L297 und L298 an den 8051

```
*******/
#pragma small
#pragma debug

/********* INCLUDES *********/
#include <reg515.h>

/********* KONSTANTEN *******/

sbit Impuls = P5^0;    /* Schrittimpulse */
sbit Dir = P5^1;       /* Drehrichtung */
sbit Home = P5^2;      /* Referenzschalter = 0 wenn erreicht */

sbit TASTE1 = P5^3;    /* Tasten für Positionierung */
sbit TASTE2 = P5^4;
sbit TASTE3 = P5^5;

#define VORWAERTS 1 /* Drehrichtungsauswahl */
#define RUECKWAERTS 0

/******** GLOBALE VARIABLEN ********/

unsigned int aktPos; /* Aktuelle Position des Motors */
unsigned int Geschwind,      /* Geschwindigkeit des Motors */
             Grenz_Pos, Grenz_Neg;   /* Endposition oben und unten */

/********* PROTOTYPEN *******/
/** interne **/

void main(void);

/********* FUNKTIONSDEFINITIONEN *******/

/*****************************
Funktionsname : Position Schritt

Beschreibung  : Über die PORT-Leitungen wird der Schrittmotor auf die
                gewünschte Position gefahren.
                (P5.0) Leitung 1 = Schrittimpulse
                (P5.1) Leitung 2 = Richtung (vorwärts/rückwärts)

Parameter     : unsigned int Position absolute Zielposition
                unsigned int maxSchritt maximale Anzahl Schritte

Returnwert    : keiner

erstellt am   : 11.6.94
```

```
von         : jmw

Änderungen  :
Name  Datum  Beschreibung

*******************************/
unsigned int PositionSchritt(unsigned int Position,unsigned int maxSchritt)
{
/** Variablen **/
    unsigned int j, z;

/** Funktion **/
    if (Position == aktPos)
        return(aktPos);      /* keine Veränderung nötig */
    else if (Position > aktPos)     /* positive Bewegung */
    {
        Dir = VORWAERTS;
        for (z=0; aktPos < Position; aktPos++)
        {
            /* Schrittbegrenzung */
            if (z > = maxSchritt)
                return(aktPos);
            /* Bereichsüberprüfung */
            if (aktPos > = Grenz_Pos)
                return(aktPos);
            z++;   /*** Einen Schritt ausführen ***/
            Impuls = 1;
            for (j = 0; j < Geschwind; j++)     /* Zeitschleife */
                ;
            Impuls = 0;
            for (j = 0; j < Geschwind; j++)     /* Zeitschleife */
                ;
        }
    }
    else /* negative Bewegung */
    {
        Dir = RUECKWAERTS;
        for (z=0; aktPos > Position; aktPos--)
        {
            /* Schrittbegrenzung */
            if (z > = maxSchritt)
```

```
                               return(aktPos);
                     /* Bereichsüberprüfung */
                     if (aktPos < = Grenz_Neg)
                               return(aktPos);
                     z++;   /*** Einen Schritt ausführen ***/
                     Impuls = 1;
                     for (j = 0; j < Geschwind; j++)  /* Zeitschleife */
                               ;
                     Impuls = 0;
                     for (j = 0; j < Geschwind; j++)  /* Zeitschleife */
                               ;
            }
       }
       return(aktPos);
}


/*******************************
Funktionsname: Referenz Schritt

Beschreibung : Dreht den Motor solange rückwärts, bis der Referenzschalter
               erreicht ist. Dann wird die Position ''RefPos'' angefahren.

Parameter    : unsigned int RefPos

Returnwert   : keiner

erstellt am  : 11.6.94
von          : jmw

Änderungen   :
Name  Datum  Beschreibung

*******************************/
void ReferenzSchritt(unsigned int RefPos)
{
/** Variablen **/
  unsigned int neuPos;

/** Funktion **/
  aktPos = 0xFFFF;        /* maximale Auslenkung */
  neuPos = 0xFFFF;

  while(Home == 1)        /* solange Endschalter nicht anspricht */
  {
```

```
        if (neuPos == 0)      /* falls Bereichsüberschreitung */
        {
                aktPos = 0xFFFF;
                neuPos = 0xFFFF;
        }
        neuPos--;
        PositionSchritt(neuPos,1);  /* immer einen Schritt rückwärts */
    }
  aktPos = 0;                   /* Endposition ist erreicht */
  /* gewünschte Referenzposition anfahren */
  PositionSchritt(RefPos, 0xFFFF); }


/*******************************
Funktionsname: main

Beschreibung : Führt eine Referenzfahrt durch und positioniert
               den Motor dann je nach Tastendruck in Stellung 1,
               2, oder 3.

Parameter    : keine

Returnwert   : keiner

erstellt am  : 11.6.94
von          : jmw

Änderungen   :
Name  Datum  Beschreibung

*******************************/
void main(void)
{

/** Funktion **/
        Impuls = 0;
        Dir = 0;
        Grenz_Pos = 50000;  /* obere Grenzposition festlegen */
        Grenz_Neg = 0;      /* untere Grenzposition festlegen */
        Geschwind = 1000;   /* Drehgeschwindigkeit festlegen */
        ReferenzSchritt(25000);   /* Referenzposition anfahren */

        for (;;)
        {
                if (TASTE1 == 0)
```

```
{                    /* Position 1 anfahren */
                     PositionSchritt(10000, 0xFFFF);
}
else if (TASTE2 == 0)
{                    /* Position 2 anfahren */
                     PositionSchritt(40000, 0xFFFF);
}
else if (TASTE3 == 0)
{                    /* Position 3 anfahren */
                     PositionSchritt(1000, 0xFFFF);
}
    }
}
```

6 Entwicklungshilfsmittel

Im Folgenden soll ein Überblick über die verfügbaren Entwicklungswerkzeuge für die 8051-Familie gegeben werden. Da das Angebot fast unüberschaubar ist, kann dieser Überblick aber nur unvollständig sein.

6.1 Überblick über Assembler und Hochsprachen-Compiler

6.1.1 IAR

ITS8051
Das Programmpaket ITS8051 enthält einen C-Compiler, Assembler , Banking-Linker und einen Simulator. Alle Programme können von einer SAA-Windows-Oberfläche bedient werden. Die Oberfäche ist stark an die Borland IDE angelehnt.

- ANSI-C kompatibel
- konfigurierbar für alle 8051-Derivate
- Datentypen: bit, (unsigned) char, sfr, (unsigned) int, (unsigned) long, float, pointer
- Speichertypen: data, idata, xdata, code, no__init
- „memory specific" und „generic" Pointer
- Daten-Speichermodelle: tiny, small, compact, medium, large, banked
- 10 Optimierungsstufen
- Interrupt-Unterstützung
- Automatische Rekursion
- optional reentrant-fähiger Code
- optional Registerbank unabhängier Code
- Registerbank-Umschaltung
- INTEL OMF-51-Format

- erweiterte Symbolinformation zur optimalen Unterstützung von Debugging-Software
- Intrinsic Funktionen
- spezielle inline-Funktionen
- automatische Erzeugung von gebanktem Code
- einfaches Interface zur PL/M-51 und Assembler
- Unterstützt die Arithmetik-Einheit des SAB-80517
- benutzt die 8-fach DPTR des SAB-80517

Der Linker XLINK fügt mehrere Objekt-Module zu einem ausführbaren Programm für den 8051 zusammen. Der integrierte Typenprüfer überprüft die Modulverbindungen, was die Zuverlässigkeit des erzeugten Codes wesentlich erhöht. Symbole können bis zu 255 signifikante Zeichen haben. Der Linker erlaubt das Erstellen von Programmen, die größer als der normalerweise zur Verfügung stehende Programmspeicher von 64 KByte sind. Dazu ist eine externe Umschalt-Logik notwendig, die zwischen den einzelnen Speicherbänken umschaltet. Der Linker unterstützt bis zu 8 MByte Speicherplatz.

- Ermöglicht Code-Banking für 8051-Objekt-Module
- Bis zu 8 MByte Speicherplatz

Hardwareanforderungen:
- IBM-kompatibler PC mit DOS 3.0 oder höher, min. 2 MByte RAM, Extended Memory, Harddisk

6.1.2 Keil

A51 Makro Assembler
Der A51 ist ein Intel kompatibler Makro Assembler für alle Prozessoren der 8051-Familie, der symbolische Assembler-Anweisungen in ausführbaren Maschinen-Code übersetzt. Die Möglichkeit der Makro-Programmierung beschleunigt die Entwicklung, da gleiche oder ähnliche Programm-Sequenzen nur einmal kodiert werden müssen.
- Source- und Objekt-kompatibel zu INTEL ASM51
- Erzeugt Debug-Information für Programmtest
- Konfigurierbar für alle 8051-Derivate
- Bedingte Übersetzung von Quellcode
- Attribute zur Segment-Platzierung
- Makro-Prozessor

C51 Compiler
Der C51 ist ein C-Cross-Compiler für Prozessoren der 8051-Familie. Er ist ANSI-C kompatibel und um einige spezielle Anweisungen erweitert, damit alle Ressourcen des 8051 optimal genutzt werden können.

- ANSI-C kompatibel
- konfigurierbar für alle 8051-Derivate
- Datentypen: bit, sbit, (unsigned) char, sfr, (unsigned) int, sfr16, (unsigned) long, float, pointer
- Speichertypen: data, bdata, idata, pdata, xdata, code
- „memory specific" und „generic" Pointer
- Daten-Speichermodelle: small, compact, large
- sechs Optimierungsstufen
- Interrupt-Unterstützung
- optional reentrant-fähiger Code
- optional Registerbank unabhängier Code
- optional bitadressierbare Objekte
- Registerbank-Umschaltung
- INTEL OMF-51-Format
- erweiterte Symbolinformation zur optimalen Unterstützung von Debugging-Software
- Intrinsic Funktionen
- Interface zur PL/M-51 und Assembler

als Zusatz sind spezielle Libraries für den Siemens-Prozessor 80517 erhältlich.

- Unterstützt die Arithmetik-Einheit
- benutzt die 8-fach DPTR

L51 / BL51 Linker
Der Linker L51 fügt mehrere Objekt-Module zu einem ausführbaren Programm für den 8051 zusammen. Durch Überlagerung von Datensegmenten wird der Datenspeicherbereich optimal ausgenutzt.
Der Linker BL51 erlaubt das Erstellen von Programmen, die größer als der normalerweise zur Verfügung stehende Programmspeicher von 64 KByte sind. Dazu ist eine externe Umschalt-Logik notwendig, die zwischen den einzelnen Speicherbänken umschaltet. Der BL51 unterstützt bis zu 16 Speicherbänken.

- Ermöglicht Code-Banking für C51, A51 und PL/M-51 Programme
- Grundfunktionen sind kompatibel zum L51
- Bis zu 16 Speicherbänke mit je 64 KByte
- Konfigurierbar für verschiedene Umschalt-Logik

Hardwareanforderungen:

- IBM-kompatibler PC mit DOS 3.0 oder höher, min. 512KByte RAM, Harddisk, Druckerinterface

6.1.3 KSC

SYSTEM51

Mit der integrierten Oberfläche SYSTEM51 kann die Software-Entwicklung komfortabel und effizient durchgeführt werden. Von der SAA-Windows-Oberfläche aus, können alle benötigten Funktionen aufgerufen werden:

- Multi-File-Editor
- Assembler, Compiler, Linker, Make
- Debugger, Emulator, EPROM-Programmierer

Es werden verschiedene Hochsprachen-Pakete angeboten:

- C
- Pascal
- Modula 2

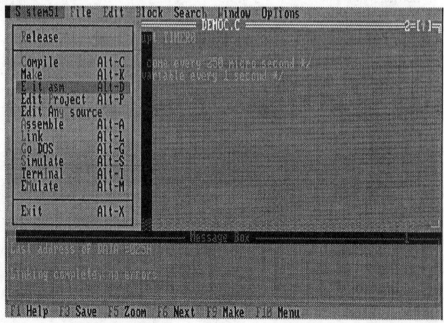

Abb. 6.1: Oberfläche SYSTEM51

Ein Assembler ist in allen Paketen enthalten und wird dazu benutzt, besonders laufzeitkritische oder hardwarenahe Programmteile zu schreiben. Diese werden dann in die Hochsprachenmodule mit eingebunden. Fehlermeldungen von Compiler oder Assembler werden im Quelltext angezeigt. Der Aufbau und die Bedienung der Oberfläche ist stark an die Borland IDE angelehnt.

Der C-Compiler
SYSTEM51-C ist ein C-Cross-Compiler für Prozessoren der 8051-Familie. Er ist ANSI-C kompatibel und um einige spezielle Anweisungen erweitert, damit alle Ressourcen des 8051 optimal genutzt werden können.

- ANSI-C kompatibel
- konfigurierbar für alle 8051-Derivate
- Datentypen: bit, sbit, (unsigned) char, sfr, (unsigned) int, sfr16, (unsigned) long, float, pointer
- Speichertypen: data, bdata, idata, sfr, sbit, xdata, const
- Speicherbereichabhängige und -unabhängige Pointer
- Daten-Speichermodelle: small, medium, large
- sechs Optimierungsstufen
- Interrupt-Unterstützung
- optional reentrant-fähiger Code
- Registerbank-Umschaltung
- INTEL OMF-51-Format
- erweiterte Symbolinformation zur optimalen Unterstützung von Debugging-Software, von Benutzer erweiterbar
- Intrinsic-Funktionen
- Interface zu anderen Hochsprachen und Assembler

als Zusatz sind spezielle Libraries für den Siemens-Prozessor 80517 erhältlich.

- Unterstützt die Arithmetik-Einheit
- benutzt die 8-fach DPTR
- direkte Programmierung der neuen Ports

Linker und MAKE
Der Linker fügt mehrere Objekt-Module zu einem ausführbaren Programm für den 8051 zusammen. Durch Überlagerung von Datensegmenten wird der Datenspeicherbereich optimal ausgenutzt. MAKE überprüft, ob Quelldateien verändert wurden, und steuert automatisch den Übersetzungs- und Linkvorgang.

6.1.4 RAISONANCE

Der integrierte Editor-Assembler EMA-51
Das Programm EMA-51 ist ein Editor mit integriertem 8051-Assembler. Der Assembler kann auch unabhängig vom Editor benutzt werden. Die Möglichkeit der Makro-Programmierung beschleunigt die Entwicklung, da gleiche oder ähnliche Programm-Sequenzen nur einmal kodiert werden müssen.

- Source- und Objekt-kompatibel zu INTEL ASM51
- Erzeugt Debug-Information für Programmtest
- Konfigurierbar für alle 8051-Derivate
- Bedingte Übersetzung von Quellcode
- Attribute zur Segment-Platzierung
- Makro-Prozessor - Anzeige der Fehlermeldungen in einem separaten Fenster und automatische Positionierung des Cursors im Quelltext.
- Integrierte MAKE-Funktion steuert das Assemblieren wenn z. B. eine „include"-Funktion geändert wurde.
- Integrierter Relokator erzeugt absoluten Code aus einem relokatiblen Objektmodul.

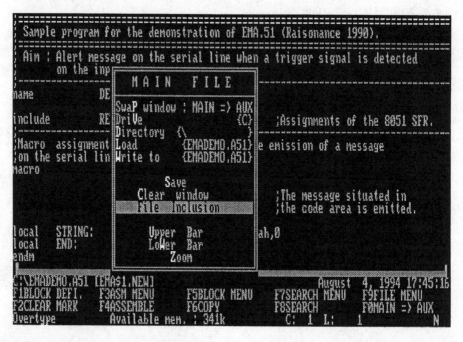

Abb. 6.2: Die Oberfläche von EMA-51

Hardwareanforderungen:
- IBM-kompatibler PC mit DOS 3.0 oder höher min. 512 KByte RAM
- optional: EMS wird unterstützt

Der RC-51 C-Compiler

Der RC-51 ist ein C-Cross-Compiler für Prozessoren der 8051-Familie. Er ist ANSI-C kompatibel und um einige spezielle Anweisungen erweitert, damit alle Ressourcen des 8051 optimal genutzt werden können. Da der interne Datenspeicher des 8051 sehr knapp ist, benutzt der RC-51 „externe Stacks" zur Datenverwaltung (nur im large-Model). Der RC-51 verwaltet vier externe Stacks, die jeweils bis zu 256 Byte Daten enthalten können. Jedem Stack ist eine Registerbank zugeordnet. Mit den Registers R0 und R1 wird auf den jeweiligen Stack zugegriffen. Dieses Konzept unterstützt die Implementierung verschachtelter Interrupts und Multitasking optimal. Der Compiler läßt sich in die Borland IDE einbinden.

- ANSI-C kompatibel
- konfigurierbar für alle 8051-Derivate
- Datentypen: bit, (unsigned) char, (unsigned) int, (unsigned) long, float, double, long double, pointer
- Speichertypen: data, bdata, idata, sfr, sbit, xdata, code
- Speicherbereichabhängige und -unabhängige Pointer
- Daten-Speichermodelle: small, large, huge, tiny
- mehrere Optimierungsstufen
- Interrupt-Unterstützung
- reentrant-fähiger Code
- Registerbank-Umschaltung
- INTEL OMF-51-Format
- erweiterte Symbolinformation zur optimalen Unterstützung von Debugging-Software, von Benutzer erweiterbar
- Inline-Funktionen
- Interface zu anderen Hochsprachen und Assembler

Hardwareanforderungen:
- IBM-kompatibler PC mit DOS 3.0 oder höher
- optional: EMS wird unterstützt

L-51 / LX-51 Linker

Der Linker L-51 fügt mehrere Objekt-Module zu einem ausführbaren Programm für den 8051 zusammen. Durch Überlagerung von Datensegmenten wird der Datenspeicherbereich optimal ausgenutzt. Das erzeugte absolute Programm ist kompatibel zum OMF-51 Format.

Der Linker LX-51 erlaubt das Erstellen von Programmen, die größer als der normalerweise, zur Verfügung stehende Programmspeicher von 64 KByte sind. Dazu ist eine externe Umschalt-Logik notwendig, die zwischen den einzelnen Speicherbänken umschaltet. Der LX-51 unterstützt bis zu 32 Speicherbänke und 1 MByte Gesamtspeicher.

- Ermöglicht Code-Banking für C- und Assembler-Programme
- Grundfunktionen sind kompatibel zum L-51
- Bis zu 32 Speicherbänke mit je 32 KByte
- Konfigurierbar für verschiedene Umschalt-Logik

6.2 Überblick über Simulatoren, Emulatoren und Prototyping-Boards

6.2.1 Brendes

BICEPS51-III

Der Emulator BICEPS51-III ist ein leistungsfähiges Standalone-Gerät, das über eine serielle Schnittstelle mit dem PC verbunden wird.

- In-Circuit-Emulator für alle Prozessoren der 8051-Familie
- Programmausführung in Echtzeit ohne Hard- und Software-Einschränkungen
- Anschluß über Prozessor- oder EPROM-Sockel
- bis zu 2 * 256 KByte Emulationsspeicher mit Banking-Unterstützung
- komplexe Break-Möglichkeiten
  — echte Hardware-Breaks
  — Break-Definitionen für Adressen, Daten, externe Eingänge
  — 12 externe Break-Eingänge
- Real-Time-Trace-Möglichkeit
  — 8 K * 40 Bit Speicherkapazität
  — Aufzeichung des Adressbus, Datenbus, 12 externe Signale
  — Unterdrückung überflüssiger Adressen
  — Hochsprachen-Trace
  — Performance Analyse
- Hochsprachendebugging
- Einfach zu bedienende Oberfläche mit Fenstertechnik und Mausunterstützung

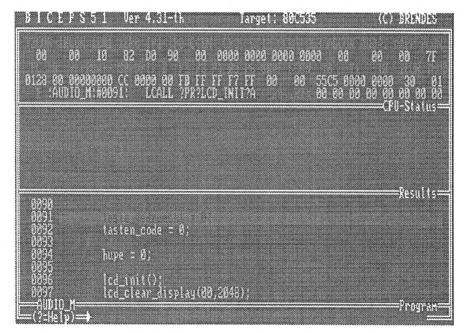

Abb. 6.3 Bedienoberfläche BICPES51

Hardwareanforderungen:
- IBM-kompatibler PC, ab DOS 3.2
- 640 KByte RAM, EMS wird unterstützt
- serielle Schnittstelle

BICEPS51-compact
Der BICEPS51-compact ist ebenfalls ein Standalone-Gerät, das über die serielle Schnittstelle mit dem PC verbunden wird. Mit diesem Gerät können alle Prozessoren über den EPROM-Sockel der Zielhardware emuliert werden. Da der Emulatorsockel eine Fassung enthält, kann die Schaltung auch mit dem Orginal-EPROM getestet werden.

- In-Circuit-Emulator für alle Prozessoren der 8051-Familie durch Einsatz im EPROM-Sockel
- Programmausführung in Echtzeit ohne Hard- und Software-Einschränkungen
- 64 KByte Emulationsspeicher mit Mapping (Blockgröße 4 KByte)
- komplexe Break-Möglichkeiten
  — echte Hardware-Breaks
  — Breakpoints können direkt im Quelltext gesetzt werden

— Einzelschritt, Jump over Call, Go to Cursor
— Onbreak-Funktion
● Real-Time-Trace-Möglichkeit
— 8 K * 16 Bit oder 32 K * 16 Bit Speicherkapazität
— Unterdrückung überflüssiger Adressen
— Darstellung des Trace-Puffers ohne Unterbrechung des Programmlaufs
● Hochsprachendebugging
● Einfach zu bedienende Oberfläche mit Fenstertechnik und Mausunterstützung

Hardwareanforderungen:
● IBM-kompatibler PC, ab DOS 3.2
● 640 KByte RAM, EMS wird unterstützt
● serielle Schnittstelle

6.2.2 hitex

Alle Debug-Werkzeuge von hitex arbeiten mit der SAA-Bedienoberfläche HiTOP.
Sie ist einfach zu erlernen und läßt sich wahlweise mit der Maus oder der Tastatur
bedienen.
● Auswahl über Pull-Down-Menüs, Auswahllisten und lokale Menüs
● SAA-Standard
● selbstdefinierbare Fenster
● Kontext-sensitive Hilfe
● Makrosprache HiSCRIPT

HiSIM 8051
Der Simulator HiSIM 8051 erlaubt das Testen von 8051-Programmen ohne zusätzliche Hardware.

● Hochsprachen-Debugging
● Programmierbar über Makrosprache
● nachladbare Prozessorderivate
● Simulation der integrierten Peripherie
● Code-Coverage
● Programmlaufzeit-Messung

Dieser Simulator ist als „lite-Version" auf der beigefügten Programmdiskette enthalten. Durch die integrierte Online-Hilfe läßt sich der Umgang mit dem Programm schnell erlernen. Die Programmbeispiele sind auch als ausführbare Programme (*.ABS) auf der Diskette vorhanden und können nach Konvertierung ins

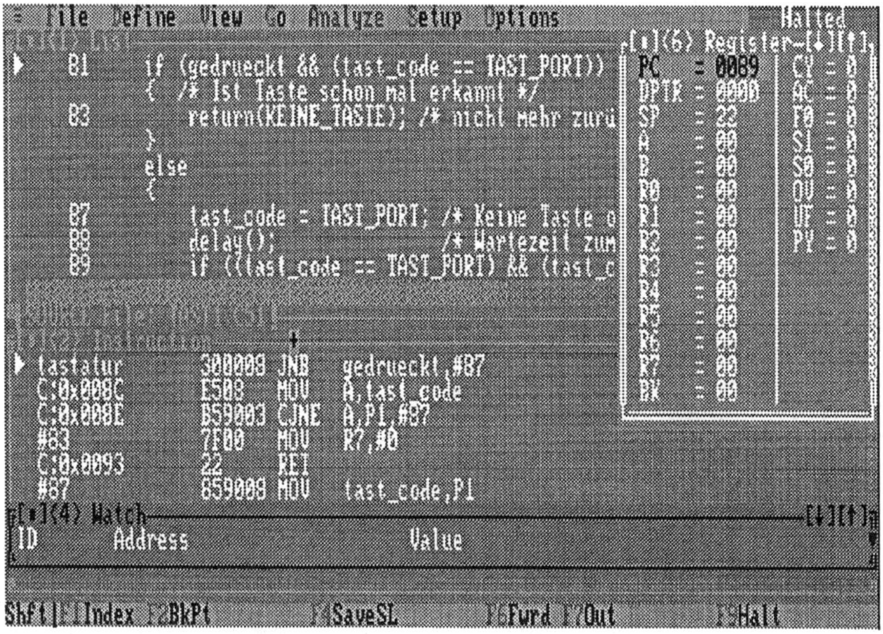

Abb. 6.4: Die Bedienoberfläche HITOP

hitex-Format, mit dem Programm SP8051KL, direkt mit dem Simulator getestet werden.

Hardwarevoraussetzungen:
- IBM-PC/AT-386 kompatibel
- DOS 3.0 oder höher
- Min. 2,5 MByte (besser 4 MByte) RAM

telemon 8051
Der Remote-Debugger telemon 8051 erlaubt den Programmtest auf einer Prototyp-Platine. Über die serielle Schnittstelle wird das Programm in den Speicher der Prototyp-Platine geladen. Das Monitor-Programm kontrolliert den Programmablauf und sorgt für die Kommunikation mit dem PC. Auf dem Lochrasterfeld kann eine anwendungsspezifische Schaltung aufgebaut werden.

teletest 51-junior
Der teletest 51-junior wird über eine Paralleladapterkarte an den PC angeschlossen. Der zu emulierende Prozessor wird durch einen Emulationsadapter in der Zielhardware ersetzt. Dieser Adapter kann auch vom teletest51-Emulator verwendet werden.

- 32 Kbyte Emulationsspeicher mit Mapping in 1 KByte Blöcken
- diverse Breakmöglichkeiten
- 64 k Hardware-Breakpoints
- Performance-Analyse
- Hochsprachendebugging
- 8 Triggereingänge, 2 Ausgänge, ALE, GND, +5 V

teletest 51
Der teletest 51 ist ein leistungsfähiger Echtzeit-Emulator der entweder über eine parallele oder serielle Schnittstelle mit dem PC verbunden wird. Der Betrieb mehrerer Emulatoren von einem PC mit synchronem Start und Stop ist möglich.

- In-Circuit-Emulator für alle Prozessoren der 8051-Familie
- Programmausführung in Echtzeit ohne Hard- und Software-Einschränkungen
- Anschluß über Prozessorsockel oder ICE/connect
- bis zu 128 KByte Emulationsspeicher mit Banking-Unterstützung
- komplexe Break-Möglichkeiten
  — Break-Definitionen für Adressen, Daten, externe Eingänge
  — 8 externe Trigger-Eingänge
- Real-Time-Trace-Möglichkeit
  — 2 K * 64 Bit Speicherkapazität
  — Aufzeichung des Adressbus, Datenbus, Status, 16 externe Signale und Zeitinformationen
  — Hochsprachen-Trace
  — Filterung
  — Performance Analyse
- Hochsprachendebugging
- Coverage

IEC/connect stellt eine standardisierte Hardware-Schnittstelle zwischen Zielhardware und Emulator dar. Dadurch ist es möglich mit einem Adapter alle Prozessoren einer Familie zu emulieren. Es kann somit immer der für eine Anwendung optimale Prozessor eingesetzt werden, ohne auf die Verfügbarkeit eines Adapters angewiesen zu sein.

6.2.3 IAR

C-SPY
In dem oben beschriebenen Paket ITS8051 ist der Debugger C-SPY integriert. Er ist als Simluator-, Remote-Debugger- und Emulator-Version verfügbar. Im Hoch-

sprachen-Modus wird der Quelltext mit Kommentaren angezeigt. Über eine C-ähnliche Makrosprache können externe Ereignisse und andere komplexe Vorgänge simuliert und kontrolliert werden.

Hardvoraussetzungen:

● PC/AT, min. DOS 2.11, min. 1 MByte RAM, extended Memory

6.2.4 iSYSTEM

EMUL51

Der In-Circuit-Emulator EMUL51 ist als PC-Einsteckkarte realisiert. Er besteht aus zwei Einsteckkarten, dem Emulator-Board und dem Trace-Board. Zum Betrieb des Emulators ist das Trace-Board nicht notwendig, so daß es nur eingesetzt werden muß, wenn die Trace-Optionen verwendet werden sollen. Der Emulator-Pod wird über ein Spezialkabel mit der Einsteckkarte verbunden.

● In-Circuit-Emulator für alle Prozessoren der 8051-Familie
● Programmausführung in Echtzeit ohne Hard- und Software-Einschränkungen
● Anschluß über Prozessorsockel - bis zu 128 KByte Emulationsspeicher mit Banking-Unterstützung
● komplexe Break-Möglichkeiten
● Real-Time-Trace-Möglichkeit
  — 16 K * 48 Bit Speicherkapazität
  — Performance Analyse
● Hochsprachendebugging

SIMUL51

Der Simulator SIMUL51 bietet nahezu den gleichen Funktionsumfang wie der Emulator. Über Makrobefehle kann die externe Peripherie simuliert werden.

6.2.5 Keil

dScope51

Der Source-Level-Debugger dScope51, der in diesem Buch ausführlicher beschrieben ist, kann C51- Assembler- und PL/M51-Programme verarbeiten. Er enthält einen Simulator und ein Target-Interface für das Monitor51-Programm. Über ladbare I/O-Treiber kann die integrierte Peripherie verschiedener 8051-Derivate simuliert werden. Über eine C-ähnliche Makro-Sprache können statische und dynamische Signalformen erzeugt werden. Dadurch kann eine noch

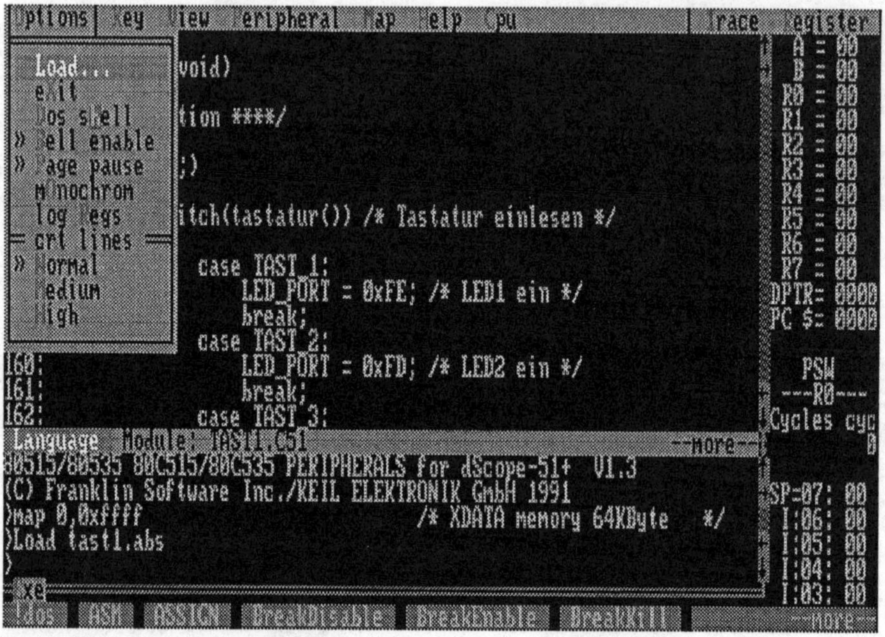

Abb. 6.5: Die Bedienoberfläche von dScope51

nicht vorhandene Zielhardware im Simulator sehr gut nachgebildet werden. Über das Target-Interface können Programme in eine Zielhardware geladen werden. Dort können sie in gleicher Weise wie mit dem Simulator getestet werden.

Hardwarevoraussetzungen:
- PC/XT/AT, min. DOS 3.0, min. 512 KByte RAM
- optinal: serielle Schnittstelle

MCB-517 Prototypenbaugruppe
Auf diesem Board ist ein 80C537 eingesetzt, der mit dem Debug-Programm MONITOR51 ausgestattet ist. Dadurch kann diese Karte optimal in Verbindung mit dScope51 eingesetzt werden. Ein Lochrasterfeld ermöglicht den Aufbau applikationsspezifischer Schaltungsteile, da alle Prozessorsignale an diesem Feld anliegen.

6.2.6 KSC

In dem oben schon beschriebenen Software-Entwicklungs-Paket SYSTEM51 ist ein symbolischer Hochsprachen-Debugger integriert.

Das Zusatzmodul DEBUG51 gestattet den Download auf eine Zielhardware. Das Programm kann dort dann im Einzelschrittbetrieb oder in Echtzeit mit und ohne Breakpoints laufen. Die Bedienoberflächen des integrierten Simulators und DEBUG51 sind identisch.

6.2.7 MetaLink

iceMASTER-8051

Der Emulator iceMASTER-8051 ist ein leistungsfähiges Standalone-Gerät, das über eine serielle Schnittstelle mit dem PC verbunden wird.

- In-Circuit-Emulator für alle Prozessoren der 8051-Familie
- Programmausführung in Echtzeit ohne Hard- und Software-Einschränkungen
- Anschluß über Prozessorsockel
- 2 * 64 KByte Emulationsspeicher
- komplexe Break-Möglichkeiten
  - echte Hardware-Breaks
  - Break-Definitionen für Adressen, Daten, externe Eingänge
  - 12 externe Break-Eingänge
- Real-Time-Trace-Möglichkeit
  - 4 K * 32 Bit Speicherkapazität
  - Aufzeichung des Adressbus, Datenbus, 7 externe Signale
  - Hochsprachen-Trace
- 2 Performance Analyse Modi
- Hochsprachendebugging
- Einfach zu bedienende Oberfläche mit Fenstertechnik und Mausunterstützung
- Unterstützt andere Oberflächen, z. B. S-SPY oder dScope51

Hardwareanforderungen:
- IBM-kompatibler PC, ab DOS 2.0
- 640 kByte RAM
- serielle Schnittstelle

6.2.8 Phytec

Die Firma Phytec stellt mit der ,,miniMODUL''-Serie eine Reihe von Einplatinen-computern, unter anderem mit Prozessoren der 8051-Familie, im Scheckkarten-format her. Da alle Signale auf Stiftleisten geführt sind, können diese Module als ,,großer Chip'' in eigenen Schaltungen eingesetzt werden.

miniMODUL-	535	500/503	537	552	592	microMODUL-1
Controller	80C535 80C535A	80C32 80C154 SAB-C501/2/3 COM20051	80C537 80C537A	80C552	80C592	80C32 80C154
Takt	12 - 18 MHz	12 -40 MHz	12 - 18 MHz	11,05 - 16 MHz	14,74 - 16 MHz	12 - 16 MHz
max RAM	64 KB	128 KB	160 KB	64 KB	64 KB	128 KB
max EPROM	256 KB	64 KB 256 KB FLASH	64 KB	64 KB	64 KB	64 Kb
max EEPROM	32 KB	0 KB	32 KB	32 KB	32 KB	seriell 4 kBit
A/D-Kanäle / Auflösung	8/8 8/10 (535A)	8/10 (C503)	12/8 12/10 (537A)	8/10	8/10	keiner
freie Ports	3	3 über PIO	5	3	3	1
Schnittstellen	RS232	RS232 RS485	1 * RS232 1 * RS232/RS485	1 * RS232 1 * I²C	1 * RS232 1 * CAN	1 * RS232/RS485
Netzwerk	nein	RS485 ARCnet	RS485	nein	CAN-Bus	RS485
Besonderheiten	3 CS-Signale frei	ARCnet über COM20051 6 CS-Signale frei	Real-Time-Clock Schnittstellen abschaltbar	3 CS-Signale frei 2 PWM-Ausgänge	CAN-Transceiver 2 PWM Ausgänge 3 CS-Signale frei	7 CS-Signale frei

Abb. 6.6 Übersicht miniMODUL

Die Boards der „miniCON-Serie" sind als Europa-Platine konzipiert. Sie enthalten alle notwendigen Teile eines vollwertigen Mikrocomputers, CPU, RAM EPROM, Echtzeituhr, Schnittstellenbausteine, auf engstem Raum. Dadurch bleibt Platz für eigene Applikationen auf einem Lochrasterfeld.

miniCON-	535	535/LC	500/503	537 / 537CAN	52
Controller	80C535 80C535A	80C535 80C535A	80C32 80C154 SAB-C501/2/3 COM20051	80C537 80C537A	80C52AH BASIC
Takt	12 - 18 MHz	12 - 18 MHz	12 -40 MHz	12 - 18 MHz	11,059 MHz
max RAM	64 KB	64 KB	160 KB	160 KB	64 KB
max EPROM	64 KB	64 KB	256 KB EPROM od. FLASH	64 KB	64 KB
max EEPROM	32 KB	32 KB	32 KB	32 KB	32 KB
A/D-Kanäle / Auflösung	8/8 8/10 (535A)	8/8 8/10 (535A)	8/10 (C503)	12/8 12/10 (537A)	keiner
freie Ports	6	6	4	5	3 über PIO
Schnittstellen	RS232	RS232	RS232 RS485	1 * RS232 1 * RS232/RS485 1* CAN(537CAN)	RS232
Netzwerk	nein	nein	RS485 ARCnet	RS485, CAN-Bus	nein
Besonderheiten	5 CS-Signale frei, RTC, 3 Ports über PIO	5 CS-Signale frei, RTC, 3 Ports über PIO, Interface für LCD-Display und IBM-Tastatur	ARCnet über COM20051 8 CS-Signale frei	RTC, Schnittstellen abschaltbar, 7 CS-Signale frei, ext. Referenzspannung	EPROM-Programmer (nur unter BASIC)

Abb. 6.7 Übersicht miniCON

6.2.9 RAISONANCE

Alle Debug-Werkzeuge von RAISONACE arbeiten mit der selben Oberfläche MAP-51. Somit können, je nach Bedarf, alle Tools sehr effektiv und produktiv eingesetzt werden.

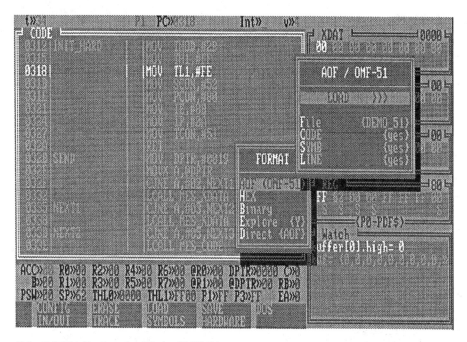

Abb. 6.8 Die Bedienoberfläche MAP-51

SIMICE-51

Das Programm SIMICE-51 ist ein Simulator-Programm für die Prozessoren der 8051-Familie. Er bietet Zugriff auf alle Speicherbereiche und die integrierte Peripherie des Prozessors. Die externe Umgebung kann entweder statisch oder dynamisch über „event files" gesteuert werden.

EVA-51

EVA-51 ist eine Hard- und Software-Entwicklungseinheit für Prozessoren der 8051-Familie. Der Prozessorkern ist im Gerät aufgebaut und alle Prozessorsignale sind auf einen Stecksockel geführt. Anwendungsspezifische Applikationen können auf einer Zusatzplatine aufgebaut, und über den Stecksockel mit EVA-51 verbunden werden. Im Entwicklungs-Modus wird die Software über die serielle Schnittstelle vom PC geladen. Über die Bedienoberfläche MAP-51 kann die Software getestet werden.

Im Prototyp-Modus läuft die Software im externen EPROM ab.

TINY-ICE

TINY-ICE ist ein Low Cost Mini-Emulator für den Prozessor 8031 und 80C31. Über einen 40-poligen Standard DIL-Adapter wird der Emulator mit der Zielhardware verbunden. Es steht die untere Hälfte des Programmspeichers und der gesamte externe Datenspeicher für Anwenderprogramme und Daten zur Verfügung. Das Programm kann im Einzelschritt oder in Echtzeit mit und ohne Breakpoints getestet werden. Der Emulator ist als kurze Einsteckkarte für den PC konzipiert.

MINI-ICE

MINI-ICE ist ein Low Cost Emulator für Prozessoren der 8051-Familie. Der Emulator ist als kurze PC-Einsteckkarte konzipiert. Über ein ca. 1 Meter langes Flachbandkabel wird der jeweilige Pod angeschlossen. Dieser wird entweder direkt oder über ein Adapterkabel mit der Zielhardware verbunden. Es steht die untere Hälfte des Programmspeichers und der gesamte externe Datenspeicher für Anwenderprogramme und Daten zur Verfügung. Das Programm kann im Einzelschritt, Zeilenmodus (Hochsprachendebugging) oder in Echtzeit mit und ohne Breakpoints getestet werden. Ein Tracepuffer mit 2k * 18 Bit steht ebenfalls zur Verfügung.

PCE-51

Der PCE-51 ist ein leistungsfähiger Echtzeit-Emulator für Prozessoren der 8051-Familie. Über ein Flachbandkabel wird der jeweilige Pod angeschlossen. Dieser wird entweder direkt oder über ein Adapterkabel mit der Zielhardware verbunden. Der Emulator wird über die serielle Schnittstelle mit dem PC verbunden.

- In-Circuit-Emulator für alle Prozessoren der 8051-Familie
- Programmausführung in Echtzeit ohne Hard- und Software-Einschränkungen
- bis zu 512 KByte Programm-Emulationsspeicher mit Banking-Unterstützung
- komplexe Break-Möglichkeiten
  — Break-Definitionen für Adressen und Daten
  — unbegrenzte Anzahl Breakpoints
- Real-Time-Trace-Möglichkeit
  — 6 K * 64 Bit Speicherkapazität
  — Aufzeichung des Adressbus, Zeit, 32 externe Signale
  — Aufzeichung des Adressbus, Zeit, 24 externe Signale, 1 XDATA-Variable
  — Hochsprachen-Trace
  — Performance Analyse
- Hochsprachendebugging

7 Anhang

7.1 Adressen

Entwicklungs-Tools und Prototyping-Boards

AppliWare Elektronik GmbH
Westendstraße 4
83043 Bad Aibling
Tel: 08061/37190

Ashling Mikrosysteme
Waldstraße 18
D-86510 Ried-Baindlkirch
Tel: 08202/1276 Fax: 8745

Brendes Datentechnik GmbH
Stedinger Str. 7
D-26419 Shortens
Tel: 04423/6631 Fax: 6685

Hitex-Systementwicklung GmbH
Greschbachstr. 12
D-76229 Karlsruhe
Tel: 0721/9628-140 Fax: 9628-149

IAR Systems GmbH
Brucknerstraße 27
D-81677 München
Tel: 089/4706022 Fax: 4709565

iSYSTEM GmbH
Einsteinstr. 5
D-85221 Dachau
Tel: 08131/25083 Fax: 14024

Keil Elektronik GmbH
Bretonischer Ring 15
D-85630 Grasbrunn bei München
Tel: 089/465057 Fax: 468162

MetaLink Europe GmbH
Westring 2
D-85614 Kirchseeon-Eglharting
Tel: 08091/2046 Fax: 2386

Phytec Meßtechnik GmbH
Philipp-Reis-Straße 3
D-55129 Mainz
Tel: 06131/5805-0 Fax: 5805-50

PMS Prahm Microcomputer Systeme
Goethestr. 3
D-82211 Herrsching
Tel: 08152/4361 Fax: 5404

Raisonance
Roth Hardware + Software
Waldstraße 16
D-82284 Grafrath
Tel: 08144/1536 Fax: 1535

Systemtechnik GmbH
Ringstr. 6
D-70736 Fellbach
Tel: 0711/584745 Fax: 584755

THAU Computer GmbH
Gronsdorfer Straße 3-5
D-85540 Haar bei München
Tel: 089/464028 Fax: 4602953

Schulungen

Intel Semicondutor GmbH
Dornacher Straße 1
D-85622 Feldkirchen bei München
Tel: 089/90992-0

Siemens AG
Schule für Mikroelektronik
Balanstraße 73
D-81541 München
Tel: 089/4144-4701 Fax: 4144-3817
                      -4702
                      -2015

7.2 Assemblerdirektiven

Name	Ankürzung	Voreinstellung	Im Quelltext	In Aufrufzeile	Status
DATE	DA	Aktuelles Datum	JA	JA	PRIMÄR
[NO]SYMBOLS	[NO]SB	SB	JA	JA	PRIMÄR
[NO]ERRORPRINT	[NO]EP	NOEP	JA	JA	PRIMÄR
[NO]PRINT	[NO]PR	PR (dateiname.LST)	JA	JA	PRIMÄR
[NO]COND	keine	COND	JA	JA	PRIMÄR
PAGELENGTH	PL	PL(68)	JA	JA	PRIMÄR
PAGEWIDTH	PW	PW(79)	JA	JA	PRIMÄR
[NO]DEBUG	[NO]DB	NODB	JA	JA	PRIMÄR
[NO]OBJECT	[NO]OJ	OJ (dateiname.OBJ)	JA	JA	PRIMÄR
[NO]XREF	[NO]XR	NOXR	JA	JA	PRIMÄR
TITLE	TT	TT(dateiname)	JA	JA	PRIMÄR
[NO]MOD51	[NO]MO	MO	JA	JA	PRIMÄR
[NO]MACRO	keine	MACRO	JA	JA	PRIMÄR
[NO]REGISTERBANK	[NO]RB	RB(0)	JA	JA	PRIMÄR
SAVE	SA	'—'	JA	NEIN	SEKUNDÄR
RESTORE	RS	'—'	JA	NEIN	SEKUNDÄR
EJECT	EJ	'—'	JA	NEIN	SEKUNDÄR
INCLUDE	IC	'—'	JA	NEIN	SEKUNDÄR
[NO]LIST	[NO]LI	LI	JA	NEIN	SEKUNDÄR
[NO]GEN	keine	GEN	JA	NEIN	SEKUNDÄR
SET	keine	'—'	JA	JA	SEKUNDÄR
RESET	keine	'—'	JA	JA	SEKUNDÄR
IF	keine	'—'	JA	NEIN	SEKUNDÄR
ELSEIF	keine	'—'	JA	NEIN	SEKUNDÄR
ELSE	keine	'—'	JA	NEIN	SEKUNDÄR
ENDIF	keine	'—'	JA	NEIN	SEKUNDÄR

Abb. 7.1 Assembler-Steueranweisungen

Name	Bedeutung	Beispiel
Symbol-Definition		
SEGMENT	Definition eines relokatiblen Segments	daten SEGMENT DATA
EQU	Symbolische Definition	grenzwert EQU 100
SET	Symbolische Definition	com1 SET SBUF
DATA	Symbolische Speicherplatzdefinition im internen Datenspeicher	ergebnis DATA 20H
IDATA	Symbolische Speicherplatzdefinition im internen indirekten Datenspeicher	stack IDATA 80H
XDATA	Symbolische Speicherplatzdefinition im externen Datenspeicher	zeit XDATA 2000H
BIT	Symbolische Speicherplatzdefinition im bitadressierbaren Datenspeicher	status BIT 05H
CODE	Symbolische Speicherplatzdefinition im Programmspeicher	interrupt CODE 1BH
Speicher		
DS	Speicher reservieren	zeit: DS 10 ;10 Byte
DB	Speicher reservieren und initialisieren	text: DB 'DAS IST EIN TEXT",0
DW	Speicher 16-Bit weise reservieren	tab: DW 10 ; 20 Byte
DBIT	Speicher im bitadressierbaren Speicherbereich reservieren	status: DBIT 1 ; 1 Bit
Mehrmodul		
PUBLIC	Namen anderen Modulen zugänglich machen	PUBLIC FUNKT1, VAR1, VAR2
EXTRN	Namen aus anderen Modulen definieren	EXTRN CODE (FUNKT1, FUNKT2)
NAME	Name für ein Modul festlegen	NAME MODUL1
Segment		
ORG	Setzt den Adresszähler im aktuellen Segment	ORG 100H
END	Letzte Anweisung im Quelltext	END
RSEG	Relokatibles Segment eröffnen	RSEG daten
CSEG	Absolutes Segment im Programmspeicher	CSEG at 0000H
DSEG	Absolutes Segment im internen Datenpeicher	DSEG at 20H
XSEG	Absolutes Segment im externen Datenspeicher	XSEG at 8000H
ISEG	Absolutes Segment im indirekt adressierbaren internen Datenspeicher	ISEG at 80H
BSEG	Absolutes Segment im bitadressierbaren Datenspeicher	BSEG at 10H
USING	Festlegung der Registerbank	USING 2

Abb. 7.2 Assembler-Direktiven

7.3 C-Direktiven

Name	Ankürzung	Voreinstellung	Im Quelltext	In Aufrufzeile	Status
[NO]LISTINCLUDE	[NO]LC	NOLC	JA	JA	PRIMÄR
[NO]SYMBOLS	[NO]SB	NOSB	JA	JA	PRIMÄR
[NO]PREPRINT	[NO]PP	NOPP	NEIN	JA	PRIMÄR
[NO]CODE	[NO]CD	NOCD	JA	JA	PRIMÄR
[NO]PRINT	[NO]PR	PR (dateiname.LST)	JA	JA	PRIMÄR
[NO]COND	[NO]CO	CO	JA	JA	PRIMÄR
PAGELENGTH	PL	PL(69)	JA	JA	PRIMÄR
PAGEWIDTH	PW	PW(80)	JA	JA	PRIMÄR
[NO]DEBUG	[NO]DB	NODB	JA	JA	PRIMÄR
SMALL	SM	SM	JA	JA	PRIMÄR
COMPACT	CP	'—'	JA	JA	PRIMÄR
LARGE	LA	'—'	JA	JA	PRIMÄR
[NO]INTVECTOR	[NO]IV	IV	JA	JA	PRIMÄR
[NO]OBJECT	[NO]OJ	OJ (dateiname.OBJ)	JA	JA	PRIMÄR
OBJECTEXTEND	OE	'—'	JA	JA	PRIMÄR
ROM	'—'	ROM (LARGE)	JA	JA	PRIMÄR
[NO]EXTEND	'—'	EXTEND	JA	JA	PRIMÄR
SAVE	'—'	'—'	JA	NEIN	SEKUNDÄR
RESTORE	'—'	'—'	JA	NEIN	SEKUNDÄR
OPTIMIZE	OT	OT (5,SPEED)	JA	JA	SEKUNDÄR
EJECT	EJ	'—'	JA	NEIN	SEKUNDÄR
[NO]REGPARMS	[NO]RP	RP	JA	JA	SEKUNDÄR
REGISTERBANK	RB	RB(0)	JA	NEIN	SEKUNDÄR
[NO]AREGS	[NO]AR	AR	JA	JA	SEKUNDÄR
DISABLE	'—'	'—'	JA	NEIN	SEKUNDÄR
DEFINE	DF	'—'	JA	JA	SEKUNDÄR

Abb. 7.3 Steueranweisungen des C51-Compilers

Int.-Nr.	Quelle	Einsprungadr.	Int-Flag	Reset
0	Externer Interrupt 0	0003h	IE0	Hardware
1	Timer 0 Überlauf	000Bh	TF0	Hardware
2	Externer Interrupt 1	0013h	IE1	Hardware
3	Timer 1 Überlauf	001Bh	TF1	Hardware
4	Serieller Port 0	0023h	RI/TI (RI0/TI0)	Software
5	Timer 2 Überlauf	002Bh	TF2/EXF2	Software
8	A/D-Wandler	0043h	IADC	Software
9	Externer Interrupt 2	004Bh	IEX2	Hardware
10	Externer Interrupt 3	0053h	IEX3	Hardware
11	Externer Interrupt 4	005Bh	IEX4	Hardware
12	Externer Interrupt 5	0063h	IEX5	Hardware
13	Externer Interrupt 6	006Bh	IEX6	Hardware
16	*Serieller Port 1*	*0083h*	*RI1/TI1*	*Software*
18	*Compare Match0-7*	*0093h*	*ICMP0-7*	*Software*
19	*Compare Timer Überlauf*	*009Bh*	*CTF*	*Hardware*
20	*Compare Match COMSET*	*00A3h*	*ICS*	*Hardware*
21	*Compare Match COMCLR*	*00ABh*	*ICR*	*Hardware*

Kursiv: nur 80517

Abb. 7.4 Interrupt-Nummern des C-Compilers

Segmentdefinition für Parameterübergabe im Parameterblock

Speicher-modell	Speicher-bereich	Adressbereich	Segmentname	Variablen-Name
small	data	00h-FFh	?DT?FKT_NAME?MOD_NAME	?FKT_NAME?BYTE
	bit	00h-7Fh	?BI?FKT_NAME?MOD_NAME	?FKT_NAME?BIT
compact	pdata	00h-FFh	?PD?FKT_NAME?MOD_NAME	?FKT_NAME?BYTE
	bit	00h-7Fh	?BI?FKT_NAME?MOD_NAME	?FKT_NAME?BIT
large	xdata	0000h-FFFFh	?XD?FKT_NAME?MOD_NAME	?FKT_NAME?BYTE
	bit	00h-7Fh	?BI?FKT_NAME?MOD_NAME	?FKT_NAME?BIT

Registerbelegung bei Parameterübergabe in Registern

Parameter-Nr.	Variablen-Typ				Pointer		
	char	int	long	float/double	8-Bit	16-Bit	generic
1. Parameter	R7	R6+R7	R4+R5+R6+R7	R4+R5+R6+R7	R7	R6+R7	R1+R2+R3
2. Parameter	R5	R4+R5	R4+R5+R6+R7	R4+R5+R6+R7	R5	R4+R5	R1+R2+R3
3. Parameter	R3	R2+R3	****	****	R3	R2+R3	R1+R2+R3

Registerbelegung bei Rückgabewerten von Funktionen

Datentyp	Register	Bemerkung
bit	Carry-Flag	Nicht bei #pragma DISABLE
char	R7	
int	R6+R7	MSB in R6
long	R4+R5+R6+R7	MSB in R4
float/double	R4+R5+R6+R7	MSB in R4, Sign und Exp. in R7
generic Pointer	R1+R2+R3	MSB in R2, Speichertyp in R3
8-Bit-Pointer	R7	
16-Bit-Pointer	R6+R7	MSB in R6

Abb. 7.5 Schnittstelle zwischen Assembler und C51

7.4 Register- und Befehlsübersicht

Name	Funktion	Adresse	Bitadressierbar	Bitnamen
ACC	Akkumulator	E0h	JA	
B	Register B	F0h	JA	
DPL	Data Pointer Low	82h	NEIN	
DPH	Data Pointer High	83h	NEIN	
PSW	Programmstatuswort	D0h	JA	CY AC F0 RS1 RS0 OV F1 P
SP	Stack Pointer	81h	NEIN	
P0	Port 0	80h	JA	
P1	Port 1	90h	JA	
P2	Port 2	A0h	JA	
P3	Port 3	B0h	JA	
P4	Port 4	E8h	JA	
P5	Port 5	F8h	JA	
P6	Port 6 nur Eingänge (AD-Wandler)	DBh	NEIN	
SCON	Steuerregister für serielle Schnittstelle	98h	JA	SM0 SM1 SM2 REN TB8 RB8 TI RI
SBUF	Sende- und Empfangspuffer für serielle Schnittstelle	99h	NEIN	
TCON	Steuerregister für Timer 0/1	88h	JA	TF1 TR1 TF0 TR0 IE1 IT1 IE0 IT0
TMOD	Modusauswahl für Timer 0/1	89h	NEIN	
TL0	Timer 0 Zählregister Low	8Ah	NEIN	
TH0	Timer 0 Zählregister High	8Ch	NEIN	
TL1	Timer 1 Zählregister Low	8Bh	NEIN	
TH1	Timer 1 Zählregister High	8Dh	NEIN	
T2CON	Steuerregister für Timer 2	C8h	JA	T2PS I3FR I2FR T2R1 T2R0 T2CM T2I1 T2I0
TL2	Timer 2 Zählregister Low	CCh	NEIN	
TH2	Timer 2 Zählregister High	CDh	NEIN	
CCEN	Freigaberegister Compare/Capture	C1h	NEIN	
CCL1	Compare/Capture-Register 1 Low	C2h	NEIN	
CCH1	Compare/Capture-Register 1 High	C3h	NEIN	
CCL2	Compare/Capture-Register 2 Low	C4h	NEIN	
CCH2	Compare/Capture-Register 2 High	C5h	NEIN	
CCL3	Compare/Capture-Register 3 Low	C6h	NEIN	
CCH3	Compare/Capture-Register 3 High	C7h	NEIN	
CRCL	Reload, Compare/Capture-Register 0 Low	CAh	NEIN	
CRCH	Reload, Compare/Capture-Register 0 High	CBh	NEIN	
ADCON	Steuerregister für AD-Wandler	D8h	JA	BD CLK x BSY ADM MX2 MX1 MX0
ADDAT	Ergebnis-Register AD-Wandler	D9h	NEIN	
DAPR	Steuerregister für programmierbare Referenzspannung	DAh	NEIN	
PCON	Steuerregister für Stromaufnahme	87h	NEIN	
IEN0	Interrupt-Freigaberegister 0	A8h	JA	EAL WDT ET2 ES0 ET1 EX1 ET0 EX0
IEN1	Interrupt-Freigaberegister 1	B8h	JA	EXEN2 SWDT EX6 EX5 EX4 EX3 EX2 EADC
IP0	Interrupt-Prioritätsregister 0	A9h	NEIN	
IP1	Interrupt-Prioritätsregister 1	B9h	NEIN	
IRCON	Interrupt-Request-Register	C0h	JA	EXF2 TF2 IEX6 IEX5 IEX4 IEX3 IEX2 IADC

Abb. 7.6 Special Function Register des 80(C)535

Operand	Bedeutung
A	Akku
Rr	Register R0 bis R7 in der aktuellen Registerbank
dadr	Direkte Adresse im internen RAM
@Ri	Indirekte Adressierung über R0 und R1
#konst8	8-Bit Konstante
DPTR	Data Pointer
#konst16	16-Bit Konstante
PC	Programm Counter
badr	Bitadresse im internen RAM
rel	Relative Sprungadresse
adr11	Adresse in einem 2 KByte-Programmspeicherblock
adr16	Adresse im 64 KByte Programmspeicher
C	Carry-Flag

Abb. 7.7 Legende

Mnemonic	Bedeutung	Länge	Zyklen
ADD A,Rr	A = A+Rr, Der Inhalt des Akku wird mit dem Ergebnis der Addition überschrieben	1	1
ADDC A,Rr	A = A+Rr+Cy, Der Inhalt des Akku wird mit dem Ergebnis der Addition überschrieben. Das Carry-Flag wird bei der Addition berücksichtigt	1	1
ADD A,dadr	A = A+dadr, Der Inhalt des Akku wird mit dem Ergebnis der Addition überschrieben	2	1
ADDC A,dadr	A = A+dadr+Cy, Der Inhalt des Akku wird mit dem Ergebnis der Addition überschrieben. Das Carry-Flag wird bei der Addition berücksichtigt	2	1
ADD A,@Ri	A = A+@Ri, Der Inhalt des Akku wird mit dem Ergebnis der Addition überschrieben	1	1
ADDC A,@Ri	A = A+@Ri+Cy, Der Inhalt des Akku wird mit dem Ergebnis der Addition überschrieben. Das Carry-Flag wird bei der Addition berücksichtigt	1	1
ADD A,#konst8	A = A+#konst8, Der Inhalt des Akku wird mit dem Ergebnis der Addition überschrieben	2	1
ADDC A,#konst8	A = A+#konst8+Cy, Der Inhalt des Akku wird mit dem Ergebnis der Addition überschrieben. Das Carry-Flag wird bei der Addition berücksichtigt	2	1
SUBB A,Rr	A = A-Rr-Cy, Der Inhalt des Akku wird mit dem Ergebnis der Subtraktion überschrieben. Das Carry-Flag wird bei der Subtraktion berücksichtigt	1	1
SUBB A,dadr	A = A-dadr-Cy, Der Inhalt des Akku wird mit dem Ergebnis der Subtraktion überschrieben. Das Carry-Flag wird bei der Subtraktion berücksichtigt	2	1
SUBB A,@Ri	A = A-@Ri-Cy, Der Inhalt des Akku wird mit dem Ergebnis der Subtraktion überschrieben. Das Carry-Flag wird bei der Subtraktion berücksichtigt	1	1
SUBB A,#konst8	A = A-#konst8-Cy, Der Inhalt des Akku wird mit dem Ergebnis der Subtraktion überschrieben. Das Carry-Flag wird bei der Subtraktion berücksichtigt	2	1
INC A	A = A+1, Erhöht den Wert im Akku um 1. Das Carry-Flag wird nicht beeinflusst	1	1
INC Rr	Rr = Rr+1, Erhöht den Wert im Register r um 1. Das Carry-Flag wird nicht beeinflusst	1	1
INC dadr	dadr = dadr+1, Erhöht den Wert in der Speicherstelle dadr um 1. Das Carry-Flag wird nicht beeinflusst	2	1
INC @Ri	@Ri = @Ri+1, Erhöht den Wert des Speicherplatzes auf den Ri zeigt um 1. Das Carry-Flag wird nicht beeinflusst	1	1
INC DPTR	DPTR = DPTR +1, Erhöht den Datapointer DPTR um 1. Das Carry-Flag wird nicht beeinflusst	1	2
DEC A	A = A-1, Erniedrigt den Wert im Akku um 1. Das Carry-Flag wird nicht beeinflusst	1	1
DEC Rr	Rr = Rr-1, Erniedrigt den Wert im Register r um 1. Das Carry-Flag wird nicht beeinflusst	1	1
DEC dadr	dadr = dadr-1, Erniedrigt den Wert in der Speicherstelle dadr um 1. Das Carry-Flag wird nicht beeinflusst	2	1
DEC @Ri	@Ri = @Ri-1, Erniedrigt den Wert des Speicherplatzes auf den Ri zeigt um 1. Das Carry-Flag wird nicht beeinflusst	1	1
MUL AB	AB = A*B, Register B wird dem Akku multipliziert. Das niederwertig Byte des Produktes steht in A, das höherwertige in B	1	4
DIV AB	AB = A/B, Der Akku wird durch B dividiert. Der Quotient steht in A, der Divisionsrest in B	1	4
DA A	Das Ergebnis er BCD-Addition wird korrigiert	1	1

Abb. 7.8 Arithmetische Befehle

Mnemonic	Bedeutung	Länge	Zyklen
ANL A,Rr	A = A UND Rr, Das Ergebnis der logischen UND-Verknüpfung überschreibt den Akku	1	1
ANL A,dadr	A = A UND dadr, Das Ergebnis der logischen UND-Verknüpfung überschreibt den Akku	2	1
ANL A,@Ri	A = A UND @Ri, Das Ergebnis der logischen UND-Verknüpfung überschreibt den Akku	1	1
ANL A,#konst8	A = A UND #konst8, Das Ergebnis der logischen UND-Verknüpfung überschreibt den Akku	2	1
ANL dadr,A	dadr = dadr UND A, Das Ergebnis der logischen UND-Verknüpfung überschreibt die Speicherstelle dadr	2	1
ANL dadr,#konst8	dadr = dadr UND #konst8, Das Ergebnis der logischen UND-Verknüpfung überschreibt die Speicherstelle dadr	2	2
ORL A,Rr	A = A ODER Rr, Das Ergebnis der logischen ODER-Verknüpfung überschreibt den Akku	1	1
ORL A,dadr	A = A ODER dadr, Das Ergebnis der logischen ODER-Verknüpfung überschreibt den Akku	2	1
ORL A,@Ri	A = A ODER @Ri, Das Ergebnis der logischen ODER-Verknüpfung überschreibt den Akku	1	1
ORL A,#konst8	A = A ODER #konst8, Das Ergebnis der logischen ODER-Verknüpfung überschreibt den Akku	2	1
ORL dadr,A	dadr = dadr ODER A, Das Ergebnis der logischen ODER-Verknüpfung überschreibt die Speicherstelle dadr	2	1
ORL dadr,#konst8	dadr = dadr ODER #konst8, Das Ergebnis der logischen ODER-Verknüpfung überschreibt die Speicherstelle dadr	2	2
XRL A,Rr	A = A EXODER Rr, Das Ergebnis der logischen EXODER-Verknüpfung überschreibt den Akku	1	1
XRL A,dadr	A = A EXODER dadr, Das Ergebnis der logischen EXODER-Verknüpfung überschreibt den Akku	2	1
XRL A,@Ri	A = A EXODER @Ri, Das Ergebnis der logischen EXODER-Verknüpfung überschreibt den Akku	1	1
XRL A,#konst8	A = A UND #konst8, Das Ergebnis der logischen UND-Verknüpfung überschreibt den Akku	2	1
XRL dadr,A	dadr = dadr EXODER A, Das Ergebnis der logischen EXODER-Verknüpfung überschreibt die Speicherstelle dadr	2	1
XRL dadr,#konst8	dadr = dadr EXODER #konst8, Das Ergebnis der logischen EXODER-Verknüpfung überschreibt die Speicherstelle dadr	2	2
CLR A	A = 0,Löscht den Akku	1	1
CPL A	A = NICHT A, invertiert den Akku (Einerkomplement)	1	1
RL A	A.[n+1] = A.[n] | A.[0] = A.[7], Der Inhalt des Akku wird um eine Stelle nach links geschoben. Das höchstwertige Bit wird in das Niederwertigste geschoben	1	1
RLC A	A.[n+1] = A.[n] | A.[0] = Cy | Cy = A.[7], Der Inhalt des Akku wird über das Carry-Flag um eine Stelle nach links geschoben. Das höchstwertige Bit wird in das Carry-Flag geschoben	1	1
RR A	A.[n-1] = A.[n] | A.[7] = A.[0], Der Inhalt des Akku wird um eine Stelle nach rechts geschoben. Das niederwertigste Bit wird in das Höchstwertige geschoben	1	1
RRC A	A.[n-1] = A.[n] | A.[7] = Cy | Cy = A.[0], Der Inhalt des Akku wird über das Carry-Flag um eine Stelle nach rechts geschoben. Das niederwertigste Bit wird in das Carry-Flag geschoben	1	1
SWAP A	Die beiden Halbbytes des Akkus werden vertauscht	1	1

Abb. 7.9 Logische Befehle

Mnemonic	Bedeutung	Länge	Zyklen
MOV A,Rr	A = Rr, Akku mit Inhalt von Rr laden	1	1
MOV A,dadr	A = dadr, Akku mit Inhalt der Speicherstelle dadr laden	2	1
MOV A,@Ri	A = @Ri, Akku mit Inhalt der Speicherstelle laden auf die Ri zeigt	1	1
MOV A,#konst8	A = #konst8, Akku mit der Konstante #konst8 laden	2	1
MOV Rr,A	Rr = A, Register r mit Inhalt von Akku laden	1	1
MOV Rr,dadr	Rr = dadr, Register r mit Inhalt der Speicherstelle dadr laden	2	2
MOV Rr,#konst8	Rr = #konst8, Register r mit der Konstante #konst8 laden	2	1
MOV dadr,A	dadr = A, Speicherstelle dadr mit Inhalt von Akku laden	2	1
MOV dadr,Rr	dadr = Rr, Speicherstelle dadr mit Inhalt von Register r laden	2	2
MOV dadr,dadr	dadr = dadr, Speicherstelle dadr mit Inhalt einer anderen Speicherstelle dadr laden.	3	2
MOV dadr,@Ri	dadr = @Ri, Speicherstelle dadr mit Inhalt der Speicherstelle laden auf die Ri zeigt	2	2
MOV dadr,#konst8	dadr = #konst8, Speicherstelle dadr mit der Konstante #konst8 laden	3	2
MOV @Ri,A	@Ri = A, Speicherstelle auf die Ri zeigt mit Inhalt von Akku laden	1	1
MOV @Ri,dadr	@Ri = dadr, Speicherstelle auf die Ri zeigt mit Inhalt der Speicherstelle dadr laden	2	2
MOV @Ri,#konst8	@Ri = #konst8, Speicherstelle auf die Ri zeigt mit der Konstanten #konst8 laden	2	1
PUSH dadr	Inhalt der Speicherstelle dadr auf den Stack retten, Der Stackpointer SP wird vor Ausführung des Befehls um 1 erhöht	1	2
POP dadr	Die Speicherstelle dadr wird dem Inhalt der Speicherstelle auf die SP zeigt geladen, Der Stackpointer SP wird nach Ausführung des Befehls um 1 erniedrigt	1	2
XCH A,Rr	A <=> Rr, Der Inhalt des Akku und des Registers r werden vertauscht	1	1
XCH A,dadr	A <=> dadr, Der Inhalt des Akku und der Speicherstelle dadr werden vertauscht	2	1
XCH A,@Ri	A <=> @Ri, Der Inhalt des Akku und der Speicherstelle auf die Ri zeigt werden vertauscht	1	1
XCHD A,@Ri	A[0..3] <=> @Ri[0..3], Das niederwertige Halbbyte des Akku und der Speicherstelle auf die Ri zeigt werden vertauscht	1	1
MOV DPTR,#konst16	DPTR = #konst16, Der Datapointer DPTR wird mit der 16-Bit-Konstanten #konst16 geladen (i.a. eine Adresse im externen Speicher)	3	2
MOVX A,@Ri	A = @Ri(Externer Datenspeicher), Akku mit dem Inhalt der externe Datenspeicherstelle laden auf die Ri zeigt	1	2
MOVX A,@DPTR	A = @DPTR(Externer Datenspeicher), Akku mit dem Inhalt der externe Datenspeicherstelle laden auf die der Datapointer DPTR zeigt	1	2
MOVX @Ri,A	@Ri(Externer Datenspeicher) = A , Externe Datenspeicherstelle auf die Ri zeigt, mit dem Inhalt des Akku laden	1	2
MOVX @DPTR,A	@DPTR(Externer Datenspeicher) = A , Externe Datenspeicherstelle auf die der Datapointer DPTR zeigt, mit dem Inhalt des Akku laden	1	2
MOVC A,@A+DPTR	A = @A+DPTR(Programmspeicher), Akku mit dem Inhalt der Programmspeicherstelle laden auf die der Zeiger (DPTR+A) zeigt	1	2
MOVC A,@A+PC	A = @A+PC(Programmspeicher), Akku mit dem Inhalt der Programmspeicherstelle laden auf die der Zeiger (PC+A) zeigt	1	2

Abb. 7.10 Datentransportbefehle

Mnemonic	Bedeutung	Länge	Zyklen
MOV C,badr	C = badr, Carry-Flag mit dem Inhalt der Bitadresse badr laden	2	1
MOV badr,C	badr = C, Bitadresse mit dem Inhalt des Carry-Flag laden	2	2
CLR C	C = 0, Carry-Flag löschen	1	1
CLR badr	badr = 0, Inhalt der Bitadresse badr löschen	2	1
SETB C	C = 1, Carry-Flag mit "Logisch 1" laden	1	1
SETB badr	badr = 1, Inhalt der Bitadresse badr mit "Logisch 1" laden	2	1
CPL C	C = NOT C, Carry-Flag komplementieren	1	1
CPL badr	badr = NOT badr, Inhalt der Bitadresse badr komplementieren	2	1
ANL C,badr	C = C UND badr, das Carry-Flag wird mit dem Ergebnis der UND-Verknüpfung überschrieben	2	2
ANL C,/badr	C = C UND NOT badr, das Carry-Flag wird mit dem Ergebnis der UND-Verknüpfung überschrieben. Der Inhalt der Bitadresse badr wird der UND-Verknüpfung invertiert zugeführt	2	2
ORL C,badr	C = C ODER badr, das Carry-Flag wird mit dem Ergebnis der ODER-Verknüpfung überschrieben	2	2
ORL C,/badr	C = C ODER NOT badr, das Carry-Flag wird mit dem Ergebnis der ODER-Verknüpfung überschrieben. Der Inhalt der Bitadresse badr wird der ODER-Verknüpfung invertiert zugeführt	2	2
JC rel	IF C=1 -> PC = PC+rel, Sprung auf die Adresse rel wenn Carry-Flag "logisch 1" ist	2	2
JNC rel	IF C=0 -> PC = PC+rel, Sprung auf die Adresse rel wenn Carry-Flag "logisch 0" ist	2	2
JB rel	IF badr=1 -> PC = PC+rel, Sprung auf die Adresse rel wenn Inhalt der Bitadresse badr "logisch 1" ist	2	2
JNB rel	IF badr=0 -> PC = PC+rel, Sprung auf die Adresse rel wenn Inhalt der Bitadresse badr "logisch 0" ist	2	2
JBC rel	IF badr=1 -> PC = PC+rel	bad = 0, Sprung auf die Adresse rel wenn Inhalt der Bitadresse badr "logisch 1" ist und Löschen des Inhalts von badr	2	2

Abb. 7.11 Einzelbit-Befehle

Mnemonic	Bedeutung	Länge	Zyklen
SJMP rel	PC = PC +rel, Unbedingter Sprung um rel	2	2
AJMP adr11	PC = adr11, Unbedingter Sprung auf die Adresse adr11 im aktuelle 2 KByte-Block	2	2
LJMP adr16	PC = adr16, Unbedingter Sprung auf die Adresse adr16	3	2
JMP @A+DPTR	PC = DPTR+A, Programmierter Sprung auf die Adresse (DPTR+A)	1	2
NOP	Leerbefehl, z.B. für Warteschleifen	1	1
ACALL adr11	SP <= PC | PC = adr11, Unbedingter Unterprogrammaufruf der Adresse adr11 im aktuelle 2 KByte-Block	2	2
LCALL adr16	SP <= PC | PC = adr16, Unbedingter Unterprogrammaufruf der Adresse adr16	3	2
RET	PC <= SP, Rücksprung aus einem Unterprogramm	1	2
RETI	PC <= SP | RESET INTERRUPT, Rücksprung aus einem Interrupt-Unterprogramm. Das Interruptsystem wird für die Bearbeitung weiterer Interrupts freigegeben	1	2
JZ rel	IF A=1 -> PC = PC + rel, Bedingter Sprung um rel wenn der Akku "Logisch 1" ist	2	2
JNZ rel	IF A=0 -> PC = PC + rel, Bedingter Sprung um rel wenn der Akku "Logisch 0" ist	2	2
CJNE A,dadr,rel	IF A <> dadr -> PC = PC + rel, Bedingter Sprung um rel wenn der Akku ungleich dem Inhalt der Speicherstelle dadr ist	3	2
CJNE A,#konst8,rel	IF A <> #konst8 -> PC = PC + rel, Bedingter Sprung um rel wenn der Akku ungleich der Konstante #konst8 ist	3	2
CJNE Rr,#konst8,rel	IF Rr <> #konst8 -> PC = PC + rel, Bedingter Sprung um rel wenn das Register r ungleich der Konstante #konst8 ist	3	2
CJNE @Ri,#konst8,rel	IF @Ri <> #konst8 -> PC = PC + rel, Bedingter Sprung um rel wenn die Speicherstelle auf die Ri zeigt ungleich der Konstante #konst8 ist	3	2
DJNZ Rr,rel	Rr = Rr - 1 | IF Rr <> 0 -> PC = PC + rel, Dekrementiert Register r, bedingter Sprung um rel wenn Register r ungleich 0 ist	2	2
DJNZ dadr,rel	dadr = dadr - 1 | IF dadr <> 0 -> PC = PC + rel, Dekrementiert den Inhalt der Speicherstelle dadr, bedingter Sprung um rel wenn Inhalt der Speicherstelle dadr ungleich 0 ist	3	2

Abb. 7.12 Sprungbefehle

7.5 Literatur

Bücher

A51-Makro-Assembler und Utilities Bedienungsanleitung
Keil Elektronik GmbH

Applikationen zur 8051-Mikrocontroller-Familie
O. Feger / J. Ortmann
Siemens

Borland C++ 3.0 Benutzerhandbuch
Borland GmbH

Borland C++ 3.0 Dienstprogramme
Borland GmbH

C51-Compiler Bedienungsanleitung
Keil Elektronik GmbH

Das Mikrocontroller-Kochbuch
A. Roth
Verlag IWT

dScope51 Bedienungsanleitung
Keil Elektronik GmbH

MC-Tools 7, Der Keil C51-Compiler ab V3.0 Einführung in die Praxis
M. Baldischweiler
Verlag Feger & Co.

Mikrocontroller, Aufbau, Anwendungen und Programmierung
D. Schossig
Verlag tewi

Datenblätter und Firmenschriften

Atmel:
● CMOS Integrated Circuit Data Book
MSC-Vertriebs GmbH
Postfach 1380
D-76291 Stutensee
Tel: 07249/910-0 Fax: 7993

Batron:
● Dot Matrix LCD Modules in Supertwist
DATA MODUL AG
Landsberger Straße 320
D-80687 München
Tel: 089/56017-0 Fax: 56017-119

Dallas:
● Soft Microcontroller
● Automatic Identification Data Book
Atlantik Elektonik GmbH
Fraunhoferstraße 11a
D-82152 Planegg
Tel: 089/857000-0 Fax: 8573702

Electronic Assembly:
● Alphanumerische LCD-Punktmatrix-Module
Lochhamer Schlag 17
D-82166 Gräfelfing
Tel: 089/8541991 Fax: 089/8541721

Intel:
- Embedded Microcontrollers and Processors Vol. I u. II

Intel Semicondutor GmbH
Dornacher Straße 1
D-85622 Feldkirchen bei München
Tel: 089/90992-0

Linear Technology:
- LTC485 Data Sheet

Linear Technology GmbH
Untere Hauptstr. 9
D-82279 Eching
Tel: 089/3197410 Fax: 3194821

Maxim:
- Serially Interfaced, 8-Digit LED Display Driver MAX7219
- 1992 New Releases Data Book, Vol. I
- 1993 New Releases Data Book, Vol. II

MAXIM GmbH
Lochhamer Schlag 6
D-82166 Gräfelfing
Tel: 0130/827925 Fax: 089/8544239

Nation Semiconducter:
- LM628/LM629 Precision Motion Controller Data Sheet
- LM628/LM629 User Guide
- LMD 18200 3A,55 V H-Bridge Data Sheet

National Semiconducter GmbH
Industriestraße 10
D-82256 Fürstenfeldbruck
Tel: 08141/103-0 Fax: 103-506

Philips:
- Übersicht 8-Bit Mikrocontroller auf C51-Basis

Philips Semiconducter GmbH
Burchardstraße 19
20095 Hamburg
Tel: 040/3296-0 Fax: 3296-213

SGS-Thomson:
- Smart Power Application Manual
- Power Linear Actuators

SGS-Thomson Microelectronics GmbH
Bretonischer Ring 4
D-85630 Grasbrunn bei München
Tel: 089/460060 Fax: 4605454

Siemens:
- SAB 80515 / SAB 80C515 Family User's Manual
- SAB-C501 — SAB-C503 Data Sheet
- SAB 8255 Datenbuch
- Diverse Applikationsschriften

Siemens AG
Von-der-Tann-Straße 30
D-90439 Nürnberg
Tel: 0911/654-0 Fax: 654-6512

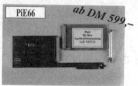

Sachverzeichnis

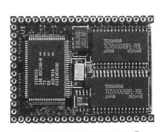